目 录

考 点	试题	法条
商法	1	85
专题一　公司法	1	85
第一节　公司法概述	1	
考点1　公司的分类	1	
考点2　有限责任原则和公司法人人格否认	1	85
第二节　公司的设立	2	
考点3　发起人及发起人责任	2	86
考点4　公司资本	2	
考点5　公司的章程	2	86
第三节　公司的股东和股东权利	3	
考点6　股东资格的取得与确认	3	87
考点7　名义股东与实际股东	4	87
考点8　股东出资及出资瑕疵责任	4	88
考点9　股东的其他义务	6	
考点10　股东的知情权和分红权	6	90
考点11　股东代表诉讼	8	91
第四节　公司的组织机构	8	
考点12　公司的组织机构	8	92
考点13　公司担保	10	95
第五节　公司的董事、监事、高级管理人员	11	
考点14　公司董事、监事、高级管理人员的资格和义务	11	97
第六节　公司的财务与会计制度	11	
考点15　公司的财务会计报告制度	11	97
考点16　公司的收益分配制度	11	97
第七节　公司的变更、合并与分立	12	
考点17　公司合并和分立	12	98
考点18　公司形式变更	12	98
考点19　公司增资和减资（注册资本变更）	12	98
考点20　公司其他事项变更	13	
第八节　公司的解散与清算	13	
考点21　公司的解散与清算	13	99
第九节　有限责任公司	14	
考点22　有限责任公司的设立	14	101
考点23　有限责任公司的股权转让	14	101

考点 24　有限责任公司的股权回购	15	103
考点 25　一人公司	15	
第十节　股份有限公司	16	
考点 26　股份有限公司的设立	16	103
考点 27　股份有限公司的股份转让	16	104
考点 28　股份有限公司的股份回购	16	104
考点 29　上市公司特殊规定	17	104
专题二　合伙企业法	17	105
考点 30　普通合伙企业	17	105
考点 31　特殊的普通合伙企业	21	107
考点 32　有限合伙企业	22	107
考点 33　合伙的解散与清算	23	108
专题三　个人独资企业法	23	108
考点 34　个人独资企业法	23	108
专题四　外商投资法	24	109
考点 35　外商投资法	24	109
专题五　企业破产法	24	110
考点 36　破产原因、破产案件的申请和受理	24	110
考点 37　破产管理人	25	112
考点 38　债务人财产的范围	25	112
考点 39　破产费用和共益债务	25	113
考点 40　撤销权、追回权、抵销权和取回权	25	113
考点 41　债权申报	26	116
考点 42　债权人会议和债权人委员会	27	117
考点 43　重整程序	28	118
专题六　票据法	28	119
考点 44　票据法基本制度	28	119
考点 45　汇票	30	120
考点 46　支票	32	122
专题七　证券法	32	122
考点 47　证券法	32	122
考点 48　证券投资基金法	33	128
专题八　保险法	34	129
考点 49　保险法概述	34	129
考点 50　人身保险合同	35	131
考点 51　财产保险合同	36	133
专题九　海商法	38	135
考点 52　船舶物权	38	135
专题十　信托法	38	135
考点 53　信托法	38	135

经济法	39	138
专题十一　反垄断法	39	138
考点 54　反垄断法	39	138
专题十二　反不正当竞争法	41	139
考点 55　反不正当竞争法	41	139
专题十三　消费者权益保护法	43	140
考点 56　消费者权益保护法	43	140
专题十四　产品质量法	44	142
考点 57　产品质量法	44	142
专题十五　食品安全法	45	143
考点 58　食品安全法	45	143
专题十六　商业银行法	47	145
考点 59　商业银行法	47	145
专题十七　银行业监督管理法	49	146
考点 60　银行业监督管理法	49	146
专题十八　企业所得税法	50	148
考点 61　企业所得税法	50	148
专题十九　个人所得税法	51	149
考点 62　个人所得税法	51	149
专题二十　车船税法	52	149
考点 63　车船税法	52	149
专题二十一　增值税法	52	150
考点 64　增值税法	52	150
专题二十二　消费税法	52	150
考点 65　消费税法	52	150
专题二十三　税收征收管理法	53	151
考点 66　税收征收管理法概述	53	151
考点 67　税务管理	53	151
考点 68　税收征收与保障	53	152
专题二十四　审计法	54	153
考点 69　审计法	54	153
专题二十五　土地管理法	55	155
考点 70　土地管理法	55	155
专题二十六　城乡规划法	56	157
考点 71　城乡规划法	56	157
专题二十七　城市房地产管理法	57	158
考点 72　城市房地产管理法	57	158
专题二十八　不动产登记	59	159
考点 73　不动产登记暂行条例	59	159

环境资源法 ... 60　160
专题二十九　环境保护法 ... 60　160
考点 74　环境影响评价法 ... 60　160
考点 75　环境保护法 ... 60　161
专题三十　森林法 ... 62　162
考点 76　森林法 ... 62　162
专题三十一　矿产资源法 ... 63　164
考点 77　矿产资源法 ... 63　164

劳动与社会保障法 ... 64　165
专题三十二　劳动合同法 ... 64　165
考点 78　劳动合同 ... 64　165
考点 79　劳务派遣 ... 67　167
专题三十三　劳动法 ... 68　168
考点 80　劳动法 ... 68　168
专题三十四　劳动争议调解仲裁法 ... 69　168
考点 81　劳动争议调解仲裁法 ... 69　168
专题三十五　社会保险法 ... 70　169
考点 82　社会保险法 ... 70　169
专题三十六　军人保险法 ... 71　171
考点 83　军人保险法 ... 71　171

知识产权法 ... 72　172
专题三十七　著作权 ... 72　172
考点 84　著作权法 ... 72　172
专题三十八　专利权 ... 77　175
考点 85　专利法 ... 77　175
专题三十九　商标权 ... 81　177
考点 86　商标法 ... 81　177

答案速查 ... 180

商法 [试题]

扫一扫,"码"上做题

微信扫码,即可线上做题、看解析。
多种做题模式:章节自测、单科集训、随机演练等。

专题一 公司法

第一节 公司法概述

考点1 公司的分类

1．2017/3/25/单①

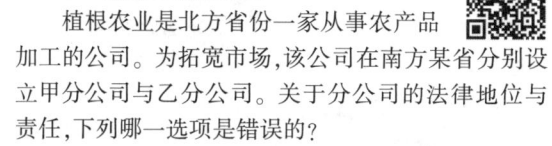

植根农业是北方省份一家从事农产品加工的公司。为拓宽市场,该公司在南方某省分别设立甲分公司与乙分公司。关于分公司的法律地位与责任,下列哪一选项是错误的？

A. 甲分公司的负责人在分公司经营范围内,当然享有以植根公司名义对外签订合同的权利
B. 植根公司的债权人在植根公司直接管理的财产不能清偿债务时,可主张强制执行各分公司的财产
C. 甲分公司的债权人在甲分公司直接管理的财产不能清偿债务时,可主张强制执行植根公司的财产
D. 乙分公司的债权人在乙分公司直接管理的财产不能清偿债务时,不得主张强制执行甲分公司直接管理的财产

2．2014/3/25/单

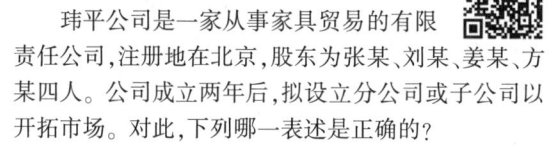

玮平公司是一家从事家具贸易的有限责任公司,注册地在北京,股东为张某、刘某、姜某、方某四人。公司成立两年后,拟设立分公司或子公司以开拓市场。对此,下列哪一表述是正确的？

A. 在北京市设立分公司,不必申领分公司营业执照
B. 在北京市以外设立分公司,须经登记并领取营业执照,且须独立承担民事责任
C. 在北京市以外设立分公司,其负责人只能由张某、刘某、姜某、方某中的一人担任
D. 在北京市以外设立子公司,即使是全资子公司,亦须独立承担民事责任

3． 甲公司欲单独出资设立一家子公司。甲公司的法律顾问就此向公司管理层提供了一份法律意见书,涉及子公司的设立、组织机构、经营管理、法律责任等方面的问题。请回答第(1)~(3)题。

(1) **2010/3/94/任**

关于子公司设立问题,下列说法正确的是:

A. 子公司的名称中应当体现甲公司的名称字样
B. 子公司的营业地可不同于甲公司的营业地
C. 甲公司对子公司的注册资本必须在子公司成立时一次足额缴清
D. 子公司的组织形式只能是有限责任公司

(2) **2010/3/95/任** 新法改编

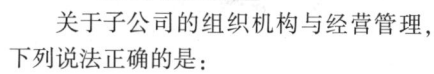

关于子公司的组织机构与经营管理,下列说法正确的是:

A. 子公司可不设董事会,设一名董事
B. 子公司可自己单独出资再设立一家全资子公司
C. 子公司的法定代表人应当由甲公司的法定代表人担任
D. 子公司的经营范围不能超过甲公司的经营范围

(3) **2010/3/96/任**

关于子公司的财产性质、法律地位、法律责任等问题,下列说法正确的是:

A. 子公司的财产所有权属于甲公司,但由子公司独立使用
B. 当子公司财产不足清偿债务时,甲公司仅对子公司的债务承担补充清偿责任
C. 子公司具有独立法人资格
D. 子公司进行诉讼活动时以自己的名义进行

考点2 有限责任原则和公司法人人格否认

4．2020 回忆/单

甲公司的两个股东是张某和赵某。张某是控股股东,并派人担任甲公司董事长。后张某将甲公司的大部分资产无偿调用,并且该笔资金调用在甲公司财务上没有任何体现。待债权人乙公司要求甲公司偿还货款时,发现甲公司的资产不足以清偿。现债权人乙公司直接起诉张某,请求张某对甲公司债

---

① 指 2017 年/试卷三/第 25 题/单选——编者注。

务承担连带责任。关于本案当事人的诉讼地位,下列哪一选项是正确的?

A. 乙公司为原告,张某为被告
B. 法院应告知乙公司追加甲公司为共同被告
C. 法院应告知乙公司追加甲公司为第三人
D. 法院裁定不予受理

5．2016/3/27/单

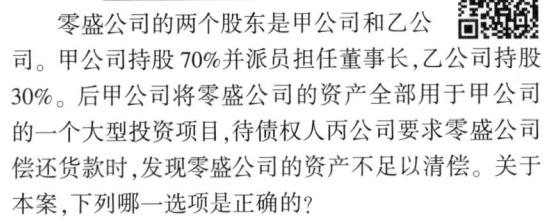

零盛公司的两个股东是甲公司和乙公司。甲公司持股70%并派员担任董事长,乙公司持股30%。后甲公司将零盛公司的资产全部用于甲公司的一个大型投资项目,待债权人丙公司要求零盛公司偿还货款时,发现零盛公司的资产不足以清偿。关于本案,下列哪一选项是正确的?

A. 甲公司对丙公司应承担清偿责任
B. 甲公司和乙公司按出资比例对丙公司承担清偿责任
C. 甲公司和乙公司对丙公司承担连带清偿责任
D. 丙公司只能通过零盛公司的破产程序来受偿

第二节 公司的设立

考点3 发起人及发起人责任

6．2022 回忆/多

甲、乙、丙约定共同设立利城公司,并约定设立过程中产生的费用和债务由三人平均分担。在公司的筹备过程中,甲以自己的名义与德盛公司签订合同,购买办公用品若干,货款50万元。乙以设立中利城公司的名义与菱菲公司签署房屋租赁合同,租赁五间房屋作为利城公司的办公室。丙外出旅游的路上,发生交通事故,将丁撞伤,丙负全责。后利城公司设立失败,下列哪些说法是正确的?

A. 甲、乙、丙应按约定的份额对德盛公司承担责任
B. 菱菲公司有权要求甲、乙、丙承担连带责任
C. 如果乙对菱菲公司清偿了全部的债务,有权要求甲、丙按约定比例分担责任
D. 丁有权要求甲、乙、丙承担连带责任

7．2016/3/25/单

李某和王某正在磋商物流公司的设立之事。通大公司出卖一批大货车,李某认为物流公司需要,便以自己的名义与通大公司签订了购买合同,通大公司交付了货车,但尚有150万元车款未收到。后物流公司未能设立。关于本案,下列哪一说法是正确的?

A. 通大公司可以向王某提出付款请求
B. 通大公司只能请求李某支付车款
C. 李某、王某对通大公司的请求各承担50%的责任

D. 李某、王某按拟定的出资比例向通大公司承担责任

8．2011/3/68/多

甲、乙、丙、丁拟设立一家商贸公司,就设立事宜分工负责,其中丙负责租赁公司运营所需仓库。因公司尚未成立,丙为方便签订合同,遂以自己名义与戊签订仓库租赁合同。关于该租金债务及其责任,下列哪些表述是正确的?

A. 无论商贸公司是否成立,戊均可请求丙承担清偿责任
B. 商贸公司成立后,如其使用该仓库,戊可请求其承担清偿责任
C. 商贸公司成立后,戊即可请求商贸公司承担清偿责任
D. 商贸公司成立后,戊即可请求丙和商贸公司承担连带清偿责任

考点4 公司资本

9．2014/3/68/多

2014年5月,甲乙丙丁四人拟设立一家有限责任公司。关于该公司的注册资本与出资,下列哪些表述是正确的?

A. 公司注册资本可以登记为1元人民币
B. 公司章程应载明其注册资本
C. 公司营业执照不必载明其注册资本
D. 公司章程可以要求股东出资须经验资机构验资

10．2010/3/26/单

甲乙丙三人拟成立一家小规模商贸有限责任公司,注册资本为八万元,甲以一辆面包车出资,乙以货币出资,丙以实用新型专利出资。对此,下列哪一表述是正确的?

A. 甲出资的面包车无需移转所有权,但须交公司管理和使用
B. 乙的货币出资不能少于二万元
C. 丙的专利出资作价可达到四万元
D. 公司首期出资不得低于注册资本的30%

考点5 公司的章程

11．2019 回忆/单

甲、乙、丙、丁四人共同出资成立瀚林公司。协商制定公司章程时甲未出席,乙、丙、丁一致同意章程规定并签字,乙伪造了甲的签字。公司成立后,四位股东协商一致共同签署一份协议,就股东之间的权利义务等事宜进行了约定。下列哪一项说法是正确的?

A. 四位股东签署的协议是公司章程的一部分

B. 公司章程经过四分之三的股东通过,已经生效
C. 四位股东协商一致签署的协议具有与公司章程相同的法律效力
D. 公司章程未经登记不能对抗第三人

12. 2016/3/28/单

烽源有限公司的章程规定,金额超过10万元的合同由董事会批准。蔡某是烽源公司的总经理。因公司业务需要车辆,蔡某便将自己的轿车租给烽源公司,并约定年租金15万元。后蔡某要求公司支付租金,股东们获知此事,一致认为租金太高,不同意支付。关于本案,下列哪一选项是正确的?
A. 该租赁合同无效
B. 股东会可以解聘蔡某
C. 该章程规定对蔡某没有约束力
D. 烽源公司有权拒绝支付租金

13. 2016/3/68/多

科鼎有限公司设立时,股东们围绕公司章程的制订进行讨论,并按公司的实际需求拟定条款规则。关于该章程条款,下列哪些说法是正确的?
A. 股东会会议召开7日前通知全体股东
B. 公司解散需全体股东同意
C. 董事表决权按所代表股东的出资比例行使
D. 全体监事均由不担任董事的股东出任

14. 2013/3/68/多

甲、乙、丙设立一有限公司,制定了公司章程。下列哪些约定是合法的?
A. 甲、乙、丙不按照出资比例分配红利
B. 由董事会直接决定公司的对外投资事宜
C. 甲、乙、丙不按照出资比例行使表决权
D. 由董事会直接决定其他人经投资而成为公司股东

第三节 公司的股东和股东权利

考点6 股东资格的取得与确认

15. 2020回忆/多

潘某购买了岳某持有的甲公司股权,签订了股权转让协议,当天支付给岳某部分股权转让款,剩余的部分分期支付。甲公司随后将潘某写入了股东名册,但尚未在工商行政管理部门办理股权变更登记。对此,下列哪些说法是正确的?
A. 在办理股权变更登记后,潘某才能取得股权
B. 潘某已经取得支付了股权转让款的那部分股权
C. 因为尚未办理股权变更登记,不得对抗善意第三人
D. 潘某已经取得了购买的全部股权

16. 2019回忆/多

甲是鼎泰公司股东,经公司过半数股东同意后于2018年3月和乙签了股权转让合同,约定自2018年1月1日开始计算乙的股东收益。但是,鼎泰公司的股东名册及相关文件至2018年5月才变更完成。2018年4月,公司召开股东会决议向股东分红,但未分配给乙。下列哪些说法是正确的?
A. 乙有权申请法院确认公司分红决议无效
B. 2018年4月决议作出后,鼎泰公司有权依据章程向甲分配利润
C. 2018年4月决议作出后,乙可以向鼎泰公司主张分红
D. 乙于2018年5月鼎泰公司办完变更手续后取得股权

17. 2014/3/26/单

甲与乙为一有限责任公司股东,甲为董事长。2014年4月,一次出差途中遭遇车祸,甲与乙同时遇难。关于甲、乙股东资格的继承,下列哪一表述是错误的?
A. 在公司章程未特别规定时,甲、乙的继承人均可主张股东资格继承
B. 在公司章程未特别规定时,甲的继承人可以主张继承股东资格与董事长职位
C. 公司章程可以规定甲、乙的继承人继承股东资格的条件
D. 公司章程可以规定甲、乙的继承人不得继承股东资格

18. 2014/3/27/单

严某为鑫佳有限责任公司股东。关于公司对严某签发出资证明书,下列哪一选项是正确的?
A. 在严某认缴公司章程所规定的出资后,公司即须签发出资证明书
B. 若严某遗失出资证明书,其股东资格并不因此丧失
C. 出资证明书须载明严某以及其他股东的姓名、各自所缴纳的出资额
D. 出资证明书在法律性质上属于有价证券

19. 2014/3/69/多

关于有限责任公司股东名册制度,下列哪些表述是正确的?
A. 公司负有置备股东名册的法定义务
B. 股东名册须提交于公司登记机关
C. 股东可依据股东名册的记载,向公司主张行使股东权利
D. 就股东事项,股东名册记载与公司登记之间

不一致时,以公司登记为准

20． 2012/3/26/单

甲、乙、丙拟共同出资 50 万元设立一有限公司。公司成立后,在其设置的股东名册中记载了甲乙丙 3 人的姓名与出资额等事项,但在办理公司登记时遗漏了丙,使得公司登记的文件中股东只有甲乙 2 人。下列哪一说法是正确的?

A. 丙不能取得股东资格
B. 丙取得股东资格,但不能参与当年的分红
C. 丙取得股东资格,但不能对抗第三人
D. 丙不能取得股东资格,但可以参与当年的分红

21． 2009/3/25/单

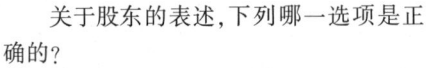

关于股东的表述,下列哪一选项是正确的?

A. 股东应当具有完全民事行为能力
B. 股东资格可以作为遗产继承
C. 非法人组织不能成为公司的股东
D. 外国自然人不能成为我国公司的股东

考点7 名义股东与实际股东

22． 2020 回忆/单

甲、乙、丙是某公司的股东,乙所持股份的实际出资人为丁,甲、丙对此知情,未提出异议。后乙将所持股份全部转让给甲,并办理了转让登记。下列说法哪一项是正确的?

A. 丁有权撤销甲、乙之间的股份转让协议
B. 丙有权就所转让股份优先行使购买权
C. 甲有权主张自己取得乙转让的股份
D. 丁可以要求甲返还股份

23． 2017/3/69/多

胡铭是从事进出口贸易的茂福公司的总经理,姚顺曾短期任职于该公司,2016 年初离职。2016 年 12 月,姚顺发现自己被登记为贝达公司的股东。经查,贝达公司实际上是胡铭与其友张莉、王威共同设立的,也从事进出口贸易。胡铭为防止茂福公司发现自己的行为,用姚顺留存的身份信息等材料,将自己的股权登记在姚顺名下。就本案,下列哪些选项是错误的?

A. 姚顺可向贝达公司主张利润分配请求权
B. 姚顺有权参与贝达公司股东会并进行表决
C. 在姚顺名下股权的出资尚未缴纳时,贝达公司的债权人可向姚顺主张补充赔偿责任
D. 在姚顺名下股权的出资尚未缴纳时,张莉、王威只能要求胡铭履行出资义务

24． 高才、李一、曾平各出资 40 万元,拟设立"鄂汉食品有限公司"。高才手头只有 30 万元的现金,就让朋友艾瑟为其垫付 10 万元,并许诺一旦公司成立,就将该 10 万元从公司中抽回偿还给艾瑟。而李一与其妻闻菲正在闹离婚,为避免可能的纠纷,遂与其弟李三商定,由李三出面与高、曾设立公司,但出资与相应的投资权益均归李一。公司于 2012 年 5 月成立,在公司登记机关登记的股东为高才、李三、曾平,高才为董事长兼法定代表人,曾平为总经理。请回答(1)、(2)题。

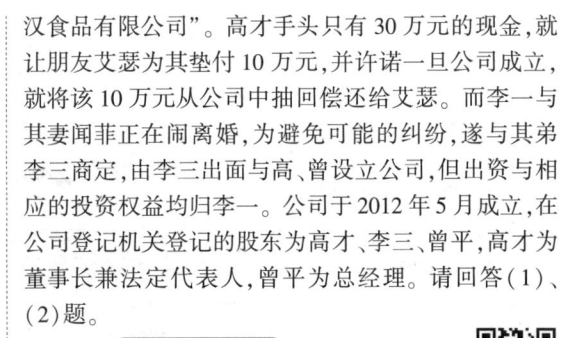

(1) 2012/3/93/任

关于李一与李三的约定以及股东资格,下列表述正确的是:

A. 二人间的约定有效
B. 对公司来说,李三具有股东资格
C. 在与李一的离婚诉讼中,闻菲可以要求分割李一实际享有的股权
D. 李一可以实际履行出资义务为由,要求公司变更自己为股东

(2) 2012/3/94/任

2012 年 7 月,李三买房缺钱,遂在征得其他股东同意后将其名下的公司股权以 42 万元的价格,出卖给王二,并在公司登记机关办理了变更登记等手续。下列表述正确的是:

A. 李三的股权转让行为属于无权处分行为
B. 李三与王二之间的股权买卖合同为有效合同
C. 王二可以取得该股权
D. 就因股权转让所导致的李一投资权益损失,李一可以要求李三承担赔偿责任

25． 2011/3/26/单

某市房地产主管部门领导王大伟退休后,与其友张三、李四共同出资设立一家房地产中介公司。王大伟不想让自己的名字出现在公司股东名册上,在未告知其弟王小伟的情况下,直接持王小伟的身份证等证件,将王小伟登记为公司股东。下列哪一表述是正确的?

A. 公司股东应是王大伟
B. 公司股东应是王小伟
C. 王大伟和王小伟均为公司股东
D. 公司债权人有权请求王小伟对公司债务承担相应的责任

考点8 股东出资及出资瑕疵责任

26． 2020 回忆/多

甲、乙、丙、丁设立迅飞软件有限公司。甲认缴出资 1000 万元,以厂房 20 年使用权出资。乙认缴出资 300 万元,以其对某公司的 300 万元债权出资。丙认缴出资 200 万元,以房屋出资。丁实缴出资

30万元并担任设立主要负责人。公司成立后,发现丙的房屋其实是虚假出资,房屋归继承人戊所有,董事长丁对此事知情。乙对某公司300万元的债权因公司破产只分得100万元。对此,下列哪些说法是正确的?

A. 债权不是法定出资形式,乙的该项出资不合法
B. 迅飞公司有权向乙追缴出资200万元
C. 甲以厂房使用权出资不合法,需要以厂房所有权出资
D. 迅飞公司不能取得丙出资房屋的所有权

27． 2019 回忆/单

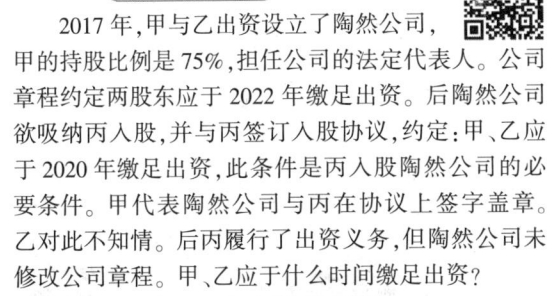

2017年,甲与乙出资设立了陶然公司,甲的持股比例是75%,担任公司的法定代表人。公司章程约定两股东应于2022年缴足出资。后陶然公司欲吸纳丙入股,并与丙签订入股协议,约定:甲、乙应于2020年缴足出资,此条件是丙入股陶然公司的必要条件。甲代表陶然公司与丙在协议上签字盖章。乙对此不知情。后丙履行了出资义务,但陶然公司未修改公司章程。甲、乙应于什么时间缴足出资?

A. 甲、乙应于2022年缴足出资
B. 甲应于2020年缴足出资,乙应于2022年缴足出资
C. 甲应于2022年缴足出资,乙应于2020年缴足出资
D. 甲、乙应于2020年缴足出资

28． 2018 回忆/任 新法改编

李某、张某、赵某、贺某四人出资创办了甲公司,由李某、张某、赵某三人组成董事会。公司章程约定,李某认缴出资400万元,其余三人分别认缴出资200万元,公司成立后3个月内缴足出资。出资期限届满后,经公司多次催缴,李某仍未缴纳出资。1年后,公司召开董事会会议,李某未出席,张某、赵某一致同意,通过了向李某发出失权通知的决议。对此下列说法正确的是:

A. 李某系甲公司董事,未出席此次董事会,该决议无效
B. 李某自收到失权通知之日起,丧失其股权
C. 若李某丧失股权,甲公司应当对其股权依法注销
D. 在董事会作出决议之前,若甲公司对外债务不能清偿,李某仍需在未缴纳出资的范围内承担赔偿责任

29． 2017/3/27/单

甲有限责任公司成立于2014年4月,注册资本为1000万元,文某是股东之一,持有40%的股权。文某已实缴其出资的30%,剩余出资按公司章程规定,应在2017年5月缴足。2015年12月,文某以其所持甲公司股权的60%作为出资,评估作价为200万元,与唐某共同设立乙公司。对此,下列哪一选项是正确的?

A. 因实际出资尚未缴纳完毕,故文某对乙公司的股权出资存在权利瑕疵
B. 如甲公司经营不善,使得文某用来出资的股权在1年后仅值100万元,则文某应补足差额
C. 如至2017年5月文某不缴纳其对甲公司的剩余出资,则甲公司有权要求其履行
D. 如至2017年5月文某不缴纳其对甲公司的剩余出资,则乙公司有权要求其履行

30． 2017/3/70/多

榴风公司章程规定:股东夏某应于2016年6月1日前缴清货币出资100万元。夏某认为公司刚成立,业务尚未展开,不需要这么多现金,便在出资后通过银行的熟人马某将这笔钱转入其妻的理财账户,用于购买基金。对此,下列哪些说法是正确的?

A. 榴风公司可要求夏某补足出资
B. 榴风公司可要求马某承担连带责任
C. 榴风公司的其他股东可要求夏某补足出资
D. 榴风公司的债权人得知此事后可要求夏某补足出资

31． 2014/3/29/单

2014年5月,甲、乙、丙三人共同出资设立一家有限责任公司。甲的下列哪一行为不属于抽逃出资行为?

A. 将出资款项转入公司账户验资后又转出去
B. 虚构债权债务关系将其出资转出去
C. 利用关联交易将其出资转出去
D. 制作虚假财务会计报表虚增利润进行分配

32． 2013/3/29/单

甲公司于2012年12月申请破产。法院受理后查明:在2012年9月,因甲公司无法清偿欠乙公司100万元的货款,而甲公司董事长汪某却有150万元的出资未缴纳,乙公司要求汪某承担偿还责任,汪某随后确实支付给乙公司100万元。下列哪一表述是正确的?

A. 就汪某对乙公司的支付行为,管理人不得主张撤销
B. 汪某目前尚未缴纳的出资额应为150万元
C. 管理人有义务要求汪某履行出资义务
D. 汪某就其未履行的出资义务,可主张诉讼时效抗辩

33． 2012/3/25/单

甲、乙、丙成立一家科贸有限公司,约定公司注册资本100万元,甲、乙、丙各按20%、30%、50%的比例出资。甲、乙缴足了出资,丙仅实缴30万元。公司章程对于红利分配没有特别约定。当年年底公司进行分红。下列哪一说法是正确的?

A. 丙只能按30%的比例分红

B. 应按实缴注册资本80万元,由甲、乙、丙按各自的实际出资比例分红

C. 由于丙违反出资义务,其他股东可通过决议取消其当年分红资格

D. 丙有权按50%的比例分红,但应当承担未足额出资的违约责任

34． 2012/3/92/任

高才、李一、曾平各出资40万元,拟设立"鄂汉食品有限公司"。高才手头只有30万元的现金,就让朋友艾瑟为其垫付10万元,并许诺一旦公司成立,就将该10万元从公司中抽回偿还给艾瑟。而李一与其妻闻菲正在闹离婚,为避免可能的纠纷,遂与其弟李三商定,由李三出面与高、曾设立公司,但出资与相应的投资权益均归李一。公司于2012年5月成立,在公司登记机关登记的股东为高才、李三、曾平,高才为董事长兼法定代表人,曾平为总经理。

公司成立后,高才以公司名义,与艾瑟签订一份买卖合同,约定公司向艾瑟购买10万元的食材。合同订立后第2天,高才就指示公司财务转账付款,而实际上艾瑟从未经营过食材,也未打算履行该合同。对此,下列表述正确的是:

A. 高才与艾瑟间垫付出资的约定,属于抽逃出资行为,应为无效

B. 该食材买卖合同属于恶意串通行为,应为无效

C. 高才通过该食材买卖合同而转移10万元的行为构成抽逃出资行为

D. 在公司不能偿还债务时,公司债权人可以在10万元的本息范围内,要求高才承担补充赔偿责任

35． 2011/3/69/多

甲、乙、丙、丁计划设立一家从事技术开发的天际有限责任公司,按照公司设立协议,甲以其持有的君则房地产开发有限公司20%的股权作为其出资。下列哪些情形会导致甲无法全面履行其出资义务?

A. 君则公司章程中对该公司股权是否可用作其他公司的出资形式没有明确规定

B. 甲对君则公司尚未履行完毕其出资义务

C. 甲已将其股权出质给其债权人戊

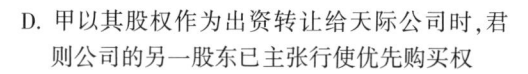

D. 甲以其股权作为出资转让给天际公司时,君则公司的另一股东已主张行使优先购买权

36． 2011/3/70/多

张三、李四、王五成立天问投资咨询有限公司,张三、李四各以现金50万元出资,王五以价值20万元的办公设备出资。张三任公司董事长,李四任公司总经理。公司成立后,股东的下列哪些行为可构成股东抽逃出资的行为?

A. 张三与自己所代表的公司签订一份虚假购货合同,以支付货款的名义,由天问公司支付给自己50万元

B. 李四以公司总经理身份,与自己所控制的另一公司签订设备购置合同,将15万元的设备款虚报成65万元,并已由天问公司实际转账支付

C. 王五擅自将天问公司若干贵重设备拿回家

D. 3人决议制作虚假财务会计报表虚增利润,并进行分配

37． 2010/3/72/多 新法改编

甲乙丙三人共同组建一有限责任公司。公司成立后,甲将其20%股权中的5%转让给第三人丁,丁通过受让股权成为公司股东。甲、乙均按期足额缴纳出资,但发现由丙出资的机器设备的实际价值明显低于公司章程所确定的数额。对此,下列哪些表述是错误的?

A. 由丙补交其差额,甲、乙和丁对其承担连带责任

B. 由丙补交其差额,不足部分由甲、乙和丁补足

C. 由丙补交其差额,甲、乙对其承担连带责任

D. 由丙补交其差额,其他股东不承担责任

考点9 股东的其他义务

38． 2008/3/31/单

甲公司出资20万元、乙公司出资10万元共同设立丙有限责任公司。丁公司系甲公司的子公司。在丙公司经营过程中,甲公司多次利用其股东地位通过公司决议让丙公司以高于市场同等水平的价格从丁公司进货,致使丙公司产品因成本过高而严重滞销,造成公司亏损。下列哪一选项是正确的?

A. 丁公司应当对丙公司承担赔偿责任

B. 甲公司应当对乙公司承担赔偿责任

C. 甲公司应当对丙公司承担赔偿责任

D. 丁公司、甲公司共同对丙公司承担赔偿责任

考点10 股东的知情权和分红权

39． 2023 回忆/多

甲有限公司的股东李某持股比例为

3%。甲公司全体股东约定,李某不参与公司的经营管理,不过问公司事务,但分红比例为5%。后甲公司连续3年未进行利润分配,李某直接向法院提起知情权之诉,要求查阅甲公司会计账簿等资料。诉讼中,甲公司提出了李某在其他同类公司中参股投资的证据以及李某放弃知情权换取高额分红权的协议。据此,下列哪些选项是正确的?

A. 李某应先向甲公司主张查阅,被拒绝后才可以起诉
B. 李某有权查阅并复制甲公司的会计账簿
C. 李某放弃知情权换取高额分红权的协议无效
D. 法院应当支持甲公司拒绝李某查阅公司会计账簿的主张

40. 2020 回忆/任

奇峰有限公司章程规定,持有本公司20%以下股权的股东不得查阅公司会计账簿。陈某持有该公司15%股权,于2020年9月1日向公司发出书面通知,要求查阅公司2020年账簿。对此,下列说法正确的是:

A. 公司有权依据公司章程拒绝陈某的请求
B. 陈某可以委托律师至公司查阅公司股东会议决议,公司应当予以配合
C. 陈某因行使知情权而发生的费用,由公司承担
D. 若陈某被公司拒绝,可向法院起诉,要求行使知情权,并确认相应章程条款无效

41. 2019 回忆/多

甲公司是乙公司的股东,根据公司章程,乙公司应每月向股东按时报告销售分析、人事支出等财务资料,但乙公司没有按章程报告。甲公司向法院起诉要求乙公司履行义务,乙公司主张这是财务账簿数据,根据公司章程规定,需要总经理审批才能向甲公司报告,但因为甲公司的阻挠,乙公司还没有总经理。下列有关说法哪些是正确的?

A. 因相关事项未经总经理审批,乙公司有权拒绝向甲公司报告相关财务数据
B. 甲公司应先向乙公司书面申请查阅相关财务账簿数据,被拒绝后,才能向法院起诉
C. 甲公司应先推动乙公司聘任总经理,经其审批后方能查阅相关财务资料
D. 未经总经理审批,乙公司也应向甲公司报告相关财务资料

42. 2019 回忆/多

赵某独资设立甲公司,并担任公司的董事和法定代表人。因经营需要,甲公司向朱某筹措资金500万元,并约定朱某取得甲公司2%的股权,甲公司向朱某出具了股权凭证。据查,朱某是乙公司的法定代表人,乙公司与甲公司的经营范围基本相同。因为朱某该笔资金的引入,甲公司经营渐有起色,终于扭亏为盈。后甲公司未进行分红,朱某提出查阅甲公司的账簿并主张分红。下列哪些说法是正确的?

A. 朱某可向法院提起诉讼请求甲公司分红
B. 朱某可自行召集并主持股东会决议分红
C. 赵某可以朱某查账目的不正当为由拒绝其查账请求
D. 朱某可以委托律师代为查账

43. 2018 回忆/单

甲、乙、丙、丁、戊共同出资设立春和有限公司,其中甲持股1%,乙持股2%,丙持股17%,丁持股30%,戊持股50%。丙与好友陆某签署代持股协议,约定由陆某实际出资并享有投资收益。戊担任公司的董事长。公司章程规定,持股比例低于5%的股东不得查阅公司的会计账簿。对此,下列哪一项说法是正确的?

A. 甲有权查阅公司的会计账簿
B. 丙无权查阅公司的会计账簿
C. 陆某有权查阅公司的会计账簿
D. 丁有权查阅并复制公司的会计账簿

44. 2016/3/26/单

张某是红叶有限公司的小股东,持股5%;同时,张某还在枫林有限公司任董事,而红叶公司与枫林公司均从事保险经纪业务。红叶公司多年没有给张某分红,张某一直对其会计账簿存有疑惑。关于本案,下列哪一选项是正确的?

A. 张某可以用口头或书面形式提出查账请求
B. 张某可以提议召开临时股东会表决查账事宜
C. 红叶公司有权要求张某先向监事会提出查账请求
D. 红叶公司有权以张某的查账目的不具正当性为由拒绝其查账请求

45. 2013/3/27/多

关于股东或合伙人知情权的表述,下列哪些选项是正确的?①

A. 有限公司股东有权查阅并复制公司会计账簿
B. 股份公司股东有权查阅并复制董事会会议记录
C. 有限公司股东可以知情权受到侵害为由提起解散公司之诉
D. 普通合伙人有权查阅合伙企业会计账簿等财务资料

---

① 原为单选题,根据新法答案有变化,调整为多选题。

考点 11 股东代表诉讼

46． 2022 回忆/多

甲公司系一家未上市的股份公司。股东为郝某（持股46%）、岳某（持股5%）、胡某（持股1%）等18人。武某为甲公司的法定代表人。2022年4月6日，郝某在未经股东大会决议的情形下，指令武某为郝某好友名下的乙公司1000万元的债务向丙公司提供担保，并出具了伪造的股东大会决议。2022年6月10日，岳某将自己名下的股份转让给了宁某，并完成了股东的变更登记。2022年10月，因乙公司无力偿还债务，丙公司要求甲公司承担保证责任，岳某等股东因此知晓该事宜，并发现如甲公司承担连带责任将会给公司正常经营造成极大的损失。因此，岳某等人向律师咨询如何保证公司正常运营。对此，律师给出的下列哪些意见是正确的？

A．在情形紧急的情况下，岳某可向郝某、武某提起股东代表诉讼

B．在情形紧急的情况下，胡某可向郝某、武某提起股东代表诉讼

C．在情形紧急的情况下，宁某可向郝某、武某提起股东代表诉讼

D．如提起股东代表诉讼，应列公司为第三人，但胜诉利益应归公司所有

47． 2019 回忆/多

枫蓝股份公司经营良好，但近几年没有给股东分配利润，持有公司2%股份的张某非常不满。现查明：枫蓝公司董事长郭某与和悦公司董事长黄某是夫妻，枫蓝公司与和悦公司存在巨额的业务往来，对和悦公司存在利益输送。张某要求监事会维护公司权益，监事会不置可否。关于张某的维权事宜，下列哪些说法是正确的？

A．张某的维权诉讼，枫蓝公司应为第三人

B．张某的维权诉讼，应以郭某和监事会为共同被告

C．张某的维权诉讼，应以公司为被告

D．张某的维权诉讼中，公司其他股东以相同诉讼请求申请参加诉讼的，应列为共同原告

48． 2012/3/27/单

郑贺为甲有限公司的经理，利用职务之便为其妻吴悠经营的乙公司谋取本来属于甲公司的商业机会，致甲公司损失50万元。甲公司小股东付冰欲通过诉讼维护公司利益。关于付冰的做法，下列哪一选项是正确的？

A．必须先书面请求甲公司董事会对郑贺提起诉讼

B．必须先书面请求甲公司监事会对郑贺提起诉讼

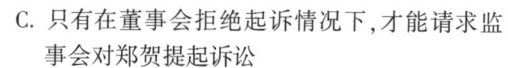

C．只有在董事会拒绝起诉情况下，才能请求监事会对郑贺提起诉讼

D．只有在其股权达到1%时，才能请求甲公司有关部门对郑贺提起诉讼

49． 2008/3/75/多

刘某是甲有限责任公司的董事长兼总经理。任职期间，多次利用职务之便，指示公司会计将资金借贷给一家主要由刘某的儿子投资设立的乙公司。对此，持有公司股权0.5%的股东王某认为甲公司应该起诉乙公司还款，但公司不可能起诉，王某便自行直接向法院对乙公司提起股东代表诉讼。下列哪些选项是正确的？

A．王某持有公司股权不足1%，不具有提起股东代表诉讼的资格

B．王某不能直接提起诉讼，必须先向监事会提出请求

C．王某应以甲公司的名义起诉，但无需甲公司盖章或刘某签字

D．王某应以自己的名义起诉，但诉讼请求应是将借款返还给甲公司

第四节 公司的组织机构

考点 12 公司的组织机构

50． 2023 回忆/任

某有限责任公司董事会共有甲、乙、丙三人。乙书面通知公司辞任董事，被股东会拒绝。丙因管理不力，给公司造成重大损失，股东会通过决议解任了其董事职务，并委派丁担任董事。对此，下面说法正确的是：

A．乙的辞任行为有效，股东会不能拒绝

B．乙有权不再履行董事职务

C．股东会解任丙的决议作出后即生效

D．该公司仍要支付丙任期内剩余年限的薪酬

51． 2019 回忆/单

德丰有限公司的股东胡某是公司的大股东和法定代表人，2018年9月，胡某召集股东会商议收购全景公司的股权事宜，此次股东会没有通知持有公司百分之一股权的小股东郑某。胡某提议转让德丰公司的一块土地使用权给全景公司作为受让股权的对价，在胡某操作下，股东会通过该决议并让秘书代替郑某签字，郑某知道后坚决不同意，诉至法院。该股东会决议效力如何？

A．该股东会决议有效

B．该股东会决议无效

C．该股东会决议可撤销

D．该股东会决议不成立

52． 2018 回忆/单

甲有限公司成立于2018年5月,陈某持有公司80%的股权,并担任公司董事长,秦某持有公司7%的股权。公司章程规定,公司召开股东会,应该提前7天以书面形式通知全体股东。为了扩大公司规模,陈某认为甲公司应当与乙公司合并,并提议召开股东会,但因准备匆忙,在会议召开前7天以电话形式通知秦某。甲公司股东会以代表90%表决权的股东同意,代表3%表决权的股东反对,秦某拒绝在决议上签字的情况下,通过了与乙公司合并的决议。下列哪一项说法是正确的?

A. 该次股东会会议的召集程序违反法律规定,秦某可以主张该决议无效
B. 该次股东会会议的召集程序违反法律规定,秦某可以要求撤销该决议
C. 秦某有权要求公司以合理的价格回购其所持有的甲公司的股权
D. 若秦某针对股东决议效力提起相关诉讼,应当以公司为被告,其他股东列为第三人

53． 2017/3/71/多

茂森股份公司效益一直不错,为提升公司治理现代化,增强市场竞争力并顺利上市,公司决定重金聘请知名职业经理人王某担任总经理。对此,下列哪些选项是正确的?

A. 对王某的聘任以及具体的薪酬,由茂森公司董事会决定
B. 王某受聘总经理后,就其职权范围的事项,有权以茂森公司名义对外签订合同
C. 王某受聘总经理后,有权决定聘请其好友田某担任茂森公司的财务总监
D. 王某受聘总经理后,公司一旦发现其不称职,可通过股东会决议将其解聘

54． 2016/3/69/多 新法改编

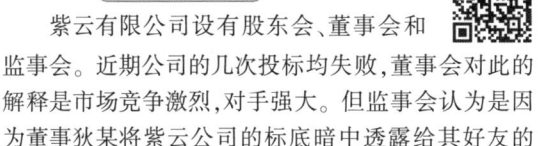

紫云有限公司设有股东会、董事会和监事会。近期公司的几次投标均失败,董事会对此的解释是市场竞争激烈,对手强大。但监事会认为是因为董事狄某将紫云公司的标底暗中透露给其好友的公司。对此,监事会有权采取下列哪些处理措施?

A. 提议召开董事会
B. 提议召开股东会
C. 提议解任狄某
D. 聘请律师协助调查

55． 源圣公司有甲、乙、丙三位股东。2015年10月,源圣公司考察发现某环保项目发展前景可观,为解决资金不足问题,经人推荐,霓美公司出资1亿元现金入股源圣公司,并办理了股权登记。增资后,霓美公司持股60%,甲持股25%,乙持股8%,丙持股7%,霓美公司总经理陈某兼任源圣公司董事长。2015年12月,霓美公司在陈某授意下将当时出资的1亿元现金全部转入霓美旗下的天富公司账户用于投资房地产。后因源圣公司现金不足,最终未能获得该环保项目,前期投入的500万元也无法收回。陈某忙于天富公司的房地产投资事宜,对此事并不关心。请回答第(1)~(3)题。

（1） 2016/3/92/任

针对公司现状,甲、乙、丙认为应当召开源圣公司股东会,但陈某拒绝召开,而公司监事会对此事保持沉默。下列说法正确的是:

A. 甲可召集和主持股东会
B. 乙可召集和主持股东会
C. 丙可召集和主持股东会
D. 甲、乙、丙可共同召集和主持股东会

（2） 2016/3/93/任

若源圣公司的股东会得以召开,该次股东会就霓美公司将资金转入天富公司之事进行决议。关于该次股东会决议的内容,根据有关规定,下列选项正确的是:

A. 陈某连带承担返还1亿元的出资义务
B. 霓美公司承担1亿元的利息损失
C. 限制霓美公司的利润分配请求权
D. 解除霓美公司的股东资格

（3） 2016/3/94/任

就源圣公司前期投入到环保项目500万元的损失问题,甲、乙、丙认为应当向霓美公司索赔,多次书面请求监事会无果。下列说法正确的是:

A. 甲可以起诉霓美公司
B. 乙、丙不能起诉霓美公司
C. 若甲起诉并胜诉获赔,则赔偿款归甲
D. 若甲起诉并胜诉获赔,则赔偿款归源圣公司

56． 2015/3/26/多

荣吉有限公司是一家商贸公司,刘壮任董事长,马姝任公司总经理。关于马姝所担任的总经理职位,下列哪些选项是不正确的?①

A. 担任公司总经理须经刘壮的聘任
B. 享有以公司名义对外签订合同的法定代理权
C. 有权制定公司的劳动纪律制度
D. 有权聘任公司的财务经理

57． 2015/3/68/单

钱某为益扬有限公司的董事,赵某为

---

① 原为单选题,根据新法答案有变化,调整为多选题

公司的职工代表监事。公司为钱某、赵某支出的下列哪一项费用须经公司股东会批准?①
A. 钱某的年薪
B. 钱某的董事责任保险费
C. 赵某的差旅费
D. 赵某的社会保险费

58． 2013/3/25/多 新法改编
新余有限公司共有股东 4 人,未设董事会,股东刘某为公司唯一董事。在公司章程无特别规定的情形下,刘某可以行使下列哪些职权?②
A. 决定公司的投资方案
B. 否决其他股东对外转让股权行为的效力
C. 决定聘任公司经理
D. 决定公司的利润分配方案

59． 2012/3/68/多 新法改编
方圆公司与富春机械厂均为国有企业,合资设立富圆公司,出资比例为 30%与 70%。关于富圆公司董事会的组成,下列哪些说法是正确的?
A. 董事会成员中的职工代表由股东会选举产生
B. 董事张某任期内辞职,在新选出董事就任前,张某仍应履行董事职责
C. 富圆公司董事长可由小股东方圆公司派人担任
D. 方圆公司和富春机械厂可通过公司章程约定不按出资比例分红

60． 2010/3/25/单
甲乙丙丁戊五人共同组建一有限公司。出资协议约定甲以现金十万元出资,甲已缴纳六万元出资,尚有四万元未缴纳。某次公司股东会上,甲请求免除其四万元的出资义务。股东会五名股东,其中四名表示同意,投反对票的股东丙向法院起诉,请求确认该股东会决议无效。对此,下列哪一表述是正确的?
A. 该决议无效,甲的债务未免除
B. 该决议有效,甲的债务已经免除
C. 该决议需经全体股东同意才能有效
D. 该决议属于可撤销,除甲以外的任一股东均享有撤销权

61． 2008/3/77/多 新法改编
华胜股份有限公司于 2006 年召开董事会临时会议,董事长甲及乙、丙、丁、戊等共五位董事出席,董事会中其余 4 名成员未出席。董事会表决之前,丁因意见与众人不合,中途退席,但董事会经与会董事一致通过,最后仍作出决议。下列哪些选项是错误的?
A. 该决议有效,因其已由出席会议董事的过半数通过

B. 该决议不成立,因丁退席使董事的同意票不足全体董事表决票的二分之一
C. 该决议是否有效取决于公司股东会的最终意见
D. 该决议是否有效取决于公司监事会的审查意见

考点13 公司担保

62． 2021 回忆/任
通程公司设立了两家分公司甲分公司和乙分公司。在经营过程中,甲分公司为业务伙伴丙公司向丁公司提供担保,未经通程公司同意,自行以自己的名义签订了担保协议。在签订担保协议之前,甲分公司如实向丁公司说明了情况,丁公司未提出异议。乙分公司以自己的名义与戊公司签订了货物买卖协议。对此,下列说法正确的是:
A. 甲分公司以自己的名义签订的担保协议无效
B. 丙公司无法偿债时,丁公司可要求通程公司承担担保责任
C. 乙分公司签订的买卖协议对通程公司具有法律效力
D. 戊公司须先向乙分公司主张合同责任才可向通程公司主张责任

63． 2021 回忆/多
甲有限公司系张某出资设立的一人有限公司。几年后,甲有限公司与乙有限公司共同出资设立了丙有限公司。随后张某将其持有的甲有限公司的全部股权转让给了陈某并办理了变更登记。2020 年,甲有限公司为陈某向金某的借款提供担保,与金某签订了担保协议,陈某代表甲有限公司在担保协议上签字并加盖公章。2021 年借款到期后,陈某无力偿还借款。对此,下列哪些说法是正确的?
A. 甲有限公司应对借款承担担保责任
B. 该担保协议因未经股东会决议,故担保无效
C. 陈某如无法证明甲有限公司财产独立,则须就公司其他债务承担连带责任
D. 丙有限公司可就张某和陈某的股权转让主张优先购买权

64． 2008/3/30/单
公司在经营活动中可以以自己的财产为他人提供担保。关于担保的表述中,下列哪一选项是正确的?
A. 公司经理可以决定为本公司的客户提供担保
B. 公司董事长可以决定为本公司的客户提供担保

---

① 原为多选题,根据新法答案有变化,调整为单选题
② 原为单选题,根据新法答案有变化,调整为多选题

C. 公司董事会可以决定为本公司的股东提供担保
D. 公司股东会可以决定为本公司的股东提供担保

第五节　公司的董事、监事、高级管理人员

考点 14 公司董事、监事、高级管理人员的资格和义务

65. 【2023 回忆/单】

下列哪一项人员可以担任公司的董事？
A. 甲因炒股欠下巨额债务不清偿，被法院列入失信人员名单
B. 乙曾因挪用公款受到刑事处罚，执行期满 4 年
C. 丙曾主导公司盲目借贷，最终导致该公司巨额负债而在 2 年前被破产清算
D. 丁 2 年前担任一家长期负债公司的法定代表人，上任后不久该公司即被责令关闭

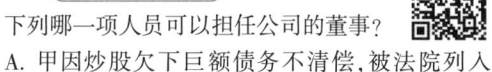

66. 【2019 回忆/单】

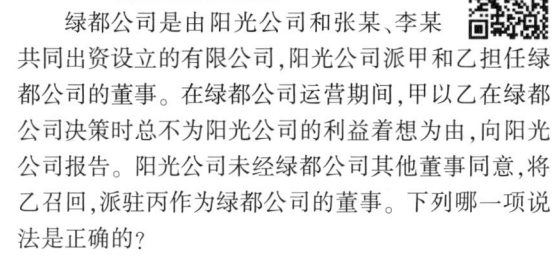

绿都公司是由阳光公司和张某、李某共同出资设立的有限公司，阳光公司派甲和乙担任绿都公司的董事。在绿都公司运营期间，甲以乙在绿都公司决策时总不为阳光公司的利益着想为由，向阳光公司报告。阳光公司未经绿都公司其他董事同意，将乙召回，派驻丙作为绿都公司的董事。下列哪一项说法是正确的？
A. 乙一经召回就丧失了绿都公司的董事身份
B. 丙取得了绿都公司的董事身份
C. 甲和乙应对阳光公司尽忠实、勤勉义务
D. 甲和乙应对绿都公司尽忠实、勤勉义务

67. 【2017/3/26/单】

彭兵是一家（非上市）股份有限公司的董事长，依公司章程规定，其任期于 2017 年 3 月届满。由于股东间的矛盾，公司未能按期改选出新一届董事会。此后对于公司内部管理，董事间彼此推诿，彭兵也无心公司事务，使得公司随后的一项投资失败，损失 100 万元。对此，下列哪一选项是正确的？
A. 因已届期，彭兵不再履行董事长职务
B. 虽已届期，董事会成员仍须履行董事职务
C. 就公司 100 万元损失，彭兵应承担全部赔偿责任
D. 对彭兵的行为，公司股东有权提起股东代表诉讼

68. 【2013/3/70/多】

李方为平昌公司董事长。债务人姜呈向平昌公司偿还 40 万元时，李方要其将该款打到自己指定的个人账户。随即李方又将该款借给刘黎，借期一年，年息 12%。下列哪些表述是正确的？
A. 该 40 万元的所有权，应归属于平昌公司

B. 李方因其行为已不再具有担任董事长的资格
C. 在姜呈为善意时，其履行行为有效
D. 平昌公司可要求李方返还利息

69. 【2008/3/76/多】

甲公司于 2008 年 7 月依法成立，现有数名推荐的董事人选，依照《公司法》规定，下列哪些人员不能担任公司董事？
A. 王某，因担任企业负责人犯重大责任事故罪于 2001 年 6 月被判处三年有期徒刑，2004 年刑满释放
B. 张某，与他人共同投资设立一家有限责任公司，持股 70%，该公司长期经营不善，负债累累，于 2006 年被宣告破产
C. 徐某，2003 年向他人借款 100 万元，为期 2 年，但因资金被股市套住至今未清偿
D. 赵某，曾任某音像公司董事长，该公司因未经著作权人许可大量复制音像制品于 2006 年 5 月被工商部门吊销营业执照，赵某负有个人责任

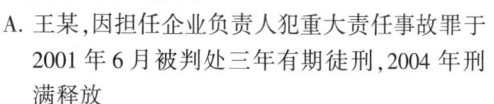

第六节　公司的财务与会计制度

考点 15 公司的财务会计报告制度

70. 【2014/3/71/多】

关于公司的财务行为，下列哪些选项是正确的？
A. 在会计年度终了时，公司须编制财务会计报告，并自行审计
B. 公司的法定公积金不足以弥补以前年度亏损时，则在提取本年度法定公积金之前，应先用当年利润弥补亏损
C. 公司可用其资本公积金来弥补公司的亏损
D. 公司可将法定公积金转为公司资本，但所留存的该项公积金不得少于转增前公司注册资本的百分之二十五

考点 16 公司的收益分配制度

71. 【2022 回忆/多】

羽伦公司是一家非上市的股份公司，成立于 2020 年 4 月，公司注册资本 1 亿元，股东共认缴出资 2 亿元。2021 年 4 月，该公司财务报表显示，2020 年羽伦公司亏损 0.4 亿元人民币。因市场好转，2022 年 4 月的公司财务报表显示，羽伦公司 2021 年实现税后净利润 0.8 亿元。据此，下列哪些说法是正确的？
A. 2020 年 4 月，羽伦公司应将 1 亿元计入资本公积金
B. 就 0.8 亿元税后利润，羽伦公司应当先弥补上一年度亏损

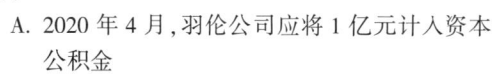

C. 就 0.8 亿元税后利润应当提取 0.08 亿元法定公积金
D. 羽伦公司董事会有权决定提取一定比例的任意公积金

72. 紫霞股份有限公司是一家从事游戏开发的非上市公司，注册资本 5000 万元，已发行股份总额为 1000 万股。公司成立后经营状况一直不佳，至 2015 年底公司账面亏损 3000 万元。2016 年初，公司开发出一款游戏，备受玩家追捧，市场异常火爆，年底即扭亏为盈，税后利润达 7000 万元。

请回答第（1）、（2）题。

（1）**2017/3/92/任**

2016 年底，为回馈股东多年的付出，紫霞公司决定分配利润。此时公司的法定公积金余额仅为 5 万元。就此次利润分配行为，下列选项正确的是：

A. 公司应提取的法定公积金数额为 400 万元
B. 公司可提取法定公积金的上限为税后利润的一半，即 3500 万元
C. 经股东会决议，公司可提取任意公积金 1000 万元
D. 公司向股东可分配利润的上限为 3605 万元

（2）**2017/3/93/任**

如紫霞公司在 2016 年底的分配利润中，最后所提取的各项公积金数额总计为 2800 万元，关于该公积金的用途，下列选项正确的是：

A. 可用于弥补公司 2016 年度的实际亏损
B. 可将其中的 1500 万元用于新款游戏软件的研发
C. 可将其中 1000 万元的任意公积金全部用于公司资本的增加
D. 可将其中 1000 万元的法定公积金用于公司资本的增加

第七节 公司的变更、合并与分立

考点 17 公司合并和分立

73. **2015/3/69/多**

张某、李某为甲公司的股东，分别持股 65%与 35%，张某为公司董事长。为谋求更大的市场空间，张某提出吸收合并乙公司的发展战略。关于甲公司的合并行为，下列哪些表述是正确的？

A. 只有取得李某的同意，甲公司内部的合并决议才能有效
B. 在合并决议作出之日起 15 日内，甲公司须通知其债权人
C. 债权人自接到通知之日起 30 日内，有权对甲公司的合并行为提出异议
D. 合并乙公司后，甲公司须对原乙公司的债权人负责

74. **2011/3/25/单**

白阳有限公司分立为阳春有限公司与白雪有限公司时，在对原债权人甲的关系上，下列哪一说法是错误的？

A. 白阳公司应在作出分立决议之日起 10 日内通知甲
B. 甲在接到分立通知书后 30 日内，可要求白阳公司清偿债务或提供相应的担保
C. 甲可向分立后的阳春公司与白雪公司主张连带清偿责任
D. 白阳公司在分立前可与甲就债务偿还问题签订书面协议

75. **2009/3/72/多**

甲公司欠乙公司货款 100 万元、丙公司货款 50 万元。2009 年 9 月，甲公司与丁公司达成意向，拟由丁公司兼并甲公司。乙公司原欠丁公司租金 80 万元。下列哪些表述是正确的？

A. 甲公司与丁公司合并后，两个公司的法人主体资格同时归于消灭
B. 甲公司与丁公司合并后，丁公司可以向乙公司主张债务抵销
C. 甲公司与丁公司合并时，丙公司可以要求甲公司或丁公司提供履行债务的担保
D. 甲公司与丁公司合并时，应当分别由甲公司和丁公司的董事会作出合并决议

考点 18 公司形式变更

76. **2018 回忆/多**

秦川有限公司注册资本 1 亿元，股东为甲、乙、丙三人。因经营有方，公司持续盈利，至 2018 年公司净资产总额已达 2 亿元。为拓展市场，为上市做准备，公司经决议变更为股份有限公司。以下哪些说法是正确的？

A. 如变更后公司注册资本为 2 亿元，则不必另行办理增资的变更登记
B. 如变更后公司注册资本为 2.5 亿元，新增部分可以由甲、乙、丙认购
C. 如变更后公司注册资本为 2.5 亿元，则增加注册资本可向社会公开募集，不能定向募集
D. 如变更后发现原公司净资产计算错误，漏记 2000 万元对外债务，则差额由甲、乙、丙承担连带补足责任

考点 19 公司增资和减资（注册资本变更）

77. **2017/3/68/多**

湘星公司成立于 2012 年，甲、乙、丙三人是其股东，出资比例为 7∶2∶1，公司经营状况良好。2017 年初，为拓展业务，甲提议公司注册资本增

资1000万元。关于该增资程序的有效完成,下列哪些说法是正确的?

A. 三位股东不必按原出资比例增资
B. 三位股东不必实际缴足增资
C. 公司不必修改公司章程
D. 公司不必办理变更登记

78．2013/3/26/单

泰昌有限公司共有6个股东,公司成立两年后,决定增加注册资本500万元。下列哪一表述是正确的?

A. 股东会关于新增注册资本的决议,须经三分之二以上股东同意
B. 股东认缴的新增出资额可分期缴纳
C. 股东有权要求按照认缴出资比例来认缴新增注册资本的出资
D. 一股东未履行其新增注册资本出资义务时,公司董事长须承担连带责任

考点20 公司其他事项变更

79．2013/3/69/单

华昌有限公司有8个股东,麻某为董事长。2013年5月,公司经股东会决议,决定变更为股份公司,由公司全体股东作为发起人,发起设立华昌股份公司。下列哪一选项是正确的?①

A. 该股东会决议应由全体股东一致同意
B. 发起人所认购的股份,应在股份公司成立后两年内缴足
C. 变更后股份公司的董事长,当然由麻某担任
D. 变更后的股份公司在其企业名称中,可继续使用"华昌"字号

80．2010/3/75/多

关于商事登记,下列哪些说法是正确的?

A. 公司的分支机构应办理营业登记
B. 被吊销营业执照的企业即丧失主体资格
C. 企业改变经营范围应办理变更登记
D. 企业未经清算不能办理注销登记

第八节 公司的解散与清算

考点21 公司的解散与清算

81．2023 回忆/多

甲、乙、丙共同出资设立一家有限责任公司,甲担任管理公司事务的董事。在公司经营过程中,乙、丙二人与甲理念不合,看不惯甲的管理方式,自2018年8月起,公司再也没有召开股东会会议。2021年10月,乙请求法院判决解散公司,并得到法院支持。2022年3月24日,公司组成清算组进行清算。

同年4月20日,债权人丁在进行债权登记时,得知清算组将会计账簿弄丢,无法继续清算。据此,下列哪些说法是正确的?

A. 丁可以以清算组为被告提起诉讼
B. 丁可以以公司为被告提起诉讼
C. 丁可以要求甲、乙、丙承担补充赔偿责任
D. 丁可以要求甲、乙、丙承担连带责任

82．2021 回忆/多

成泰公司设立于2015年,其投资建设了成泰商厦。公司有股东王某、张某和李某三人,其中王某和张某系夫妻,分别持股51%和40%。2018年王某和张某因感情发生纠纷,夫妻关系破裂,至此公司再未有效召开股东会。因城市发展,成泰商厦的租金持续上涨,公司盈利颇丰。下列哪些说法是正确的?

A. 王某有权以自己的名义请求法院解散公司
B. 张某有权以自己的名义请求法院解散公司
C. 李某请求法院解散公司,应列公司为被告
D. 因该公司经营状况良好,因此法院不应裁判解散公司

83．2015/3/27/单

李桃是某股份公司发起人之一,持有14%的股份。在公司成立后的两年多时间里,各董事之间矛盾不断,不仅使公司原定上市计划难以实现,更导致公司经营管理出现严重困难。关于李桃可采取的法律措施,下列哪一说法是正确的?

A. 可起诉各董事履行对公司的忠实义务和勤勉义务
B. 可同时提起解散公司的诉讼和对公司进行清算的诉讼
C. 在提起解散公司诉讼时,可直接要求法院采取财产保全措施
D. 在提起解散公司诉讼时,应以公司为被告

84．2014/3/28/单

某经营高档餐饮的有限责任公司,成立于2004年。最近四年来,因受市场影响,公司业绩逐年下滑,各董事间又长期不和,公司经营管理几近瘫痪。股东张某提起解散诉讼。对此,下列哪一表述是正确的?

A. 可同时提起清算公司的诉讼
B. 可向法院申请财产保全
C. 可将其他股东列为共同被告
D. 如法院就解散公司诉讼作出判决,仅对公司具有法律拘束力

---

① 原为多选题,根据新法答案有变化,调整为单选题。

85． 2014/3/70/多 新法改编

因公司章程所规定的营业期限届满，蒙玛有限公司进入清算程序。关于该公司的清算，下列哪些选项是错误的？

A．在公司逾期不成立清算组时，公司债权人可直接申请法院指定组成清算组

B．公司在清算期间，由清算组代表公司参加诉讼

C．债权人未在规定期限内申报债权的，则不得补充申报

D．法院组织清算的，清算方案报法院备案后，清算组即可执行

86． 2012/3/28/单

2012年5月，东湖有限公司股东申请法院对公司进行司法清算，法院为其指定相关人员组成清算组。关于该清算组成员，下列哪一选项是错误的？

A．公司债权人唐某

B．公司董事长程某

C．公司财务总监钱某

D．公司聘请的某律师事务所

87． 2011/3/27/单

2009年，甲、乙、丙、丁共同设立A有限责任公司。丙以下列哪一理由提起解散公司的诉讼法院应予受理？

A．以公司董事长甲严重侵害其股东知情权，其无法与甲合作为由

B．以公司管理层严重侵害其利润分配请求权，其股东利益受重大损失为由

C．以公司被吊销企业法人营业执照而未进行清算为由

D．以公司经营管理发生严重困难，继续存续会使股东利益受到重大损失为由

88． 2009/3/73/多

甲为某有限公司股东，持有该公司15%的表决权股。甲与公司的另外两个股东长期意见不合，已两年未开成公司股东会，公司经营管理出现困难，甲与其他股东多次协商未果。在此情况下，甲可以采取下列哪些措施解决问题？

A．请求法院解散公司

B．请求公司以合理的价格收购其股权

C．将股权转让给另外两个股东退出公司

D．经另外两个股东同意撤回出资以退出公司

89． 2008/3/32/单

甲、乙、丙三人共同设立云台有限责任公司，出资比例分别为70%、25%、5%。自2005年开始，公司的生产经营状况严重恶化，股东之间互不配合，不能作出任何有效决议，甲提议通过股权转让摆脱困境被其他股东拒绝。下列哪一选项是正确的？

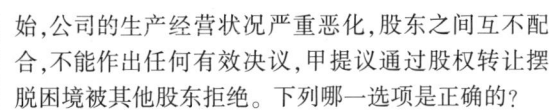

A．只有控股股东甲可以向法院请求解散公司

B．只有甲、乙可以向法院请求解散公司

C．甲、乙、丙中任何一人都可向法院请求解散公司

D．不应解散公司，而应通过收购股权等方式解决问题

第九节 有限责任公司

考点22 有限责任公司的设立

90． 2015/3/25/单

张某与潘某欲共同设立一家有限责任公司。关于公司的设立，下列哪一说法是错误的？

A．张某、潘某签订公司设立书面协议可代替制定公司章程

B．公司的注册资本可约定为50元人民币

C．公司可以张某姓名作为公司名称

D．张某、潘某二人可约定以潘某住所作为公司住所

考点23 有限责任公司的股权转让

91． 2023 回忆/任

甲、乙、丙、丁为红英有限公司的股东。甲和第三人戊签订股权转让协议，乙反对并要求对其中60%的股权行使优先购买权，但被甲拒绝。在戊支付完股权转让款后，公司高管李某因为疏忽未给戊办理股权变更登记手续。后甲将该股权质押给丁。关于本案，下列说法正确的是：

A．甲拒绝乙的优先购买权请求是合法的

B．对于给戊造成的损失，甲和李某应承担连带责任

C．戊因未办理股权变更登记手续而不能取得该股权

D．丁符合善意取得要件，可以取得该股权质权

92． 2017/3/28/单

汪某为兴荣有限责任公司的股东，持股34%。2017年5月，汪某因不能偿还永平公司的货款，永平公司向法院申请强制执行汪某在兴荣公司的股权。关于本案，下列哪一选项是正确的？

A．永平公司在申请强制执行汪某的股权时，应通知兴荣公司的其他股东

B．兴荣公司的其他股东自通知之日起1个月内，可主张行使优先购买权

C．如汪某所持股权的50%在价值上即可清偿债务，则永平公司不得强制执行其全部股权

D. 如在股权强制拍卖中由丁某拍定,则丁某取得汪某股权的时间为变更登记办理完毕时

93. 2015/3/70/多 新法改编
甲持有硕昌有限公司69%的股权,任该公司董事长;乙、丙为公司另外两个股东。因打算移居海外,甲拟出让其全部股权。对此,下列哪些说法是错误的?
A. 不必征得乙、丙的同意,甲即可对外转让自己的股权
B. 若公司章程限制甲转让其股权,则甲可直接修改章程中的限制性规定,以使其股权转让行为合法
C. 甲可将其股权分割为两部分,分别转让给乙、丙
D. 甲对外转让其全部股权时,乙或丙均可就甲所转让股权的一部分主张优先购买权

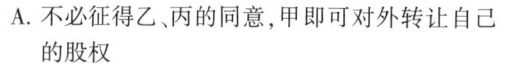

94. 2009/3/26/单 新法改编
甲、乙、丙为某有限责任公司股东。现甲欲对外转让其股份,下列哪一判断是正确的?
A. 甲必须就此事书面通知乙、丙
B. 在任何情况下,乙、丙均享有优先购买权
C. 在符合对外转让条件的情况下,受让人应当将股权转让款支付给公司
D. 未经工商变更登记,受让人不能取得公司股东资格

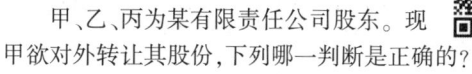

95. 2008/3/74/多
周某向钱某转让其持有的某有限责任公司的全部股权,并签署了股权转让协议。关于该股权转让和股东的认定问题,下列哪些选项是正确的?
A. 在公司登记机关办理股权变更登记前股东仍然是周某
B. 在出资证明书移交给钱某后,钱某即成为公司股东
C. 在公司变更股东名册后,钱某即成为公司股东
D. 在公司登记机关办理股权登记后该股权转让取得对抗效力

考点24 有限责任公司的股权回购

96. 2019回忆/多
天禄公司由甲、乙、丙、丁四人出资设立,甲持股25%,公司章程规定公司的经营期限为10年。到期后,因公司运营不好,甲主张按章程规定解散公司,但其他股东均不同意解散。公司召开股东会讨论此事,在甲反对、其他股东均同意的情况下作出股东会决议,决定修改公司章程,延长公司的经营期限至2035年。下列有关甲的维权措施,哪些是正确的?
A. 甲可向法院起诉确认该股东会决议无效
B. 甲可向公司主张以合理的价格收购其股权
C. 甲可与乙协商转让其股权
D. 甲可向法院起诉请求强制解散天禄公司

97. 2013/3/28/单
香根餐饮有限公司有股东甲、乙、丙三人,分别持股51%、14%与35%,经营数年后,公司又开设一家分店,由丙任其负责人。后因公司业绩不佳,甲召集股东会,决议将公司的分店转让。对该决议,丙不同意。下列哪一表述是正确的?
A. 丙可以该决议程序违法为由,主张撤销
B. 丙可以该决议损害其利益为由,提起解散公司之诉
C. 丙可以要求公司按照合理的价格收购其股权
D. 公司可以丙不履行股东义务为由,以股东会决议解除其股东资格

98. 2010/3/71/多
甲乙等六位股东各出资30万元于2004年2月设立一有限责任公司,五年来公司效益一直不错,但为了扩大再生产一直未向股东分配利润。2009年股东会上,乙提议进行利润分配,但股东会仍然作出不分配利润的决议。对此,下列哪些表述是错误的?
A. 该股东会决议无效
B. 乙可请求法院撤销该股东会决议
C. 乙有权请求公司以合理价格收购其股权
D. 乙可不经其他股东同意而将其股份转让给第三人

考点25 一人公司

99. 2011/3/28/多
张平以个人独资企业形式设立"金地"肉制品加工厂。2011年5月,因瘦肉精事件影响,张平为减少风险,打算将加工厂改成一人有限公司形式。对此,下列哪些表述是错误的?①
A. 因原投资人和现股东均为张平一人,故加工厂不必进行清算即可变更登记为一人有限公司
B. 新成立的一人有限公司仍可继续使用原商号"金地"
C. 张平为设立一人有限公司,须一次足额缴纳其全部出资额
D. 如张平未将一人有限公司的财产独立于自己的财产,则应对公司债务承担连带责任

① 原为单选题,根据新法答案有变化,调整为多选题。

100. 2010/3/27/多

张某为避免合作矛盾与问题,不想与人合伙或合股办企业,欲自己单干。朋友对此提出以下建议,其中哪些建议是错误的?①

A. "可选择开办独资企业,也可选择开办一人有限公司"
B. "如选择开办一人公司,那么注册资本不能少于 10 万元"
C. "如选择开办独资企业,则必须自己进行经营管理"
D. "可同时设立一家一人公司和一家独资企业"

101. 2009/3/95/任

张某有 200 万元资金,打算在烟台投资设立一家注册资本为 300 万元左右的餐饮企业。关于如何设立与管理企业,请回答。

如张某拟设立一家一人有限责任公司,下列表述正确的是:

A. 注册资本不能低于 50 万元
B. 可以再参股其他有限公司
C. 只能由张某本人担任法定代表人
D. 可以再投资设立一家一人有限责任公司

第十节 股份有限公司

考点 26 股份有限公司的设立

102. 2016/3/70/多 新法改编

甲、乙、丙等拟以募集方式设立厚亿股份公司。经过较长时间的筹备,公司设立的各项事务逐渐完成,现大股东甲准备组织召开公司成立大会。下列哪些表述是正确的?

A. 厚亿公司的章程应在成立大会上通过
B. 甲、乙、丙等出资的验资证明应由成立大会审核
C. 厚亿公司的经营计划应在成立大会上决定
D. 设立厚亿公司的各种费用应由成立大会审核

103. 2014/3/72/多

顺昌有限公司等五家公司作为发起人,拟以募集方式设立一家股份有限公司。关于公开募集程序,下列哪些表述是正确的?

A. 发起人应与依法设立的证券公司签订承销协议,由其承销公开募集股份
B. 证券公司应与银行签订协议,由该银行代所发行股份的股款
C. 发行股份的股款缴足后,须经依法设立的验资机构验资并出具证明
D. 由发起人主持召开公司成立大会,选举董事会成员、监事会成员与公司总经理

104. 2010/3/73/多 新法改编

关于股份有限公司的设立,下列哪些表述符合《公司法》规定?

A. 股份有限公司的发起人最多为 200 人
B. 发起人之间的关系性质属于合伙关系
C. 采取募集方式设立时,发起人不能在公司成立后分期缴纳出资
D. 发起人之间如发生纠纷,该纠纷的解决应当同时适用《民法典》和《公司法》

考点 27 股份有限公司的股份转让

105. 2016/3/29/单

唐宁是沃运股份有限公司的发起人和董事之一,持有公司 15% 的股份。因公司未能上市,唐宁对沃运公司的发展前景担忧,欲将所持股份转让。关于此事,下列哪一说法是正确的?

A. 唐宁可要求沃运公司收购其股权
B. 唐宁可以不经其他股东同意对外转让其股份
C. 若章程禁止发起人转让股份,则唐宁的不得转让
D. 若唐宁出让其股份,其他发起人可依法主张优先购买权

考点 28 股份有限公司的股份回购

106. 2019 回忆/多

某上市公司因产品发生质量问题引发消费者不满,公司对此事件的处理方案不妥,引发舆论负面评价,导致股价持续下跌。为了扭转股价下跌的趋势,公司拟用未分配利润回购公司股份。关于该公司的股份回购,下列哪些说法是正确的?

A. 该回购事项需通过股东大会决议
B. 回购股份不能超过已经发行股份的 10%
C. 股份回购应通过公开集中交易进行
D. 公司回购的股份应当在半年内注销或转让

107. 2017/3/94/任

紫霞股份有限公司是一家从事游戏开发的非上市公司,注册资本 5000 万元,已发行股份总额为 1000 万股。公司成立后经营状况一直不佳,至 2015 年底公司账面亏损 3000 万元。2016 年初,公司开发出一款游戏,备受玩家追捧,市场异常火爆,年底即扭亏为盈,税后利润达 7000 万元。

进入 2017 年,紫霞公司保持良好的发展势头。为进一步激励员工,公司于 8 月决定收购本公司的部分股份,用于职工奖励。关于此问题,下列选项正确的是:

---

① 原为单选题,根据新法答案有变化,调整为多选题。

A. 公司此次可收购的本公司股份的上限为100万股
B. 公司可动用任意公积金作为此次股份收购的资金
C. 收购本公司股份后,公司可在两年内完成实施对职工的股份奖励
D. 如在2017年底公司仍持有所收购的股份,则在利润分配时不得对该股份进行利润分配

考点29 上市公司特殊规定

108. 2016/3/71/多

星煌公司是一家上市公司。现董事长吴某就星煌公司向坤诚公司的投资之事准备召开董事会。因公司资金比较紧张,且其中一名董事梁某的妻子又在坤诚公司任副董事长,有部分董事对此投资事宜表示异议。关于本案,下列哪些选项是正确的?
A. 梁某不应参加董事会表决
B. 吴某可代梁某在董事会上表决
C. 若参加董事会人数不足,则应提交股东会审议
D. 星煌公司不能投资于坤诚公司

109. 2015/3/28/单

甲公司是一家上市公司。关于该公司的独立董事制度,下列哪一表述是正确的?
A. 甲公司董事会成员中应当至少包括1/3的独立董事
B. 任职独立董事的,至少包括一名会计专业人士和一名法律专业人士
C. 除在甲公司外,各独立董事在其他上市公司同时兼任独立董事的,不得超过5家
D. 各独立董事不得直接或间接持有甲公司已发行的股份

专题二 合伙企业法

考点30 普通合伙企业

(一)普通合伙企业的设立

110. 2022 回忆/任

甲、乙、丙共同出资设立一家玩具店(普通合伙企业)。甲用一套商住房屋的使用权和现金30万元出资。房屋交付玩具店作为经营店面,但是没有过户登记。现金按合伙协议约定应于2025年12月底前缴纳。后因经营不佳,玩具店欠丁公司货款到期无力清偿。下列说法正确的是:
A. 丁公司可要求甲对玩具店提前缴纳出资
B. 丁公司可要求甲对玩具店未清偿的债务承担无限连带责任
C. 甲应将房屋过户给玩具店并办理登记手续

D. 甲可以未到出资期限抗辩丁公司的偿债请求

111. 2011/3/29/单

甲、乙、丙、丁打算设立一家普通合伙企业。对此,下列哪一表述是正确的?
A. 各合伙人不得以劳务作为出资
B. 如乙仅以其房屋使用权作为出资,则不必办理房屋产权过户登记
C. 该合伙企业名称中不得以任何一个合伙人的名字作为商号或字号
D. 合伙协议经全体合伙人签名、盖章并经登记后生效

(二)普通合伙企业的财产与损益分配

112. 2013/3/92/任

高崎、田一、丁福三人共同出资200万元,于2011年4月设立"高田丁科技投资中心(普通合伙)",从事软件科技的开发与投资。其中高崎出资160万元,田、丁分别出资20万元,由高崎担任合伙事务执行人。

2012年6月,丁福为向钟冉借钱,作为担保方式,而将自己的合伙财产份额出质给钟冉。下列说法正确的是:
A. 就该出质行为,高、田二人均享有一票否决权
B. 该合伙财产份额质权,须经合伙协议记载与工商登记才能生效
C. 在丁福伪称已获高、田二人同意,而钟冉又是善意时,钟冉善意取得该质权
D. 在丁福未履行还款义务,如钟冉享有质权并主张以拍卖方式实现时,高、田二人享有优先购买权

113. 2010/3/34/单

关于合伙企业的利润分配,如合伙协议未作约定且合伙人协商不成,下列哪一选项是正确的?
A. 应当由全体合伙人平均分配
B. 应当由全体合伙人按实缴出资比例分配
C. 应当由全体合伙人按合伙协议约定的出资比例分配
D. 应当按合伙人的贡献决定如何分配

(三)普通合伙企业事务的执行

114. 2020 回忆/任

诚意商行是秦某和郑某共同出资设立的普通合伙企业,于2020年4月完成设立登记并领取营业执照,合伙协议约定秦某是合伙事务执行人。2020年3月,在合伙企业筹备阶段,秦某以合伙企业名义和甲公司签了一份购买测温仪的合同。2020年5月,郑某了解到乙公司还有测温仪存货,遂以合伙企

业名义和乙公司签订了购买合同。后来市场测温仪需求大降,甲公司现在要求还款,乙公司要求履行合同。关于本案,下列说法不正确的是:
A. 秦某与甲公司签订的购买测温仪的合同,不得以诚意商行的名义签订
B. 乙公司无权要求郑某承担责任
C. 乙公司可主张秦某、郑某对合伙企业债务承担连带责任
D. 郑某无权以合伙企业的名义对外签订合同,故乙公司无权要求诚意商行履行合同

115． 2019 回忆/多
甲和乙设立冰封火锅店(普通合伙企业),出资比例分别是80%和20%,合伙协议约定甲是合伙企业事务执行人。后甲聘请国外留学回来的丙担任火锅店的经营管理人员,全权负责火锅店的运营事务。乙后来得知此消息,但未对此事表态。丙大胆更换了火锅店的大厨和服务员,火锅店生意日渐好转,终扭亏为盈。一年后,为扩大火锅店的规模,丙以合伙企业名义向丁借款100万元用于火锅店的经营,并以火锅店的店面做抵押。下列哪些说法是正确的?
A. 丙无权以火锅店店面做抵押
B. 丙无权更换大厨和服务员
C. 丙自乙知情后正式成为火锅店的经营管理人员
D. 丙无权以合伙企业名义向丁借款

116． 2017/3/29/单
逐道茶业是一家生产销售野生茶叶的普通合伙企业,合伙人分别为赵、钱、孙。合伙协议约定如下:第一,赵、钱共同担任合伙事务执行人;第二,赵、钱共同以合伙企业名义对外签约时,单笔标的额不得超过30万元。对此,下列哪一选项是正确的?
A. 赵单独以合伙企业名义,与甲茶农达成协议,以12万元的价格收购其茶园的茶叶,该协议为有效约定
B. 孙单独以合伙企业名义,与乙茶农达成协议,以10万元的价格收购其茶园的茶叶,该协议为无效约定
C. 赵、钱共同以合伙企业名义,与丙茶叶公司签订价值28万元的明前茶销售合同,该合同为有效约定
D. 赵、钱共同以合伙企业名义,与丁茶叶公司签订价值35万元的明前茶销售合同,该合同为无效约定

117． 2015/3/29/单
某普通合伙企业为内部管理与拓展市场的需要,决定聘请陈东为企业经营管理人。对此,下列哪一表述是正确的?
A. 陈东可以同时具有合伙人身份
B. 对陈东的聘任须全体合伙人的一致同意
C. 陈东作为经营管理人,有权以合伙企业的名义对外签订合同
D. 合伙企业对陈东对外代表合伙企业权利的限制,不得对抗第三人

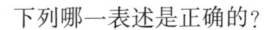

118． 甲、乙、丙三人共同商定出资设立一家普通合伙企业,其中约定乙以其所有房屋的使用权出资,企业的财务由甲负责。2015年4月,该合伙企业亏损巨大。5月,见股市大涨,在丙不知情的情况下,甲与乙直接将企业账户中的400万元资金,以企业名义委托给某投资机构来进行股市投资。同时,乙自己也将上述房屋以600万元变卖并过户给丁,房款全部用来炒股。至6月下旬,投入股市资金所剩无几。丙得知情况后突发脑溢血死亡。
请回答第(1)~(3)题。

(1) 2015/3/92/任
关于甲、乙将400万元资金委托投资股市的行为,下列说法正确的是:
A. 属于无权处分行为
B. 属于改变合伙企业经营范围的行为
C. 就委托投资失败,甲、乙应负连带赔偿责任
D. 就委托投资失败,该受托的投资机构须承担连带责任

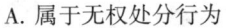

(2) 2015/3/93/任
关于乙将房屋出卖的行为,下列选项正确的是:
A. 构成无权处分行为
B. 丁取得该房屋所有权
C. 丁无权要求合伙企业搬出该房屋
D. 乙对合伙企业应承担违约责任

(3) 2015/3/94/任
假设丙有继承人戊,则就戊的权利,下列说法错误的是:
A. 自丙死亡之时起,戊即取得该合伙企业的合伙人资格
B. 因合伙企业账面上已处于亏损状态,戊可要求解散合伙企业并进行清算
C. 就甲委托投资股市而失败的行为,戊可直接向甲主张赔偿
D. 就乙出卖房屋而给企业造成的损失,戊可直接向乙主张赔偿

119． 2014/3/73/多
通源商务中心为一家普通合伙企业,合伙人为赵某、钱某、孙某、李某、周某。就合伙事务

的执行,合伙协议约定由赵某、钱某二人负责。下列哪些表述是正确的?
A. 孙某仍有权以合伙企业的名义对外签订合同
B. 对赵某、钱某的业务执行行为,李某享有监督权
C. 对赵某、钱某的业务执行行为,周某享有异议权
D. 赵某以合伙企业名义对外签订合同时,钱某享有异议权

120. 王某、张某、田某、朱某共同出资180万元,于2012年8月成立绿园商贸中心(普通合伙)。其中王某、张某各出资40万元,田某、朱某各出资50万元;就合伙事务的执行,合伙协议未特别约定。请回答第(1)、(2)题。

(1) 2014/3/92/任

2013年9月,鉴于王某、张某业务能力不足,经合伙人会议决定,王某不再享有对外签约权,而张某的对外签约权仅限于每笔交易额3万元以下。关于该合伙人决议,下列选项正确的是:
A. 因违反合伙人平等原则,剥夺王某对外签约权的决议应为无效
B. 王某可以此为由向其他合伙人主张赔偿其损失
C. 张某此后对外签约的标的额超过3万元时,须事先征得王某、田某、朱某的同意
D. 对张某的签约权限制,不得对抗善意相对人

(2) 2014/3/93/任

2014年1月,田某以合伙企业的名义,自京顺公司订购价值80万元的节日礼品,准备在春节前转销给某单位。但对这一礼品订购合同的签订,朱某提出异议。就此,下列选项正确的是:
A. 因对合伙企业来说,该合同标的额较大,故田某在签约前应取得朱某的同意
B. 朱某的异议不影响该合同的效力
C. 就田某的签约行为所产生的债务,王某无须承担无限连带责任
D. 就田某的签约行为所产生的债务,朱某须承担无限连带责任

121. 2011/3/30/单

赵、钱、孙、李设立一家普通合伙企业。经全体合伙人会议决定,委托赵与钱执行合伙事务,对外代表合伙企业。对此,下列哪一表述是错误的?
A. 孙、李仍享有执行合伙事务的权限
B. 孙、李有权监督赵、钱执行合伙事务的情况
C. 如赵单独执行某一合伙事务,钱可以对赵执行的事务提出异议
D. 如赵执行事务违反合伙协议,孙、李有权决定撤销对赵的委托

122. 张、王、李、赵各出资四分之一,设立通程酒吧(普通合伙企业)。合伙协议未约定合伙期限。现围绕合伙份额转让、酒吧管理等事项,回答第(1)、(2)题。

(1) 2011/3/93/任

酒吧开业1年后,经营环境急剧变化,全体合伙人开会,协商对策。按照《合伙企业法》规定,下列事项的表决属于有效表决的是:
A. 张某认为"通程"二字没有吸引力,提议改为"同升酒吧"。王某、赵某同意,但李某反对
B. 鉴于生意清淡,王某提议暂停业1个月,装修整顿。张某、赵某同意,但李某反对
C. 鉴于酒吧之急需,赵某提议将其一批咖啡机卖给酒吧。张某、王某同意,但李某反对
D. 鉴于4人缺乏酒吧经营之道,李某提议聘任其友汪某为合伙经营管理人。张某、王某同意,但赵某反对

(2) 2011/3/94/任

经全体合伙人同意,林某被聘任为酒吧经营管理人,在其受聘期间自主决定采取的下列管理措施符合《合伙企业法》规定的是:
A. 为改变经营结构扩大影响力,将经营范围扩展至法国红酒代理销售业务
B. 为改变资金流量不足情况,以酒吧不动产为抵押,向某银行借款50万元
C. 为营造气氛,以酒吧名义与某音乐师签约,约定音乐师每晚在酒吧表演2小时
D. 为整顿员工工作纪律,开除2名经常被顾客投诉的员工,招聘3名新员工

(四)普通合伙企业与第三人(债务人)的关系

123. 2016/3/2/单

甲企业是由自然人安琚与乙企业(个人独资)各出资50%设立的普通合伙企业,欠丙企业货款50万元,由于经营不善,甲企业全部资产仅剩20万元。现所欠货款到期,相关各方因货款清偿发生纠纷。对此,下列哪一表述是正确的?
A. 丙企业只能要求安琚与乙企业各自承担15万元的清偿责任
B. 丙企业只能要求甲企业承担清偿责任
C. 欠款应先以甲企业的财产偿还,不足部分由安琚与乙企业承担无限连带责任
D. 就乙企业对丙企业的应偿债务,乙企业投资人不承担责任

124． 2016/3/30/单

兰艺咖啡店是罗飞、王曼设立的普通合伙企业，合伙协议约定罗飞是合伙事务执行人且承担全部亏损。为扭转经营亏损局面，王曼将兰艺咖啡店加盟某知名品牌，并以合伙企业的名义向陈阳借款20万元支付了加盟费。陈阳现在要求还款。关于本案，下列哪一说法是正确的？

A．王曼无权以合伙企业的名义向陈阳借款
B．兰艺咖啡店应以全部财产对陈阳承担还款责任
C．王曼不承担对陈阳的还款责任
D．兰艺咖啡店、王曼和罗飞对陈阳的借款承担无限连带责任

125． 2015/3/71/多

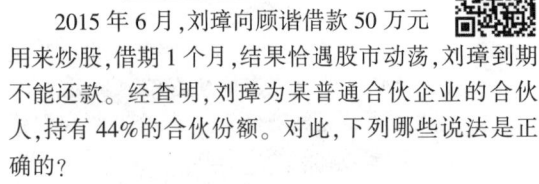

2015年6月，刘璋向顾谐借款50万元用来炒股，借期1个月，结果恰遇股市动荡，刘璋到期不能还款。经查明，刘璋为某普通合伙企业的合伙人，持有44%的合伙份额。对此，下列哪些说法是正确的？

A．顾谐可主张以刘璋自该合伙企业中所分取的收益来清偿债务
B．顾谐可主张对刘璋合伙份额进行强制执行
C．对刘璋的合伙份额进行强制执行时，其他合伙人不享有优先购买权
D．顾谐可直接向合伙企业要求对刘璋进行退伙处理，并以退伙结算所得来清偿债务

126． 2014/3/94/任

王某、张某、田某、朱某共同出资180万元，于2012年8月成立绿园商贸中心（普通合伙）。其中王某、张某各出资40万元，田某、朱某各出资50万元；就合伙事务的执行，合伙协议未特别约定。2014年4月，朱某因抄底买房，向刘某借款50万元，约定借期四个月。四个月后，因房地产市场不景气，朱某亏损不能还债。关于刘某对朱某实现债权，下列选项正确的是：

A．可代位行使朱某在合伙企业中的权利
B．可就朱某在合伙企业中分得的收益主张清偿
C．可申请对朱某的合伙财产份额进行强制执行
D．就朱某的合伙份额享有优先受偿权

127． 2012/3/72/多

周橘、郑桃、吴柚设立一家普通合伙企业，从事服装贸易经营。郑桃因炒股欠下王椰巨额债务。下列哪些表述是正确的？

A．王椰可以郑桃从合伙企业中分取的利益来受偿
B．郑桃不必经其他人同意，即可将其合伙财产份额直接抵偿给王椰
C．王椰可申请强制执行郑桃的合伙财产份额
D．对郑桃的合伙财产份额的强制执行，周橘和吴柚享有优先购买权

128． 2010/3/33/单

根据《合伙企业法》规定，第三人有理由相信有限合伙人为普通合伙人并与其交易的，该有限合伙人对这笔交易承担与普通合伙人同样的责任。关于此规定在合伙法原理上的称谓，下列哪一选项是正确的？

A．事实合伙
B．表见普通合伙
C．特殊普通合伙
D．隐名合伙

129． 2010/3/74/多

张某向陈某借款50万作为出资，与李某、王某成立一家普通合伙企业。二年后借款到期，张某无力还款。对此，下列哪些说法是正确的？

A．经李某和王某同意，张某可将自己的财产份额作价转让给陈某，以抵销部分债务
B．张某可不经李某和王某同意，将其在合伙中的份额进行出质，用获得的贷款偿还债务
C．陈某可直接要求法院强制执行张某在合伙企业中的财产以实现自己的债权
D．陈某可要求李某和王某对张某的债务承担连带责任

130． 2008/3/25/单

甲、乙、丙、丁成立一普通合伙企业，一年后甲转为有限合伙人。此前，合伙企业欠银行债务30万元，该债务直至合伙企业因严重资不抵债被宣告破产仍未偿还。对该30万元银行债务的偿还，下列哪一选项是正确的？

A．乙、丙、丁应按合伙份额对该笔债务承担清偿责任，甲无须承担责任
B．各合伙人均应对该笔债务承担无限连带责任
C．乙、丙、丁应对该笔债务承担无限连带责任，甲无须承担责任
D．合伙企业已宣告破产，债务归于消灭，各合伙人无须偿还该笔债务

（五）普通合伙人的入伙与退伙

131． 2021回忆/多

甲、乙、丙于2019年开了一家川菜馆（普通合伙），合伙协议约定经营期限为10年。后因市场不景气，该企业一直经营不佳。2021年3月，因资金短缺，甲等三位合伙人邀请丁入伙。出于对甲等三人的信任，丁未对该合伙企业调查，即签订了入伙

协议,并登记成为合伙人。丁入伙后得知了企业的真实经营状况,后悔不已,遂要求撤销入伙协议,但遭到甲等三人的反对。丁见撤销协议无望,于是转而要求退伙。2021年6月1日,甲等三人同意,合伙企业于2021年6月10日为丁办理了退伙的变更登记。下列哪些说法是正确的?

A. 丁签订入伙协议后即应对入伙前合伙企业的债务承担无限连带责任
B. 丁有权主张因为重大误解撤销入伙协议
C. 丁的退伙应当于2021年6月1日起生效
D. 对于2021年6月10日后该企业对外所负债务,丁也应承担无限连带责任

132． 2014/3/30/单

2010年5月,贾某以一套房屋作为投资,与几位朋友设立一家普通合伙企业,从事软件开发。2014年6月,贾某举家移民海外,故打算自合伙企业中退出。对此,下列哪一选项是正确的?

A. 在合伙协议未约定合伙期限时,贾某向其他合伙人发出退伙通知后,即发生退伙效力
B. 因贾某的退伙,合伙企业须进行清算
C. 退伙后贾某可向合伙企业要求返还该房屋
D. 贾某对退伙前合伙企业的债务仍须承担无限连带责任

133． 2013/3/71/多

甲、乙、丙于2010年成立一家普通合伙企业,三人均享有合伙事务执行权。2013年3月1日,甲被法院宣告为无民事行为能力人。3月5日,丁因不知情找到甲商谈一笔生意,甲以合伙人身份与丁签订合同。下列哪些选项是错误的?

A. 因丁不知情,故该合同有效,对合伙企业具有约束力
B. 乙与丙可以甲丧失行为能力为由,一致决议将其除名
C. 乙与丙可以甲丧失行为能力为由,一致决议将其转为有限合伙人
D. 如甲因丧失行为能力而退伙,其退伙时间为其无行为能力判决的生效时间

134． 2011/3/71/多

2009年3月,周、吴、郑、王以普通合伙企业形式开办一家湘菜馆。2010年7月,吴某因车祸死亡,其妻欧某为唯一继承人。在下列哪些情形中,欧某不能通过继承的方式取得该合伙企业的普通合伙人资格?

A. 吴某之父对欧某取得合伙人资格表示异议
B. 合伙协议规定合伙人须具有国家一级厨师资格证,欧某不具有

C. 郑某不愿意接纳欧某为合伙人
D. 欧某因夫亡突遭打击,精神失常,经法院宣告为无民事行为能力人

135． 2011/3/92/任

张、王、李、赵各出资四分之一,设立通程酒吧(普通合伙企业)。合伙协议未约定合伙期限。酒吧开业半年后,张某在经营理念上与其他合伙人冲突,遂产生退出想法。下列说法正确的是:

A. 可将其份额转让给王某,且不必事先告知赵某、李某
B. 可经王某、赵某同意后,将其份额转让给李某的朋友刘某
C. 可主张发生自身难以继续参加合伙的事由,向其他合伙人要求立即退伙
D. 可在不给合伙事务造成不利影响的前提下,提前30日通知其他合伙人要求退伙

136． 2009/3/28/单

普通合伙企业合伙人李某因车祸遇难,生前遗嘱指定16岁的儿子李明为其全部财产继承人。下列哪一表述是错误的?

A. 李明有权继承其父在合伙企业中的财产份额
B. 如其他合伙人均同意,李明可以取得有限合伙人资格
C. 如合伙协议约定合伙人必须是完全行为能力人,则李明不能成为合伙人
D. 应当待李明成年后由其本人作出其是否愿意成为合伙人的意思表示

137． 2008/3/26/单

2007年1月,甲、乙、丙设立一普通合伙企业。2008年2月,甲与戊结婚。2008年7月,甲因车祸去世。甲除戊外没有其他亲人,合伙协议对合伙人资格取得或丧失未作约定。下列哪一选项是正确的?

A. 合伙企业中甲的财产份额属于夫妻共同财产
B. 戊依法自动取得合伙人地位
C. 经乙、丙一致同意,戊取得合伙人资格
D. 只能由合伙企业向戊退还甲在合伙企业中的财产份额

考点31 特殊的普通合伙企业

138． 2015/3/72/多

君平昌成律师事务所是一家采取特殊普通合伙形式设立的律师事务所,曾君、郭昌是其中的两名合伙人。在一次由曾君主办、郭昌辅办的诉讼代理业务中,因二人的重大过失而泄露客户商业秘密,导致该所对客户应承担巨额赔偿责任。关于该客户的求偿,下列哪些说法是正确的?

A. 向该所主张全部赔偿责任
B. 向曾君主张无限连带赔偿责任
C. 向郭昌主张补充赔偿责任
D. 向该所其他合伙人主张连带赔偿责任

考点32 有限合伙企业

139． 2021 回忆/单

某游戏室是一家有限合伙企业，其中宁某是普通合伙人，谢某、崔某均为有限合伙人。两年后，郑某作为有限合伙人入伙，其入伙协议约定：郑某出资10万元，分期缴纳，以其进行游戏机维护工作的工资逐月抵充。入伙协议签订后，宁某并未办理变更登记。后谢某将其份额转让给合伙企业以外的第三人，但未按照合伙协议的约定提前30日通知其他合伙人。崔某将合伙企业的份额出质给了甲公司作为自己的融资担保。据此，下列哪一说法是正确的？
A. 合伙协议中关于郑某的出资约定合法有效
B. 因合伙企业未变更登记，所以郑某不具有合伙人资格
C. 谢某因未提前30日通知其他合伙人，所以转让无效
D. 崔某的出质行为因未得到其他合伙人的一致同意而无效

140． 2019 回忆/多

杨某、段某、郭某、黄某、周某是某有限合伙企业的合伙人，其中杨某是普通合伙人，其余四人是有限合伙人。合伙协议对合伙份额的转让、质押等处分行为未作约定。下列哪些说法是正确的？
A. 杨某死亡后，其合法继承人有权继承杨某在该合伙企业中的份额
B. 段某的债权人申请法院执行段某的合伙份额偿还债务，其他合伙人不能主张优先购买权
C. 郭某对外转让其合伙份额时，其他合伙人无权主张优先购买权
D. 黄某可随时转让其合伙份额给周某

141． 2017/3/72/多

雀凰投资是有限合伙企业，从事私募股权投资活动。2017年3月，三江有限公司决定入伙雀凰投资，成为其有限合伙人。对此，下列哪些选项是错误的？
A. 如合伙协议无特别约定，则须经全体普通合伙人一致同意，三江公司才可成为新的有限合伙人
B. 对入伙前雀凰投资的对外负债，三江公司仅以实缴出资额为限承担责任
C. 三江公司入伙后，有权查阅雀凰投资的财务会计账簿
D. 如合伙协议无特别约定，则三江公司入伙后，原则上不得自营与雀凰投资相竞争的业务

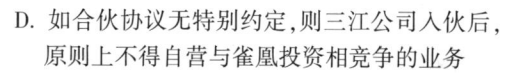

142． 2016/3/72/多

灏德投资是一家有限合伙企业，专门从事新能源开发方面的风险投资。甲公司是灏德投资的有限合伙人，乙和丙是普通合伙人。关于合伙协议的约定，下列哪些选项是正确的？
A. 甲公司派驻灏德投资的员工不领取报酬，其劳务折抵10%的出资
B. 甲公司不得与其他公司合作从事新能源方面的风险投资
C. 甲公司不得将自己在灏德投资中的份额设定质权
D. 甲公司不得将自己在灏德投资中的份额转让给他人

143． 2015/3/30/单

李军退休后于2014年3月，以20万元加入某有限合伙企业，成为有限合伙人。后该企业的另一名有限合伙人退出，李军便成为唯一的有限合伙人。2014年6月，李军不幸发生车祸，虽经抢救保住性命，但已成为植物人。对此，下列哪一表述是正确的？
A. 就李军入伙前该合伙企业的债务，李军仅需以20万元为限承担责任
B. 如李军因负债累累而丧失偿债能力，该合伙企业有权要求其退伙
C. 因李军已成为植物人，故该合伙企业有权要求其退伙
D. 因唯一的有限合伙人已成为植物人，故该有限合伙企业应转为普通合伙企业

144． 高崎、田一、丁福三人共同出资200万元，于2011年4月设立"高田丁科技投资中心（普通合伙）"，从事软件科技的开发与投资。其中高崎出资160万元，田、丁分别出资20万元，由高崎担任合伙事务执行人。

请回答第（1）、（2）题：

（1） 2013/3/93/任

2013年2月，高崎为减少自己的风险，向田、丁二人提出转变为有限合伙人的要求。对此，下列说法正确的是：
A. 须经田、丁二人的一致同意
B. 未经合伙企业登记机关登记，不得对抗第三人
C. 转变后，高崎可以出资最多为由，要求继续担任合伙事务执行人
D. 转变后，对于2013年2月以前的合伙企业债务，经各合伙人决议，高崎可不承担无限连带责任

(2) 2013/3/94/任

2013年5月,有限合伙人高崎将其一半合伙财产份额转让给贾骏。同年6月,高崎的债权人李耕向法院申请强制执行其另一半合伙财产份额。对此,下列选项正确的是:
A. 高崎向贾骏转让合伙财产份额,不必经田、丁的同意
B. 就高崎向贾骏转让的合伙财产份额,田、丁可主张优先购买权
C. 李耕申请法院强制执行高崎的合伙财产份额,不必经田、丁的同意
D. 就李耕申请法院强制执行高崎的合伙财产额,田、丁可主张优先购买权

145. 2009/3/27/单

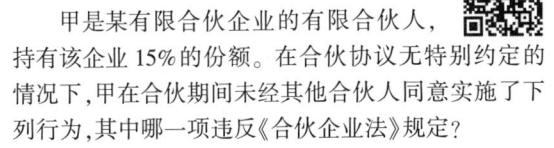

甲是某有限合伙企业的有限合伙人,持有该企业15%的份额。在合伙协议无特别约定的情况下,甲在合伙期间未经其他合伙人同意实施了下列行为,其中哪一项违反《合伙企业法》规定?
A. 将自购的机器设备出租给合伙企业使用
B. 以合伙企业的名义购买汽车一辆归合伙企业使用
C. 以自己在合伙企业中的财产份额向银行提供质押担保
D. 提前一个月通知其他合伙人将其部分合伙份额转让给合伙人以外的人

146. 2009/3/74/多

甲乙丙三人拟共同设立一个有限合伙企业,下列哪些表述是错误的?
A. 该有限合伙企业至少应当有一个普通合伙人
B. 经合伙协议约定,有限合伙人可以货币、实物、劳务、知识产权或其他财产作价出资
C. 经合伙协议约定,有限合伙人可以执行部分合伙事务
D. 如有限合伙人转为普通合伙人,则对其作为有限合伙人期间的企业债务不承担连带责任

147. 2008/3/69/多

甲、乙、丙、丁欲设立一有限合伙企业,合伙协议中约定了如下内容,其中哪些符合法律规定?
A. 甲仅以出资额为限对企业债务承担责任,同时被推举为合伙事务执行人
B. 丙以其劳务出资,为普通合伙人,其出资份额经各合伙人商定为5万元
C. 合伙企业的利润由甲、乙、丁三人分配,丙仅按营业额提取一定比例的劳务报酬
D. 经全体合伙人同意,有限合伙人可以全部转为普通合伙人,普通合伙人也可以全部转为有限合伙人

148. 2008/3/70/多

贾某是一有限合伙企业的有限合伙人。下列哪些选项是正确的?
A. 若贾某被法院判决认定为无民事行为能力人,其他合伙人可以因此要求其退伙
B. 若贾某死亡,其继承人可以取得贾某在有限合伙企业中的资格
C. 若贾某转为普通合伙人,其必须对其作为有限合伙人期间企业发生的债务承担无限连带责任
D. 如果合伙协议没有限制,贾某可以不经过其他合伙人同意而将其在合伙企业中的财产份额出质

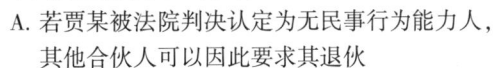

考点33 合伙的解散与清算

149. 2018回忆/多

甲、乙共同经营一家普通合伙企业,共同决定聘请丙担任合伙企业的经营管理人员。后因经营管理不善该合伙企业面临破产,甲、乙授权丙负责组织清算。在清算过程中,丙收受丁的好处若干,擅自免除了丁对合伙企业的100万元债务,并虚构了合伙企业对戊的一笔20万元债务。下列哪些说法是正确的?
A. 丙不能担任合伙企业的清算人
B. 丙应对合伙企业的债权人承担赔偿责任
C. 丙应对该合伙企业承担赔偿责任
D. 合伙企业注销后,甲和乙对合伙企业债务仍应承担无限连带责任

专题三 个人独资企业法

考点34 个人独资企业法

150. 2017/3/30/单

"李老汉私房菜"是李甲投资开设的个人独资企业。关于该企业遇到的法律问题,下列哪一选项是正确的?
A. 如李甲在申请企业设立登记时,明确表示以其家庭共有财产作为出资,则该企业是以家庭成员为全体合伙人的普通合伙企业
B. 如李甲一直让其子李乙负责企业的事务管理,则应认定为以家庭共有财产作为企业的出资
C. 如李甲决定解散企业,则在解散后5年内,李甲对企业存续期间的债务,仍应承担偿还责任
D. 如李甲死后该企业由其子李乙与其女李丙共

同继承,则该企业必须分立为两家个人独资企业

151． 2013/3/30/单

关于合伙企业与个人独资企业的表述,下列哪一选项是正确的?

A. 二者的投资人都只能是自然人
B. 二者的投资人都一律承担无限责任
C. 个人独资企业可申请变更登记为普通合伙企业
D. 合伙企业不能申请变更登记为个人独资企业

152． 2012/3/29/单

为开拓市场需要,个人独资企业主曾水决定在某市设立一个分支机构,委托朋友霍火为分支机构负责人。关于霍火的权利和义务,下列哪一表述是正确的?

A. 应承担该分支机构的民事责任
B. 可以从事与企业总部相竞争的业务
C. 可以将自己的货物直接出卖给分支机构
D. 经曾水同意可以分支机构财产为其弟提供抵押担保

153． 2009/3/96/任

张某有 200 万元资金,打算在烟台投资设立一家注册资本为 300 万元左右的餐饮企业。关于如何设立与管理企业,请回答。

如张某拟设立一家个人独资企业,下列表述正确的是:

A. 该企业的名称中不能含有"公司"字样
B. 如张某死亡,其继承人可以继承投资人的身份
C. 如该企业解散,必须由法院指定的清算人进行清算
D. 该企业应当依法缴纳企业所得税

专题四　外商投资法

考点35 外商投资法

154． 2020 回忆/多

某外商在外商投资准入负面清单之外,以股权转让的方式入股了甲公司。原股权出让人乙公司反悔,认为该股权转让投资合同未经有关部门批准,是无效的合同,现诉诸法院。依有关规定及司法解释,下列哪些选项是正确的?

A. 乙公司以股权转让投资合同未经有关部门批准为由主张合同无效的,人民法院不予支持
B. 若该股权转让投资合同签订于《外商投资法》施行前,不适用负面清单的规定
C. 国家对负面清单之外的外商投资,给予最惠国待遇
D. 对外商投资负面清单以外的领域,依内外资一致的原则实施管理

155． 2019 回忆/多

关于我国《外商投资法》对外商投资企业的投资保护措施,下列说法错误的有哪些?

A. 为保障在外商投资过程中开展技术合作,行政机关及其工作人员可以利用行政手段强制转让技术
B. 地方政府制定涉及外商投资的规范性文件,可根据当地经济和社会发展需要设置市场准入和退出条件
C. 地方政府及其有关部门可依权限和程序改变向外国投资者作出的政策承诺
D. 在任何情况下,国家对外国投资者的投资均不实行征收

专题五　企业破产法

考点36 破产原因、破产案件的申请和受理

156． 2022 回忆/单

甲公司欠乙公司货款 1500 万元。1 年后,乙公司索要时,发现甲公司尚有 1000 万元的资产,但是法定代表人不知所踪,公司也不再经营。对此,下列哪一项说法是正确的?

A. 乙公司没有向法院申请确认合同债权,不能向法院申请破产
B. 乙公司没有向法院确认甲公司资不抵债,法院不能受理其破产申请
C. 乙公司应当向甲公司所在地的中级法院申请破产
D. 乙公司可以直接向法院申请对甲公司进行破产清算

157． 2021 回忆/单

甲公司被法院裁定破产,管理人接管财产后,通知甲公司门店的出租方乙公司解除租赁协议。乙公司拒绝,表示该协议约定租期为 10 年,目前尚有 3 年租期,且按照租赁协议的约定,任何一方无权提前解除协议,对协议履行存在争议的应提交北京仲裁委审裁。下列哪一说法是正确的?

A. 协议应由管理人向北京仲裁委提交仲裁申请时解除
B. 协议自管理人通知乙公司解除决定时即自然解除
C. 如仲裁委裁定解除,应自裁定书送达债权人时解除

D. 协议应继续履行,除非双方一致合意解除

158． 2013/3/73/多

2013年3月,债权人甲公司对债务人乙公司提出破产申请。下列哪些选项是正确的?
A. 甲公司应提交乙公司不能清偿到期债务的证据
B. 甲公司应提交乙公司资产不足以清偿全部债务的证据
C. 乙公司就甲公司的破产申请,在收到法院通知之日起七日内可向法院提出异议
D. 如乙公司对甲公司所负债务存在连带保证人,则其可以该保证人具有清偿能力为由,主张其不具备破产原因

159． 2012/3/71/多

中南公司不能清偿到期债务,债权人天一公司向法院提出对其进行破产清算的申请,但中南公司以其账面资产大于负债为由表示异议。天一公司遂提出各种事由,以证明中南公司属于明显缺乏清偿能力的情形。下列哪些选项符合法律规定的关于债务人明显缺乏清偿能力、无法清偿债务的情形?
A. 因房地产市场萎缩,构成中南公司核心资产的房地产无法变现
B. 中南公司陷入管理混乱,法定代表人已潜至海外
C. 天一公司已申请法院强制执行中南公司财产,仍无法获得清偿
D. 中南公司已出售房屋质量纠纷多,市场信誉差

考点37　破产管理人

160． 2016/3/31/单

祺航公司向法院申请破产,法院受理并指定甲为管理人。债权人会议决定设立债权人委员会。现昊泰公司提出要受让祺航公司的全部业务与资产。甲的下列哪一做法是正确的?
A. 代表祺航公司决定是否向昊泰公司转让业务与资产
B. 将该转让事宜交由法院决定
C. 提议召开债权人会议决议该转让事宜
D. 作出是否转让的决定并将该转让事宜报告债权人委员会

161． 2009/3/76/多

某破产案件中,债权人向法院提出更换管理人的申请。申请书中指出了如下事实,其中哪些属于主张更换管理人的正当事由?
A. 管理人列席债权人会议时,未如实报告债务人财产接管情况,并拒绝回答部分债权人询问
B. 管理人将债务人的一处房产转让给第三人,未报告债权人委员会
C. 债权人对债务人在破产申请前曾以还债为名向关联企业划转大笔资金的情况多次要求调查,但管理人一再拖延
D. 管理人将对外追收债款的诉讼业务交给其所在律师事务所办理,并单独计收代理费

考点38　债务人财产的范围

162． 2009/3/29/单

甲公司严重资不抵债,因不能清偿到期债务向法院申请破产。下列哪一财产属于债务人财产?
A. 甲公司购买的一批在途货物,但尚未支付货款
B. 甲公司从乙公司租用的一台设备
C. 属于甲公司但已抵押给银行的一处厂房
D. 甲公司根据代管协议合法占有的委托人丙公司的两处房产

考点39　破产费用和共益债务

163． 2017/3/73/多

舜泰公司因资产不足以清偿全部到期债务,法院裁定其重整。管理人为维持公司运行,向齐某借款20万元支付水电费和保安费,约定如1年内还清就不计利息。1年后舜泰公司未还款,还因不能执行重整计划被法院宣告破产。关于齐某的债权,下列哪些选项是正确的?
A. 与舜泰公司的其他债权同等受偿
B. 应从舜泰公司的财产中随时清偿
C. 齐某只能主张返还借款本金20万元
D. 齐某可主张返还本金20万元和逾期还款的利息

164． 2012/3/30/单

某公司经营不善,现进行破产清算。关于本案的诉讼费用,下列哪一说法是错误的?
A. 在破产申请人未预先交纳诉讼费用时,法院应裁定不予受理破产申请
B. 该诉讼费用可由债务人财产随时清偿
C. 债务人财产不足时,诉讼费用应先于共益费用受清偿
D. 债务人财产不足以清偿诉讼费用等破产费用的,破产管理人应提请法院终结破产程序

考点40　撤销权、追回权、抵销权和取回权

165． 2020回忆/任

甲、乙为某公司股东,各自认缴出资100万元。2020年1月1日,法院受理了某公司的破

产申请。此时，股东甲认缴出资期限已经届满，但仍未向公司缴纳出资。根据公司章程规定，股东乙的出资期限为 2020 年 10 月 1 日。对此，下列说法正确的是：

A. 管理人有权要求甲向公司缴纳出资
B. 管理人有权要求乙向公司缴纳出资
C. 公司欠甲 100 万元货款，甲可主张以其出资债务与公司对其负债抵销
D. 公司欠乙 100 万元货款，乙可主张以其出资债务与公司对其负债抵销

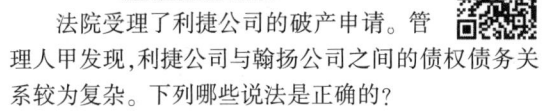

166. 2016/3/73/多
法院受理了利捷公司的破产申请。管理人甲发现，利捷公司与翰扬公司之间的债权债务关系较为复杂。下列哪些说法是正确的？

A. 翰扬公司的某一项债权有房产抵押，可在破产受理后行使抵押权
B. 翰扬公司与利捷公司有一合同未履行完毕，甲可解除该合同
C. 翰扬公司曾租给利捷公司的一套设备被损毁，侵权人之前向利捷公司支付了赔偿金，翰扬公司不能主张取回该笔赔偿金
D. 茹洁公司对利捷公司负有债务，在破产受理后茹洁公司受让了翰扬公司的一项债权，因此茹洁公司无需再向利捷公司履行等额的债务

167. 2014/3/31/单
2014 年 6 月经法院受理，甲公司进入破产程序。现查明，甲公司所占有的一台精密仪器，实为乙公司委托甲公司承运而交付给甲公司的。关于乙公司的取回权，下列哪一表述是错误的？

A. 取回权的行使，应在破产财产变价方案或和解协议、重整计划草案提交债权人会议表决之前
B. 乙公司未在规定期限内行使取回权，则其取回权即归于消灭
C. 管理人否认乙公司的取回权时，乙公司可以诉讼方式主张其权利
D. 乙公司未支付相关运输、保管等费用时，保管人可拒绝其取回该仪器

168. 2014/3/74/多
甲公司因不能清偿到期债务且明显缺乏清偿能力，遂于 2014 年 3 月申请破产，且法院已受理。经查，在此前半年内，甲公司针对若干债务进行了个别清偿。关于管理人的撤销权，下列哪些表述是正确的？

A. 甲公司清偿对乙银行所负的且以自有房产设定抵押担保的贷款债务的，管理人可以主张撤销
B. 甲公司清偿对丙公司所负的且经法院判决所确定的货款债务的，管理人可以主张撤销
C. 甲公司清偿对丁公司所负的为维系基本生产所需的水电费债务的，管理人不得主张撤销
D. 甲公司清偿对戊所负的劳动报酬债务的，管理人不得主张撤销

169. 2012/3/70/多
甲公司依据买卖合同，在买受人乙公司尚未付清全部货款的情况下，将货物发运给乙公司。乙公司尚未收到该批货物时，向法院提出破产申请，且法院已裁定受理。对此，下列哪些选项是正确的？

A. 乙公司已经取得该批货物的所有权
B. 甲公司可以取回在运货物
C. 乙公司破产管理人在支付全部价款情况下，可以请求甲公司交付货物
D. 货物运到后，甲公司对乙公司的价款债权构成破产债权

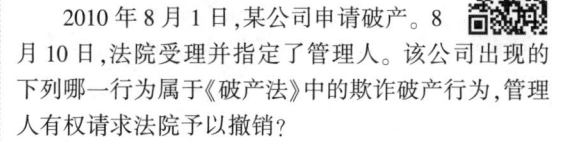

170. 2011/3/31/单
2010 年 8 月 1 日，某公司申请破产。8 月 10 日，法院受理并指定了管理人。该公司出现的下列哪一行为属于《破产法》中的欺诈破产行为，管理人有权请求法院予以撤销？

A. 2009 年 7 月 5 日，将市场价格 100 万元的仓库以 30 万元出售给母公司
B. 2009 年 10 月 15 日，将公司一辆价值 30 万元的汽车赠与甲
C. 2010 年 5 月 5 日，向乙银行偿还欠款 50 万元及利息 4 万元
D. 2010 年 6 月 10 日，以协议方式与债务人丙相互抵销 20 万元债务

考点41 债权申报

171. 2021 回忆/任
甲公司向丙公司借款 2000 万元，期限 5 年。对于该笔借款，乙公司向丙公司出具了担保函，约定到期后若甲公司不能清偿债务，则由乙公司承担清偿责任。后甲公司被法院裁定破产，丙公司向管理人申报了全部债权。此后不久，乙公司也被法院裁定破产。对此，下列说法正确的是：

A. 若丙公司向乙公司追偿，乙公司有权主张先诉抗辩权
B. 乙公司有权以将来求偿权向甲公司管理人申报债权
C. 丙公司有权向甲公司和乙公司分别申报全部债权
D. 针对甲公司和乙公司的债权和担保债权均停止计息

172． 2019回忆/多

2018年12月,甲房地产开发公司为开发东方家园小区,向建设银行贷款5000万元,约定两年后清偿。乙公司对此贷款提供连带责任担保。2019年5月,甲公司开发的楼盘销售不利导致资金链断裂,不能清偿到期债务,被法院受理破产。2个月后,乙公司业务不景气也被法院受理破产。下列哪些说法是正确的?

A. 当甲公司被受理破产时,乙公司可用其将来求偿权申报债权
B. 当甲公司被受理破产时,乙公司在向建设银行清偿债务后才能向甲公司追偿
C. 当乙公司被受理破产后,建设银行可分别向甲公司和乙公司申报全额债权
D. 当乙公司对建设银行履行保证责任后,不可向甲公司追偿

173． 2015/3/73/多

A公司因经营不善,资产已不足以清偿全部债务,经申请进入破产还债程序。关于破产债权的申报,下列哪些表述是正确的?

A. 甲对A公司的债权虽未到期,仍可以申报
B. 乙对A公司的债权因附有条件,故不能申报
C. 丙对A公司的债权虽然诉讼未决,但丙仍可以申报
D. 职工丁对A公司的伤残补助请求权,应予以申报

174． 2011/3/73/多

2011年9月1日,某法院受理了湘江服装公司的破产申请并指定了管理人,管理人开始受理债权申报。下列哪些请求权属于可以申报的债权?

A. 甲公司的设备余款给付请求权,但根据约定该余款的支付时间为2011年10月30日
B. 乙公司请求湘江公司加工一批服装的合同履行请求权
C. 丙银行的借款偿还请求权,但该借款已经设定财产抵押担保
D. 当地税务机关对湘江公司作出的8万元行政处罚决定

175． 2010/3/32/单

辽沈公司因不能清偿到期债务而申请破产清算。法院受理后,管理人开始受理债权人的债权申报。对此,下列哪一债权人申报的债权属于应当受偿的破产债权?

A. 债权人甲的保证人,以其对辽沈公司的将来求偿权进行的债权申报
B. 债权人乙,以其已超过诉讼时效的债权进行的债权申报
C. 债权人丙,要求辽沈公司作为承揽人继续履行承揽合同进行的债权申报
D. 某海关,以其对辽沈公司进行处罚尚未收取的罚款进行的债权申报

176． 2008/3/73/多

甲公司向乙银行贷款100万元,由A公司和B公司作为共同保证人,并以甲公司的厂房作抵押担保。其后,甲公司因严重资不抵债而向法院申请破产。法院裁定受理破产申请,并指定了破产管理人。下列哪些选项是正确的?

A. 管理人可以优先清偿乙银行的债务
B. 如A公司已代甲公司偿还了乙银行贷款,则其可向管理人申报100万元债权
C. 如乙银行不申报债权,则A公司或B公司均可向管理人申报100万元债权
D. 如乙银行已申报债权并获40万元分配,则剩余60万债权因破产程序终结而消灭

考点42 债权人会议和债权人委员会

177． 2019回忆/单

润土商贸有限公司因管理混乱经营陷入困境,于2019年1月经法院裁定进入破产程序,天明律师事务所被指定为破产管理人。2019年3月底,经债权人会议决议,成立债权人委员会。后春水公司与天明律师事务所接洽合作事宜,准备受让润土公司全部的库存和营业事务。关于本案,下列哪一项表述是错误的?

A. 债权人委员会应包含一名润土公司的职工代表或工会代表
B. 天明律师事务所应将与春水公司的合作事宜事先制作财产管理或者变价方案,并提交债权人会议通过
C. 若天明律师事务所的方案未被债权人会议通过,其可以提交给债权人委员会进行表决
D. 天明律师事务所在实施与春水公司的合作方案前,应报告债权人委员会

178． 2012/3/31/单

在某公司破产案件中,债权人会议经出席会议的有表决权的债权人过半数通过,并且其所代表的债权额占无财产担保债权总额的60%,就若干事项形成决议。该决议所涉下列哪一事项不符合《破产法》的规定?

A. 选举8名债权人代表与1名职工代表组成债权人委员会
B. 通过债务人财产的管理方案
C. 申请法院更换管理人

D. 通过和解协议

考点43 重整程序

179． 2020回忆/单

甲公司申请重整,管理人引进重整投资人乙公司。现要提交重整计划,计划要求持股5%以上的股东无偿转让股权至乙公司,确保最终乙公司持股比例达到67%;对公司持股不足5%的股东的股权暂不调整,但需无条件接受重整计划。李某为持有3%股权的股东。对此重整计划草案的表决,下列哪一项说法是正确的?

A. 应经持股5%以上的所有股东同意
B. 李某应当参加重整计划表决
C. 需经过甲公司全体股东同意
D. 若乙公司和其他债权人同意,无需甲公司股东再作表决

180． 2018回忆/任

2017年3月,鸿飞公司申请重整,重整计划经法院批准后,2017年9月变更公司为清风公司。岳某于2017年1月借给鸿飞公司100万元,约定借款期限为20日,后由于岳某忙于个人事务,未主张其债权。2018年8月,岳某在整理其账单时,发现借条,遂向公司主张还款。下列说法正确的是:

A. 因岳某未在重整计划期间申报债权,故其不得向清风公司主张债权
B. 应按照重整计划在同等效力条件下偿还岳某的借款
C. 应由清风公司履行债务
D. 重整计划对岳某不具有法律效力

181． 2017/3/31/单

思瑞公司不能清偿到期债务,债权人向法院申请破产清算。法院受理并指定了管理人。在宣告破产前,持股20%的股东甲认为如引进战略投资者乙公司,思瑞公司仍有生机,于是向法院申请重整。关于重整,下列哪一选项是正确的?

A. 如甲申请重整,必须附有乙公司的投资承诺
B. 如债权人反对,则思瑞公司不能开始重整
C. 如思瑞公司开始重整,则管理人应辞去职务
D. 只要思瑞公司的重整计划草案获得法院批准,重整程序就终止

182． 2015/3/31/单

关于破产重整的申请与重整期间,下列哪一表述是正确的?

A. 只有在破产清算申请受理后,债务人才能向法院提出重整申请
B. 重整期间为法院裁定债务人重整之日起至重整计划执行完毕时

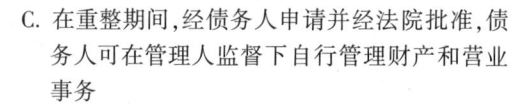

C. 在重整期间,经债务人申请并经法院批准,债务人可在管理人监督下自行管理财产和营业事务
D. 在重整期间,就债务人所承租的房屋,即使租期已届至,出租人也不得请求返还

183． 2013/3/74/多

尚友有限公司因经营管理不善,决定依照《破产法》进行重整。关于重整计划草案,下列哪些选项是正确的?

A. 在尚友公司自行管理财产与营业事务时,由其自己制作重整计划草案
B. 债权人参加讨论重整计划草案的债权人会议时,应按法定的债权分类,分组对该草案进行表决
C. 出席会议的同一表决组的债权人过半数同意重整计划草案,即为该组通过重整计划草案
D. 三分之二以上表决组通过重整计划草案,重整计划即为通过

184． 2010/3/79/多

关于破产清算、重整与和解的表述,下列哪些选项是正确的?

A. 债务人一旦被宣告破产,则不可能再进入重整或者和解程序
B. 破产案件受理后,只有债务人才能提出和解申请
C. 即使债务人未出现现实的资不抵债情形,也可申请重整程序
D. 重整是破产案件的必经程序

185． 2009/3/30/单

关于破产案件受理后、破产宣告前的程序转换,下列哪一表述是正确的?

A. 如为债务人申请破产清算的案件,债权人可以申请和解
B. 如为债权人申请债务人破产清算的案件,债务人可以申请重整
C. 如为债权人申请债务人重整的案件,债务人可以申请破产清算
D. 如为债权人申请债务人破产清算的案件,债务人的出资人可以申请和解

专题六 票据法

考点44 票据法基本制度

(一)票据的特征

186． 2014/3/32/单

依票据法原理,票据具有无因性、设权

性、流通性、文义性、要式性等特征。关于票据特征的表述,下列哪一选项是错误的?

A. 没有票据,就没有票据权利
B. 任何类型的票据都必须能够进行转让
C. 票据的效力不受票据赖以发生的原因行为的影响
D. 票据行为的方式若存在瑕疵,不影响票据的效力

(二)票据权利瑕疵

187. 2019 回忆/多

甲公司给乙公司开了一张汇票,付款人为工商银行。乙公司向工商银行确认此票据有效,到期付款。乙公司随后将此票据背书转让给张某。张某遗失此汇票被刘某捡到,刘某仿造张某的签章,把汇票背书转让给丙公司履行其与丙公司的货款给付义务,丙公司按照约定向刘某交货,刘某收到货后将之转卖,携款潜逃。丙公司请求工商银行付款时被告知,经张某申请,法院已经对此票据进行了除权判决。下列哪些说法是正确的?

A. 工商银行不应对丙公司承担付款责任
B. 甲公司应对丙公司承担票据付款责任
C. 乙公司不应对丙公司承担票据付款责任
D. 刘某应对丙公司承担付款责任

188. 2016/3/74/多

甲公司为清偿对乙公司的欠款,开出一张收款人是乙公司财务部长李某的汇票。李某不慎将汇票丢失,王某拾得后在汇票上伪造了李某的签章,并将汇票背书转让给外地的丙公司,用来支付购买丙公司电缆的货款,王某收到电缆后转卖得款,之后不知所踪。关于本案,下列哪些说法是正确的?

A. 甲公司应当承担票据责任
B. 李某不承担票据责任
C. 王某应当承担票据责任
D. 丙公司应当享有票据权利

189. 2013/3/31/单

甲未经乙同意而以乙的名义签发一张商业汇票,汇票上记载的付款人为丙银行。丁取得该汇票后将其背书转让给戊。下列哪一说法是正确的?

A. 乙可以无权代理为由拒绝承担该汇票上的责任
B. 丙银行可以该汇票是无权代理为由而拒绝付款
C. 丁对甲的无权代理行为不知情时,丁对戊不承担责任
D. 甲未在该汇票上签章,故甲不承担责任

190. 2012/3/74/多

甲公司签发一张汇票给乙,票面记载金额为10万元,乙取得汇票后背书转让给丙,丙取得该汇票后又背书转让给丁,但将汇票的记载金额由10万元变更为20万元。之后,丁又将汇票最终背书转让给戊。其中,乙的背书签章已不能辨别是在记载金额变更之前,还是在变更之后。下列哪些选项是正确的?

A. 甲应对戊承担10万元的票据责任
B. 乙应对戊承担20万元的票据责任
C. 丙应对戊承担20万元的票据责任
D. 丁应对戊承担10万元的票据责任

191. 2008/3/72/多

甲向乙开具金额为100万元的汇票以支付货款。乙取得该汇票后背书转让给丙,丙又背书转让给丁,丁再背书转让给戊。现查明,甲、乙之间并无真实交易关系,丙为未成年人,票据金额被丁变造。下列哪些选项是正确的?

A. 尽管甲、乙之间没有真实交易,但该汇票仍然有效
B. 尽管丙为未成年人,但其在票据上的签章仍然有效
C. 尽管票据金额已被丁变造,但该汇票仍然有效
D. 戊不能向甲、乙行使票据上的追索权

(三)失票救济

192. 2018 回忆/单

甲公司向乙公司采购一批商品,为了支付货款,向乙公司签发一张由甲公司出票、乙公司收款、城市银行付款的银行承兑汇票,金额100万元,城市银行对汇票进行了承兑。2018年2月,乙公司将此票据背书转让给丙公司。2018年3月,丙公司办公楼失火,票据被烧毁,仅有留档的复印件,甲公司、乙公司均在此复印件上加盖印章以说明彼此的交易情况。下列哪一项说法是正确的?

A. 丙公司凭票据复印件向城市银行提示付款,城市银行应无条件承担付款责任
B. 丙公司可持票据复印件向乙公司主张付款责任
C. 丙公司可持票据复印件向甲公司主张付款责任
D. 城市银行无需承担票据责任

193. 2017/3/32/单

亿凡公司与五悦公司签订了一份买卖合同,由亿凡公司向五悦公司供货;五悦公司经连续背书,交付给亿凡公司一张已由银行承兑的汇票。亿凡公司持该汇票请求银行付款时,得知该汇票已被五

悦公司申请公示催告,但法院尚未作出除权判决。关于本案,下列哪一选项是正确的?

A. 银行对该汇票不再承担付款责任
B. 五悦公司因公示催告可行使票据权利
C. 亿凡公司仍享有该汇票的票据权利
D. 法院应作出判决宣告票据无效

194． 2014/3/75/多

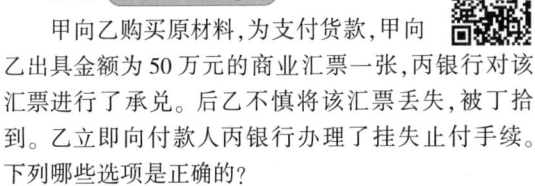

甲向乙购买原材料,为支付货款,甲向乙出具金额为50万元的商业汇票一张,丙银行对该汇票进行了承兑。后乙不慎将该汇票丢失,被丁拾到。乙立即向付款人丙银行办理了挂失止付手续。下列哪些选项是正确的?

A. 乙因丢失票据而确定性地丧失了票据权利
B. 乙在遗失汇票后,可直接提起诉讼要求丙银行付款
C. 如果丙银行向丁支付了票据上的款项,则丙应向乙承担赔偿责任
D. 乙在通知挂失止付后十五日内,应向法院申请公示催告

195． 2012/3/32/单

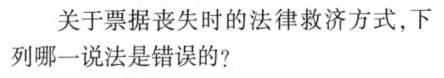

关于票据丧失时的法律救济方式,下列哪一说法是错误的?

A. 通知票据付款人挂失止付
B. 申请法院公示催告
C. 向法院提起诉讼
D. 不经挂失止付不能申请公示催告或者提起诉讼

（四）票据抗辩

196． 2016/3/32/单

甲公司为履行与乙公司的箱包买卖合同,签发一张以乙公司为收款人、某银行为付款人的汇票,银行也予以了承兑。后乙公司将该汇票背书赠与给丙。此时甲公司发现乙公司的箱包为假冒伪劣产品。关于本案,下列哪一选项是正确的?

A. 该票据无效
B. 甲公司不能拒绝乙公司的票据权利请求
C. 丙应享有票据权利
D. 银行应承担票据责任

197． 2011/3/74/多

潇湘公司为支付货款向楚天公司开具一张金额为20万元的银行承兑汇票,付款银行为甲银行。潇湘公司收到楚天公司货物后发现有质量问题,立即通知甲银行停止付款。另外,楚天公司尚欠甲银行贷款30万元未清偿。下列哪些说法是错误的?

A. 该汇票须经甲银行承兑后才发生付款效力

B. 根据票据的无因性原理,甲银行不得以楚天公司尚欠其贷款未还为由拒绝付款
C. 如甲银行在接到潇湘公司通知后仍向楚天公司付款,由此造成的损失甲银行应承担责任
D. 潇湘公司有权以货物质量瑕疵为由请求甲银行停止付款

198． 2010/3/76/多

2005年10月5日,甲、乙签订房屋买卖合同,约定年底前办理房屋过户登记。乙签发一张面额80万元的转账支票给甲以支付房款。一星期后,甲提示银行付款。2006年1月中旬,甲到银行要求支付支票金额,但此时甲尚未将房屋登记过户给乙。对此,下列哪些说法是正确的?

A. 尽管甲尚未履行房屋过户登记义务,但银行无权拒绝支付票据金额
B. 如甲向乙主张票据权利,因甲尚未办理房屋的过户登记,乙可拒付票据金额
C. 如被银行拒付,甲可根据房屋买卖合同要求乙支付房款
D. 如该支票遗失,甲即丧失票据权利

199． 2009/3/31/单

甲公司购买乙公司电脑20台,向乙公司签发金额为10万元的商业承兑汇票一张,丁公司在汇票上签章承诺:"本汇票已经本单位承兑,到期日无条件付款"。当该汇票的持票人行使付款请求权时,下列哪一说法是正确的?

A. 如该汇票已背书转让给丙公司,丙公司恰好欠汇票付款人某银行10万元到期贷款,则银行可以提出抗辩而拒绝付款
B. 如该汇票已背书转让给丙公司,则甲公司可以乙公司交付的电脑质量存在瑕疵为抗辩理由拒绝向丙公司付款
C. 因该汇票已经丁公司无条件承兑,故丁公司不可能再以任何理由对持票人提出抗辩
D. 甲公司在签发汇票时可以签注"以收到货物为付款条件"

考点45 汇票

200． 2023 回忆/单

2022年6月20日,甲向乙出具了一张汇票。7月1日,乙将该张汇票背书给了丙,并注明"7月30日前不得转让给他人"。7月15日,丙将该张汇票背书给了丁。丁为了偿还对A公司的债务,于7月28日直接将该张汇票交给了A公司的财务负责人王某。据此,下列哪一项说法是正确的?

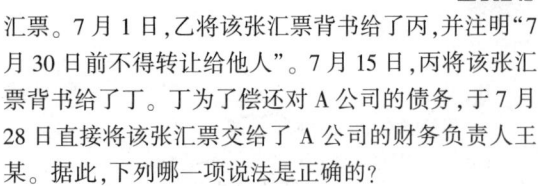

A. 因王某是A公司财务负责人,A公司享有票据权利

B. 王某是持票人,享有票据权利
C. 丙将该票据转让给丁是无效背书,丁不享有票据权利
D. 丁向乙追索时,乙有权拒绝承担票据责任

201. 2020 回忆/单
甲公司为支付货款,将一张已经银行承兑的汇票交付给乙,但是未注明背书人乙的名字。后乙用该张汇票支付丙的货款。丙觉得汇票没有乙的签章,不放心,于是乙请来丁为汇票进行担保,但是未记载被保证人名称。后丙要求承兑人付款时,承兑人拒绝付款。下列哪一项说法是正确的?
A. 丙应先向甲行使票据追索权,后再向丁行使
B. 乙对丙不需负担任何法律责任
C. 未记载被保证人名称,丁的保证无效
D. 汇票的被保证人是承兑人

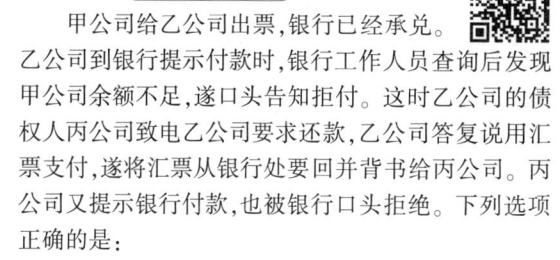

202. 2020 回忆/任
甲公司给乙公司出票,银行已经承兑。乙公司到银行提示付款时,银行工作人员查询后发现甲公司余额不足,遂口头告知拒付。这时乙公司的债权人丙公司致电乙公司要求还款,乙公司答复说用汇票支付,遂将汇票从银行处取回并背书给丙公司。丙公司又提示银行付款,也被银行口头拒绝。下列选项正确的是:
A. 乙公司对丙公司的债务因交付票据而消灭
B. 银行口头拒付,应承担民事责任
C. 乙公司不得将此票据背书转让给丙公司
D. 甲公司应对丙公司承担票据责任

203. 2015/3/32/单
甲从乙处购置一批家具,给乙签发一张金额为 40 万元的汇票。乙将该汇票背书转让给丙。丙请丁在该汇票上为"保证"记载并签章,随后又将其背书转让给戊。戊请求银行承兑时,被银行拒绝。对此,下列哪一选项是正确的?
A. 丁可以采取附条件保证方式
B. 若丁在其保证中未记载保证日期,则以出票日期为保证日期
C. 戊只有在向丙行使追索权遭拒后,才能向丁请求付款
D. 在丁对戊付款后,丁只能向丙行使追索权

204. 2013/3/75/多
关于汇票的表述,下列哪些选项是正确的?
A. 汇票可以质押,当持票人将汇票交付给债权人时质押生效
B. 如汇票上记载的付款人在承兑之前即已破产,出票人仍须承担付款责任

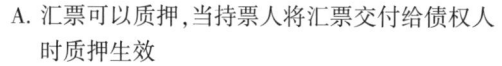

C. 汇票的出票人既可以是银行、公司,也可以是自然人
D. 如汇票上未记载出票日期,该汇票无效

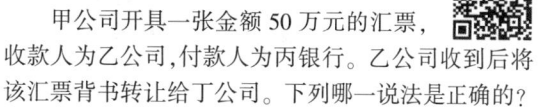

205. 2011/3/32/单
甲公司开具一张金额 50 万元的汇票,收款人为乙公司,付款人为丙银行。乙公司收到后将该汇票背书转让给丁公司。下列哪一说法是正确的?
A. 乙公司将票据背书转让给丁公司后即退出票据关系
B. 丁公司的票据债务人包括乙公司和丙银行,但不包括甲公司
C. 乙公司背书转让时不得附加任何条件
D. 如甲公司在出票时于汇票上记载有"不得转让"字样,则乙公司的背书转让行为依然有效,但持票人不得向甲公司行使追索权

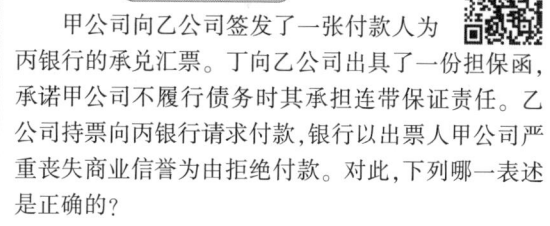

206. 2010/3/29/单
甲公司向乙公司签发了一张付款人为丙银行的承兑汇票。丁向乙公司出具了一份担保函,承诺甲公司不履行债务时其承担连带保证责任。乙公司持票向丙银行请求付款,银行以出票人甲公司严重丧失商业信誉为由拒绝付款。对此,下列哪一表述是正确的?
A. 乙公司只能要求丁承担保证责任
B. 丙银行拒绝付款不符法律规定
C. 乙公司应先向甲公司行使追索权,不能得到清偿时方能向丁追偿
D. 丁属于票据法律关系的非基本当事人

207. 2009/3/77/多
甲公司在与乙公司交易中获得由乙公司签发的面额 50 万元的汇票一张,付款人为丙银行。甲公司向丁某购买了一批货物,将汇票背书转让给丁某以支付货款,并记载"不得转让"字样。后丁某又将此汇票背书给戊某。如戊某在向丙银行提示承兑时遭拒绝,戊某可向谁行使追索权?
A. 丁某   B. 乙公司
C. 甲公司 D. 丙银行

208. 2008/3/28/单
甲公司在交易中取得汇票一张,金额 10 万元,汇票签发人为乙公司,甲公司在承兑时被拒绝。其后,甲公司在一次交易中需支付丙公司 10 万元货款,于是甲公司将该汇票背书转让给丙公司,丙公司承兑时亦被拒绝。下列哪一选项是正确的?
A. 丙公司有权要求甲公司给付汇票上的金额
B. 丙公司有权要求甲公司返还交易中的对价
C. 丙公司有权向乙公司行使追索权要求其给付汇票上的金额

D. 丙公司应当请求甲公司承担侵权赔偿责任

考点46 支票

209．2021 回忆/单

甲公司安排业务员叶某向乙公司采购燃油工程车，并由甲公司开具支票，支票中注明"见票一个月内支付"，但未填写金额和收款人，授权叶某在支付车款时具体填写。叶某前往乙公司后，发现电动工程车品质更优，擅自主张购买了电动工程车，在填写了金额和收款人后将支票交给了乙公司。后甲公司拒绝接受电动工程车并主张解除买卖合同。下列哪一项说法是正确的？

A. 因未记载金额而支票无效
B. 因未记载收款人而支票无效
C. 因叶某填写金额和收款人而支票无效
D. "见票一个月内支付"的记载无效

210．2017/3/74/多

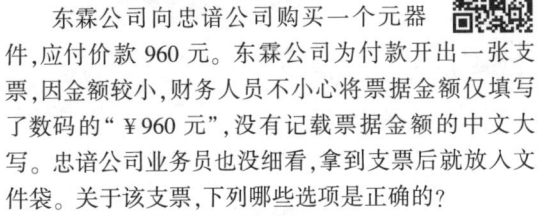

东霖公司向忠谙公司购买一个元器件，应付价款 960 元。东霖公司为付款开出一张支票，因金额较小，财务人员不小心将票据金额仅填写了数码的"￥960 元"，没有记载票据金额的中文大写。忠谙公司业务员也没细看，拿到支票后就放入文件袋。关于该支票，下列哪些选项是正确的？

A. 该支票出票行为无效
B. 忠谙公司不享有票据权利
C. 东霖公司应承担票据责任
D. 该支票在使用前应补记票据金额的中文大写

211．2015/3/74/多

关于支票的表述，下列哪些选项是正确的？

A. 现金支票在其正面注明后，可用于转账
B. 支票出票人所签发的支票金额不得超过其付款时在付款人处实有的存款金额
C. 支票上不得另行记载付款日期，否则该记载无效
D. 支票上未记载收款人名称的，该支票无效

专题七 证券法

考点47 证券法

212．2020 回忆/单

甲公司为上市公司，为解决扩建项目的资金缺口，甲公司于 2020 年 5 月 25 日通过公开发行公司债券的方式，募集资金 1 亿元，聘请乙证券公司为债券受托管理人。下列哪一项说法是正确的？

A. 债券持有人会议不能决议解除对乙证券公司的聘请
B. 若甲公司到期不能兑付债券本息，则乙证券公司可接受部分债券持有人的委托，以自己的名义代表债券持有人起诉
C. 若甲公司改变所募集资金的用途，则乙证券公司有权以自己的名义代表债券持有人起诉
D. 甲公司可将所募集资金的一部分用于弥补扩建项目带来的亏损

213．2018 回忆/多

甲公司持有乙公司（上市公司）6.04%的股份，为其第四大股东。2017 年 10 月 31 日，甲公司减持套现 2.9%的乙公司股份。3 个月后，乙公司股价开始上扬，甲公司又增持 1.86%的股份。对此，下列哪些选项是正确的？

A. 就增持事项，甲公司须在 3 日之内向证券监管机构和证券交易所作出书面报告，通知乙公司，并予公告
B. 就减持事项，乙公司应立即向证券监管机构和证券交易所报送临时报告，并予公告
C. 就减持事项，甲公司需在 3 日之内向证券监管机构和证券交易所作出书面报告
D. 甲公司在增持后的 3 日内，不得再行买卖乙公司的股票

214．2017/3/75/多

甲在证券市场上陆续买入力扬股份公司的股票，持股达 6%时才公告，被证券监督管理机构以信息披露违法为由处罚。之后甲欲继续购入力扬公司股票，力扬公司的股东乙、丙反对，持股 4%的股东丁同意。对此，下列哪些说法是正确的？

A. 甲的行为已违法，故无权再买入力扬公司股票
B. 乙可邀请其他公司对力扬公司展开要约收购
C. 丙可主张甲已违法，故应撤销其先前购买股票的行为
D. 丁可与甲签订股权转让协议，将自己所持全部股份卖给甲

215．2016/3/75/多

吉达公司是一家上市公司，公告称其已获得某地块的国有土地使用权。嘉豪公司资本雄厚，看中了该地块的潜在市场价值，经过细致财务分析后，拟在证券市场上对吉达公司进行收购。下列哪些说法是正确的？

A. 若收购成功，吉达公司即丧失上市资格
B. 若收购失败，嘉豪公司仍有权继续购买吉达公司的股份
C. 嘉豪公司若采用要约收购则不得再与吉达公司的大股东协议购买其股份

D. 待嘉豪公司持有吉达公司已发行股份30%时,应向其全体股东发出不得变更的收购要约

216. 2012/3/34/单
为扩大生产规模,筹集公司发展所需资金,鄂神股份有限公司拟发行总值为1亿元的股票。下列哪一说法符合《证券法》的规定?
A. 根据需要可向特定对象公开发行股票
B. 董事会决定后即可径自发行
C. 可采取溢价发行方式
D. 不必将股票发行情况上报证券监管机构备案

217. 2011/3/33/单
股票和债券是我国《证券法》规定的主要证券类型。关于股票与债券的比较,下列哪一表述是正确的?
A. 有限责任公司和股份有限公司都可以成为股票和债券的发行主体
B. 股票和债券具有相同的风险性
C. 债券的流通性强于股票的流通性
D. 股票代表股权,债券代表债权

218. 2010/3/30/单
某上市公司因披露虚假年度财务报告,导致投资者在证券交易中蒙受重大损失。关于对此承担民事赔偿责任的主体,下列哪一选项是错误的?
A. 该上市公司的监事
B. 该上市公司的实际控制人
C. 该上市公司财务报告的刊登媒体
D. 该上市公司的证券承销商

219. 2009/3/34/单
关于证券交易所,下列哪一表述是正确的?
A. 会员制证券交易所从事业务的盈余和积累的财产可按比例分配给会员
B. 证券交易所总经理由理事会选举产生并报国务院证券监督管理机构批准
C. 证券交易所制定和修改章程应报国务院证券监督管理机构备案
D. 证券交易所的设立和解散必须由国务院决定

220. 2009/3/78/多
某证券公司在业务活动中实施了下列行为,其中哪些违反《证券法》规定?
A. 经股东会决议为公司股东提供担保
B. 为其客户买卖证券提供融资服务
C. 对其客户证券买卖的收益作出不低于一定比例的承诺
D. 接受客户的全权委托,代理客户决定证券买卖的种类与数量

221. 2008/1/67/多
某上市公司招股说明书中列明的募集资金用途是环保新技术研发。现公司董事会决议将募集资金用于购置办公大楼。对此,下列哪些选项是正确的?
A. 未经股东大会决议批准,公司董事会不得实施此项购置计划
B. 如果股东大会决议不批准,公司董事会坚持此项购置计划,证券监督管理机构有权责令该公司改正
C. 证券监督管理机构有权对擅自改变募集资金用途的该公司责任人员处以罚款
D. 在未经股东大会批准而实施了此项购置计划的情况下,该公司可以通过发行新股来解决环保新技术研发的资金需求

222. 2008/1/68/多
某上市公司董事吴某,持有该公司6%的股份。吴某将其持有的该公司股票在买入后的第5个月卖出,获利600万元。关于此收益,下列哪些选项是正确的?
A. 该收益应当全部归公司所有
B. 该收益应由公司董事会负责收回
C. 董事会不收回该收益的,股东有权要求董事会限期收回
D. 董事会未在规定期限内执行股东关于收回吴某收益的要求的,股东有权代替董事会以公司名义直接向法院提起收回该收益的诉讼

223. 2008/1/69/多
证券公司的下列行为,哪些是《证券法》所禁止的?
A. 为客户买卖证券提供融资融券服务
B. 有偿使用客户的交易结算资金
C. 将自营账户借给他人使用
D. 接受客户的全权委托

考点48 证券投资基金法

224. 2017/3/33/单
某基金管理公司在2003年曾公开发售一只名为"基金利达"的封闭式基金。该基金原定封闭期15年,现即将到期,拟转换为开放式基金继续运行。关于该基金的转换,下列哪一选项是正确的?
A. 须经国务院证券监督管理机构核准
B. 转换后该基金应保持一定比例的现金或政府债券

C. 基金份额持有人大会就该转换事宜的决定应经有效表决权的1/2以上通过
D. 转换后基金份额持有人有权查阅或复制该基金的相关会计账簿等财务资料

225． 2016/3/33/单

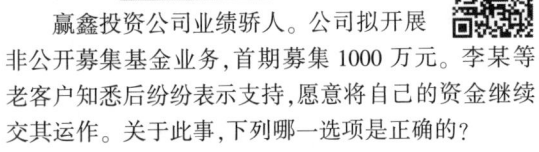

赢鑫投资公司业绩骄人。公司拟开展非公开募集基金业务，首期募集1000万元。李某等老客户知悉后纷纷表示支持，愿意将自己的资金继续交其运作。关于此事，下列哪一选项是正确的？
A. 李某等合格投资者的人数可以超过200人
B. 赢鑫公司可在全国性报纸上推介其业绩及拟募集的基金
C. 赢鑫公司可用所募集的基金购买其他的基金份额
D. 赢鑫公司就其非公开募集基金业务应向中国证监会备案

226． 2015/3/75/多

张某手头有一笔闲钱欲炒股，因对炒股不熟便购买了某证券投资基金。关于张某作为基金份额持有人所享有的权利，下列哪些表述是正确的？
A. 按份额享有基金财产收益
B. 参与分配清算后的剩余基金财产
C. 可回赎但不能转让所持有的基金份额
D. 可通过基金份额持有人大会来更换基金管理人

227． 2012/3/73/多

华新基金管理公司是信泰证券投资基金(信泰基金)的基金管理人。华新公司的下列哪些行为是不符合法律规定的？
A. 从事证券投资时，将信泰基金的财产独立于自己固有的财产
B. 以信泰基金的财产为公司大股东鑫鑫公司提供担保
C. 就其管理的信泰基金与其他基金的财产，规定不同的基金收益条款
D. 向信泰基金份额持有人承诺年收益率不低于12%

228． 2008/1/66/多

关于证券投资基金运用基金财产进行投资的范围，下列哪些选项是正确的？
A. 可以买卖该基金管理人发行的债券
B. 可以买卖上市交易的股票、债券
C. 不得从事承担无限责任的投资
D. 不得用于承销证券

专题八 保险法

考点49 保险法概述

229． 2022回忆/多

保险公司推销员甲向白某推销一份保险，在填写投保单时，白某委托甲代为填写并签字。在填写投保人职业时，甲依稀记得白某是司机，实际上白某是货车司机，而该份保险合同的保险范围不包括货车驾驶员。保险合同订立后，白某缴纳了保费。据此，下列哪些说法是正确的？
A. 甲不是白某的代理人
B. 甲是白某的代理人
C. 保险公司可以解除保险合同
D. 保险公司应当承担保险责任

230． 2018回忆/单

2017年，张某向甲公司投保重大疾病险，投保时隐瞒了患有乙肝的事实。保险合同订立前，甲公司要求张某到乙医院体检，并提交体检报告。因医院的医生工作失误，未能诊断出张某的乙肝病情。2018年2月，张某因患乙肝入院治疗，花去医疗费等6万余元。2018年7月，甲公司得知张某隐瞒病情投保的事实。下列哪一项说法是正确的？
A. 甲公司有权不解除保险合同，但不予赔偿
B. 如果甲公司解除保险合同，应当向张某退还保费
C. 若张某投保时，提交体检报告明确显示其患有乙肝，甲公司不能拒绝赔偿
D. 张某到甲公司指定的医院体检，免除了其如实告知的义务

231． 2016/3/76/多

甲公司投保了财产损失险的厂房被烧毁，甲公司伪造证明，夸大此次火灾的损失，向保险公司索赔100万元，保险公司为查清此事，花费5万元。关于保险公司的权责，下列哪些选项是正确的？
A. 应当向甲公司给付约定的保险金
B. 有权向甲公司主张5万元花费损失
C. 有权拒绝向甲公司给付保险金
D. 有权解除与甲公司的保险合同

232． 2014/3/34/单

甲公司代理人谢某代投保人何某签字，签订了保险合同，何某也依约交纳了保险费。在保险期间内发生保险事故，何某要求甲公司承担保险责任。下列哪一表述是正确的？
A. 谢某代签字，应由谢某承担保险责任
B. 甲公司承保错误，无须承担保险责任

C. 何某已经交纳了保险费,应由甲公司承担保险责任
D. 何某默认谢某代签字有过错,应由何某和甲公司按过错比例承担责任

233．2014/3/76/多

关于投保人在订立保险合同时的告知义务,下列哪些表述是正确的?

A. 投保人的告知义务,限于保险人询问的范围和内容
B. 当事人对询问范围及内容有争议的,投保人负举证责任
C. 投保人未如实告知投保单询问表中概括性条款时,则保险人可以此为由解除合同
D. 在保险合同成立后,保险人获悉投保人未履行如实告知义务,但仍然收取保险费,则保险人不得解除合同

234．2013/3/34/单

甲公司将其财产向乙保险公司投保。因甲公司要向银行申请贷款,乙公司依甲公司指示将保险单直接交给银行。下列哪一表述是正确的?

A. 因保险单未送达甲公司,保险合同不成立
B. 如保险单与投保单内容不一致,则应以投保单为准
C. 乙公司同意承保时,保险合同成立
D. 如甲公司未缴纳保险费,则保险合同不成立

235．2011/3/75/多

依据《保险法》规定,保险合同成立后,保险人原则上不得解除合同。下列哪些情形下保险人可以解除合同?

A. 人身保险中投保人在交纳首期保险费后未按期交纳后续保费
B. 投保人虚报被保险人年龄,保险合同成立已1年6个月
C. 投保人在投保时故意未告知投保汽车曾遇严重交通事故致发动机受损的事实
D. 投保人未履行对保险标的安全维护之责任

236．2009/3/79/多

关于保险利益,下列哪些表述是错误的?

A. 保险利益本质上是一种经济上的利益,即可以用金钱衡量的利益
B. 人身保险的投保人在保险事故发生时,对保险标的应当具有保险利益
C. 财产保险的被保险人在保险合同订立时,对保险标的应当具有保险利益
D. 责任保险的投保人在保险合同订立时,对保险标的应当具有保险利益

考点50 人身保险合同

237．2021 回忆/任

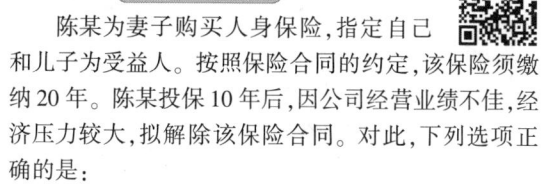

陈某为妻子购买人身保险,指定自己和儿子为受益人。按照保险合同的约定,该保险须缴纳20年。陈某投保10年后,因公司经营业绩不佳,经济压力较大,拟解除该保险合同。对此,下列选项正确的是:

A. 须经妻子的同意方可解除
B. 须经儿子的同意方可解除
C. 合同解除后,陈某有权主张保单现金价值
D. 合同解除后,妻子有权主张保单现金价值

238．2017/3/76/多

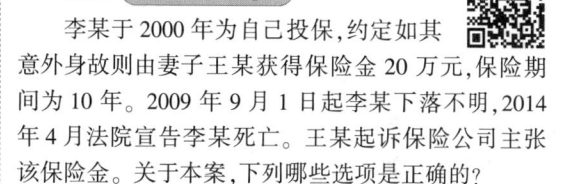

李某于2000年为自己投保,约定如其意外身故则由妻子王某获得保险金20万元,保险期间为10年。2009年9月1日起李某下落不明,2014年4月法院宣告李某死亡。王某起诉保险公司主张该保险金。关于本案,下列哪些选项是正确的?

A. 保险合同应无效
B. 王某有权主张保险金
C. 李某死亡日期已超保险期间,故保险公司不承担保险责任
D. 如李某确系2009年9月1日下落不明,则保险公司应承担保险责任

239．2016/3/34/单

杨某为其妻王某购买了某款人身保险,该保险除可获得分红外,还约定若王某意外死亡,则保险公司应当支付保险金20万元。关于该保险合同,下列哪一说法是正确的?

A. 若合同成立2年后王某自杀,则保险公司不支付保险金
B. 王某可让杨某代其在被保险人同意处签字
C. 经王某口头同意,杨某即可将该保险单质押
D. 若王某现为无民事行为能力人,则无需经其同意该保险合同即有效

240．2015/3/34/单

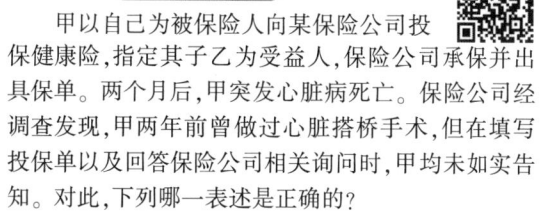

甲以自己为被保险人向某保险公司投保健康险,指定其子乙为受益人,保险公司承保并出具保单。两个月后,甲突发心脏病死亡。保险公司经调查发现,甲两年前曾做过心脏搭桥手术,但在填写投保单以及回答保险公司相关询问时,甲均未如实告知。对此,下列哪一表述是正确的?

A. 因甲违反如实告知义务,故保险公司对甲可主张违约责任
B. 保险公司有权解除保险合同
C. 保险公司即使不解除保险合同,仍有权拒绝

乙的保险金请求

D. 保险公司虽可不必支付保险金,但须退还保险费

241． 2013/3/76/多

甲公司交纳保险费为其员工张某投保人身保险,投保单由保险公司业务员代为填写和签字。保险期间内,张某找到租用甲公司槽罐车的李某催要租金。李某与张某发生争执,张某打碎车窗玻璃,并挡在槽罐车前。李某怒将张某撞死。关于保险受益人针对保险公司的索赔理由的表述,下列哪些选项是正确的?

A. 投保单虽是保险公司业务员代为填写和签字,但甲公司交纳了保险费,因此保险合同成立
B. 张某的行为不构成犯罪,保险公司不得以此为由主张免责
C. 张某的行为属于合法的自助行为,保险公司应予理赔
D. 张某的死亡与张某的行为并无直接因果关系,保险公司应予理赔

242． 2012/3/33/单

甲向某保险公司投保人寿保险,指定其秘书乙为受益人。保险期间内,甲、乙因交通事故意外身亡,且不能确定死亡时间的先后。该起交通事故由事故责任人丙承担全部责任。现甲的继承人和乙的继承人均要求保险公司支付保险金。下列哪一选项是正确的?

A. 保险金应全部交给甲的继承人
B. 保险金应全部交给乙的继承人
C. 保险金应由甲和乙的继承人平均分配
D. 某保险公司承担保险责任后有权向丙追偿

243． 2010/3/31/单

根据《保险法》规定,人身保险投保人对下列哪一类人员具有保险利益?

A. 与投保人关系密切的邻居
B. 与投保人已经离婚但仍一起生活的前妻
C. 与投保人有劳动关系的劳动者
D. 与投保人合伙经营的合伙人

244． 2010/3/77/多

2007年7月,陈某为其母投保人身保险时,为不超过保险公司规定的承保年龄,在申报被保险人年龄时故意少报了二岁。2009年9月保险公司发现了此情形。对此,下列哪些选项是正确的?

A. 保险公司有权解除保险合同,但需退还投保人已交的保险费
B. 保险公司无权解除保险合同
C. 如此时发生保险事故,保险公司不承担给付保险金的责任
D. 保险人有权要求投保人补交少交的保险费,但不能免除其保险责任

245． 2010/3/78/多

甲为其妻乙投保意外伤害保险,指定其子丙为受益人。对此,下列哪些选项是正确的?

A. 甲指定受益人时须经乙同意
B. 如因第三人导致乙死亡,保险公司承担保险金赔付责任后有权向该第三人代位求偿
C. 如乙变更受益人无须甲同意
D. 如丙先于乙死亡,则出现保险事故时保险金作为乙的遗产由甲继承

246． 2009/3/32/单

丁某于2005年5月为其九周岁的儿子丁海购买一份人身保险。至2008年9月,丁某已支付了三年多的保险费。当年10月,丁海患病住院,因医院误诊误治致残。关于本案,下列哪一表述是正确的?

A. 丁某可以在向保险公司索赔的同时要求医院承担赔偿责任
B. 应当先由保险公司支付保险金,再由保险公司向医院追偿
C. 丁某应先向医院索赔,若医院拒绝赔偿或无法足额赔偿,再要求保险公司支付保险金
D. 丁某不能用诉讼方式要求保险公司支付保险金

考点51 财产保险合同

247． 2019回忆/单

蒋某为中天公司调试某设备,双方约定,如果因蒋某的原因造成损失,蒋某只需要承担一半的赔偿责任。后来,中天公司为该设备投保了财产损失险,但未将与蒋某的约定告知保险公司,保险公司也未询问针对此设备有无免责约定。不久,蒋某在调试设备时因擅自修改设备参数,引起火灾,造成该设备损失20万元。下列说法正确的是哪一项?

A. 保险公司向中天公司赔偿后,可向蒋某追偿10万元
B. 保险公司向中天公司赔偿后,可向蒋某追偿20万元
C. 保险公司主张代位求偿的管辖法院,依保险合同关系确定
D. 如果保险公司已经向中天公司赔偿,可向中天公司主张返还赔偿金

248． 2017/3/34/单

姜某的私家车投保商业车险,年保

费为3000元。姜某发现当网约车司机收入不错,便用手机软件接单载客,后辞职专门跑网约车。某晚,姜某载客途中与他人相撞,造成车损10万元。姜某向保险公司索赔,保险公司调查后拒赔。关于本案,下列哪一选项是正确的?

A. 保险合同无效
B. 姜某有权主张约定的保险金
C. 保险公司不承担赔偿保险金的责任
D. 保险公司有权解除保险合同并不退还保险费

249. 2015/3/76/多

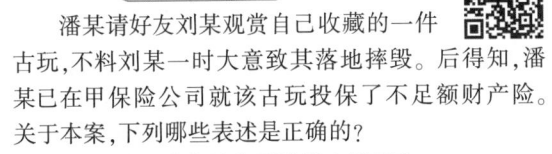

潘某请好友刘某观赏自己收藏的一件古玩,不料刘某一时大意致其落地摔毁。后得知,潘某已在甲保险公司就该古玩投保了不足额财产险。关于本案,下列哪些表述是正确的?

A. 潘某可请求甲公司赔偿全部损失
B. 若刘某已对潘某进行全部赔偿,则甲公司可拒绝向潘某支付保险赔偿金
C. 甲公司对潘某赔偿保险金后,在向刘某行使保险代位求偿权时,既可以自己的名义,也可以潘某的名义
D. 若甲公司支付的保险金不足以弥补潘某的全部损失,则就未取得赔偿的部分,潘某对刘某仍有赔偿请求权

250. 2012/3/75/多

甲参加乙旅行社组织的沙漠一日游,乙旅行社为此向红星保险公司购买了旅行社责任保险。丙客运公司受乙旅行社之托,将甲运至沙漠,丙公司为此向白云保险公司购买了承运人责任保险。丙公司在运送过程中发生交通事故,致甲死亡,丙公司负事故全责。甲的继承人为丁。在通常情形下,下列哪些表述是正确的?

A. 乙旅行社有权要求红星保险公司直接对丁支付保险金
B. 丙公司有权要求白云保险公司直接对丁支付保险金
C. 丁有权直接要求红星保险公司支付保险金
D. 丁有权直接要求白云保险公司支付保险金

251. 2011/3/34/单

张三向保险公司投保了汽车损失险。某日,张三的汽车被李四撞坏,花去修理费5000元。张三向李四索赔,双方达成如下书面协议:张三免除李四修理费1000元,李四为其为张三提供3次免费咨询服务,剩余的4000元由张三向保险公司索赔。后张三请求保险公司按保险合同支付保险金5000元。下列哪一说法是正确的?

A. 保险公司应当按保险合同全额支付保险金5000元,且不得向李四求偿
B. 保险公司仅应当承担4000元保险金的赔付责任,且有权向李四求偿
C. 因张三免除了李四1000元的债务,保险公司不再承担保险金给付责任
D. 保险公司应当全额支付5000元保险金,再向李四求偿

252. 2009/3/33/单

潘某向保险公司投保了一年期的家庭财产保险。保险期间内,潘某一家外出,嘱托保姆看家。某日,保姆外出忘记锁门,窃贼乘虚而入,潘某家被盗财物价值近5000元。下列哪一表述是正确的?

A. 应由保险公司赔偿,保险公司赔偿后无权向保姆追偿
B. 损失系因保姆过错所致,保险公司不承担赔偿责任
C. 潘某应当向保险公司索赔,不能要求保姆承担赔偿责任
D. 潘某只能要求保姆赔偿,不能向保险公司索赔

253. 2008/3/27/单

甲将自己的汽车向某保险公司投保财产损失险,附加盗抢险,保险金额按车辆价值确定为20万元。后该汽车被盗,在保险公司支付了全部保险金之后,该车辆被公安机关追回。关于保险金和车辆的处置方法,下列哪一选项是正确的?

A. 甲无需退还受领的保险金,但车辆归保险公司所有
B. 车辆归甲所有,但甲应退还受领的保险金
C. 甲无需退还保险金,车辆应归甲所有
D. 应由甲和保险公司协商处理保险金与车辆的归属

254. 2008/3/71/多

王某将自己居住的房屋向某保险公司投保家庭财产保险。保险合同有效期内,该房屋因邻居家的小孩玩火而被部分毁损,损失10万元。下列哪些选项是错误的?

A. 王某应当先向邻居索赔,在邻居无力赔偿的前提下才能向保险公司索赔
B. 王某可以放弃对邻居的赔偿请求权,单独向保险公司索赔
C. 若王某已从邻居处得到10万元的赔偿,其仍可向保险公司索赔
D. 若王某从保险公司得到的赔偿不足10万元,其仍可向邻居索赔

专题九　海商法

考点52　船舶物权

255. 2014/3/33/单
依据我国《海商法》和《民法典》①的相关规定，关于船舶所有权，下列哪一表述是正确的？
A. 船舶买卖时，船舶所有权自船舶交付给买受人时移转
B. 船舶建造完成后，须办理船舶所有权的登记才能确定其所有权的归属
C. 船舶不能成为共同共有的客体
D. 船舶所有权不能由自然人继承

256. 2013/3/33/单
依据我国《海商法》和《民法典》②的相关规定，关于船舶物权的表述，下列哪一选项是正确的？
A. 甲的船舶撞坏乙的船舶，则乙就其损害赔偿对甲的船舶享有留置权
B. 甲以其船舶为乙设定抵押担保，则一经签订抵押合同，乙即享有抵押权
C. 以建造中的船舶设定抵押权的，抵押权仅在办理登记后才能产生效力
D. 同一船舶上设立数个抵押权时，其顺序以抵押合同签订的先后为准

257. 2012/3/76/多
关于船舶担保物权及针对船舶的请求权的表述，下列哪些选项是正确的？
A. 海难救助的救助款项给付请求，先于在船舶营运中发生的人身伤亡赔偿请求而受偿
B. 船舶在营运中因侵权行为产生的财产赔偿请求，先于船舶吨税、引航费等的缴付请求而受偿
C. 因保存、拍卖船舶和分配船舶价款产生的费用，应从船舶拍卖所得款项中先行拨付
D. 船舶优先权先于船舶留置权与船舶抵押权受偿

258. 2011/3/76/多
南岳公司委托江北造船公司建造船舶一艘。船舶交付使用时南岳公司尚欠江北公司费用200万元。南岳公司以该船舶抵押向银行贷款500万元。后该船舶不慎触礁，需修理费50万元，有多名船员受伤，需医药费等40万元。如以该船舶的价值清偿上述债务，下列哪些表述是正确的？
A. 修船厂的留置权优先于银行的抵押权
B. 船员的赔偿请求权优先于修船厂的留置权
C. 造船公司的造船费用请求权优先于银行的抵押权
D. 银行的抵押权优先于修船厂的留置权

专题十　信托法

考点53　信托法

259. 2022回忆/任
2020年8月1日，李某和信托公司签订了信托合同，约定购买"金源一号"信托产品，李某为唯一受益人。8月5日，李某如约将300万元打入信托公司的信托资金专用账户。8月10日，"金源一号"开售后，信托公司仅购买了200万元的信托产品。2022年8月，"金源一号"到期清算，双方发生争议。据此，下列说法正确的是：
A. 因信托公司只购买了200万元的信托产品，李某只能主张200万元的本金和信托收益
B. 因李某按约定转入了300万元，有权主张300万元的本金和信托收益
C. 李某无权主张300万元的本金和信托收益
D. 李某有权主张返还剩余100万元的本金和预期收益

260. 2022回忆/多
齐某作为委托人与甲信托公司签订了《单一信托合同》，合同中未约定向甲公司支付报酬。甲公司在齐某的指示下分三笔向乙公司发放了信托贷款。后齐某与甲公司因为报酬问题产生争议。下列哪些说法是正确的？
A. 虽然未约定报酬，但甲公司有权请求支付报酬
B. 因双方未约定报酬，故甲公司无权请求支付报酬
C. 甲公司应对齐某承担信托义务
D. 未约定报酬不影响信托合同的成立

---

① 原题为《物权法》，为与新法相适应，此处修改为《民法典》。
② 原题为《物权法》，为与新法相适应，此处修改为《民法典》。

经济法 [试题]

扫一扫，"码"上做题

微信扫码，即可上线上做题、看解析。
多种做题模式：章节自测、单科集训、随机演练等。

专题十一 反垄断法

考点54 反垄断法

261. 2022 回忆/多
某市玉米行业协会和会员企业签订协议，内容是：为增强中小经营者的竞争力，要求玉米均定价为2.6元/斤，会员企业必须按照协议销售，否则禁止使用该协会的商标。据此，下列哪些选项是不正确的？
  A. 该协议属于纵向垄断协议
  B. 该协议属于横向垄断协议
  C. 该协会的行为属于滥用市场支配地位
  D. 该协议构成反垄断豁免，是有效协议

262. 2021 回忆/单
甲公司和乙公司共同设立丙公司，达到国务院规定的经营者集中申报标准，但未向国家市场监管部门进行申报。丙公司成立后一年内没有实施排除、限制竞争的行为。关于市场监管部门的行政处罚，下列哪一选项是正确的？
  A. 都不处罚
  B. 处罚甲公司和乙公司
  C. 处罚甲、乙、丙三家公司
  D. 处罚丙公司

263. 2017/1/28/单
某景区多家旅行社、饭店、商店和客运公司共同签订《关于加强服务协同提高服务水平的决定》，约定了统一的收费方式、服务标准和收入分配方案。有人认为此举构成横向垄断协议。根据《反垄断法》，下列哪一说法是正确的？
  A. 只要在一个竞争性市场中的经营者达成协调市场行为的协议，就违反该法
  B. 只要经营者之间的协议涉及商品或服务的价格、标准等问题，就违反该法
  C. 如经营者之间的协议有利于提高行业服务质量和经济效益，就不违反该法
  D. 如经营者之间的协议不具备排除、限制竞争的效果，就不违反该法

264. 2016/1/28/单
某燃气公司在办理燃气入户前，要求用户缴纳一笔"预付气费款"，否则不予供气。待不再用气时，用户可申请返还该款项。经查，该款项在用户日常购气中不能冲抵燃气费。根据《反垄断法》的规定，下列哪一说法是正确的？
  A. 反垄断机构执法时应界定该公司所涉相关市场
  B. 只要该公司在当地独家经营，就能认定其具有市场支配地位
  C. 如该公司的上游气源企业向其收取预付款，该公司就可向客户收取"预付气费款"
  D. 县政府规定了"一个地域只能有一家燃气供应企业"，故该公司行为不构成垄断

265. 2016/1/67/多
某县会计师行业自律委员会成立之初，达成统筹分配当地全行业整体收入的协议，要求当年市场份额提高的会员应分出自己的部分收入，补贴给市场份额降低的会员。事后，有会员向省级工商行政管理部门书面投诉。关于此事，下列哪些说法是正确的？
  A. 该协议限制了当地会计师行业的竞争，具有违法性
  B. 抑强扶弱有利于培育当地会计服务市场，法律不予禁止
  C. 此事不能由省级工商行政管理部门受理，应由该委员会成员自行协商解决
  D. 即使该协议尚未实施，如构成违法，也可予以查处

266. 2015/1/67/多
某市甲、乙、丙三大零售企业达成一致协议，拒绝接受产品供应商丁的供货。丙向反垄断执法机构举报并提供重要证据，经查，三企业构成垄断协议行为。关于三企业应承担的法律责任，下列哪些选项是正确的？
  A. 该执法机构应责令三企业停止违法行为，没收违法所得，并处以相应罚款
  B. 丙企业举报有功，可酌情减轻或免除处罚

C. 如丁因垄断行为遭受损失的,三企业应依法承担民事责任

D. 如三企业行为后果极为严重,应追究其刑事责任

267. 2014/1/64/多

某省 L 市旅游协会为防止零团费等恶性竞争,召集当地旅行社商定对游客统一报价,并根据各旅行社所占市场份额,统一分配景点返佣、古城维护费返佣等收入。此计划实施前,甲旅行社主动向反垄断执法机构报告了这一情况并提供了相关证据。关于本案,下列哪些判断是错误的?

A. 旅游协会的行为属于正当的行业自律行为

B. 由于尚未实施,旅游协会的行为不构成垄断行为

C. 如构成垄断行为,L 市发改委可对其处以 50 万元以下的罚款

D. 如构成垄断行为,对甲旅行社可酌情减轻或免除处罚

268. 2013/1/27/单

某品牌白酒市场份额较大且知名度较高,因销量急剧下滑,生产商召集经销商开会,令其不得低于限价进行销售,对违反者将扣除保证金、减少销售配额直至取消销售资格。关于该行为的性质,下列哪一判断是正确的?

A. 维护品牌形象的正当行为

B. 滥用市场支配地位的行为

C. 价格同盟行为

D. 纵向垄断协议行为

269. 2013/1/64/多

某县政府规定:施工现场不得搅拌混凝土,只能使用预拌的商品混凝土。2012 年,县建材协会组织协调县内 6 家生产企业达成协议,各自按划分的区域销售商品混凝土。因货少价高,一些施工单位要求县工商局处理这些企业的垄断行为。根据《反垄断法》,下列哪些选项是错误的?

A. 县政府的规定属于行政垄断行为

B. 县建材协会的行为违反了《反垄断法》

C. 县工商局有权对 6 家企业涉嫌垄断的行为进行调查和处理

D. 被调查企业承诺在反垄断执法机构认可的期限内采取具体措施消除该行为后果的,该机构可决定终止调查

270. 2011/1/64/多

关于市场支配地位,下列哪些说法是正确的?

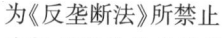

A. 有市场支配地位而无滥用该地位的行为者,不

为《反垄断法》所禁止

B. 市场支配地位的认定,只考虑经营者在相关市场的市场份额

C. 其他经营者进入相关市场的难易程度,不影响市场支配地位的认定

D. 一个经营者在相关市场的市场份额达到二分之一的,推定为有市场支配地位

271. 2010/1/66/多

根据《反垄断法》规定,关于经营者集中的说法,下列哪些选项是正确的?

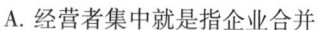

A. 经营者集中就是指企业合并

B. 经营者集中实行事前申报制,但允许在实施集中后补充申报

C. 经营者集中被审查时,参与集中者的市场份额及其市场控制力是一个重要的考虑因素

D. 经营者集中如被确定为可能具有限制竞争的效果,将会被禁止

272. 2009/1/24/单

对于国务院反垄断委员会的机构定位和工作职责,下列哪一选项是正确的?

A. 是承担反垄断执法职责的法定机构

B. 应当履行协调反垄断行政执法工作的职责

C. 可以授权国务院相关部门负责反垄断执法工作

D. 可以授权省、自治区、直辖市人民政府的相应机构负责反垄断执法工作

273. 2009/1/66/多

根据《反垄断法》规定,下列哪些选项不构成垄断协议?

A. 某行业协会组织本行业的企业就防止进口原料时的恶性竞争达成保护性协议

B. 三家大型房地产公司的代表聚会,就商品房价格达成共识,随后一致采取涨价行动

C. 某品牌的奶粉含有毒物质的事实被公布后,数家大型零售公司联合声明拒绝销售该产品

D. 数家大型煤炭企业就采用一种新型矿山安全生产技术达成一致意见

274. 2008/1/71/多

关于市场支配地位推定制度,下列哪些选项是符合我国《反垄断法》规定的?

A. 经营者在相关市场的市场份额达到二分之一的,推定为具有市场支配地位

B. 两个经营者在相关市场的市场份额合计达到三分之二,其中有的经营者市场份额不足十分之一的,不应当推定该经营者具有市场支配地位

C. 三个经营者在相关市场的市场份额合计达到

四分之三,其中有两个经营者市场份额合计不足五分之一的,不应当推定该两个经营者具有市场支配地位

D. 被推定具有市场支配地位的经营者,有证据证明不具有市场支配地位的,不应当认定其具有市场支配地位

275．2008/1/72/多

滥用行政权力排除、限制竞争的行为,是我国《反垄断法》规制的垄断行为之一。关于这种行为,下列哪些选项是正确的?

A. 实施这种行为的主体,不限于行政机关
B. 实施这种行为的主体,不包括中央政府部门
C.《反垄断法》对这种行为的规制,限定在商品流通和招投标领域
D.《反垄断法》对这种行为的规制,主要采用行政责任的方式

专题十二 反不正当竞争法

考点55 反不正当竞争法

276．2022 回忆/单

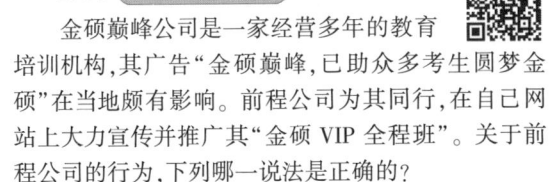

金硕巅峰公司是一家经营多年的教育培训机构,其广告"金硕巅峰,已助众多考生圆梦金硕"在当地颇有影响。前程公司为其同行,在自己网站上大力宣传并推广其"金硕 VIP 全程班"。关于前程公司的行为,下列哪一说法是正确的?

A. 属于合法的竞争行为
B. 构成虚假或引人误解的商业宣传行为
C. 构成混淆行为
D. 构成互联网不正当竞争行为

277．2020 回忆/多

乙是国内大型视频网站,购买了一批热播电视剧的独家网络播放权。用户可以免费收看乙网站的热播电视剧,但不可避免需要同时收看片头片尾广告,乙网站以收取广告费盈利。甲开发出广告屏蔽软件,可屏蔽乙网站加载的广告,并招揽播放第三方的广告。对此,下列说法正确的有哪些?

A. 甲的行为构成不正当竞争
B. 甲开发的屏蔽广告软件仅为一项技术手段,基于"技术无罪"不构成违法
C. 如不能确定乙网站损失金额,按照甲收取的广告费用计算
D. 乙网站调查甲行为所支付的所有费用应由甲赔偿

278．2019 回忆/多

甲公司取得了热播电视剧《明天会更好》的独家网络直播权,赵某嫌该剧片头广告时间过长,开发出屏蔽该剧片头广告的软件,并在其社交主页上提供了专门的下载通道,受到网民追捧。随后赵某用此软件招商,播放乙公司的产品广告,收益颇丰。下列说法正确的是:

A. 赵某的行为有利于消费者,不应被禁止
B. 赵某的行为构成不正当竞争行为
C. 赵某并非经营者,所以其不是不正当竞争行为的适格主体
D. 甲公司的实际损失难以计算的,可按赵某向乙公司收取的报酬确定赔偿金额

279．2018 回忆/单

姚某在使用甲网站的搜索引擎时,在搜索结果页面出现前总会弹出宣传页面,严重遮挡搜索结果页面。经查,乙网络技术公司为甲网站提供技术支持,其插入宣传页面的行为未经甲网站允许。关于乙公司的行为,下列哪一说法是正确的?

A. 属于合理利用网络资源
B. 构成虚假广告宣传行为
C. 构成不正当竞争行为
D. 无需经甲网站同意

280．2017/1/29/单

某蛋糕店开业之初,为扩大影响,增加销售,出钱雇人排队抢购。不久,该店门口便时常排起长队,销售盛况的照片也频频出现于网络等媒体,附近同类店家生意随之清淡。对此行为,下列哪一说法是正确的?

A. 属于正当的营销行为
B. 构成混淆行为
C. 构成虚假宣传行为
D. 构成商业贿赂行为

281．2016/1/68/多

甲县善福公司(简称甲公司)的前身为创始于清末的陈氏善福铺,享誉百年,陈某继承祖业后注册了该公司,并规范使用其商业标识。乙县善福公司(简称乙公司)系张某先于甲公司注册,且持有"善福 100"商标权。乙公司在其网站登载善福铺的历史及荣誉,还在其产品包装标注"百年老牌""创始于清末"等字样,但均未证明其与善福铺存在历史联系。甲、乙公司存在竞争关系。关于此事,下列哪些说法是正确的?

A. 陈某注册甲公司的行为符合诚实信用原则
B. 乙公司登载善福铺历史及标注字样的行为损害了甲公司的商誉
C. 甲公司使用"善福公司"的行为侵害了乙公司的商标权

D. 乙公司登载善福铺历史及标注字样的行为构成虚假宣传行为

282. 2015/1/68/多
甲公司拥有"飞鸿"注册商标,核定使用的商品为酱油等食用调料。乙公司成立在后,特意将"飞鸿"登记为企业字号,并在广告、企业厂牌、商品上突出使用。乙公司使用违法添加剂生产酱油被媒体曝光后,甲公司的市场声誉和产品销量受到严重影响。关于本案,下列哪些说法是正确的?
A. 乙公司侵犯了甲公司的注册商标专用权
B. 乙公司将"飞鸿"登记为企业字号并突出使用的行为构成不正当竞争行为
C. 甲公司因调查乙公司不正当竞争行为所支付的合理费用应由乙公司赔偿
D. 甲公司应允许乙公司在不变更企业名称的情况下以其他商标生产销售合格的酱油

283. 2014/1/27/单
红心地板公司在某市电视台投放广告,称"红心牌原装进口实木地板为你分忧",并称"强化木地板甲醛高、不耐用"。此后,本地市场上的强化木地板销量锐减。经查明,该公司生产的实木地板是用进口木材在国内加工而成。关于该广告行为,下列哪一选项是正确的?
A. 属于正当竞争行为
B. 仅属于诋毁商誉行为
C. 仅属于虚假宣传行为
D. 既属于诋毁商誉行为,又属于虚假宣传行为

284. 2014/1/65/多
甲酒厂为扩大销量,精心摹仿乙酒厂知名白酒的包装、装潢。关于甲厂摹仿行为,下列哪些判断是错误的?
A. 如果乙厂的包装、装潢未获得外观设计专利,则甲厂摹仿行为合法
B. 如果甲厂在包装、装潢上标明了自己的厂名、厂址、商标,则不构成混淆行为
C. 如果甲厂白酒的包装、装潢不足以使消费者误认为是乙厂白酒,则不构成混淆行为
D. 如果乙厂白酒的长期消费者留意之下能够辨别出二者差异,则不构成混淆行为

285. 2013/1/65/多
甲厂与工程师江某签订了保密协议。江某在劳动合同终止后应聘至同行业的乙厂,并帮助乙厂生产出与甲厂相同技术的发动机。甲厂认为保密义务理应包括竞业限制义务,江某不得到乙厂工作,乙厂和江某共同侵犯其商业秘密。关于此案,下列哪些选项是正确的?

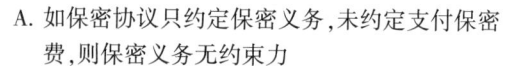

A. 如保密协议只约定保密义务,未约定支付保密费,则保密义务无约束力
B. 如双方未明确约定江某负有竞业限制义务,则江某有权到乙厂工作
C. 如江某违反保密协议的要求,向乙厂披露甲厂的保密技术,则构成侵犯商业秘密
D. 如乙厂能证明其未利诱江某披露甲厂的保密技术,则不构成侵犯商业秘密

286. 2012/1/27/单
某县"大队长酒楼"自创品牌后声名渐隆,妇孺皆知。同县的"牛记酒楼"经暗访发现,"大队长酒楼"经营特色是,服务员统一着20世纪60年代服装,播放该年代歌曲,店堂装修、菜名等也具有时代印记。"牛记酒楼"遂改名为"老社长酒楼",服装、歌曲、装修、菜名等一应照搬。根据《反不正当竞争法》的规定,"牛记酒楼"的行为属于下列哪一种行为?
A. 正当的竞争行为
B. 侵犯商业秘密行为
C. 混淆行为
D. 虚假宣传行为

287. 2012/1/64/多
下列哪些选项属于不正当竞争行为?
A. 甲灯具厂捏造乙灯具厂偷工减料的事实,私下告诉乙厂的几家重要客户
B. 甲公司发布高薪招聘广告,乙公司数名高管集体辞职前往应聘,甲公司予以聘用
C. 甲电器厂产品具有严重瑕疵,媒体误报道为乙电器厂产品,甲厂未主动澄清
D. 甲厂使用与乙厂知名商品近似的名称、包装和装潢,消费者经仔细辨别方可区别二者差异

288. 2010/1/67/多
根据《反不正当竞争法》规定,下列哪些行为属于不正当竞争行为?
A. 甲企业将所产袋装牛奶标注的生产日期延后了两天
B. 乙企业举办抽奖式有奖销售,最高奖为5000元购物券,并规定用购物券购物满1000元的可再获一次抽奖机会
C. 丙企业规定,销售一台电脑给中间人5%佣金,可不入账
D. 丁企业为清偿债务,按低于成本的价格销售商品

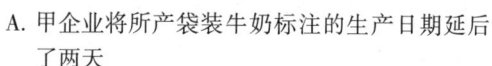

289. 2008/1/74/多
甲公司为宣传其"股神"股票交易分析软件,高价聘请记者发表文章,称"股神"软件是"股民心中的神灵",贬称过去的同类软件"让多少股民欲哭

无泪",并称乙公司的软件"简直是垃圾"。根据《反不正当竞争法》的规定,下列哪些选项是正确的?
- A. 只有乙公司才能起诉甲公司的诋毁商誉行为
- B. 甲公司的行为只有出于故意才能构成诋毁商誉行为
- C. 只有证明记者拿了甲公司的钱财,才能认定其参与诋毁商誉行为
- D. 只有证明甲公司捏造和散布了虚假事实,才能认定其构成不正当竞争

专题十三 消费者权益保护法

考点56 消费者权益保护法

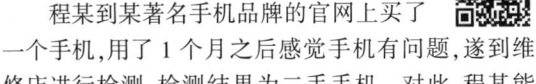

290. 2022 回忆/多
程某到某著名手机品牌的官网上买了一个手机,用了1个月之后感觉手机有问题,遂到维修店进行检测,检测结果为二手手机。对此,程某能够主张下列哪些请求?
- A. 以存在欺诈为由,撤销买卖合同
- B. 要求退还旧手机,换一台新手机
- C. 主张三倍的惩罚性赔偿
- D. 保留该手机,主张补偿差价

291. 2020 回忆/多
陈某在点餐网外卖平台订餐,在"纯真拉面"餐厅点了一份牛肉拉面,价款50元。11点10分,短信提示外卖已送出。11点29分,短信告知订单因配送问题被取消,且50元餐费被退回。陈某向点餐网质询,对方反馈:该订单是因配送问题被系统自动取消,此种情形在点餐网偶有发生。陈某起诉点餐网欺诈消费者,主张500元的赔偿。法院查明该订单配送服务方为点餐网平台,取消订单确系因配送问题。以下选项哪些是正确的?
- A. 点餐网应向陈某退回50元餐费
- B. 点餐网应向陈某赔偿500元
- C. 点餐网应向陈某赔偿150元
- D. 纯真拉面餐厅应向陈某赔偿500元

292. 2016/1/69/多
甲在乙公司办理了手机通讯服务,业务单约定:如甲方(甲)预付费使用完毕而未及时补交款项,乙方(乙公司)有权暂停甲方的通讯服务,由此造成损失,乙方概不担责。甲预付了费用,1年后发现所用手机被停机,经查询方得知公司有"话费有效期满暂停服务"的规定,此时账户尚有余额,遂诉之。关于此事,下列哪些说法是正确的?
- A. 乙公司侵犯了甲的知情权
- B. 乙公司提供格式条款时应提醒甲注意暂停服务的情形
- C. 甲有权要求乙公司退还全部预付费
- D. 法院应支持甲要求乙公司承担惩罚性赔偿的请求

293. 2015/1/27/单
甲在A银行办理了一张可异地跨行存取款的银行卡,并曾用该银行卡在A银行一台自动取款机上取款。甲取款数日后,发现该卡内的全部存款被人在异地B银行的自动取款机上取走。后查明:甲在A银行取款前一天,某盗卡团伙已在该自动取款机上安装了摄像和读卡装置(一周后被发现);甲对该卡和密码一直妥善保管,也从未委托他人使用。关于甲的存款损失,下列哪一说法是正确的?
- A. 自行承担部分损失
- B. 有权要求A银行赔偿
- C. 有权要求A银行和B银行赔偿
- D. 只能要求复制盗刷银行卡的罪犯赔偿

294. 某商场使用了由东方电梯厂生产、亚林公司销售的自动扶梯。某日营业时间,自动扶梯突然逆向运行,造成顾客王某、栗某和商场职工薛某受伤,其中栗某受重伤,经治疗半身瘫痪,数次自杀未遂。现查明,该型号自动扶梯在全国已多次发生相同问题,但电梯厂均通过更换零部件、维修进行处理,并未停止生产和销售。

请回答第(1)、(2)题。

(1) 2015/1/95/任
关于赔偿主体及赔偿责任,下列选项正确的是:
- A. 顾客王某、栗某有权请求商场承担赔偿责任
- B. 受害人有权请求电梯厂和亚林公司承担赔偿责任
- C. 电梯厂和亚林公司承担连带赔偿责任
- D. 商场和电梯厂承担按份赔偿责任

(2) 2015/1/96/任
关于顾客王某与栗某可主张的赔偿费用,下列选项正确的是:
- A. 均可主张为治疗支出的合理费用
- B. 均可主张因误工减少的收入
- C. 栗某可主张精神损害赔偿
- D. 栗某可主张所受损失2倍以下的惩罚性赔偿

295. 2014/1/66/多
张某从某网店购买一套汽车坐垫。货到拆封后,张某因不喜欢其花色款式,多次与网店交涉要求退货。网店的下列哪些回答是违法的?
- A. 客户下单时网店曾提示"一经拆封,概不退货",故对已拆封商品不予退货

B. 该商品无质量问题,花色款式也是客户自选,故退货理由不成立,不予退货
C. 如网店同意退货,客户应承担退货的运费
D. 如网店同意退货,货款只能在一个月后退还

296． 2014/1/68/多

彦某将一套住房分别委托甲、乙两家中介公司出售。钱某通过甲公司看中该房,但觉得房价太高。双方在看房前所签协议中约定了防"跳单"条款:钱某对甲公司的房源信息负保密义务,不得利用其信息撇开甲公司直接与房主签约,否则支付违约金。事后钱某又在乙公司发现同一房源,而房价比甲公司低得多。钱某通过乙公司买得该房,甲公司得知后提出异议。关于本案,下列哪些判断是错误的?
A. 防"跳单"条款限制了消费者的自主选择权
B. 甲公司抬高房价侵害了消费者的公平交易权
C. 乙公司的行为属于不正当竞争行为
D. 钱某侵犯了甲公司的商业秘密

297． 2011/1/65/多

F公司是一家专营进口高档家具的企业。媒体曝光该公司有部分家具是在国内生产后,以"先出口,再进口"的方式取得进口报关凭证,在销售时标注为外国原产,以高于出厂价数倍的价格销售。此时,已经在F公司购买家具的顾客,可以行使下列哪些权利?
A. 顾客有权要求F公司提供所售商品的产地、制造商、采购价格、材料等真实信息并提供充分证明
B. 如F公司不能提供所售商品的真实信息和充分证明,顾客有权要求退货
C. 如能够确认F公司对所售商品的产地、材质等有虚假陈述,顾客有权要求双倍返还价款
D. 即使F公司提供了所售商品的真实信息和充分证明,顾客仍有权以"对公司失去信任"为由要求退货

298． 2010/1/68/多

甲公司租赁乙公司大楼举办展销会,向众商户出租展台,消费者李某在其中丙公司的展台购买了一台丁公司生产的家用电暖器,使用中出现质量问题并造成伤害,李某索赔时遇上述公司互相推诿。上述公司的下列哪些主张是错误的?
A. 丙公司认为属于产品质量问题,应找丁公司解决
B. 乙公司称自己与产品质量问题无关,不应承担责任
C. 丁公司认为产品已交丙公司包销,自己不再负责

D. 甲公司称展销会结束后,丙公司已撤离,自己无法负责

299． 2009/1/25/单

郭某与10岁的儿子到饭馆用餐,如厕时将手提包留在座位上嘱咐儿子看管,回来后发现手提包丢失。郭某要求饭馆赔偿被拒绝,遂提起民事诉讼。根据消费者安全保障权,下列哪一说法是正确的?
A. 饭馆应保障顾客在接受服务时的财产安全,并承担顾客随身物品遗失的风险
B. 饭馆应保证其提供的饮食服务符合保障人身、财产安全的要求,但并不承担对顾客随身物品的保管义务,也不承担顾客随身物品遗失的风险
C. 饭馆应对顾客妥善保管随身物品作出明显提示,否则应当对顾客的物品丢失承担赔偿责任
D. 饭馆应确保其服务环境绝对安全,应当对顾客在饭馆内遭受的一切损失承担赔偿责任

300． 2008/1/24/单

某美容店向王某推荐一种"雅兰牌"护肤产品。王某对该品牌产品如此便宜表示疑惑,店家解释为店庆优惠。王某买回使用后,面部出现红肿、瘙痒,苦不堪言。质检部门认定系假冒劣质产品。王某遂向美容店索赔。对此,下列哪一选项是正确的?
A. 美容店不知道该产品为假名牌,不应承担责任
B. 美容店不是假名牌的生产者,不应承担责任
C. 王某对该产品有怀疑仍接受了服务,应承担部分责任
D. 美容店违反了保证商品和服务安全的义务,应当承担全部责任

专题十四 产品质量法

考点57 产品质量法

301． 2023 回忆/单

韩某购买了一张箱体床,生产厂家承诺:保质期3年,终身维修。3年后的某天晚上,韩某在正常睡觉时床体坠落,导致其右臂骨折。厂家对该床存在的缺陷没有明显提示,我国目前关于箱体床并无国家标准。对此,下列哪一说法是正确的?
A. 由于没有国家标准,无法确定该床是否存在缺陷
B. 韩某摔伤属于意外事件,厂家不用赔偿
C. 虽然超过保质期,厂家依然要赔偿
D. 韩某索赔时要提供产品质量缺陷的证明

302. 2017/1/30/单

霍某在靓顺公司购得一辆汽车,使用半年后前去靓顺公司维护保养。工作人员告诉霍某该车气囊电脑存在故障,需要更换。霍某认为此为产品质量问题,要求靓顺公司免费更换,靓顺公司认为是霍某使用不当所致,要求其承担更换费用。经查,该车气囊电脑不符合产品说明所述质量。对此,下列哪一说法是正确的?

A. 霍某有权请求靓顺公司承担违约责任
B. 霍某只能请求该车生产商承担免费更换责任
C. 霍某有权请求靓顺公司承担产品侵权责任
D. 靓顺公司和该车生产商应当连带承担产品侵权责任

303. 2016/1/70/多

某家具店出售的衣柜,如未被恰当地固定到墙上,可能发生因柜子倾倒致人伤亡的危险。关于此事,下列哪些说法是正确的?

A. 该柜质量应符合产品安全性的要求
B. 该柜本身或其包装上应有警示标志或者中文警示说明
C. 质检部门对这种柜子进行抽查,可向该店收取检验费
D. 如该柜被召回,该店应承担购买者因召回支出的全部费用

304. 2013/1/66/多

孙某从某超市买回的跑步机在使用中出现故障并致其受伤。经查询得知,该型号跑步机数年前已被认定为不合格产品,超市从总经销商煌煌商贸公司依正规渠道进货。下列哪些选项是正确的?

A. 孙某有权向该跑步机生产商索赔
B. 孙某有权向煌煌商贸公司、超市索赔
C. 超市向孙某赔偿后,有权向该跑步机生产商索赔
D. 超市向孙某赔偿后,有权向煌煌商贸公司索赔

305. 2012/1/28/多

赵某从某商场买了某厂生产的高压锅,烹饪时邻居钱某到其厨房聊天,高压锅爆炸致2人受伤。下列哪些选项是错误的?①

A. 钱某不得依据《消费者权益保护法》请求赔偿
B. 如高压锅被认定为缺陷产品,赵某可向该厂也可向该商场请求赔偿
C. 如高压锅未被认定为缺陷产品则该厂不承担赔偿责任
D. 如该商场证明目前科技水平尚不能发现缺陷存在则不承担赔偿责任

专题十五 食品安全法

考点58 食品安全法

306. 2023 回忆/多

甲公司研发了一款营养米糊,通过了食品检验机构的检验。为了推广该营养米糊,甲公司承诺向贫困地区捐赠1000罐,并获得了食品行业协会的宣传推荐。消费者姜某在乙公司开办的集中交易市场上,于丙公司(无食品经营许可证)的摊位上购买了该营养米糊,回家饮用后身体不适。经查,该营养米糊农药残留超标,但食品检验机构未检测出来。据此,姜某可向谁主张赔偿?

A. 食品检验机构
B. 食品行业协会
C. 乙公司
D. 丙公司

307. 2020 回忆/任

甲公司为了宣传其新开发的某保健品,擅自篡改食品安全监管部门审批的批准文号。甲公司委托乙广告公司设计了该保健品的广告,聘请大腕明星张三做代言人。现查明张三从未服用过该保健品,只是碍于情面为其推荐。现甲公司在报纸和电视上高频率地发布该广告。部分消费者服用后引起心律不齐,经鉴定该保健品中含有不得添加的药物。根据相关法律,下列判断正确的是:

A. 当地食品安全监督管理部门需要对消费者承担连带责任
B. 乙广告公司只有在明知该保健品功效虚假的情况下才承担法律责任
C. 明星张三须承担连带责任
D. 发布该广告的报纸和电视台无需对消费者承担连带责任

308. 2018 回忆/多

梁某在星光商场购得进口葡萄酒5瓶,共计1000元。该葡萄酒中文标签标明"酒精度11%"和保质期等内容,外文标签标明"酒精度10.8%"等内容。梁某以"葡萄酒有违食品安全标准为由"诉求获得1万元的额外赔偿。经查,该葡萄酒酒精度实测数为10.92%,在法定合理误差范围内,星光商场也能证明该葡萄酒系安全食品。对此,下列说法正确的是:

A. 该葡萄酒的标签应当清楚明确,不得误导消费者

① 原为单选题,根据新法答案有变化,调整为多选题。

B. 梁某的诉求应得到法院的支持
C. 该葡萄酒的标签存在瑕疵,应由食品安全监督管理部门责令改正,并处以罚款
D. 该葡萄酒的保质期标识应当显著标注

309． 2017/1/67/多

李某花2000元购得某省M公司生产的苦荞一批,发现其备案标准并非苦荞的标准,且保质期仅为9个月,但产品包装上显示为18个月,遂要求该公司支付2万元的赔偿金。对此,下列哪些说法是正确的？

A. 李某的索赔请求于法有据
B. 茶叶的食品安全国家标准由国家卫健委制定、公布并提供标准编号
C. 没有苦荞的食品安全国家标准时,该省卫健委可制定地方标准,待国家标准制定后,酌情存废
D. 国家鼓励该公司就苦荞制定严于食品安全国家标准或地方标准的企业标准,在该公司适用,并报该省卫健委备案

310． 2016/1/71/多

李某从超市购得橄榄调和油,发现该油标签上有"橄榄"二字,侧面标示"配料：大豆油,橄榄油",吊牌上写明："添加了特等初榨橄榄油",遂诉之。经查,李某事前曾多次在该超市"知假买假"。关于此案,下列哪些说法是正确的？

A. 该油的质量安全管理,应遵守《农产品质量安全法》的规定
B. 该油未标明橄榄油添加量,不符合食品安全标准要求
C. 如李某只向该超市索赔,该超市应先行赔付
D. 超市以李某"知假买假"为由进行抗辩的,法院不予支持

311． 2014/1/67/多

曾某在某超市以80元购买酸奶数盒,食用后全家上吐下泻,为此支付医疗费800元。事后发现,其所购的酸奶在出售时已超过保质期,曾某遂要求超市赔偿。对此,下列哪些判断是正确的？

A. 销售超过保质期的食品属于违反法律禁止性规定的行为
B. 曾某在购买时未仔细查看商品上的生产日期,应当自负其责
C. 曾某有权要求该超市退还其购买酸奶所付的价款
D. 曾某有权要求该超市赔偿800元医疗费,并增加赔偿800元

312． 2013/1/28/单

红星超市发现其经营的"荷叶牌"速冻水饺不符合食品安全标准,拟采取的下列哪一措施是错误的？

A. 立即停止经营该品牌水饺
B. 通知该品牌水饺生产商和消费者
C. 召回已销售的该品牌水饺
D. 记录停止经营和通知情况

313． 2013/1/67/多 新法改编

某省发现有大米被镉污染的情况,立即部署各地成立联合执法组,彻查市场中的大米及米制品。对此,下列哪些说法是正确的？

A. 大米、米制品的质量安全管理须以《食品安全法》为依据
B. 应依照《食品安全法》有关规定公布大米、米制品安全有关信息
C. 县有关部门进入某米粉加工厂检查时,该厂不得以商业秘密为由予以拒绝
D. 虽已构成重大食品安全事故,但影响仅限于该省,可由省食品安全监督管理部门公布有关食品安全信息

314． 2012/1/65/多 新法改编

D市S县发生重大食品安全事故。根据《食品安全法》的规定,关于有关部门采取的措施,下列哪些选项是正确的？

A. 接收病人的S县医院立即向S县食品安全监管、卫生行政部门报告
B. 接到报告的S县食品安全监管部门及时向S县政府和D市食品安全监管部门报告
C. S县食品安全监管部门立即成立食品安全事故处置指挥部
D. S县食品安全监管部门在必要时可直接向国务院食品安全监管部门报告事故及其处理信息

315． 2011/1/28/单

关于食品添加剂管制,下列哪一说法符合《食品安全法》的规定？

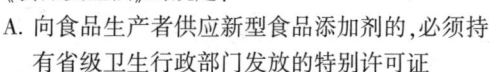

A. 向食品生产者供应新型食品添加剂的,必须持有省级卫生行政部门发放的特别许可证
B. 未获得食品添加剂销售许可的企业,不得销售含有食品添加剂的食品
C. 生产含有食品添加剂的食品的,必须给产品包装加上载有"食品添加剂"字样的标签
D. 销售含有食品添加剂的食品的,必须在销售场所设置载明"食品添加剂"字样的专柜

316． 2010/1/25/单
某企业明知其产品不符合食品安全标准，仍予以销售，造成消费者损害。关于该企业应承担的法律责任，下列哪一说法是错误的？
A．除按消费者请求赔偿实际损失外，并按消费者要求支付所购食品价款十倍的赔偿金
B．应当承担民事赔偿责任和缴纳罚款、罚金的，优先支付罚款、罚金
C．可能被采取的强制措施种类有责令改正、警告、停产停业、没收、罚款、吊销许可证
D．如该企业被吊销食品生产许可证，其直接负责的主管人员五年内不得从事食品生产经营管理工作

317． 2009/1/67/多
关于国家食品安全风险监测制度，下列哪些表述是正确的？
A．食品安全风险监测制度以食源性疾病、食品污染以及食品中的有害因素为监测对象
B．食品安全风险监测计划由国务院卫生行政部门会同有关部门制定、实施
C．通过食品安全风险监测发现食品安全隐患时，国务院卫生行政部门应当立即进行检验和食品安全风险评估
D．食品安全风险监测信息是制定、修订食品安全标准和对食品安全实施监督管理的科学依据

专题十六　商业银行法

考点59　商业银行法

318． 2023 回忆/多
某商业银行因房地产开发商不能按期归还贷款，遂通过同业拆借获得资金再放贷，如此反复拆借放贷，最终导致资金链断裂。对于该商业银行的违法行为，下列哪些处理措施是正确的？
A．由中国人民银行决定接管
B．由国家金融监督管理总局决定接管
C．由中国人民银行责令停业整顿
D．由中国人民银行处以罚款

319． 2020 回忆/单
张某与蓝音文化传媒公司之间因为劳动合同的履行发生纠纷，该争议在劳动仲裁机构进行仲裁。蓝音公司先前为张某等员工在某银行开设了个人银行账户，用于发放劳动报酬，因蓝音公司怀疑张某违反劳动合同私自参与商业演出并获得巨额报酬，于是请求银行提供张某最近1年在该行的个人账户明细。对此事件，下列判断正确的是哪一项？
A．银行应向劳动仲裁委员会提供张某个人账户明细
B．银行应对存款人信息保守秘密，任何情况下都不得对外提供
C．银行可以向蓝音公司提供张某个人账户明细
D．银行有权拒绝劳动仲裁委员会和蓝音公司的查询请求

320． 2018 回忆/多
某商业银行在贷款发放和管理中存在严重违反审慎经营规则的行为，未遵守资产负债比例要求，导致该银行的资金链受到重创，严重影响了存款人的利益，国务院银行业监督管理机构决定对其接管，接管期1年。下列有关说法正确的是：
A．该商业银行被接管期间，储户的存款利息不变
B．接管组可以委托建设银行托管该商业银行的业务
C．如果接管期限届满前该商业银行被宣告破产，接管应终止
D．尽管接管期限届满前该商业银行恢复运营能力，接管措施也应该维持至接管期限届满

321． 2017/1/68/多
某商业银行推出"校园贷"业务，旨在向在校大学生提供额度不等的消费贷款。对此，下列哪些说法是错误的？
A．银行向在校大学生提供"校园贷"业务，须经国务院银监机构审批或备案
B．在校大学生向银行申请"校园贷"业务，无论资信如何，都必须提供担保
C．银行应对借款大学生的学习、恋爱经历、父母工作等情况进行严格审查
D．银行为提高"校园贷"业务发放效率，审查人员和放贷人员可同为一人

322． 2014/1/28/单
某商业银行通过同业拆借获得一笔资金。关于该拆入资金的用途，下列哪一选项是违法的？
A．弥补票据结算的不足
B．弥补联行汇差头寸的不足
C．发放有担保的短期固定资产贷款
D．解决临时性周转资金的需要

323． 2014/1/69/多
某市商业银行2010年通过实现抵押权取得某大楼的所有权，2013年卖出该楼获利颇丰。2014年该银行决定修建自用办公楼，并决定入股某知名房地产企业。该银行的下列哪些做法是合法的？

A. 2010年实现抵押权取得该楼所有权
B. 2013年出售该楼
C. 2014年修建自用办公楼
D. 2014年入股某房地产企业

324. 2013/1/29/单
根据现行银行贷款制度,关于商业银行贷款,下列哪一说法是正确的?
A. 商业银行与借款人订立贷款合同,可采取口头、书面或其他形式
B. 借款合同到期未偿还,经展期后到期仍未偿还的贷款,为呆账贷款
C. 政府部门强令商业银行向市政建设项目发放贷款的,商业银行有权拒绝
D. 商业银行对关系人提出的贷款申请,无论是信用贷款还是担保贷款,均应予拒绝

325. 2012/1/66/多
根据《商业银行法》,关于商业银行分支机构,下列哪些说法是错误的?
A. 在中国境内应当按行政区划设立
B. 经地方政府批准即可设立
C. 分支机构不具有法人资格
D. 拨付各分支机构营运资金额的总和,不得超过总行资本金总额的70%

326. 2012/1/67/多
根据《商业银行法》,关于商业银行的设立和变更,下列哪些说法是正确的?
A. 国务院银行业监督管理机构可以根据审慎监管的要求,在法定标准的基础上提高商业银行设立的注册资本最低限额
B. 商业银行的组织形式、组织机构适用《公司法》
C. 商业银行的分立、合并不适用《公司法》
D. 任何单位和个人购买商业银行股份总额5%以上的,应事先经国务院银行业监督管理机构批准

327. 李大伟是M城市商业银行的董事,其妻张霞为S公司的总经理,其子李小武为L公司的董事长。2009年9月,L公司向M银行的下属分行申请贷款1000万元。其间,李大伟对分行负责人谢二宝施加压力,令其按低于同类贷款的优惠利息发放此笔贷款。L公司提供了由保证人陈富提供的一张面额为2000万元的个人储蓄存单作为贷款质押。贷款到期后,L公司无力偿还,双方发生纠纷。根据《商业银行法》的规定,请回答(1)~(3)题。

(1) 2011/1/92/任
关于M银行向L公司发放贷款的行为,下列判断正确的是:
A. L公司为M银行的关系人,依照法律规定,M银行不得向L公司发放任何贷款
B. L公司为M银行的关系人,依照法律规定,M银行可以向L公司发放担保贷款,但不得提供优于其他借款人同类贷款的条件
C. 该贷款合同无效
D. 该贷款合同有效

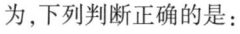

(2) 2011/1/93/任
关于李大伟在此项贷款交易中的行为,下列判断正确的是:
A. 李大伟强令下属机构发放贷款,是《商业银行法》禁止的行为
B. 该贷款合同无效,李大伟应当承担由合同无效引起的一切损失
C. 该贷款合同有效,李大伟应当承担因不正当优惠条件给银行造成的包括利息差额在内的损失
D. 分行负责人谢二宝也应当承担相应的赔偿责任

(3) 2011/1/94/任
现查明,保证人陈富为S公司财务总监,其用于质押的存单是以S公司的资金办理的存储。并查明,L公司取得贷款后,曾向S公司管理层支付50万元报酬。对此,下列判断正确的是:
A. S公司公款私存,是我国银行法禁止的行为
B. S公司公款私存,只是一般的财务违纪行为
C. S公司管理层获取的50万元报酬应当由国务院银行业监督管理机构予以收缴
D. S公司管理层获取的50万元报酬应当归S公司所有

328. 2010/1/69/多
商业银行出现下列哪些行为时,中国人民银行有权建议银行业监督管理机构责令停业整顿或吊销经营许可证?
A. 未经批准分立、合并的
B. 未经批准发行、买卖金融债券的
C. 提供虚假财务报告、报表和统计报表的
D. 违反规定同业拆借的

329. 某城市商业银行在合并多家城市信用社的基础上设立,其资产质量差,经营队伍弱,长期以来资本充足率、资产流动性、存贷款比例等指标均不能达到监管标准。根据有关法律规定,请回答第(1)~(3)题。

(1) 2009/1/95/任 改编
某日,该银行行长卷款潜逃。事发后,

大量存款户和票据持有人前来提款。该银行现有资金不能应付这些提款请求，又不能由同行获得拆借资金。根据相关法律，下列判断正确的是：
A. 该银行即将发生信用危机
B. 该银行可以由国家金融监督管理总局实行接管
C. 该银行可以由中国人民银行实施托管
D. 该银行可以由当地人民政府实施机构重组

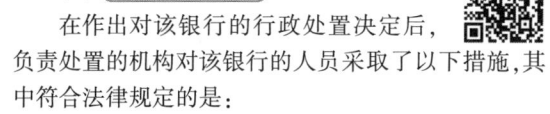

(2) 2009/1/96/任
在作出对该银行的行政处置决定后，负责处置的机构对该银行的人员采取了以下措施，其中符合法律规定的是：
A. 对该行全体人员发出通知，要求各自坚守岗位，认真履行职责
B. 该行副行长邱某、薛某持有出境旅行证件却拒不交出。对此，通知出境管理机关阻止其出境
C. 该行董事范某欲抛售其持有的一批股票。对此，申请司法机关禁止其转让股票
D. 该行会计师佘某欲将自己的一处房屋转让给他人。对此，通知房产管理部门停止办理该房屋的过户登记

(3) 2009/1/97/任
经采取处置措施，该银行仍不能在规定期限内恢复正常经营能力，且资产情况进一步恶化，各方人士均认为可适用破产程序。如该银行申请破产，应当遵守的规定是：
A. 该银行应当证明自己已经不能支付到期债务，且资产不足以清偿全部债务
B. 该银行在提出破产申请前应当成立清算组
C. 该银行在向法院提交破产申请前应当得到国家金融监督管理总局的同意
D. 该银行在向法院提交破产申请时应当提交债务清偿方案和职工安置方案

330．2008/1/23/单
关于商业银行贷款法律制度，下列哪一选项是错误的？
A. 商业银行贷款应当实行审贷分离、分级审批的制度
B. 商业银行可以根据贷款数额以及贷款期限，自行确定贷款利率
C. 商业银行贷款，应当遵守资本充足率不得低于百分之八的规定
D. 商业银行贷款，应当对借款人的借款用途、偿还能力、还款方式等情况进行严格审查

专题十七　银行业监督管理法

考点60 银行业监督管理法

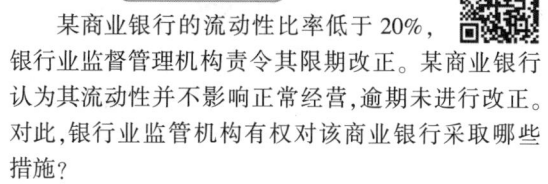

331．2021 回忆/多
某商业银行的流动性比率低于20%，银行业监督管理机构责令其限期改正。某商业银行认为其流动性并不影响正常经营，逾期未进行改正。对此，银行业监管机构有权对该商业银行采取哪些措施？
A. 暂停其部分业务
B. 限制其新设分支机构
C. 限制其董事和高管人员的权利
D. 限制其对外转让资产

332．2018 回忆/单
某商业银行董事长张某授意该银行隐瞒亏损并提供虚假财务报告，导致该商业银行被吊销经营许可证，后被撤销清算。在此之前，该商业银行曾因未遵守关于资产负债的比例违规发放贷款被国务院银行业监督管理机构处以罚款，该罚款尚未缴纳。该商业银行被撤销清算期间，发现未缴纳上一年度税款，还有一笔税款因商业银行计算错误而未缴纳。下列相关说法正确的是：
A. 在清算时，清算组应优先清偿包含企业所得税在内的欠缴税款
B. 在清算期间，该银行应先向国务院银行业监督管理机构缴纳罚款
C. 在该商业银行被清算期间，经国务院银行业监督管理机构负责人批准，可申请司法机关禁止张某出售其自有房屋
D. 因计算错误未缴的税款，税务机关可要求该商业银行补缴但不能收取滞纳金

333．2016/1/72/多 改编
陈某在担任某信托公司总经理期间，该公司未按照金融企业会计制度和公司财务规则严格管理和审核资金使用，违法开展信托业务，造成公司重大损失。对此，陈某负有直接管理责任。关于此事，下列哪些说法是正确的？
A. 该公司严重违反审慎经营规则
B. 国家金融监督管理总局可责令该公司停业整顿
C. 国家市场监督管理总局可吊销该公司的金融许可证
D. 国家金融监督管理总局可取消陈某一定期限直至终身的任职资格

334． 2013/1/68/多 改编

某商业银行决定推出一批新型理财产品，但该业务品种在已获批准的业务范围之外。该银行在报批的同时要求下属各分行开展试销。对此，下列哪些选项是正确的？

A．该业务品种应由国家金融监督管理总局审批
B．该业务品种应由中国人民银行审批
C．因该业务品种在批准前即进行试销，有关部门有权对该银行进行处罚
D．该业务品种在批准前进行的试销交易为效力待定的民事行为

335． 2013/1/69/多

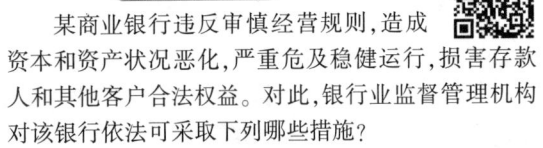

某商业银行违反审慎经营规则，造成资本和资产状况恶化，严重危及稳健运行，损害存款人和其他客户合法权益。对此，银行业监督管理机构对该银行依法可采取下列哪些措施？

A．限制分配红利和其他收入
B．限制工资总额
C．责令调整高级管理人员
D．责令减员增效

336． 2012/1/29/单

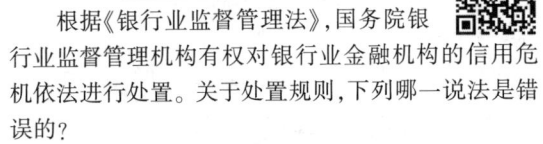

根据《银行业监督管理法》，国务院银行业监督管理机构有权对银行业金融机构的信用危机依法进行处置。关于处置规则，下列哪一说法是错误的？

A．该信用危机必须已经发生
B．该信用危机必须达到严重影响存款人和其他客户合法权益的程度
C．国务院银行业监督管理机构可以依法对该银行业金融机构实行接管
D．国务院银行业监督管理机构也可以促成其机构重组

337． 2011/1/29/单

关于《银行业监督管理法》的适用范围，下列哪一说法是正确的？

A．信托投资公司适用本法
B．金融租赁公司不适用本法
C．金融资产管理公司不适用本法
D．财务公司不适用本法

338． 2010/1/26/单

下列哪一选项不属于国务院银行业监督管理机构职责范围？

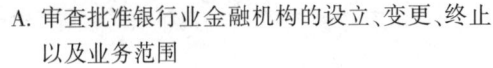

A．审查批准银行业金融机构的设立、变更、终止以及业务范围
B．受理银行业金融机构设立申请或者资本变更申请时，审查其股东的资金来源、财务状况、诚信状况等
C．审查批准或者备案银行业金融机构业务范围内的业务品种
D．接收商业银行交存的存款准备金和存款保险金

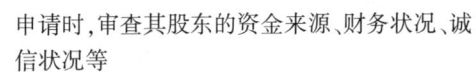

339． 2010/1/70/多

银行业监督管理机构依法对银行业金融机构进行检查时，经设区的市一级以上银行业监督管理机构负责人批准，可以对与涉嫌违法事项有关的单位和个人采取下列哪些措施？

A．询问有关单位或者个人，要求其对有关情况作出说明
B．查阅、复制有关财务会计、财产权登记等文件与资料
C．对涉嫌转移或者隐匿违法资金的账户予以冻结
D．对可能被转移、隐匿、毁损或者伪造的文件与资料予以先行登记保存

340． 2008/1/22/单

某省银行业监督管理局依法对某城市商业银行进行现场检查时，发现该行有巨额非法票据承兑，可能引发系统性银行业风险。根据《银行业监督管理法》的规定，应当立即向下列何人报告？

A．该省人民政府主管金融工作的负责人
B．国务院主管金融工作的负责人
C．中国人民银行负责人
D．国务院银行业监督管理机构负责人

专题十八　企业所得税法

考点61　企业所得税法

341． 2019 回忆/多

某公司生产新型手机充电宝，经营良好，2018年销售额达1亿元，利润1000万元。同年，该公司支出如下：①购买原材料5000万元；②以融资租赁方式租出厂房的折旧费100万元；③补缴上年度所欠的企业所得税100万元；④向贫困地区捐赠扶贫资金100万元；⑤设备租赁费500万元；⑥明星演唱会赞助费100万元；⑦专利使用费1000万元。以上支出，哪些可以在2018年度纳税所得额中扣除？

A．④⑦　　　　B．①⑤
C．③⑤　　　　D．②⑥

342． 2017/1/70/多

A基金在我国境外某群岛注册并设置总部，该群岛系低税率地区。香港B公司和浙江C公

· 50 ·

司在浙江签约设立杭州D公司,其中B公司占95%的股权,后D公司获杭州公路收费权。F公司在该群岛注册成立,持有B公司100%的股权。随后,A基金通过认购新股方式获得了F公司26%的股权,多年后又将该股权转让给境外M上市公司。M公司对外披露其实际收购标的为D公司股权。经查,A基金、F公司和M公司均不从事实质性经营活动,F公司股权的转让价主要取决于D公司的估值。对此,根据我国税法,下列哪些说法是正确的?

A. A基金系非居民企业
B. D公司系居民企业
C. A基金应就股权转让所得向我国税务机关进行纳税申报
D. 如A基金进行纳税申报,我国税务机关有权按照合理方法调整其应纳税收入

343. 2013/1/92/任

2012年12月,某公司对县税务局确定的企业所得税的应纳税所得额、应纳税额及在12月30日前缴清税款的要求极为不满,决定撤离该县,且不缴纳税款。县税务局得知后,责令该公司在12月15日前纳税。当该公司有转移生产设备的明显迹象时,县税务局责成其提供纳税担保。该公司取得的下列收入中,属于《企业所得税法》规定的应纳税收入的是:

A. 财政拨款　　B. 销售产品收入
C. 专利转让收入　D. 国债利息收入

344. 2010/1/71/多

根据《企业所得税法》规定,下列哪些表述是正确的?

A. 国家对鼓励发展的产业和项目给予企业所得税优惠
B. 国家对需要重点扶持的高新技术企业可以适当提高其企业所得税税率
C. 企业从事农、林、牧、渔业项目的所得可以免征、减征企业所得税
D. 企业安置残疾人员所支付的工资可以在计算应纳税所得额时加计扣除

345. 2009/1/27/单

关于企业所得税的说法,下列哪一选项是错误的?

A. 在我国境内,企业和其他取得收入的组织为企业所得税的纳税人
B. 个人独资企业、合伙企业不是企业所得税的纳税人
C. 企业所得税的纳税人分为居民企业和非居民企业,二者的适用税率完全不同
D. 企业所得税的税收优惠,居民企业和非居民企业都有权享受

346. 2008/1/19/单

我国《企业所得税法》不适用于下列哪一种企业?

A. 内资企业
B. 外国企业
C. 合伙企业
D. 外商投资企业

347. 2008/1/20/单

在计算企业应纳税所得额时,下列哪一项支出可以加计扣除?

A. 新技术、新产品、新工艺的研究开发费用
B. 为安置残疾人员所购置的专门设施
C. 赞助支出
D. 职工教育经费

专题十九　个人所得税法

考点62 个人所得税法

348. 2021回忆/单

李某在北京有住所,在总部位于北京的甲公司工作多年,于2020年6月被甲公司派往德国工作,但其工资仍由甲公司按月支付。李某没有其他个人所得。关于李某缴纳个人所得税,下列哪一说法是正确的?

A. 李某应在2021年3月至6月办理汇算清缴
B. 李某无需自己的纳税人识别号,应由甲公司代扣代缴
C. 甲公司应当按年计算,按月预扣预缴李某的个人所得税
D. 李某在德国工作期间为非居民纳税人,应当按月计算缴纳个人所得税

349. 2019回忆/单

我国作家程某创作完成小说《天有多高》,出版后大卖,程某因此获得50万元稿酬,用该笔稿酬购买了一辆新能源电动汽车。后该小说在国外获奖,由某国际组织发放奖金60万元,并被外国某电影公司购买了改编权,获得该公司支付的特许权使用费150万元。关于程某纳税的税款,下列说法正确的是:

A. 程某获得的稿酬应按比例缴纳个人所得税
B. 程某获得的奖金不应缴纳个人所得税
C. 购买新能源电动汽车应该免纳车船税
D. 程某在国外获得的特许权使用费不应缴纳个人所得税

350. 2016/1/29/单

根据《个人所得税法》,关于个人所得税的征缴,下列哪一说法是正确的?

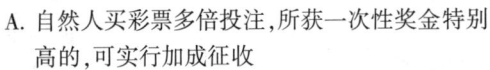

A. 自然人买彩票多倍投注,所获一次性奖金特别高的,可实行加成征收
B. 扣缴义务人履行代扣代缴义务的,税务机关按照所扣缴的税款付给2%的手续费
C. 在中国境内无住所又不居住的个人,在境内取得的商业保险赔款,应缴纳个人所得税
D. 夫妻双方每月取得的工资薪金所得可合并计算,减除费用7000元后的余额,为应纳税所得额

351. 2015/1/69/单

关于个人所得税,下列哪一项表述是正确的?①

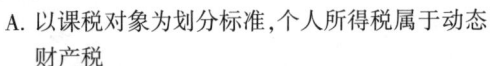

A. 以课税对象为划分标准,个人所得税属于动态财产税
B. 非居民纳税人是指不具有中国国籍但有来源于中国境内所得的个人
C. 居民纳税人从中国境内、境外取得的所得均应依法缴纳个人所得税
D. 劳务报酬所得适用比例税率,对劳务报酬所得一次收入畸高的,可实行加成征收

352. 2014/1/71/多

2012年外国人约翰来到中国,成为某合资企业经理,迄今一直居住在北京。根据《个人所得税法》,约翰获得的下列哪些收入应在我国缴纳个人所得税?

A. 从该合资企业领取的薪金
B. 出租其在华期间购买的房屋获得的租金
C. 在中国某大学开设讲座获得的酬金
D. 在美国杂志上发表文章获得的稿酬

353. 2010/1/72/多

纳税义务人具有下列哪些情形的,应当按规定办理个人所得税纳税申报?

A. 个人所得超过国务院规定数额的
B. 在两处以上取得工资、薪金所得的
C. 从中国境外取得所得的
D. 取得应纳税所得没有扣缴义务人的

专题二十 车船税法

考点63 车船税法

354. 2022回忆/多

关于纯电动乘用车所涉税法,下列哪些说法是错误的?

A. 获赠该类汽车的合伙企业应缴纳企业所得税
B. 对购买该汽车的自然人免征车船税
C. 抽奖获得该类汽车的外国人应缴纳噪声类环境保护税
D. 进口该类汽车的贸易公司应缴纳增值税和消费税

355. 2016/1/73/多

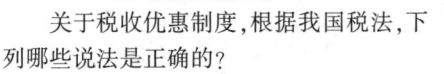

关于税收优惠制度,根据我国税法,下列哪些说法是正确的?

A. 个人进口大量化妆品,免征消费税
B. 武警部队专用的巡逻车,免征车船税
C. 企业从事渔业项目的所得,可免征、减征企业所得税
D. 农民张某网上销售从其他农户处收购的山核桃,免征增值税

专题二十一 增值税法

考点64 增值税法

356. 2009/1/26/单

关于增值税的说法,下列哪一选项是错误的?

A. 增值税的税基是销售货物或者提供加工、修理修配劳务以及进口货物的增值额
B. 增值税起征点的范围只限于个人
C. 农业生产者销售自产农业产品的,免征增值税
D. 进口图书、报纸、杂志的,免征增值税

专题二十二 消费税法

考点65 消费税法

357. 2017/1/69/多

某教师在税务师培训班上就我国财税法制有下列说法,其中哪些是正确的?

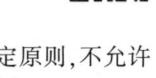

A. 当税法有漏洞时,依据税收法定原则,不允许以类推适用方法来弥补税法漏洞
B. 增值税的纳税人分为一般纳税人和小规模纳税人,小规模纳税人的适用税率统一为3%
C. 消费税的征税对象为应税消费品,包括一次性竹制筷子和复合地板等
D. 车船税纳税义务发生时间为取得车船使用权或管理权的当年,并按年申报缴纳

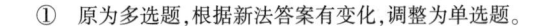

---

① 原为多选题,根据新法答案有变化,调整为单选题。

专题二十三 税收征收管理法

考点66 税收征收管理法概述

358． 2011/1/66/多
下列哪些法律渊源是地方政府开征、停征某种税收的依据？
A．全国人大及其常委会制定的法律
B．国务院依据法律授权制定的行政法规
C．国务院有关部委制定的部门规章
D．地方人大、地方政府发布的地方法规

359． 2011/1/67/多
关于纳税人享有的权利，下列哪些选项是正确的？
A．向税务机关了解税收法律规定和纳税程序
B．申请减税、免税、退税
C．对税务机关的决定不服时，提出申辩，申请行政复议
D．合法权益因税务机关违法行政而受侵害时，请求国家赔偿

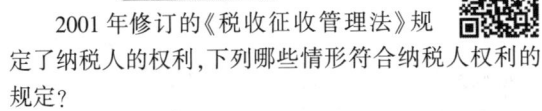

360． 2009/1/68/多
2001年修订的《税收征收管理法》规定了纳税人的权利，下列哪些情形符合纳税人权利的规定？
A．张某要求查询丈夫的个人所得税申报信息，税务机关以保护纳税人秘密为由予以拒绝
B．甲公司对税务机关征收的一笔增值税计算方法有疑问，要求予以解释
C．乙公司不服税收机关对其采取冻结银行存款的税收保全措施，申请行政复议
D．个体工商户陈某认为税务所长在征税过程中对自己滥用职权故意刁难，向上级税务机关提出控告

考点67 税务管理

361． 2012/1/30/单
根据税收征收管理法规，关于税务登记，下列哪一说法是错误的？
A．从事生产、经营的纳税人，应在领取营业执照后，在规定时间内办理税务登记，领取税务登记证件
B．从事生产、经营的纳税人在银行开立账户，应出具税务登记证件，其账号应当向税务机关报告
C．纳税人税务登记内容发生变化，不需到工商行政管理机关或其他机关办理变更登记的，可不向原税务登记机关申报办理变更登记
D．从事生产、经营的纳税人外出经营，在同一地累计超过180天的，应在营业地办理税务登记手续

362． 2012/1/69/多
根据税收征收管理法规，关于从事生产、经营的纳税人账簿，下列哪些说法是正确的？
A．纳税人生产、经营规模小又确无建账能力的，可聘请经税务机关认可的财会人员代为建账和办理账务
B．纳税人使用计算机记账的，应在使用前将会计电算化系统的会计核算软件、使用说明书及有关资料报送主管税务机关备案
C．纳税人会计制度健全，能够通过计算机正确、完整计算其收入和所得情况的，其计算机输出的完整的书面会计记录，可视同会计账簿
D．纳税人的账簿、记账凭证、报表、完税凭证、发票、出口凭证以及其他有关涉税资料，除另有规定外，应当保存10年

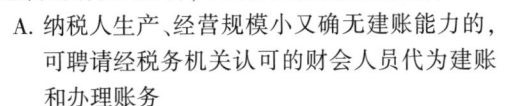

363． 2011/1/30/单
关于扣缴义务人，下列哪一说法是错误的？
A．是依法负有代扣代缴、代收代缴税款义务的单位和个人
B．应当按时向税务机关报送代扣代缴、代收代缴税款报告表和其他有关资料
C．可以向税务机关申请延期报送代扣代缴、代收代缴税款报告表和其他有关资料
D．应当直接到税务机关报送代扣代缴、代收代缴税款报告表和其他有关资料

考点68 税收征收与保障

364． 2023回忆/多
甲公司向乙公司出售房屋，双方签约后甲公司向税务局预缴税款700万元。后房屋买卖合同依法解除，甲公司向乙公司承诺在月底返还购房款。关于甲公司预交的税款，下列哪些说法是正确的？
A．税务局仅需退还预征税款700万元
B．税务局不仅需退还预征税款，还应加算银行同期存款利息
C．甲公司申请退还税款的期限是3年
D．退还期限的起算时间是甲公司预缴税款之日

365． 2017/1/71/多
昌昌公司委托拍卖行将其房产拍卖后，按成交价向税务部门缴纳了相关税款，并取得了完税凭证。3年后，县地税局稽查局检查税费缴纳情

况时,认为该公司房产拍卖成交价过低,不及市场价的一半。遂作出税务处理决定:重新核定房产交易价,追缴相关税款,加收滞纳金。经查,该公司所涉拍卖行为合法有效,也不存在逃税、骗税等行为。关于此事,下列哪些说法是正确的?

A. 该局具有独立执法主体资格
B. 该公司申报的房产拍卖价明显偏低时,该局就可核定其应纳税额
C. 该局向该公司加收滞纳金的行为违法
D. 该公司对税务处理决定不服,可申请行政复议,对复议决定不服,才可提起诉讼

366． 2014/1/29/单

某企业流动资金匮乏,一直拖欠缴纳税款。为恢复生产,该企业将办公楼抵押给某银行获得贷款。此后,该企业因排污超标被环保部门罚款。现银行、税务部门和环保部门均要求拍卖该办公楼以偿还欠款。关于拍卖办公楼所得价款的清偿顺序,下列哪一选项是正确的?

A. 银行贷款优先于税款
B. 税款优先于银行贷款
C. 罚款优先于税款
D. 三种欠款同等受偿,拍卖所得不足时按比例清偿

367． 2014/1/70/多

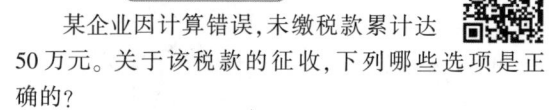

某企业因计算错误,未缴税款累计达50万元。关于该税款的征收,下列哪些选项是正确的?

A. 税务机关可追征未缴的税款
B. 税务机关可追征滞纳金
C. 追征期可延长到5年
D. 追征时不受追征期的限制

368． 2013/1/70/多

甲公司欠税40万元,税务局要查封其相应价值产品。甲公司经理说:"乙公司欠我公司60万元货款,贵局不如行使代位权直接去乙公司收取现金。"该局遂通知乙公司缴纳甲公司的欠税,乙公司不配合;该局责令其限期缴纳,乙公司逾期未缴纳;该局随即采取了税收强制执行措施。关于税务局的行为,下列哪些选项是错误的?

A. 只要甲公司欠税,乙公司又欠甲公司货款,该局就有权行使代位权
B. 如代位权成立,即使乙公司不配合,该局也有权直接向乙公司行使
C. 本案中,该局有权责令乙公司限期缴纳
D. 本案中,该局有权向乙公司采取税收强制执行措施

369． 2013/1/93/任

2012年12月,某公司对县税务局确定的企业所得税的应纳税所得额、应纳税额及在12月30日前缴清税款的要求极为不满,决定撤离该县,且不缴纳税款。县税务局得知后,责令该公司在12月15日前纳税。当该公司有转移生产设备的明显迹象时,县税务局责成其提供纳税担保。

就该公司与税务局的纳税争议,下列说法正确的是:

A. 如该公司不提供纳税担保,经批准,税务局有权书面通知该公司开户银行从其存款中扣缴税款
B. 如该公司不提供纳税担保,经批准,税务局有权扣押、查封该公司价值相当于应纳税款的产品
C. 如该公司对应纳税额发生争议,应先依税务局的纳税决定缴纳税款,然后可申请行政复议,对复议决定不服的,可向法院起诉
D. 如该公司对税务局的税收保全措施不服,可申请行政复议,也可直接向法院起诉

370． 2008/1/21/单

李某是个人独资企业的业主。该企业因资金周转困难,到期不能缴纳税款。经申请,税务局批准其延期三个月缴纳。在此期间,税务局得知李某申请出国探亲,办理了签证并预订了机票。对此,税务局应采取下列哪一种处理方式?

A. 责令李某在出境前提供担保
B. 李某是在延期期间出境,无须采取任何措施
C. 告知李某:欠税人在延期期间一律不得出境
D. 直接通知出境管理机关阻止其出境

专题二十四　审计法

考点69 审计法

371． 2022 回忆/多

某省国有银行的贷款问题涉及处于两个地级市的企业。关于对该银行的审计,下列哪些说法是正确的?

A. 由两市的审计局协商管辖
B. 由省审计厅指定一个市的审计局管辖
C. 审计机关应对该银行的内部审计进行监督
D. 审计机关应将审计报告和审计决定报送给本级政府

372． 2021 回忆/多

某电力公司将收取的居民电费存在员工陆某名下,后陆某挪用了居民电费并篡改了公司的

会计账簿,导致众多居民利益受损。审计机关在对该公司进行审计时,有权采取哪些措施?

A. 冻结该公司的银行账户
B. 查询该公司的银行账户
C. 查询员工陆某的银行账户
D. 封存该公司的会计账簿

373. 2017/1/31/单

某县开展扶贫资金专项调查,对申请财政贴息贷款的企业进行核查。审计中发现某企业申请了数百万元贴息贷款,但其生产规模并不需要这么多,遂要求当地农业银行、扶贫办和该企业提供贷款记录。对此,下列哪一说法是正确的?

A. 只有审计署才能对当地农业银行的财政收支情况进行审计监督
B. 只有经银监机构同意,该县审计局才能对当地农业银行的财务收支进行审计监督
C. 该县审计局经上一级审计局副职领导批准,有权查询当地扶贫办在银行的账户
D. 申请财政贴息的该企业并非国有企业,故该县审计局无权对其进行审计调查

374. 2016/1/65/多

国家实行审计监督制度。为加强国家的审计监督,全国人大常委会于1994年通过了《审计法》,并于2006年进行了修正。关于审计监督制度,下列哪些理解是正确的?

A.《审计法》的制定与执行是在实施宪法的相关规定
B. 地方各级审计机关对本级人大常委会和上一级审计机关负责
C. 国务院各部门和地方各级政府的财政收支应当依法接受审计监督
D. 国有的金融机构和企业事业组织的财务收支应当依法接受审计监督

375. 2016/1/74/多

某县污水处理厂系扶贫项目,由地方财政投资数千万元,某公司负责建设。关于此项目的审计监督,下列哪些说法是正确的?

A. 审计机关对该项目的预算执行情况和决算,进行审计监督
B. 审计机关经银监局局长批准,可冻结该公司在银行的存款
C. 审计组应在向审计机关报送审计报告后,向该公司征求对该报告的意见
D. 审计机关对该项目作出审计决定,而上级审计机关认为其违反国家规定的,可直接作出变更或撤销的决定

376. 2015/1/28/单

为大力发展交通,某市出资设立了某高速公路投资公司。该市审计局欲对其实施年度审计监督。关于审计事宜,下列哪一说法是正确的?

A. 该公司既非政府机关也非事业单位,审计局无权审计
B. 审计局应在实施审计3日前,向该公司送达审计通知书
C. 审计局欲查询该公司在金融机构的账户,应经局长批准并委托该市法院查询
D. 审计局欲检查该公司与财政收支有关的资料和资产,应委托该市税务局检查

377. 2009/1/69/多

下列哪些属于审计机关的审计监督范围?

A. 国家的事业组织和使用财政资金的其他事业组织的财务支出
B. 国有金融机构和国有企业的资产、负债、损益
C. 政府投资的建设项目的财务收支
D. 国际组织贷款项目的财务收支

专题二十五 土地管理法

考点70 土地管理法

378. 2020回忆/单

根据土地利用总体规划,某镇东部耕地被划定为蔬菜生产基地,关于该基地的耕地保护,下列哪一项说法是正确的?

A. 经省政府批准,国家建设工程可占用该基地的部分耕地
B. 该基地内可挖塘养鱼
C. 该基地可在从事蔬菜生产的同时适当发展林果业
D. 镇政府应将该蔬菜生产基地的位置、范围信息向社会公告

379. 2014/1/72/多

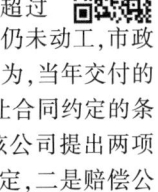

某公司取得出让土地使用权后,超过出让合同约定的动工开发日期满两年仍未动工,市政府决定收回该土地使用权。该公司认为,当年交付的土地一直未完成征地拆迁,未达到出让合同约定的条件,导致项目迟迟不能动工。为此,该公司提出两项请求,一是撤销收回土地使用权的决定,二是赔偿公司因工程延误所受的损失。对这两项请求,下列哪些判断是正确的?

A. 第一项请求属于行政争议
B. 第二项请求属于民事争议
C. 第一项请求须先由县级以上政府处理,当事

人不服的才可向法院起诉

D. 第二项请求须先由县级以上政府处理,当事人不服的才可向法院起诉

380． 2012/1/72/多

农户甲外出打工,将自己房屋及宅基地使用权一并转让给同村农户乙,5年后甲返回该村。关于甲返村后的住宅问题,下列哪些说法是错误的?

A. 由于甲无一技之长,在外找不到工作,只能返乡务农。政府应再批给甲一处宅基地建房

B. 根据"一户一宅"的原则,甲作为本村村民应拥有自己的住房。政府应再批给甲一处宅基地建房

C. 由于农村土地具有保障功能,宅基地不得买卖,甲乙之间的转让合同无效。乙应返还房屋及宅基地使用权

D. 由于与乙的转让合同未经有关政府批准,转让合同无效。乙应返还房屋及宅基地使用权

381． 2011/1/70/多

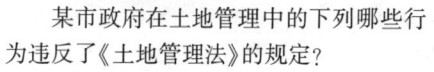

某市政府在土地管理中的下列哪些行为违反了《土地管理法》的规定?

A. 甲公司在市郊申请使用一片国有土地修建经营性墓地,市政府批准其以划拨方式取得土地使用权

B. 乙公司投标取得一块商品房开发用地的出让土地使用权,市政府同意其在房屋建成销售后缴纳土地出让金

C. 丙公司以出让方式在本市规划区取得一块工业用地,市国土局在未征得市规划局同意的情况下,将该土地的用途变更为住宅建设用地

D. 丁公司在城市规划区取得一块临时用地,使用已达6年,并在该处修建了永久性建筑,市政府未收回土地,还为该建筑发放了房屋产权证

382． 2010/1/75/多

关于国有土地,下列哪些说法是正确的?

A. 国有土地可以是建设用地,也可以是农用地

B. 国有土地可以确定给单位使用,也可以确定给个人使用

C. 国有土地可以有偿使用,也可以无偿使用

D. 国有土地使用权可以有期限,也可以无期限

383． 2009/1/28/单

关于承包经营集体土地可以从事的生产活动,下列哪一选项符合《土地管理法》规定?

A. 种植业、林业
B. 种植业、林业、畜牧业
C. 种植业、林业、畜牧业、渔业
D. 种植业、林业、畜牧业、渔业、农产品加工业

384． 2008/1/26/单

根据《土地管理法》的规定,关于土地权益的纠纷,下列哪一选项是错误的?

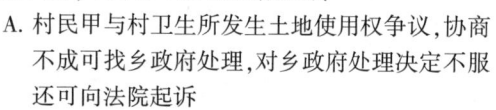

A. 村民甲与村卫生所发生土地使用权争议,协商不成可找乡政府处理,对乡政府处理决定不服还可向法院起诉

B. 村民乙与邻居发生宅基地纠纷,应先向县土地主管部门申请行政调处,对调处决定不服的,可以土地主管部门为被告向法院提起行政诉讼

C. 村民丙因土地承包经营权与村委会发生纠纷,协商调解不成可向农村土地承包仲裁机构申请仲裁,对仲裁裁决不服还可以向法院起诉

D. 村民丁因擅自占地建房被县土地主管部门处罚,如对行政处罚决定不服可以向法院提起行政诉讼

专题二十六 城乡规划法

考点71 城乡规划法

385． 2019 回忆/单

某市环保公司按规划准备建设一个垃圾填埋场,欲申请划拨土地进行建设。其申请划拨土地的步骤,下列哪一选项是正确的?

①报有关部门审核建设项目;②向规划部门提出建设用地规划许可申请;③规划部门核发选址意见书;④规划部门核发建设用地规划许可证;⑤土地主管部门划拨土地。

A. ①③②④⑤   B. ③①②④⑤
C. ②④①③⑤   D. ②④⑤③①

386． 2017/1/95/任

某市混凝土公司新建临时搅拌站,在试运行期间通过暗管将污水直接排放到周边,严重破坏当地环境。公司经理还指派员工潜入当地环境监测站内,用棉纱堵塞空气采集器,造成自动监测数据多次出现异常。有关部门对其处罚后,公司生产经营发生严重困难,拟裁员20人以上。

关于该临时搅拌站建设,下列说法正确的是:

A. 如在该市规划区内进行建设的,应经市城管执法部门批准

B. 如该搅拌站影响该市近期建设规划的实施,有关部门不得批准

C. 如该搅拌站系未经批准进行临时建设的,由市政府责令限期拆除

D. 如该搅拌站超过批准时限不拆除的,由市城乡规划部门采取强制拆除措施

387. (2016/1/30/单)

某镇拟编制并实施镇总体规划,根据《城乡规划法》的规定,下列哪一说法是正确的?

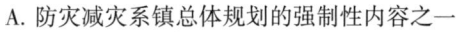

A. 防灾减灾系镇总体规划的强制性内容之一
B. 在镇总体规划确定的建设用地范围以外,可设立经济开发区
C. 镇政府编制的镇总体规划,报上一级政府审批后,再经镇人大审议
D. 建设单位报批公共垃圾填埋场项目,应向国土部门申请核发选址意见书

388. (2014/1/30/单)

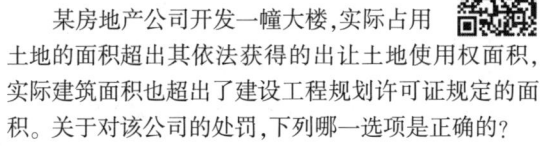

某房地产公司开发一幢大楼,实际占用土地的面积超出其依法获得的出让土地使用权面积,实际建筑面积也超出了建设工程规划许可证规定的面积。关于对该公司的处罚,下列哪一选项是正确的?

A. 只能由土地行政主管部门按非法占用土地予以处罚
B. 只能由城乡规划主管部门按违章建筑予以处罚
C. 根据一事不再罚原则,由当地政府确定其中一种予以处罚
D. 由土地行政主管部门、城乡规划主管部门分别予以处罚

389. (2013/1/30/单)

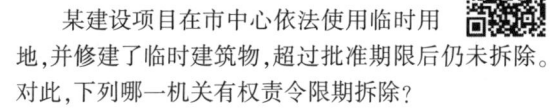

某建设项目在市中心依法使用临时用地,并修建了临时建筑物,超过批准期限后仍未拆除。对此,下列哪一机关有权责令限期拆除?

A. 市环保行政主管部门
B. 市土地行政主管部门
C. 市城乡规划行政主管部门
D. 市建设行政主管部门

390. (2011/1/71/多)

某镇政府正在编制本镇规划。根据《城乡规划法》,下列哪些建设项目应当在规划时予以优先安排?

A. 镇政府办公楼、招待所
B. 供水、供电、道路、通信设施
C. 商业街、工业园、公园
D. 学校、幼儿园、卫生院、文化站

391. (2010/1/76/多)

村民王某创办的乡镇企业打算在村庄规划区内建设一间农产品加工厂,就有关审批手续向镇政府咨询。关于镇政府的答复,下列哪些选项符合《城乡规划法》规定?

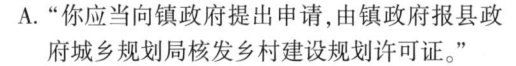

A. "你应当向镇政府提出申请,由镇政府报县政府城乡规划主管部门核发乡村建设规划许可证。"
B. "你的加工厂使用的土地不能是农地。如确实需要占用农地,必须依照土地管理法的有关规定办理农地转用审批手续。"
C. "你必须先办理用地审批手续,然后才能办理乡村建设规划许可证。"
D. "你必须在规划批准后,严格按照规划条件进行建设,绝对不允许作任何变更。"

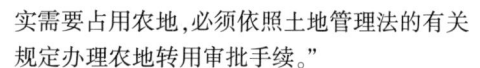

392. (2009/1/75/多)

根据《城乡规划法》规定,下列哪些选项属于城乡规划的种类?

A. 城乡规划包括城镇体系规划、城市规划、镇规划、乡规划和村庄规划
B. 城市规划、镇规划分为总体规划和详细规划
C. 详细规划分为控制性详细规划和修建性详细规划
D. 修建性详细规划分为建设用地规划和建设工程规划

393. (2008/1/27/单)

关于城市规划区内以出让方式提供国有土地使用权,根据《城乡规划法》的规定,下列哪一选项是错误的?

A. 出让前,城市人民政府城乡规划主管部门应当依据控制性详细规划,提出出让地块的位置、使用性质、开发强度等规划条件
B. 出让地块的规划条件,应当作为国有土地使用权出让合同的组成部分
C. 未确定规划条件的地块,不得出让国有土地使用权
D. 在签订国有土地使用权出让合同前,建设单位应当持建设项目的批准、核准、备案文件,向城市人民政府城乡规划主管部门领取建设用地规划许可证

专题二十七 城市房地产管理法

考点72 城市房地产管理法

394. (2019 回忆/多)

甲房地产开发公司从某市政府以出让方式获得一地块的土地使用权,进行商品房开发,楼盘建设过半投入约 2 亿元,甲房地产开发公司因资金链断裂无以为继,无奈将此土地使用权及地上建筑一并转给乙房地产开发公司。下列说法错误的是:

A. 乙房地产开发公司获得土地使用权后需重新与某市政府签订土地使用权出让合同
B. 某市政府可向甲房地产开发公司收取不超过 2 亿元的土地闲置费
C. 乙房地产开发公司获得土地使用权后可经甲

房地产开发公司同意改变土地用途

D. 甲房地产开发公司应缴纳全部的土地出让金并获得土地使用权证书,才可转让土地使用权

395. 2017/1/74/多

在加大房地产市场宏观调控的形势下,某市政府对该市房地产开发的管理现状进行检查,发现以下情况,其中哪些做法是需要纠正的?

A. 房地产建设用地的供应,在充分利用现有建设用地的同时,放宽占用农用地和开发未利用地的条件

B. 土地使用权出让,符合土地利用总体规划、城市规划或年度建设用地计划之一即可

C. 预售商品房,要求开发商交清全部土地使用权出让金,取得土地使用权证书,并持有建设工程规划许可证等

D. 采取税收减免等方面的优惠措施,鼓励房地产开发企业开发建设商业办公类住宅,方便市民改作居住用途

396. 2015/1/72/多

甲企业将其厂房及所占划拨土地一并转让给乙企业,乙企业依法签订了出让合同,土地用途为工业用地。5年后,乙企业将其转让给丙企业,丙企业欲将用途改为商业开发。关于该不动产权利的转让,下列哪些说法是正确的?

A. 甲向乙转让时应报经有批准权的政府审批

B. 乙向丙转让时,应已支付全部土地使用权出让金,并取得国有土地使用权证书

C. 丙受让时改变土地用途,须取得有关国土部门和规划部门的同意

D. 丙取得该土地及房屋时,其土地使用年限应重新计算

397. 2013/1/72/多

甲公司以出让方式取得某地块50年土地使用权,用于建造写字楼。土地使用权满3年时,甲公司将该地块的使用权转让给乙公司,但将该地块上已建成的一幢楼房留作自用。对此,下列哪些选项是正确的?

A. 如该楼房已取得房屋所有权证,则甲公司可只转让整幅地块的使用权而不转让该楼房

B. 甲公司在土地使用权出让合同中载明的权利、义务应由乙公司整体承受

C. 乙公司若要改变原土地使用权出让合同约定的土地用途,取得原出让方的同意即可

D. 乙公司受让后,可以在其土地使用权的使用年限满46年之前申请续期

398. 甲房地产公司与乙国有工业公司签订《合作协议》,在乙公司原有的仓库用地上开发商品房。双方约定,共同成立"玫园置业有限公司"(以下简称"玫园公司")。甲公司投入开发资金,乙公司负责将该土地上原有的划拨土地使用权转变为出让土地使用权,然后将出让土地使用权作为出资投入玫园公司。

玫园公司与丙劳务派遣公司签订协议,由其派遣王某到玫园公司担任保洁员。不久,甲、乙产生纠纷,经营停顿。玫园公司以签订派遣协议时所依据的客观情况发生重大变化为由,将王某退回丙公司,丙公司遂以此为由解除王某的劳动合同。

请回答(1)~(3)题。

(1) 2012/1/92/任

关于该土地使用权由划拨转为出让,下列说法正确的是:

A. 将划拨土地使用权转为出让土地使用权后再行转让属于土地投机,为法律所禁止

B. 乙公司应当先将划拨土地使用权转让给玫园公司,然后由后者向政府申请办理土地使用权出让合同

C. 该土地使用权由划拨转为出让,应当报有批准权的政府审批,经批准后方可办理土地使用权出让手续

D. 如乙公司取得该地块的出让土地使用权,则只能自己进行开发,不能与他人合作开发

(2) 2012/1/93/任

关于甲、乙双方签订的《合作协议》的性质,下列选项正确的是:

A. 房地产开发合同

B. 房地产转让合同

C. 土地使用权转让合同

D. 国有资产合作经营合同

(3) 2012/1/94/任

开发期间,由于政府实施商品房限购政策,甲公司因其已开发项目滞销而陷于财务困境,致玫园公司经营陷于停顿,甲乙双方发生纠纷,乙公司主张合同无效。下列理由依法不能成立的是:

A. 该合同为乙公司前任经理所签订,现该经理已被撤换

B. 签订合同时,该土地还是划拨土地使用权

C. 根据《合作协议》,乙公司仅享有玫园公司40%的股份,现在因该地段新建地铁导致地价上涨,乙公司所占股份偏低,属于国有资产流失

D. 乙公司无房地产开发资格,无权参与房地产开发

399. 2011/1/72/多

下列哪些机构属于房地产中介服务机构?

A. 房地产咨询机构

B. 房地产经纪机构
C. 房地产职业培训机构
D. 房地产价格评估机构

400． 2010年1月，高某与某房地产开发公司签订了一份《预售商品房认购书》。《认购书》约定，公司为高某预留所选房号，双方于公司取得商品房预售许可证时正式签订商品房预售合同。《认购书》还约定，认购人于签订认购书时缴纳"保证金"一万元，该款于双方签订商品房预售合同时自动转为合同定金，如认购人接到公司通知后七日内不签订商品房预售合同，则该款不予退还。同年2月，高某接到公司已经取得商品房预售许可证的通知，立即前往公司签订了商品房预售合同，并当场缴纳了首期购房款80万元。同年5月，高某接到公司通知：房屋预售合同解除。经了解，该套房屋已经被公司以更高价格出售给第三人。双方发生争议。请回答第(1)~(3)题。

（1）2010/1/95/任

公司主张，双方在签订《预售商品房认购书》时，公司尚未取得商品房预售许可证，故该《认购书》无效，以此为基础订立的商品房预售合同也应无效。对此，下列判断正确的是：

A. 法律规定，取得商品房预售许可证是商品房预售的必备条件之一
B. 《预售商品房认购书》不是商品房预售合同，不以取得商品房销售许可证为条件
C. 双方签订商品房预售合同时，公司已具备商品房预售的法定条件，该合同有效
D. 因施工进度及竣工交付日期变化的，房屋可另售他人

（2）2010/1/96/任

公司还主张，公司在解除商品房预售合同时，该合同尚未报区政府房地产管理局备案，故不受法律保护。对此，下列判断正确的是：

A. 登记备案是商品房预售合同的法定生效要件，该合同未经登记备案不受法律保护
B. 登记备案是商品房预售人的法定义务，但不是合同的生效条件，该合同应受法律保护
C. 登记备案是商品房预售合同当事人的权利，未登记备案不影响该合同的效力
D. 商品房预售合同无需登记备案，当事人在房屋交付时办理产权登记即可

（3）2010/1/97/任

经双方协商，高某同意解除商品房预售合同。但在款项支付问题上，双方发生分歧。高某要求返还80万元首期房款本息并双倍返还定金。公司主张只退还80万元首期房款和一万元"保证金"。对此，下列判断正确的是：

A. 商品房预售合同无约束力，只能按公司的意见办理退款
B. 商品房预售合同有效，但《预售商品房认购书》无效，故应按公司的意见办理退款
C. 《预售商品房认购书》和商品房预售合同均有效，应该支持高某的主张
D. 开发商违约，高某有权请求赔偿损失

401． 2009/1/76/多

关于以划拨方式取得土地使用权的房地产转让时适用的《房地产管理法》特殊规定，下列哪些表述是正确的？

A. 应当按照国务院规定，报有批准权的人民政府审批
B. 有批准权的人民政府准予转让的，可以决定由受让方办理土地使用权出让手续，也可以允许其不办理土地使用权出让手续
C. 办理土地使用权出让手续的，受让方应当缴纳土地使用权出让金
D. 不办理土地使用权出让手续的，受让方应当缴纳土地使用权转让费，转让方应当按规定将转让房地产所获收益中的土地收益上缴国家

专题二十八 不动产登记

考点73 不动产登记暂行条例

402． 2020 回忆/多

关于不动产登记程序，下列哪些判断符合《不动产登记暂行条例》的规定？

A. 因买卖、设定抵押权等申请不动产登记的，应当由当事人双方共同申请
B. 继承、接受遗赠取得不动产权利的，可以由当事人单方申请
C. 若不动产申请存在尚未解决的权属争议的，不动产登记机构应当不予登记
D. 对在建建筑物办理抵押权登记的，不动产登记机构可以对申请登记的不动产进行实地查看

403． 2015/1/29/单

申请不动产登记时，下列哪一情形应由当事人双方共同申请？

A. 赵某放弃不动产权利，申请注销登记
B. 钱某接受不动产遗赠，申请转移登记
C. 孙某将房屋抵押给银行以获得贷款，申请抵押登记
D. 李某认为登记于周某名下的房屋为自己所有，申请更正登记

环境资源法 [试题]

扫一扫，"码"上做题

微信扫码，即可线上做题、看解析。
多种做题模式：章节自测、单科集训、随机演练等。

专题二十九　环境保护法

考点74　环境影响评价法

404． 2021 回忆/单

某商场的承建商组织编制了环境影响报告书并获得批准。由于商场建设资金一直未到位，6年后才落实资金准备开工。关于开工的环境影响评价文件，下列哪一说法是正确的？

A. 按照先前编制的环境影响报告书实施即可
B. 开工时需要补充填报环境影响登记表
C. 环境影响报告书应报原审批部门重新审核
D. 应组织环境影响的后评价，并报原审批部门备案

405． 2019 回忆/多

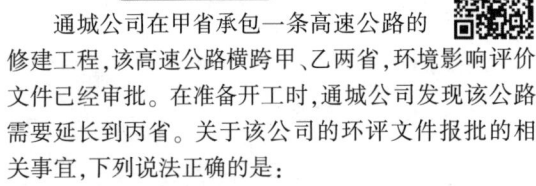

通城公司在甲省承包一条高速公路的修建工程，该高速公路横跨甲、乙两省，环境影响评价文件已经审批。在准备开工时，通城公司发现该公路需要延长到丙省。关于该公司的环评文件报批的相关事宜，下列说法正确的是：

A. 该公路的环境影响评价文件应由丙省的生态环境主管部门审批
B. 在原环境影响评价文件上作相应补充，由丙省的生态环境主管部门审批
C. 未经生态环境主管部门审批环评文件，该公路不得开工建设
D. 应对此公路项目重新进行环境影响评价

406． 2016/1/31/单

某采石场扩建项目的环境影响报告书获批后，采用的爆破技术发生重大变动，其所生粉尘将导致周边居民的农作物受损。关于此事，下列哪一说法是正确的？

A. 建设单位应重新报批该采石场的环境影响报告书
B. 建设单位应组织环境影响的后评价，并报原审批部门批准
C. 该采石场的环境影响评价，应当与规划的环境影响评价完全相同
D. 居民将来主张该采石场承担停止侵害的侵权责任，受3年诉讼时效的限制

407． 2014/1/31/单

某省A市和B市分别位于同一河流的上下游。A市欲建农药厂。在环境影响评价书报批时，B市环境保护行政主管部门认为该厂对本市影响很大，对该环境影响评价结论提出异议。在此情况下，该环境影响评价书应当由下列哪一部门审批？

A. 省政府发改委
B. 省人大常委会
C. 省农药生产行政监管部门
D. 省环境保护行政主管部门

408． 2010/1/77/多

我国对建设项目的环境影响评价实行分类管理制度。根据《环境影响评价法》的规定，下列哪些说法是正确的？

A. 可能造成重大环境影响的建设项目，应当编制环境影响报告书，对产生的环境影响进行全面评价
B. 可能造成轻度环境影响的建设项目，应当编制环境影响报告表，对产生的环境影响进行分析或者专项评价
C. 环境影响很小的建设项目，不需要进行环境影响评价，无需填报环境影响评价文件
D. 环境影响报告书和环境影响报告表，应当由具有相应资质的机构编制

考点75　环境保护法

（一）环境保护的基本制度

409． 2017/1/96/任

某市混凝土公司新建临时搅拌站，在试运行期间通过暗管将污水直接排放到周边，严重破坏当地环境。公司经理还指派员工潜入当地环境监测站内，用棉纱堵塞空气采集器，造成自动监测数据多次出现异常。有关部门对其处罚后，公司生产经营发生严重困难，拟裁员20人以上。

关于该公司的行为，下列说法正确的是：

A. 如该公司应报批而未报批该搅拌站的环评文

件,不得在缴纳罚款后再向审批部门补报
B. 该公司将防治污染的设施与该搅拌站同时正式投产使用前,可在搅拌站试运行期间停运治污设施
C. 该公司的行为受到罚款处罚时,可由市环保部门自该处罚之日的次日起,按照处罚数额按日连续处罚
D. 针对该公司逃避监管的违法行为,市环保部门可先行拘留责任人员,再将案件移送公安机关

410．2015/1/31/单
关于我国生态保护制度,下列哪一表述是正确的?
A. 国家只在重点生态功能区划定生态保护红线
B. 国家应积极引进外来物种以丰富我国生物的多样性
C. 国家应加大对生态保护地区的财政转移支付力度
D. 国家应指令受益地区对生态保护地区给予生态保护补偿

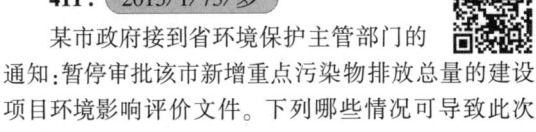

411．2015/1/73/多
某市政府接到省环境保护主管部门的通知:暂停审批该市新增重点污染物排放总量的建设项目环境影响评价文件。下列哪些情况可导致此次暂停审批?
A. 未完成国家确定的环境质量目标
B. 超过国家重点污染物排放总量控制指标
C. 当地环境保护主管部门对重点污染物监管不力
D. 当地重点排污单位未按照国家有关规定和监测规范安装使用监测设备

412．2014/1/73/多
关于环境质量标准和污染物排放标准,下列哪些说法是正确的?
A. 国家环境质量标准是制定国家污染物排放标准的根据之一
B. 国家污染物排放标准由国务院环境保护行政主管部门制定
C. 国家环境质量标准中未作规定的项目,省级政府可制定地方环境质量标准,并报国务院环境保护行政主管部门备案
D. 地方污染物排放标准由省级环境保护行政主管部门制定,报省级政府备案

413．2010/1/28/多
根据《环境保护法》规定,关于污染物排放标准,下列哪些说法是错误的?①
A. 省级地方政府对国家污染物排放标准中已作规定和未作规定的项目,都可以制定地方污染物排放标准
B. 对国家污染物排放标准中已作规定的项目,在制定地方污染物排放标准时,可以因地制宜,严于或宽于国家污染物排放标准
C. 地方污染物排放标准须报国务院环境保护行政主管部门备案
D. 凡是向已有地方污染物排放标准的区域排放污染物的,应当执行地方污染物排放标准

414．2009/1/77/多
根据《环境保护法》规定,下列哪些选项属于农业环境保护的措施?
A. 防治土地沙化、盐渍化、贫瘠化、沼泽化
B. 防治植被破坏、水土流失、水源枯竭
C. 推广植物病虫害的综合防治
D. 合理使用化肥、农药及植物生长激素

(二)环境法律责任

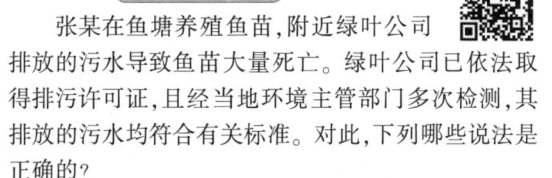

415．2023 回忆/多
张某在鱼塘养殖鱼苗,附近绿叶公司排放的污水导致鱼苗大量死亡。绿叶公司已依法取得排污许可证,且经当地环境主管部门多次检测,其排放的污水均符合有关标准。对此,下列哪些说法是正确的?
A. 张某应在3年内向绿叶公司提起侵权之诉
B. 绿叶公司应当承担赔偿责任
C. 可以从绿叶公司缴纳的排污费中划转相应款项赔付给张某
D. 当地环境主管部门可对绿叶公司采取行政强制措施

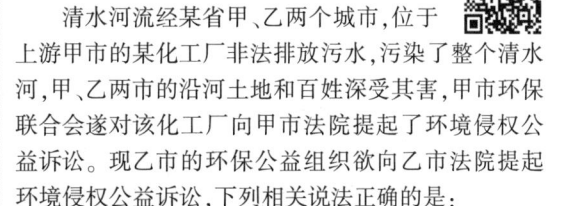

416．2019 回忆/多
清水河流经某省甲、乙两个城市,位于上游甲市的某化工厂非法排放污水,污染了整个清水河,甲、乙两市的沿河土地和百姓深受其害,甲市环保联合会遂对该化工厂向甲市法院提起了环境侵权公益诉讼。现乙市的环保公益组织欲向乙市法院提起环境侵权公益诉讼,下列相关说法正确的是:
A. 提起公益诉讼的环保组织应在设区的市级以上民政部门登记
B. 甲、乙两市的法院可以分别受理相应案件
C. 由甲市法院管辖本案
D. 如果法院对公益诉讼作出裁决后,受害个人不能再针对此污染行为提起侵权诉讼

---

① 原为单选题,根据新法答案有变化,调整为多选题。

417． 2015/1/30/单

某省天洋市滨海区一石油企业位于海边的油库爆炸，泄漏的石油严重污染了近海生态环境。下列哪一主体有权提起公益诉讼（其中所列组织均专门从事环境保护公益活动连续5年以上且无违法记录）？

A. 受损海产养殖户推选的代表赵某
B. 依法在滨海区民政局登记的"海蓝志愿者"组织
C. 依法在邻省的省民政厅登记的环境保护基金会
D. 在国外设立但未在我国民政部门登记的"海洋之友"团体

418． 2015/1/74/多

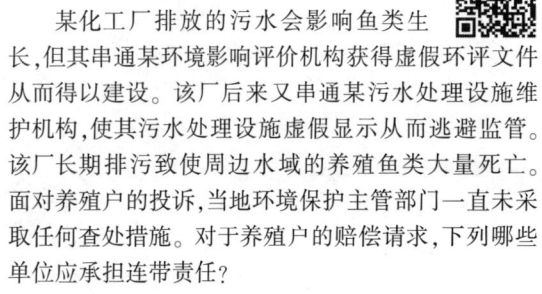

某化工厂排放的污水会影响鱼类生长，但其串通某环境影响评价机构获得虚假环评文件从而得以建设。该厂后来又串通某污水处理设施维护机构，使其污水处理设施虚假显示从而逃避监管。该厂长期排污致使周边水域的养殖鱼类大量死亡。面对养殖户的投诉，当地环境保护主管部门一直未采取任何查处措施。对于养殖户的赔偿请求，下列哪些单位应承担连带责任？

A. 化工厂
B. 环境影响评价机构
C. 污水处理设施维护机构
D. 当地环境保护主管部门

419． 2013/1/73/多

因连降大雨，某厂设计流量较小的排污渠之污水溢出，流入张某承包的鱼塘，致鱼大量死亡。张某诉至法院，要求该厂赔偿。该厂提出的下列哪些抗辩事由是依法不能成立的？

A. 本市环保主管部门证明，我厂排污从未超过国家及地方排污标准
B. 天降大雨属于不可抗力，依法应予免责
C. 经有关机构鉴定，死鱼是全市最近大规模爆发的水生动物疫病所致
D. 张某鱼塘地势低洼，未对污水流入采取防范措施，其损失咎由自取

420． 2012/1/73/多

甲化工厂和乙造纸厂排放污水，造成某村农作物减产。当地环境主管部门检测认定，甲排污中的有机物超标3倍，是农作物减产的原因，乙排污未超标，但其中的悬浮物仍对农作物减产有一定影响。关于甲、乙厂应承担的法律责任，下列哪些选项是正确的？

A. 甲厂应对该村损失承担赔偿责任
B. 乙厂应对该村损失承担赔偿责任
C. 环境主管部门有权追究甲厂的行政责任
D. 环境主管部门有权追究乙厂的行政责任

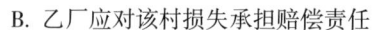

421． 2008/1/28/单

由于某化工厂长期排污，该厂周边方圆一公里内的庄稼蔬菜生长不良、有害物质含量超标，河塘鱼类无法繁衍，该地域内三个村庄几年来多人患有罕见的严重疾病。根据《环境保护法》的规定，下列哪一选项是错误的？

A. 受害的三个村的村委会和受害村民有权对该厂提起民事诉讼
B. 因环境污染引起的民事诉讼的时效为3年
C. 环境污染民事责任的归责原则实行公平责任原则
D. 环境污染致害的因果关系证明，受害方不负举证责任

专题三十　森林法

考点76　森林法

422． 2022回忆/单

甲县乙乡某村村民打算将自己承包的集体林地里的枣树砍掉，改种樱桃树。关于其申请林木采伐许可证，下列哪一说法是正确的？

A. 无需申请林木采伐许可证
B. 甲县林业局可委托乙乡政府颁发采伐许可证
C. 如甲县今年采伐限额已满，则明年自动取得采伐许可证
D. 如同村其他村民有采伐许可证，该村民可以租用

423． 2019回忆/单

甲公司经营困难，以其所有的经济林地使用权和林木入股乙公司，同时将已取得的《林木采伐许可证》转让给乙公司。后乙公司得知，甲公司以其经济林地使用权向某商业银行抵押贷款尚未归还，乙公司与甲公司发生争议，要求甲公司尽快解除抵押。以下说法正确的是：

A. 在争议期间，乙公司可以砍伐经济林地上的林木
B. 乙公司与甲公司的争议可请县政府解决
C. 乙公司可以直接向法院起诉
D. 乙公司可以将经济林地变更为建设用地

424． 2019回忆/单

某学校为更新校园园林景观，需要采伐校园现有树木，栽种新的树木，向当地林业局申请采伐许可证。许可证上注明采伐树木10棵，而该学

校采伐树木20棵。针对该学校的行为,下列说法正确的是:
- A.该学校可以要求林业局补种10棵相同树木,学校承担相应费用
- B.林业局可以要求该学校补种10棵相同树木,并且处罚该学校额外补种50棵相同树木
- C.林业局可以对该学校罚款1万,并责令次年内补种10棵相同树木
- D.该学校申请采伐许可证,需要同时提交有关采伐的地点、林种、树种、面积、蓄积、方式、更新措施和林木权属等内容的材料

425. 2018 回忆/单
某市林业局与规划局正在编制当地林业远期发展规划,下列说法正确的是:
- A.林业发展规划不是建设规划,无需进行环境影响评价
- B.应在林业发展规划编制过程中组织环境影响评价,编写有关环境影响的篇章或说明
- C.林业发展规划属于专门性规划,草案上报审批前应进行环境影响评价,并向审批机关提出环境影响报告书
- D.为了促进林业发展规划的审批,应明确环境保护林的对外转让价,并征求公众意见

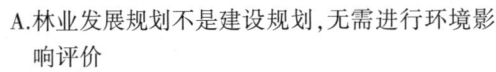

专题三十一 矿产资源法

考点77 矿产资源法

426. 2021 回忆/单
某省发现一大型稀土矿,某矿业公司获准开采。该公司开采时发现部分地域还有伴生的放射性矿产。关于开采这些矿产资源的审批,下列哪一说法是正确的?
- A. 均应取得国务院有关主管部门的审批
- B. 均应取得该省有关主管部门的审批
- C. 开采稀土矿应取得国务院地质矿产主管部门的审批,开采放射性矿产应取得该省有关主管部门的审批
- D. 开采稀土矿应取得该省有关主管部门的审批,开采放射性矿产应取得国务院地质矿产主管部门的审批

427. 2021 回忆/多
钨矿为国家保护性开采的矿种。某公司经批准经营一处大型钨矿山,从事钨矿开采冶炼业务。赵某原为该公司工程师,离职后在矿区边的铁路旁开了一家建材店。赵某离职后从事的下列开采行为哪些是违法的?
- A. 在矿区内开采零星分散的钨矿
- B. 在矿区外开采零星分散的钨矿
- C. 在矿区外开采只能用作普通建筑材料的砂、石
- D. 在铁路旁开采只能用作普通建筑材料的砂、石

428. 2020 回忆/任
甲村发现储量可观的油田,乙公司经批准获得了探矿权并对位于甲村的油田进行勘查。后乙公司获得了该油田的采矿权,2020年5月乙公司被丙公司收购。下列有关说法正确的是:
- A. 在甲村发现的油田归甲村集体经济组织所有
- B. 要开采在甲村发现的油田需经甲村2/3以上的村民同意
- C. 乙公司有权优先取得勘查作业区内油田的采矿权
- D. 丙公司经批准可以获得该油田的采矿权

429. 2018 回忆/多
甲公司与乙公司签署《合作协议》,约定双方合作对某县山区进行铁矿资源勘探,由此所获得的收益由双方平分。对此,下列说法正确的是:
- A.甲公司和乙公司勘探铁矿资源需要县政府审批
- B.由于矿区位于城乡接合部,地面部分归集体所有,地下资源归甲公司和乙公司所有
- C.甲公司和乙公司完成勘探后,有权优先获得勘查作业区内铁矿资源的采矿权
- D.甲公司和乙公司在勘查中,完成最低的勘查投入后,经依法批准,可将探矿权转让

劳动与社会保障法 [试题]

专题三十二　劳动合同法

考点78　劳动合同

430．2023 回忆/单

贾某兼职做外卖骑手，与某互联网平台公司在线订立了《网约配送协议》，协议载明：贾某同意按照平台发送的配送信息自主选择接受服务订单，接单后及时完成配送，服务费按照平台统一标准按单结算。从事餐饮外卖配送业务期间，公司未对其上线接单时间、接单量提出要求，也未对其配送行为提出要求。贾某每周送外卖最多3天、每天送外卖1~3小时不等。该平台公司会在规定区域内随机安排订单，骑手们登录专用的APP抢订单送餐。出现配送超时、客户差评等情形时，平台公司核实情况后按照统一标准扣减服务费。关于贾某与该平台公司之间的关系，下列哪一选项是正确的？

A．非全日制合同
B．劳动合同
C．劳务合同
D．劳务派遣合同

431．2022 回忆/单

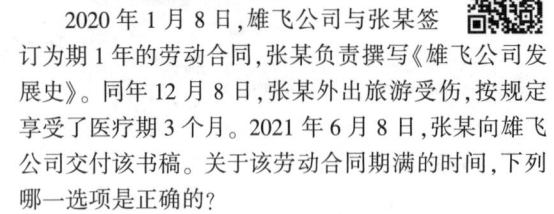

2020年1月8日，雄飞公司与张某签订为期1年的劳动合同，张某负责撰写《雄飞公司发展史》。同年12月8日，张某外出旅游受伤，按规定享受了医疗期3个月。2021年6月8日，张某向雄飞公司交付该书稿。关于该劳动合同期满的时间，下列哪一选项是正确的？

A．2020年12月8日
B．2021年1月8日
C．2021年3月8日
D．2021年6月8日

432．2021 回忆/多

某公司与公司工会经平等协商签订了一份集体合同。关于该集体合同，下列哪些说法是正确的？

A．集体合同约定劳动者每月加班2天，年休假多放5天

B．集体合同经双方代表签字后，还需由公司与工会签订专门协议才能生效
C．如因履行集体合同发生争议，经双方协商不成，公司工会可申请仲裁
D．集体合同报送劳动行政部门后，劳动行政部门15日内未提出异议就生效

433．2017/1/72/多

农民姚某于2016年3月8日进入红海公司工作，双方未签订书面劳动合同，红海公司也未给姚某缴纳基本养老保险，姚某向社保机构缴纳了基本养老保险费。同年12月8日，姚某以红海公司未为其缴纳社会保险为由申请辞职。经查，姚某的工资属于所在地最低工资标准额。关于此事，下列哪些说法是正确的？

A．姚某自2016年3月8日起即与红海公司建立劳动关系
B．红海公司自2016年4月8日起，应向姚某每月支付两倍的工资
C．姚某应参加新型农村社会养老保险，而不应参加基本养老保险
D．姚某就红海公司未缴养老保险费而发生争议的，可要求社保行政部门或社保费征收机构处理

434．2017/1/73/多

关于集体劳动合同，根据《劳动合同法》，下列哪些说法是正确的？

A．甲公司尚未建立工会时，经其2/3以上的职工推举的代表，可直接与公司订立集体合同
B．乙公司系建筑企业，其订立的行业性集体合同，报劳动行政部门备案后即行生效
C．丙公司依法订立的集体合同，对全体劳动者，不论是否为工会会员，均适用
D．因履行集体合同发生争议，丁公司工会与公司协商不成时，工会可依法申请仲裁、提起诉讼

435．2017/1/97/任

某市混凝土公司新建临时搅拌站，在

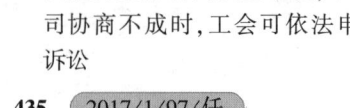

试运行期间通过暗管将污水直接排放到周边,严重破坏当地环境。公司经理还指派员工潜入当地环境监测站内,用棉纱堵塞空气采集器,造成自动监测数据多次出现异常。有关部门对其处罚后,公司生产经营发生严重困难,拟裁员 20 人以上。当该公司裁员时,下列说法正确的是:

A. 无须向劳动者支付经济补偿金
B. 应优先留用与本公司订立无固定期限劳动合同的职工
C. 不得裁减在该公司连续工作满 15 年的女职工
D. 不得裁减非因公负伤且在规定医疗期内的劳动者

436. 王某,女,1990 年出生,于 2012 年 2 月 1 日入职某公司,从事后勤工作,双方口头约定每月工资为人民币 3000 元,试用期 1 个月。2012 年 6 月 30 日,王某因无法胜任经常性的夜间高处作业而提出离职,经公司同意,双方办理了工资结算手续,并于同日解除了劳动关系。同年 8 月,王某以双方未签书面劳动合同为由,向当地劳动争议仲裁委申请仲裁,要求公司再支付工资 12000 元。

请回答第(1)~(3)题。

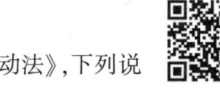

(1) 2016/1/95/任
关于女工权益,根据《劳动法》,下列说法正确的是:

A. 公司应定期安排王某进行健康检查
B. 公司不能安排王某在经期从事高处作业
C. 若王某怀孕 6 个月以上,公司不得安排夜班劳动
D. 若王某在哺乳婴儿期间,公司不得安排夜班劳动

(2) 2016/1/96/任
关于该劳动合同的订立与解除,下列说法正确的是:

A. 王某与公司之间视作已订立无固定期限劳动合同
B. 该劳动合同期限自 2012 年 3 月 1 日起算
C. 该公司应向王某支付半个月工资的经济补偿金
D. 如王某不能胜任且经培训仍不能胜任工作,公司提前 30 日以书面形式通知王某,可将其辞退

(3) 2016/1/97/任
如当地月最低工资标准为 1500 元,关于该仲裁,下列说法正确的是:

A. 王某可直接向劳动争议仲裁委申请仲裁
B. 如王某对该仲裁裁决不服,可向法院起诉

C. 如公司对该仲裁裁决不服,可向法院起诉
D. 如公司有相关证据证明仲裁裁决程序违法时,可向有关法院申请撤销裁决

437. 2015/1/70/多
某厂工人田某体检时被初诊为脑瘤,万念俱灰,既不复检也未经请假就外出旅游。该厂以田某连续旷工超过 15 天,严重违反规章制度为由解除劳动合同。对于由此引起的劳动争议,下列哪些说法是正确的?

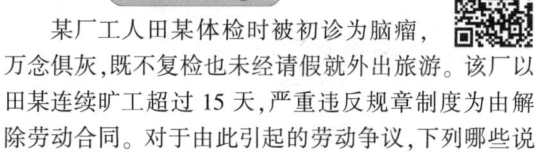

A. 该厂单方解除劳动合同,应事先将理由通知工会
B. 因田某严重违反规章制度,无论是否在规定的医疗期内该厂均有权解除劳动合同
C. 如该厂解除劳动合同的理由成立,无需向田某支付经济补偿金
D. 如该厂解除劳动合同的理由违法,田某有权要求继续履行劳动合同并主张经济补偿金 2 倍的赔偿金

438. 李某原在甲公司就职,适用不定时工作制。2012 年 1 月,因甲公司被乙公司兼并,李某成为乙公司职工,继续适用不定时工作制。2012 年 12 月,由于李某在年度绩效考核中得分最低,乙公司根据公司绩效考核制度中"末位淘汰"的规定,决定终止与李某的劳动关系。李某于 2013 年 11 月提出劳动争议仲裁申请,主张:原劳动合同于 2012 年 3 月到期后,乙公司一直未与本人签订新的书面劳动合同,应从 4 月起每月支付二倍的工资;公司终止合同违法,应恢复本人的工作。

请回答第(1)~(3)题:

(1) 2014/1/87/任
关于乙公司兼并甲公司时李某的劳动合同及工作年限,下列选项正确的是:

A. 甲公司与李某的原劳动合同继续有效,由乙公司继续履行
B. 如原劳动合同继续履行,在甲公司的工作年限合并计算为乙公司的工作年限
C. 甲公司还可与李某经协商一致解除其劳动合同,由乙公司新签劳动合同替代原劳动合同
D. 如解除原劳动合同时甲公司已支付经济补偿,乙公司在依法解除或终止劳动合同计算支付经济补偿金的工作年限时,不再计算在甲公司的工作年限

(2) 2014/1/89/任
关于恢复用工的仲裁请求,下列选项正确的是:

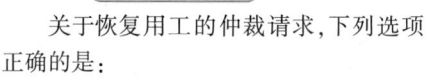

A. 李某是不定时工作制的劳动者,该公司有权对

其随时终止用工
B. 李某不是非全日制用工的劳动者,该公司无权对其随时终止用工
C. 根据该公司末位淘汰的规定,劳动合同应当终止
D. 该公司末位淘汰的规定违法,劳动合同终止违法

(3) 2014/1/90/任
如李某放弃请求恢复工作而要求其他补救,下列选项正确的是:
A. 李某可主张公司违法终止劳动合同,要求支付赔偿金
B. 李某可主张公司规章制度违法损害劳动者权益,要求即时辞职及支付经济补偿金
C. 李某可同时获得违法终止劳动合同的赔偿金和即时辞职的经济补偿金
D. 违法终止劳动合同的赔偿金的数额多于即时辞职的经济补偿金

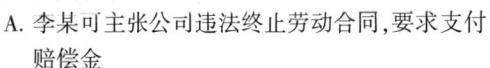

439. 某公司聘用首次就业的王某,口头约定劳动合同期限2年,试用期3个月,月工资1200元,试用期满后1500元。

2012年7月1日起,王某上班,不久即与同事李某确立恋爱关系。9月,由经理办公会讨论决定并征得工会主席同意,公司公布施行《工作纪律规定》,要求同事不得有恋爱或婚姻关系,否则一方必须离开公司。公司据此解除王某的劳动合同。

经查明,当地月最低工资标准为1000元,公司与王某一直未签订书面劳动合同,但为王某买了失业保险。

请回答第(1)、(2)题:
(1) 2013/1/94/任
关于双方约定的劳动合同内容,下列符合法律规定的说法是:
A. 试用期超过法定期限
B. 试用期工资符合法律规定
C. 8月1日起,公司未与王某订立书面劳动合同,应每月付其两倍的工资
D. 8月1日起,如王某拒不与公司订立书面劳动合同,公司有权终止其劳动关系,且无需支付经济补偿

(2) 2013/1/95/任
关于该《工作纪律规定》,下列说法正确的是:
A. 制定程序违法
B. 有关婚恋的规定违法
C. 依据该规定解除王某的劳动合同违法

D. 该公司执行该规定给王某造成损害的,应承担赔偿责任

440. 2011/1/68/多
某公司从事出口加工,有职工500人。因国际金融危机影响,订单锐减陷入困境,拟裁减职工25人。公司决定公布后,职工提出异议。下列哪些说法缺乏法律依据?
A. 职工甲:公司裁减决定没有经过职工代表大会批准,无效
B. 职工乙:公司没有进入破产程序,不能裁员
C. 职工丙:我一家4口,有70岁老母10岁女儿,全家就我有工作,公司不能裁减我
D. 职工丁:我在公司销售部门曾连续3年评为优秀,对公司贡献大,公司不能裁减我

441. 邓某系K制药公司技术主管。2008年2月,邓某私自接受Y制药公司聘请担任其技术顾问。5月,K公司得知后质问邓某。邓某表示自愿退出K公司,并承诺5年内不以任何直接或间接方式在任何一家制药公司任职或提供服务,否则将向K公司支付50万元违约金。2009年,K公司发现邓某已担任Y公司的副总经理,并持有Y公司20%股份,而且Y公司新产品已采用K公司研发的配方。K公司以Y公司和邓某为被告提起侵犯商业秘密的诉讼。请回答第(1)、(2)题。

(1) 2011/1/95/任
关于Y公司和邓某的行为,下列说法正确的是:
A. Y公司的行为构成侵犯他人商业秘密
B. 邓某的行为构成侵犯他人商业秘密
C. Y公司的行为构成违反竞业禁止义务
D. 邓某的行为构成违反竞业禁止义务

(2) 2011/1/96/任
案件审理期间邓某提出,本案纠纷起因于自己与K公司的劳动关系,应属劳动争议案件,故K公司应向劳动争议仲裁机构提起仲裁申请,遂请求法院裁定驳回起诉。关于该主张,下列说法正确的是:
A. 侵犯商业秘密本质上属于侵权,违反竞业禁止本质上属于违约
B. 本案存在法律关系竞合,K公司有选择权
C. 劳动关系优先于商事关系
D. 邓某的主张应予支持

442. 2010/1/27/单
关于非全日制用工的说法,下列哪一选项不符合《劳动合同法》规定?
A. 从事非全日制用工的劳动者与多个用人单位

订立劳动合同的,后订立的合同不得影响先订立合同的履行
- B. 非全日制用工合同不得约定试用期
- C. 非全日制用工终止时,用人单位应当向劳动者支付经济补偿
- D. 非全日制用工劳动报酬结算支付周期最长不得超过十五日

443. 2009/1/71/多

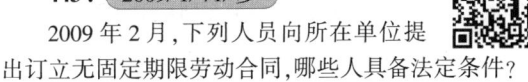

2009年2月,下列人员向所在单位提出订立无固定期限劳动合同,哪些人具备法定条件?
- A. 赵女士于1995年1月到某公司工作,1999年2月辞职,2002年1月回到该公司工作
- B. 钱先生于1985年进入某国有企业工作。2006年3月,该企业改制成为私人控股的有限责任公司,年满50岁的钱先生与公司签定了三年期的劳动合同
- C. 孙女士于2000年2月进入某公司担任技术开发工作,签定了为期三年、到期自动续期三年且续期次数不限的劳动合同。2009年1月,公司将孙女士提升为技术部副经理
- D. 李先生原为甲公司的资深业务员,于2008年2月被乙公司聘请担任市场开发经理,约定:先签定一年期合同,如果李先生于期满时提出请求,可以与公司签定无固定期限劳动合同

444. 2008/1/70/多

关于当事人订立无固定期限劳动合同,下列哪些选项是符合法律规定的?
- A. 赵某到某公司应聘,提议在双方协商一致的基础上订立无固定期限劳动合同
- B. 王某在某公司连续工作满十年,要求与该公司签订无固定期限劳动合同
- C. 李某在某国有企业连续工作满十年,距法定退休年龄还有十二年,在该企业改制重新订立劳动合同时,主张企业有义务与自己订立无固定期限劳动合同
- D. 杨某在与某公司连续订立的第二次固定期限劳动合同到期,公司提出续订时,杨某要求与该公司签订无固定期限劳动合同

考点79 劳务派遣

445. 2021 回忆/多

甲公司派遣职工严某到乙公司工作。甲公司提前30天通知严某,由于与乙公司之间的劳务派遣协议即将到期,要求严某与其推荐的丙劳务公司签订劳动合同,或者双方协商解除劳动合同,但均被严某拒绝。30天后,甲公司解除了与严某的劳动合同。严某认为甲公司单方解除劳动合同违法,申请仲裁,要求甲公司支付赔偿金。对此,下列哪些说法是不正确的?
- A. 甲公司有权解除劳动合同,但应支付经济补偿金
- B. 甲公司解除劳动合同违法,但若其愿意继续履行原劳动合同,则无需支付赔偿金
- C. 若应支付赔偿金,应由甲公司承担
- D. 若应支付赔偿金,乙公司应承担连带责任

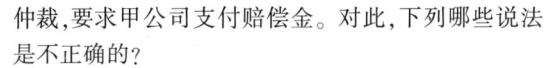

446. 2015/1/71/多

友田劳务派遣公司(住所地为甲区)将李某派遣至金科公司(住所地为乙区)工作。在金科公司按劳务派遣协议向友田公司支付所有费用后,友田公司从李某的首月工资中扣减了500元,李某提出异议。对此争议,下列哪些说法是正确的?
- A. 友田公司作出扣减工资的决定,应就其行为的合法性负举证责任
- B. 如此案提交劳动争议仲裁,当事人一方对仲裁裁决不服的,有权向法院起诉
- C. 李某既可向甲区也可向乙区的劳动争议仲裁机构申请仲裁
- D. 对于友田公司给李某造成的损害,友田公司和金科公司应承担连带责任

447. 2013/1/71/多

甲公司与梁某签订劳动合同后,与乙公司签订劳务派遣协议,派梁某到乙公司做车间主任,派遣期3个月。2012年1月至2013年7月,双方已连续6次续签协议,梁某一直在乙公司工作。2013年6月,梁某因追索上一年加班费与乙公司发生争议,申请劳动仲裁。下列哪些选项是正确的?
- A. 乙公司是在辅助性工作岗位上使用梁某,符合法律规定
- B. 乙公司是在临时性工作岗位上使用梁某,符合法律规定
- C. 梁某申请仲裁不受仲裁时效期间的限制
- D. 梁某申请仲裁时应将甲公司和乙公司作为共同当事人

448. 甲房地产公司与乙国有工业公司签订《合作协议》,在乙公司原有的仓库用地上开发商品房。双方约定,共同成立"玫园置业有限公司"(以下简称"玫园公司")。甲公司投入开发资金,乙公司负责将该土地上原有的划拨土地使用权转变为出让土地使用权,然后将出让土地使用权作为出资投入玫园公司。

玫园公司与丙劳务派遣公司签订协议,由其派遣王某到玫园公司担任保洁员。不久,甲、乙产生纠纷,经营停顿。玫园公司以签订派遣协议时所依据的客

观情况发生重大变化为由,将王某退回丙公司,丙公司遂以此为由解除王某的劳动合同。

请回答(1)、(2)题:

(1) 2012/1/95/任

根据《劳动合同法》,王某的用人单位是:

A. 甲公司　　B. 乙企业
C. 丙公司　　D. 玫园公司

(2) 2012/1/96/任

关于王某劳动关系解除问题,下列选项正确的是:

A. 玫园公司有权将王某退回丙公司
B. 丙公司有权解除与王某的劳动合同
C. 王某有权要求丙公司继续履行劳动合同
D. 王某如不愿回到丙公司,有权要求其支付赔偿金

449. 2008年5月,松园劳务派遣有限责任公司(简称"松园公司")与天利房地产开发有限责任公司(简称"天利公司")签订劳务派遣协议,将李某派遣到天利公司工作。根据有关法律规定,请回答第(1)~(3)题。

(1) 2008/1/95/任

松园公司与天利公司协商劳务派遣协议的下列条款中,不符合法律规定的有:

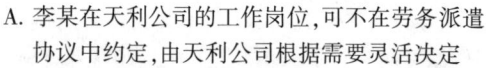

A. 李某在天利公司的工作岗位,可不在劳务派遣协议中约定,由天利公司根据需要灵活决定
B. 李某在天利公司的工作期限,可以在劳务派遣协议中约定为四个周期,每个周期为半年,每个周期结束前订立新的劳务派遣协议
C. 李某在天利公司的劳动报酬,应当在劳务派遣协议中约定
D. 双方对劳务派遣协议的内容负保密义务,不得向包括李某在内的任何人披露

(2) 2008/1/96/任

松园公司和天利公司对李某的下列做法中,不符合法律规定的有:

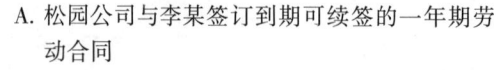

A. 松园公司与李某签订到期可续签的一年期劳动合同
B. 松园公司从李某每月工资中提取5%作为员工集体福利费
C. 天利公司要求李某缴纳5000元岗位责任保证金
D. 天利公司告知李某无权参加本公司工会

(3) 2008/1/97/任

天利公司将李某再派遣到自己的子公司,被李某拒绝。天利公司遂以李某不服从工作安排为由将其退回松园公司。随后,松园公司以李某已无工作为由解除劳动合同。对此,下列表述错误的是:

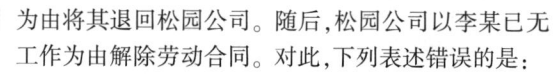

A. 天利公司可以对李某进行再派遣,但不能因李某拒绝而将其退回
B. 松园公司不得因李某已无工作而解除劳动合同
C. 李某可以将天利公司或者松园公司作为被申请人,申请劳动争议仲裁
D. 李某可以就其因劳动合同解除而受到的损失,请求天利公司和松园公司共同承担赔偿责任

专题三十三　劳动法

考点80　劳动法

450. 2020回忆/任

2019年3月1日,张某通过招聘入职甲公司。入职后,张某发现自己已经怀孕1个月,以此为理由故意迟到早退,不服从夜班安排,违反了公司规定的《员工纪律》。7月1日,甲公司对张某予以解聘。对此,下列说法正确的是:

A. 张某拒绝上夜班不违反《劳动法》
B. 公司可以解除和张某的劳动合同
C. 《员工纪律》构成劳动合同的内容
D. 若张某因不能胜任该岗位,公司调岗后仍不能胜任,公司可以解除劳动合同

451. 2010/1/73/多

下列哪些说法违反劳动法的规定?

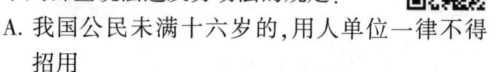

A. 我国公民未满十六岁的,用人单位一律不得招用
B. 双方当事人不可以约定周六加班
C. 劳动合同期限约定为二年的,试用期应在半年以上
D. 双方当事人可就全部合同条款作出违约金约定

452. 2010/1/74/多

关于工资保障制度,下列哪些表述符合劳动法的规定?

A. 按照最低工资保障制度,用人单位支付劳动者的工资不得低于当地最低工资标准
B. 乡镇企业不适用最低工资保障制度
C. 加班工资不包括在最低工资之内
D. 劳动者在婚丧假以及依法参加社会活动期间,用人单位应当依法支付工资

453. 2009/1/70/多

关于劳动关系的表述,下列哪些选项

是正确的?
- A. 劳动关系是特定当事人之间的法律关系
- B. 劳动关系既包括劳动者与用人单位之间的关系也包括劳动行政部门与劳动者、用人单位之间的关系
- C. 劳动关系既包括财产关系也包括人身关系
- D. 劳动关系既具有平等关系的属性也具有从属关系的属性

454. 2009/1/72/多
东星公司新建的化工生产线在投入生产过程中,下列哪些行为违反《劳动法》规定?
- A. 安排女技术员参加公司技术攻关小组并到位于地下的设备室进行检测
- B. 在防止有毒气体泄漏的预警装置调试完成之前,开始生产线的试运行
- C. 试运行期间,从事特种作业的操作员已经接受了专门培训,但未取得相应的资格证书
- D. 试运行开始前,未对生产线上的员工进行健康检查

专题三十四 劳动争议调解仲裁法

考点81 劳动争议调解仲裁法

455. 2019 回忆/多
胡某是某科技公司的技术骨干,正在主持公司重大科研项目,因为出国留学欲辞职。公司声称,胡某辞职将使公司项目受挫,给公司造成重大损失,所以拒绝胡某辞职。法律援助机构的刘某协助胡某成功离职,但是公司拒不支付胡某最后一个月工资,胡某欲申请劳动仲裁。下列说法正确的是:
- A. 胡某辞职的理由不合理,不能辞职
- B. 在律所执业满1年的马律师可以做仲裁员
- C. 胡某可以委托刘某作为代理人参加仲裁
- D. 仲裁裁决作出后,公司认为仲裁违反法定程序的,可向法院申请撤销仲裁裁决

456. 李某原在甲公司就职,适用不定时工作制。2012年1月,因甲公司被乙公司兼并,李某成为乙公司职工,继续适用不定时工作制。2012年12月,由于李某在年度绩效考核中得分最低,乙公司根据公司绩效考核制度中"末位淘汰"的规定,决定终止与李某的劳动关系。李某于2013年11月提出劳动争议仲裁申请,主张:原劳动合同于2012年3月到期后,乙公司一直未与本人签订新的书面劳动合同,应从4月起每月支付二倍的工资;公司终止合同违法,应恢复本人的工作。请回答第(1)、(2)题。

(1) 2014/1/86/任
关于李某申请仲裁的有关问题,下列选项正确的是:
- A. 因劳动合同履行地与乙公司所在地不一致,李某只能向劳动合同履行地的劳动争议仲裁委员会申请仲裁
- B. 申请时应提交仲裁申请书,确有困难的也可口头申请
- C. 乙公司对终止劳动合同的主张负举证责任
- D. 对劳动争议仲裁委员会逾期未作出是否受理决定的,李某可就该劳动争议事项向法院起诉

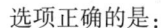

(2) 2014/1/88/任
关于未签订书面劳动合同期间支付二倍工资的仲裁请求,下列选项正确的是:
- A. 劳动合同到期后未签订新的劳动合同,李某仍继续在公司工作,应视为原劳动合同继续有效,故李某无权请求支付二倍工资
- B. 劳动合同到期后应签订新的劳动合同,否则属于未与劳动者订立书面劳动合同的情形,故李某有权请求支付二倍工资
- C. 李某的该项仲裁请求已经超过时效期间
- D. 李某的该项仲裁请求没有超过时效期间

457. 2012/1/71/多
李某因追索工资与所在公司发生争议,遂向律师咨询。该律师提供的下列哪些意见是合法的?
- A. 解决该争议既可与公司协商,也可申请调解,还可直接申请仲裁
- B. 应向劳动者工资关系所在地的劳动争议仲裁委提出仲裁请求
- C. 如追索工资的金额未超过当地月最低工资标准12个月金额,则仲裁裁决为终局裁决,用人单位不得再起诉
- D. 即使追索工资的金额未超过当地月最低工资标准12个月金额,只要李某对仲裁裁决不服,仍可向法院起诉

458. 2009/1/73/多 新法改编
下列哪些情形不属于《劳动争议调解仲裁法》规定的劳动争议范围?
- A. 张某自动离职一年后,回原单位要求复职被拒绝
- B. 郑某辞职后,不同意公司按存款本息购回其持有的职工股,要求做市场价评估
- C. 秦某退休后,因社会保险经办机构未及时发放社会保险金,要求公司协助解决
- D. 刘某因工伤致残后,对劳动能力鉴定委员会评定的伤残等级不服,要求重新鉴定

专题三十五 社会保险法

考点82 社会保险法

459. 2022回忆/单

甲公司因资金紧张未缴纳7月份的工伤保险费,7月11日工伤保险关系自动中断。7月15日,员工乙因工死亡,其妻子去社保中心申领丧葬补助金和工亡补助金,社保中心以未缴工伤保险费为由拒绝。甲公司于8月足额补缴了欠费。关于乙的工亡待遇,下列哪一说法是正确的?

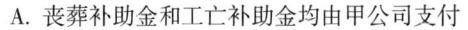

A. 丧葬补助金和工亡补助金均由甲公司支付
B. 丧葬补助金和工亡补助金均由工伤保险基金支付
C. 丧葬补助金由甲公司支付,工亡补助金由工伤保险基金支付
D. 工伤保险基金支付已缴的部分,甲公司承担欠缴的一个月部分

460. 2018回忆/多

甲公司与乙公司签订合同,由乙公司为其招聘劳务人员,乙公司将陈某派遣至甲公司工作。乙公司为陈某投保了人身意外险,后陈某在工作中意外死亡。以下说法不正确的是:

A. 甲公司应为陈某缴纳工伤保险费
B. 乙公司应为陈某缴纳工伤保险费
C. 乙公司已为陈某投保人身意外险,无需再缴纳工伤保险费
D. 只有陈某自行缴纳了工伤保险费,其父母才能领取相应的工伤保险待遇

461. 2015/1/97/任

某商场使用了由东方电梯厂生产、亚林公司销售的自动扶梯。某日营业时间,自动扶梯突然逆向运行,造成顾客王某、栗某和商场职工薛某受伤,其中栗某受重伤,经治疗半身瘫痪,数次自杀未遂。现查明,该型号自动扶梯在全国已多次发生相同问题,但电梯厂均通过更换零部件、维修进行处理,并未停止生产和销售。

职工薛某被认定为工伤且被鉴定为六级伤残。关于其工伤保险待遇,下列选项正确的是:

A. 如商场未参加工伤保险,薛某可主张商场支付工伤保险待遇或者承担民事人身损害赔偿责任
B. 如商场未参加工伤保险也不支付工伤保险待遇,薛某可主张工伤保险基金先行支付
C. 如商场参加了工伤保险,主要由工伤保险基金支付工伤保险待遇,但按月领取的伤残津贴仍由商场支付
D. 如电梯厂已支付工伤医疗费,薛某仍有权获得工伤保险基金支付的工伤医疗费

462. 2013/1/96/任

某公司聘用首次就业的王某,口头约定劳动合同期限2年,试用期3个月,月工资1200元,试用期满后1500元。

2012年7月1日起,王某上班,不久即与同事李某确立恋爱关系。9月,由经理办公会讨论决定并征得工会主席同意,公司公布施行《工作纪律规定》,要求同事不得有恋爱或婚姻关系,否则一方必须离开公司。公司据此解除王某的劳动合同。

经查明,当地月最低工资标准为1000元,公司与王某一直未签订书面劳动合同,但为王某买了失业保险。

关于王某离开该公司后申请领取失业保险金的问题,下列说法正确的是:

A. 王某及该公司累计缴纳失业保险费尚未满1年,无权领取失业保险金
B. 王某被解除劳动合同的原因与其能否领取失业保险金无关
C. 若王某依法能领取失业保险金,在此期间还想参加职工基本医疗保险,则其应缴纳的基本医疗保险费从失业保险基金中支付
D. 若王某选择跨统筹地区就业,可申请退还其个人缴纳的失业保险费

463. 2012/1/70/多

关于基本养老保险的个人账户,下列哪些选项是正确的?

A. 职工个人缴纳的基本养老保险费全部记入个人账户
B. 用人单位缴纳的基本养老保险费按规定比例记入个人账户
C. 个人死亡的,个人账户余额可以继承
D. 个人账户不得提前支取

464. 2011/1/69/多

关于社会保险制度,下列哪些说法是正确的?

A. 国家建立社会保险制度,是为了使劳动者在年老、患病、工伤、失业、生育等情况下获得帮助和补偿
B. 国家设立社会保险基金,按照保险类型确定资金来源,实行社会统筹
C. 用人单位和职工都有缴纳社会保险费的义务
D. 劳动者死亡后,其社会保险待遇由遗属继承

专题三十六 军人保险法

考点 83 军人保险法

465. 2019 回忆/单

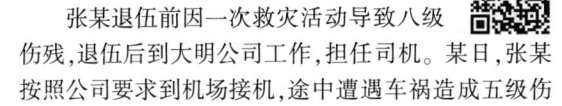

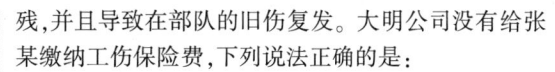

张某退伍前因一次救灾活动导致八级伤残,退伍后到大明公司工作,担任司机。某日,张某按照公司要求到机场接机,途中遭遇车祸造成五级伤残,并且导致在部队的旧伤复发。大明公司没有给张某缴纳工伤保险费,下列说法正确的是:

A.张某可以同时领取工伤保险和军人伤亡保险金

B.应当从军人保险基金中拨付工伤保险待遇支付给张某

C.张某可以申请退伍费的补偿

D.张某可以每月向公司领取伤残津贴

知识产权法 [试题]

扫一扫,"码"上做题

微信扫码,即可线上做题、看解析。
多种做题模式:章节自测、单科集训、随机演练等。

专题三十七 著作权

考点84 著作权法

466. 2023 回忆/单
1970年,魏某拍摄了一张照片刊登在某杂志,该杂志同页也刊登了左某的一篇评论,评论的对象就是魏某拍摄的照片。2022年,丙网站擅自将该杂志扫描上传网络,并提供付费下载服务。左某于1971年死亡,魏某仍健在。关于丙网站的行为,下列哪一说法是正确的?
A. 未侵犯任何人的著作权
B. 同时侵犯了魏某、左某的著作权
C. 侵犯了魏某的著作权
D. 侵犯了左某继承人的著作权

467. 2022 回忆/多
某舞蹈团计划举行联欢晚会,委托常某设计了一支舞蹈。晚会上由舞蹈团的郭某领舞表演该舞蹈。钱某在晚会现场录制了郭某的舞蹈表演,并上传到短视频平台供用户观看。对此,钱某侵犯了下列哪些权利?
A. 舞蹈团的表演者权
B. 郭某的表演者权
C. 常某的著作权
D. 郭某的著作权

468. 2022 回忆/多
画家李某创作了一幅油画《月光》,并在发表前将其赠与郑某。郑某让其员工将该画拍摄成照片用于公司某产品的背景图。对此,郑某及其员工的行为侵犯了李某的下列哪些权利?
A. 展览权   B. 发表权
C. 复制权   D. 信息网络传播权

469. 2021 回忆/多
艺术家甲欲将自己的传奇人生记录下来,遂由甲口述并聘请作家乙执笔,乙以甲的人生经历为素材完成了20万字的小说《我的一生》,二人未约定著作权的归属。后甲和乙均在一次旅游途中因车祸去世,乙的儿子丙在整理遗物时发现了原著手稿。丙欲将其出版,甲的儿子丁反对。下列哪些表述是正确的?
A. 丙有权向丁主张支付报酬
B. 因手稿在丙手中,该小说的著作权归丙享有
C. 原著手稿的所有权归丙所有
D. 丁主张其享有小说出版著作权,能够得到法院支持

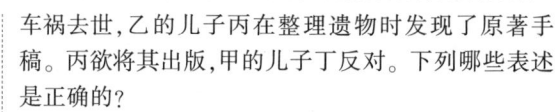

470. 2020 回忆/多
朱某为法学院退休教授,陈某经朱某同意将其退休之前演讲的录音资料汇编为文字出版,在汇编时,陈某还邀请许某就该书的典故、渊源、专业术语等作了注释,形成完整的体系。其后,陈某与甲出版社就该书签订专有出版合同。在图书出版后,乙网络平台未经许可发布该书的电子版。乙网络公司侵犯了下列哪些主体的权利?
A. 侵犯了朱某的著作权
B. 侵犯了陈某的著作权
C. 侵犯了许某的著作权
D. 侵犯了出版社的专有出版权

471. 2019 回忆/单
某杂志社出版的《天下事》是国内知名的时事类期刊,每期内容均精心挑选编排,入选率仅为10%。甲网站未经许可转载了该期刊每期所有的文章,并且未标明出处和不得转载。后大量网民从甲网站下载了《天下事》里收录的文章。下列哪一项说法是正确的?
A. 甲网站侵犯了杂志社和作者的著作权
B. 甲网站只侵犯了作者的著作权
C. 如果甲网站给作者付费就不侵犯其著作权
D. 如果杂志社收录的文章未经作者同意,则甲网站不侵犯杂志社的著作权

472. 2018 回忆/单
甲创作歌曲《平安之路》,乙在某商业场合对其进行了演唱,丙公司将乙的演唱制成唱片,丁酒店把该唱片买回后在酒店大厅作为背景音乐播放,戊广播电台在电视栏目中进行了播出。下列哪一

项说法是正确的?
A. 乙演唱该歌曲需要经过甲的同意并支付报酬
B. 丙公司把乙的演唱制成唱片,不需要经过甲的同意并支付报酬
C. 丁酒店在酒店大厅将该歌曲作为背景音乐播放,不需要经过甲的同意并支付报酬
D. 戊广播电台的播放行为需要经过甲的同意并支付报酬

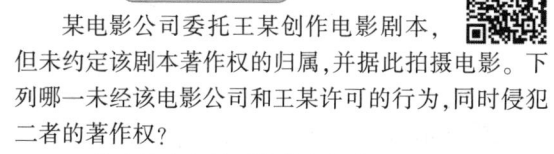

473．2017/3/14/单
某电影公司委托王某创作电影剧本,但未约定该剧本著作权的归属,并据此拍摄电影。下列哪一未经该电影公司和王某许可的行为,同时侵犯二者的著作权?
A. 某音像出版社制作并出版该电影的 DVD
B. 某动漫公司根据该电影的情节和画面绘制一整套漫画,并在网络上传播
C. 某学生将该电影中的对话用方言配音,产生滑稽效果,并将配音后的电影上传网络
D. 某电视台在"电影经典对话"专题片中播放 30 分钟该部电影中带有经典对话的画面

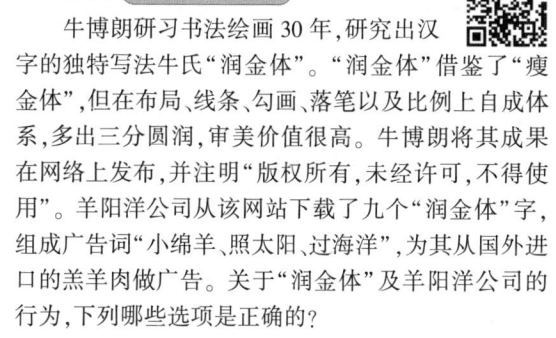

474．2017/3/63/多
牛博朗研习书法绘画 30 年,研究出汉字的独特写法牛氏"润金体"。"润金体"借鉴了"瘦金体",但在布局、线条、勾画、落笔以及比例上自成体系,多出三分圆润,审美价值很高。牛博朗将其成果在网络上发布,并注明"版权所有,未经许可,不得使用"。羊阳洋公司从该网站下载了九个"润金体"字,组成广告词"小绵羊、照太阳、过海洋",为其从国外进口的羔羊肉做广告。关于"润金体"及羊阳洋公司的行为,下列哪些选项是正确的?
A. 字体不属于著作权保护的范围,故羊阳洋公司不构成侵权
B. "润金体"具有一定的独创性,可认定为美术作品而受著作权法保护
C. 羊阳洋公司只是选取了有限的数个汉字,不构成对"润金体"整体著作权的侵犯
D. 羊阳洋公司未经牛博朗同意,擅自使用"润金体"汉字,构成对牛博朗著作权的侵犯

475．2016/3/62/多
著作权人 Y 认为网络服务提供者 Z 的服务所涉及的作品侵犯了自己的信息网络传播权,向 Z 提交书面通知要求其删除侵权作品。对此,下列哪些选项是正确的?
A. Y 的通知书应当包含该作品构成侵权的初步证明材料
B. Z 接到书面通知后,可在合理时间内删除涉嫌侵权作品,同时将通知书转送提供该作品的服务对象
C. 服务对象接到 Z 转送的书面通知后,认为提供的作品未侵犯 Y 的权利的,可以向 Z 提出书面说明,要求恢复被删除作品
D. Z 收到服务对象的书面说明后应即恢复被删除作品,同时将服务对象的说明转送 Y 的,则 Y 不得再通知 Z 删除该作品

476．2016/3/63/多
甲作曲、乙填词,合作创作了歌曲《春风来》。甲拟将该歌曲授权歌星丙演唱,乙坚决反对。甲不顾反对,重新填词并改名为《秋风起》,仍与丙签订许可使用合同,并获报酬 10 万元。对此,下列哪些选项是正确的?
A.《春风来》的著作权由甲、乙共同享有
B. 甲侵害了《春风来》歌曲的整体著作权
C. 甲、丙签订的许可使用合同有效
D. 甲获得的 10 万元报酬应合理分配给乙

477．2015/3/16/单
甲、乙合作创作了一部小说,后甲希望出版小说,乙无故拒绝。甲把小说上传至自己博客并保留了乙的署名。丙未经甲、乙许可,在自己博客中设置链接,用户点击链接可进入甲的博客阅读小说。丁未经甲、乙许可,在自己博客中转载了小说。戊出版社只经过甲的许可就出版了小说。下列哪一选项是正确的?
A. 甲侵害了乙的发表权和信息网络传播权
B. 丙侵害了甲、乙的信息网络传播权
C. 丁向甲、乙寄送了高额报酬,但其行为仍然构成侵权
D. 戊出版社侵害了乙的复制权和发行权

478．2015/3/17/单
甲、乙、丙、丁相约勤工俭学。下列未经著作权人同意使用他人受保护作品的哪一行为没有侵犯著作权?
A. 甲临摹知名绘画作品后廉价出售给路人
B. 乙收购一批旧书后廉价出租给同学
C. 丙购买一批正版录音制品后廉价出租给同学
D. 丁购买正版音乐 CD 后在自己开设的小餐馆播放

479．2015/3/62/多
应出版社约稿,崔雪创作完成一部儿童题材小说《森林之歌》。为吸引儿童阅读,增添小说离奇色彩,作者使用笔名"吹雪",特意将小说中的狗熊写成三只腿的动物。出版社编辑在核稿和编辑过程中,认为作者有笔误,直接将"吹雪"改为"崔雪",

将狗熊改写成四只腿的动物。出版社将《森林之歌》批发给书店销售。下列哪些说法是正确的？

A. 出版社侵犯了作者的修改权
B. 出版社侵犯了作者的保护作品完整权
C. 出版社侵犯了作者的署名权
D. 书店侵犯了作者的发行权

480． 2014/3/17/单

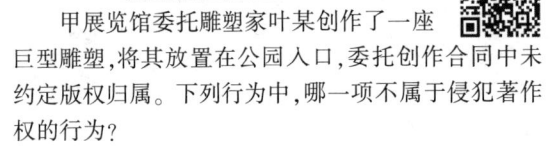

甲展览馆委托雕塑家叶某创作了一座巨型雕塑，将其放置在公园入口，委托创作合同中未约定版权归属。下列行为中，哪一项不属于侵犯著作权的行为？

A. 甲展览馆许可乙博物馆异地重建完全相同的雕塑
B. 甲展览馆仿照雕塑制作小型纪念品向游客出售
C. 个体户冯某仿照雕塑制作小型纪念品向游客出售
D. 游客陈某未经著作权人同意对雕塑拍照纪念

481． 2014/3/18/单

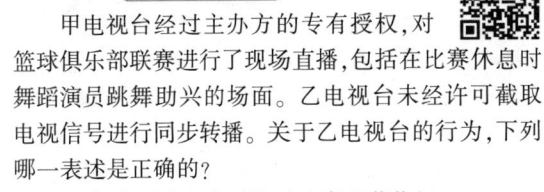

甲电视台经过主办方的专有授权，对篮球俱乐部联赛进行了现场直播，包括在比赛休息时舞蹈演员跳舞助兴的场面。乙电视台未经许可截取电视信号进行同步转播。关于乙电视台的行为，下列哪一表述是正确的？

A. 侵犯了主办方对篮球比赛的著作权
B. 侵犯了篮球运动员的表演者权
C. 侵犯了舞蹈演员的表演者权
D. 侵犯了主办方的广播组织权

482． 2014/3/62/多

甲创作了一首歌曲《红苹果》，乙唱片公司与甲签订了专有许可合同，在聘请歌星丙演唱了这首歌曲后，制作成录音制品（CD）出版发行。下列哪些行为属于侵权行为？

A. 某公司未经许可翻录该 CD 后销售，向甲、乙、丙寄送了报酬
B. 某公司未经许可自聘歌手在录音棚中演唱了《红苹果》并制作成 DVD 销售，向甲寄送了报酬
C. 某商场购买 CD 后在营业时间作为背景音乐播放，经过甲许可并向其支付了报酬
D. 某电影公司将 CD 中的声音作为电影的插曲使用，只经过了甲许可

483． 2013/3/17/单

甲的画作《梦》于 1960 年发表。1961年 3 月 4 日甲去世。甲的唯一继承人乙于 2009 年 10 月发现丙网站长期传播作品《梦》，且未署甲名。2012 年 9 月 1 日，乙向法院起诉。下列哪一表述是正确的？

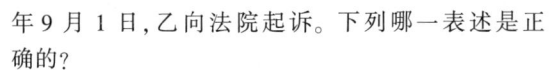

A. 《梦》的创作和发表均产生于我国《著作权法》生效之前，不受该法保护
B. 乙的起诉已超过诉讼时效，其胜诉权不受保护
C. 乙无权要求丙网站停止实施侵害甲署名权的行为
D. 乙无权要求丙网站停止实施侵害甲对该作品的信息网络传播权的行为

484． 2013/3/62/多

王琪琪在某网站中注册了昵称为"小玉儿"的博客账户，长期以"小玉儿"名义发博文。其中，署名"小玉儿"的《法内情》短文被该网站以写作水平不高为由删除；署名"小玉儿"的《法外情》短文被该网站添加了"作者：王琪琪"字样。关于该网站的行为，下列哪些表述是正确的？

A. 删除《法内情》的行为没有侵犯王琪琪的发表权
B. 删除《法内情》的行为没有侵犯王琪琪的信息网络传播权
C. 添加字样的行为侵犯了王琪琪的署名权
D. 添加字样的行为侵犯了王琪琪的保护作品完整权

485． 2013/3/63/多

甲公司委托乙公司开发印刷排版系统软件，付费 20 万元，没有明确约定著作权的归属。后甲公司以高价向善意的丙公司出售了该软件的复制品。丙公司安装使用 5 年后，乙公司诉求丙公司停止使用并销毁该软件。下列哪些表述是正确的？

A. 该软件的著作权属于甲公司
B. 乙公司的起诉已超过诉讼时效
C. 丙公司可不承担赔偿责任
D. 丙公司应停止使用并销毁该软件

486． 2012/3/17/单

某出版社出版了一本学术论文集，专门收集国内学者公开发表的关于如何认定和处理侵犯知识产权行为的有关论文或论文摘要。该论文集收录的论文受我国著作权法保护，其内容选择和编排具有独创性。下列哪一说法是正确的？

A. 被选编入论文集的论文已经发表，故出版社不需征得论文著作权人的同意
B. 该论文集属于学术著作，具有公益性，故出版社不需向论文著作权人支付报酬
C. 他人复制该论文集只需征得出版社同意并支付报酬
D. 如出版社未经论文著作权人同意而将有关论

文收录,出版社对该论文集仍享有著作权

487． 2012/3/62/多

王某创作歌曲《唱来唱去》,张某经王某许可后演唱该歌曲并由花园公司合法制作成录音制品后发行。下列哪些未经权利人许可的行为属于侵权行为?

A. 甲航空公司购买该正版录音制品后在飞机上播放供乘客欣赏
B. 乙公司购买该正版录音制品后进行出租
C. 丙学生购买正版的录音制品后用于个人欣赏
D. 丁学生购买正版录音制品试听后将其上传到网络上传播

488． 2012/3/63/多

居住在 A 国的我国公民甲创作一部英文小说,乙经许可将该小说翻译成中文小说,丙经许可将该翻译的中文小说改编成电影文学剧本,并向丁杂志社投稿。下列哪些说法是错误的?

A. 甲的小说必须在我国或 A 国发表才能受我国著作权法保护
B. 乙翻译的小说和丙改编的电影文学剧本均属于演绎作品
C. 丙只需征得乙的同意并向其支付报酬
D. 丁杂志社如要使用丙的作品还应当分别征得甲、乙的同意,但只需向丙支付报酬

489． 2011/3/16/单

某诗人署名"漫动的音符",在甲网站发表题为"天堂向左"的诗作,乙出版社的《现代诗集》收录该诗,丙教材编写单位将该诗作为范文编入《语文》教材,丁文学网站转载了该诗。下列哪一说法是正确的?

A. 该诗人在甲网站署名方式不合法
B. "天堂向左"在《现代诗集》中被正式发表
C. 丙可以不经该诗人同意使用"天堂向左",但应当按照规定支付报酬
D. 丁网站未经该诗人和甲网站同意而转载,构成侵权行为

490． 2011/3/61/多

我国《著作权法》不适用于下列哪些选项?

A. 法院判决书
B. 《与贸易有关的知识产权协定》的官方中文译文
C. 《伯尔尼公约》成员国国民的未发表且未经我国有关部门审批的境外影视作品
D. 奥运会开幕式火炬点燃仪式的创意

491． 2011/3/62/多

甲电视台模仿某境外电视节目创作并录制了一档新娱乐节目,尚未播放。乙闭路电视台贿赂甲电视台工作人员贺某复制了该节目,并将获得的复制品抢先播放。下列哪些说法是正确的?

A. 乙电视台侵犯了甲电视台的播放权
B. 乙电视台侵犯了甲电视台的复制权
C. 贺某应当与乙电视台承担连带责任
D. 贺某应承担补充责任

492． 2010/3/15/单

甲无国籍,经常居住地为乙国,甲创作的小说《黑客》在丙国首次出版。我国公民丁在丙国购买了该小说,未经甲同意将其翻译并在我国境内某网站传播。《黑客》要受我国著作权法保护,应当具备下列哪一条件?

A. 《黑客》不应当属于我国禁止出版或传播的作品
B. 甲对丁翻译《黑客》并在我国境内网站传播的行为予以追认
C. 乙和丙国均加入了《保护文学艺术作品伯尔尼公约》
D. 乙或丙国加入了《保护文学艺术作品伯尔尼公约》

493． 2010/3/16/单

甲、乙合作完成一部剧本,丙影视公司欲将该剧本拍摄成电视剧。甲以丙公司没有名气为由拒绝,乙独自与丙公司签订合同,以十万元价格将该剧本摄制权许可给丙公司。对此,下列哪一说法是错误的?

A. 该剧本版权由甲、乙共同享有
B. 该剧本版权中的人身权不可转让
C. 乙与丙公司签订的许可合同无效
D. 乙获得的十万元报酬应当合理分配给甲

494． 2010/3/63/多

甲影视公司将其摄制的电影《愿者上钩》的信息网络传播权转让给乙网站,乙网站采取技术措施防范未经许可免费播放或下载该影片。丙网站开发出专门规避乙网站技术防范软件,供网民在丙网站免费下载使用,学生丁利用该软件免费下载了《愿者上钩》供个人观看。对此,下列哪些说法是正确的?

A. 丙网站的行为侵犯了著作权
B. 丁的行为侵犯了著作权
C. 甲公司已经丧失著作权人主体资格
D. 乙网站可不经甲公司同意以自己名义起诉侵权行为人

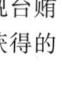

495． 2009/3/14/单

小刘从小就显示出很高的文学天赋，九岁时写了小说《隐形翅膀》，并将该小说的网络传播权转让给某网站。小刘的父母反对该转让行为。下列哪一说法是正确的？

A．小刘父母享有该小说的著作权，因为小刘是无民事行为能力人
B．小刘及其父母均不享有著作权，因为该小说未发表
C．小刘对该小说享有著作权，但网络传播权转让合同无效
D．小刘对该小说享有著作权，网络传播权转让合同有效

496． 2009/3/15/单

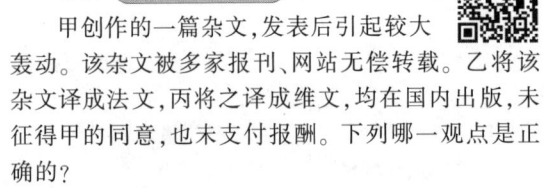

甲创作的一篇杂文，发表后引起较大轰动。该杂文被多家报刊、网站无偿转载。乙将该杂文译成法文，丙将之译成维文，均在国内出版，未征得甲的同意，也未支付报酬。下列哪一观点是正确的？

A．报刊和网站转载该杂文的行为不构成侵权
B．乙和丙的行为均不构成侵权
C．乙的行为不构成侵权，丙的行为构成侵权
D．乙的行为构成侵权，丙的行为不构成侵权

497． 2009/3/18/单

甲创作并出版的经典童话《大灰狼》超过著作财产权保护期后，乙将"大灰狼"文字及图形申请注册在"书籍"等商品类别上并获准注册。丙出版社随后未经甲和乙同意出版了甲的《大灰狼》童话，并使用了"大灰狼"文字及图形，但署名为另一著名歌星丁，丁对此并不知情。关于丙出版社的行为，下列哪一说法是错误的？

A．侵犯了甲的复制权
B．侵犯了甲的署名权
C．侵犯了丁的姓名权
D．侵犯了乙的商标权

498． 2009/3/63/多

叶某创作《星光灿烂》词曲并发表于音乐杂志，郝某在个人举办的赈灾义演中演唱该歌曲，南极熊唱片公司录制并发行郝某的演唱会唱片，星星电台购买该唱片并播放了该歌曲。下列哪些说法是正确的？

A．郝某演唱《星光灿烂》应征得叶某同意并支付报酬
B．南极熊唱片公司录制该歌曲应当征得郝某同意并支付报酬
C．星星电台播放该歌曲应征得郝某同意
D．星星电台播放该歌曲应征得南极熊唱片公司同意

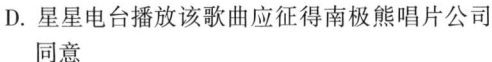

499． 2009/3/64/多

下列哪些出租行为构成对知识产权的侵犯？

A．甲购买正版畅销图书用于出租
B．乙购买正版杀毒软件用于出租
C．丙购买正版唱片用于出租
D．丁购买正宗专利产品用于出租

500． 2008/3/19/单 新法改编

甲、乙、丙、丁四人合作创作一部小说，甲、乙欲将该小说许可某网站在网络上刊载，同时许可某电影制片厂改编后拍成电影。丙无故拒绝，丁则不置可否。对此，下列哪一选项是正确的？

A．如果丙坚持反对，甲、乙不能将作品许可他人使用
B．甲、乙有权不顾丙的反对，将作品许可他人使用
C．如果丁同意，则甲、乙可以不顾丙的反对将作品许可他人使用
D．如果丁也表示反对，则甲、乙不能将作品许可他人使用

501． 2008/3/20/单

李某于2006年8月4日创作完成小说《别来烦我》，2007年3月5日发表某某文学刊物后被张某改编成剧本，甲公司根据该剧本拍成同名电视剧，乙电视台将该电视剧进行播放。对此，下列哪一选项是错误的？

A．李某从2007年3月5日起对小说享有著作权
B．张某对剧本享有著作权
C．甲公司将该剧本拍成电视剧应当取得李某和张某的许可并支付报酬
D．乙电视台播放该电视剧应当取得甲公司许可并支付报酬

502． 2008/3/21/单

甲从书画市场上购得乙的摄影作品《鸟巢》，与其他摄影作品一起用于营利性展览。丙偷偷将《鸟巢》翻拍后以自己的名义刊登在某杂志上，丁经丙同意将刊登在该杂志上的《鸟巢》又制作成挂历销售。对此，下列哪一选项是正确的？

A．甲无权将《鸟巢》进行营利性展览
B．丙的行为构成剽窃
C．丙的行为侵犯了乙的发表权
D．丁应停止销售，但因无过错免于承担赔偿责任

503. 2008/3/65/多

甲电视台获得了某歌星演唱会的现场直播权,乙电视台未经许可对甲电视台直播的演唱会实况进行转播,丙广播电台经过许可将现场演唱制作成CD,丁音像店从正规渠道购买到CD用于出租,戊未经许可将丙广播电台播放的演唱会录音录下后上传到网站上传播。下列哪些选项是正确的?

A. 甲电视台有权禁止乙电视台的转播
B. 乙电视台侵犯了该歌星的表演者权
C. 丁音像店应取得该歌星或丙广播电台的许可并向其支付报酬
D. 戊的行为应取得丙广播电台的许可并应向其支付报酬

专题三十八 专利权

考点85 专利法

504. 2023 回忆/多

陈某申请了某个发明专利,2019年1月授权给甲公司使用5年,约定每年年底收取10万元专利使用费。2021年12月,乙公司未经授权使用该专利,被法院判决赔偿陈某20万元。2022年1月,专利局宣告该发明专利无效。甲公司得知后,便不再缴纳专利使用费,但仍继续使用。乙公司未得知该消息,向陈某赔偿了20万元。陈某对专利局的宣告不服,申请复审后又向法院提起诉讼。2023年5月,法院终审判决维持宣告该专利无效的决定。对此,下列哪些说法是正确的?

A. 甲公司应向陈某支付2022年及2023年的专利使用费
B. 甲公司有权请求陈某返还已经支付的专利使用费
C. 乙公司有权请求陈某返还20万元
D. 陈某可以不经复审,直接向法院提起诉讼

505. 2022 回忆/任

甲申请了一项实用新型专利,并向国务院专利行政部门提交了书面声明,表明其愿意许可任何单位或个人实施其专利,并公布了许可使用费的支付方式和标准。乙看到后想要使用该专利。对此,下列说法正确的是:

A. 甲、乙之间签订专利许可合同后,乙才能取得许可
B. 甲可以和乙协商后给予乙普通许可
C. 乙使用该专利2年以后,若甲撤回开放许可声明,则乙可要求甲返还使用费
D. 甲、乙产生纠纷后,应当先经国务院专利机构调解,然后才能起诉

506. 2022 回忆/多

甲、乙两家公司因偶然原因同时研制同一款电饭煲。研发成功后,甲公司于3月15日在我国政府举办的某展览会上予以公开。同日,乙公司在我国政府承认的世界博览会上公开同款电饭煲。次年4月9日,甲公司就该款电饭煲申请实用新型专利,乙公司于次日就同款电饭煲申请实用新型专利。对此,下列哪些说法是正确的?

A. 因甲公司申请在先,甲公司获得该专利
B. 甲公司因为此前的公开行为无法获得该专利
C. 乙公司因为此前的公开行为无法获得该专利
D. 专利局应当通知甲、乙两公司协商确定申请人

507. 2021 回忆/多

甲公司研发出一种新型培育方法并获得发明专利,依据该方法可以培育出C型对虾。乙公司未获得授权,私自采用该方法培育C型对虾,并将C型对虾卖给丙公司制作虾酱,丁超市向丙公司批发大量虾酱用于销售。戊科学研究所运用甲公司的培育方法培育对虾后,发现对虾质量不高,所以改良和创新了培育方法,培育出了高质量的C型对虾。对此,下列哪些主体侵犯了甲公司的专利权?

A. 乙公司
B. 丙公司
C. 丁超市
D. 戊科学研究所

508. 2019 回忆/多

冯某绘制了具有新颖性的熊猫图案,德乐公司未经冯某许可将该熊猫图案印在垃圾桶上,并申请取得了外观设计专利。伯恩公司未经许可制造了一批相同的垃圾桶。喜登公司对此不知情,从伯恩公司购买垃圾桶若干用于旗下的餐厅。下列哪些说法是正确的?

A. 德乐公司侵犯了冯某的著作权,冯某有权申请德乐公司的专利无效
B. 如果伯恩公司对德乐公司取得专利权不知情,则不承担赔偿责任
C. 喜登公司没有侵犯德乐公司专利权,可以不停止使用且不支付费用
D. 喜登公司侵犯了德乐公司的专利权,应停止使用但不需支付费用

509. 2018 回忆/单

甲公司发明了一款车载空调并获得了专利,随后乙公司自己研发出了相同的技术生产了车载空调,并向丙公司批销了一批该空调,丁汽车公司从丙公司购买一批该车载空调安装于其生产的汽车

上,戊从丁公司购买一辆汽车开展运输业务。关于甲公司获得专利、乙公司的研发销售等行为,丙、丁、戊均不知情。下列哪一项说法是正确的?
A. 乙公司自己研发的技术并实施,没有侵犯甲公司的专利权
B. 丙公司不知情且有合法的购货来源,所以没有侵犯甲公司的专利权
C. 丁公司应当承担赔偿责任
D. 戊公司可以不停止使用

510． 2017/3/15/单
关于下列成果可否获得专利权的判断,哪一选项是正确的?
A. 甲设计的新交通规则,能缓解道路拥堵,可获得方法发明专利权
B. 乙设计的新型医用心脏起搏器,能迅速使心脏重新跳动,该起搏器不能被授予专利权
C. 丙通过转基因方法合成一种新细菌,可过滤汽油的杂质,该细菌属动物新品种,不能被授予专利权
D. 丁设计的儿童水杯,其新颖而独特的造型既富美感,又能防止杯子滑落,该水杯既可申请实用新型专利权,也可申请外观设计专利权

511． 2017/3/64/多
甲、乙两公司各自独立发明了相同的节水型洗衣机。甲公司于2013年6月申请发明专利权,专利局于2014年12月公布其申请文件,并于2015年12月授予发明专利权。乙公司于2013年5月开始销售该种洗衣机。另查,本领域技术人员通过拆解分析该洗衣机,即可了解其节水的全部技术特征。丙公司于2014年12月看到甲公司的申请文件后,立即开始制造并销售相同的洗衣机。2016年1月,甲公司起诉乙、丙两公司侵犯其发明专利权。关于甲公司的诉请,下列哪些说法是正确的?
A. 如甲公司的专利有效,则丙公司于2014年12月至2015年11月使用甲公司的发明构成侵权
B. 如乙公司在答辩期内请求专利复审委员会宣告甲公司的专利权无效,则法院应中止诉讼
C. 乙公司如能证明自己在甲公司的专利申请日之前就已制造相同的洗衣机、且仅在原有制造能力范围内继续制造,则不构成侵权
D. 丙公司如能证明自己制造销售的洗衣机在技术上与乙公司于2013年5月开始销售的洗衣机完全相同,法院应认定丙公司的行为不侵权

512． 2016/3/14/单
甲公司与乙公司签订买卖合同,以市场价格购买乙公司生产的设备一台,双方交付完毕。设备投入使用后,丙公司向法院起诉甲公司,提出该设备属于丙公司的专利产品,乙公司未经许可制造并销售了该设备,请求法院判令甲公司停止使用。经查,乙公司侵权属实,但甲公司并不知情。关于此案,法院下列哪一做法是正确的?
A. 驳回丙公司的诉讼请求
B. 判令甲公司支付专利许可使用费
C. 判令甲公司与乙公司承担连带责任
D. 判令先由甲公司支付专利许可使用费,再由乙公司赔偿甲损失

513． 2016/3/15/单
奔马公司就其生产的一款高档轿车造型和颜色组合获得了外观设计专利权,又将其设计的"飞天神马"造型注册为汽车的立体商标,并将该造型安装在车头。某车行应车主陶某请求,将陶某低价位的旧车改装成该高档轿车的造型和颜色,并从报废的轿车上拆下"飞天神马"标志安装在改装车上。陶某使用该改装车提供专车服务,收费高于普通轿车。关于上述行为,下列哪一说法是错误的?
A. 陶某的行为侵犯了奔马公司的专利权
B. 车行的行为侵犯了奔马公司的专利权
C. 陶某的行为侵犯了奔马公司的商标权
D. 车行的行为侵犯了奔马公司的商标权

514． 2016/3/16/单
W研究所设计了一种高性能发动机,在我国和《巴黎公约》成员国L国均获得了发明专利权,并分别给予甲公司在我国、乙公司在L国的独占实施许可。下列哪一行为在我国构成对该专利的侵权?
A. 在L国购买由乙公司制造销售的该发动机,进口至我国销售
B. 在我国购买由甲公司制造销售的该发动机,将发动机改进性能后销售
C. 在我国未经甲公司许可制造该发动机,用于各种新型汽车的碰撞实验,以测试车身的防撞性能
D. 在L国未经乙公司许可制造该发动机,安装在L国客运公司汽车上,该客车曾临时通过我国境内

515． 2015/3/18/单
2010年3月,甲公司将其研发的一种汽车零部件向国家有关部门申请发明专利。该专利申请于2011年9月公布,2013年7月3日获得专利权并公告。2011年2月,乙公司独立研发出相同零部件后,立即组织生产并于次月起持续销售给丙公司用

于组装汽车。2012年10月,甲公司发现乙公司的销售行为。2015年6月,甲公司向法院起诉。下列哪一选项是正确的?
A. 甲公司可要求乙公司对其在2013年7月3日以前实施的行为支付赔偿费用
B. 甲公司要求乙公司支付适当费用的诉讼时效已过
C. 乙公司侵犯了甲公司的专利权
D. 丙公司没有侵犯甲公司的专利权

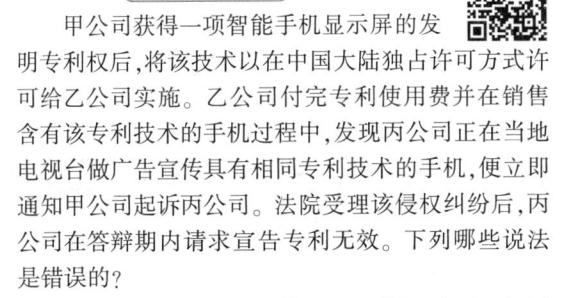

516. 2015/3/63/多
甲公司获得一项智能手机显示屏的发明专利权后,将该技术以在中国大陆独占许可方式许可给乙公司实施。乙公司付完专利使用费并在销售含有该专利技术的手机过程中,发现丙公司正在当地电视台做广告宣传具有相同专利技术的手机,便立即通知甲公司起诉丙公司。法院受理该侵权纠纷后,丙公司在答辩期内请求宣告专利无效。下列哪些说法是错误的?
A. 乙公司获得的专利使用权是债权,在不通知甲公司的情况下不能直接起诉丙公司
B. 专利无效宣告前,丙公司侵犯了专利实施权中的销售权
C. 如专利无效,则专利实施许可合同无效,甲公司应返还专利使用费
D. 法院应中止专利侵权案件的审理

517. 2014/3/16/单
甲研究院研制出一种新药技术,向我国有关部门申请专利后,与乙制药公司签订了专利申请权转让合同,并依法向国务院专利行政主管部门办理了登记手续。下列哪一表述是正确的?
A. 乙公司依法获得药品生产许可证之前,专利申请权转让合同未生效
B. 专利申请权的转让合同自向国务院专利行政主管部门登记之日起生效
C. 专利申请权的转让自向国务院专利行政主管部门登记之日起生效
D. 如该专利申请因缺乏新颖性被驳回,乙公司可以不能实现合同目的为由请求解除专利申请权转让合同

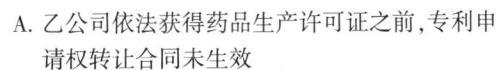

518. 2014/3/63/多
中国甲公司的一项发明在中国和A国均获得了专利权。中国的乙公司与甲公司签订了中国地域内的专利独占实施合同。A国的丙公司与甲公司签订了在A国地域内的专利普通实施合同并制造专利产品,A国的丁公司与乙公司签订了在A国地域内的专利普通实施合同并制造专利产品。中国的戊公司、庚公司分别从丙公司和丁公司进口这些产品到中国使用。下列哪些说法是正确的?
A. 甲公司应向乙公司承担违约责任
B. 乙公司应向甲公司承担违约责任
C. 戊公司的行为侵犯了乙公司的专利独占实施权
D. 庚公司的行为侵犯了甲公司的专利权

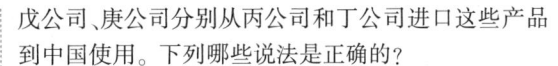

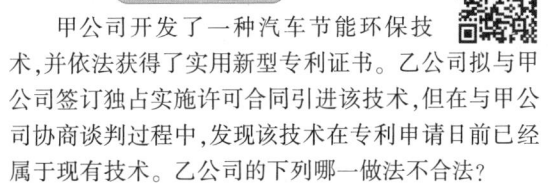

519. 2013/3/18/单
甲公司开发了一种汽车节能环保技术,并依法获得了实用新型专利证书。乙公司拟与甲公司签订独占实施许可合同引进该技术,但在与甲公司协商谈判过程中,发现该技术在专利申请日前已经属于现有技术。乙公司的下列哪一做法不合法?
A. 在该专利技术基础上继续开发新技术
B. 诉请法院判决该专利无效
C. 请求专利复审委员会宣告该专利无效
D. 无偿使用该技术

520. 2013/3/64/多
范某的下列有关骨科病预防与治疗方面研究成果中,哪些可在我国申请专利?
A. 发现了导致骨癌的特殊遗传基因
B. 发明了一套帮助骨折病人尽快康复的理疗器械
C. 发明了如何精确诊断股骨头坏死的方法
D. 发明了一种高效治疗软骨病的中药制品

521. 2012/3/18/单
下列哪一选项不属于侵犯专利权的行为?
A. 甲公司与专利权人签订独占实施许可合同后,许可其子公司乙公司实施该专利技术
B. 获得强制许可实施权的甲公司许可他人实施该专利技术
C. 甲公司销售不知道是侵犯他人专利的产品并能证明该产品来源合法
D. 为提供行政审批所需要的信息,甲公司未经专利权人的同意而制造其专利药品

522. 2012/3/64/多
工程师王某在甲公司的职责是研发电脑鼠标。下列哪些说法是错误的?
A. 王某利用业余时间研发的新鼠标的专利申请权属于甲公司
B. 如王某没有利用甲公司物质技术条件研发出新鼠标,其专利申请权属于王某
C. 王某主要利用了单位物质技术条件研发出新型手机,其专利申请权属于王某
D. 如王某辞职后到乙公司研发出新鼠标,其专

利申请权均属于乙公司

523． 2011/3/17/单

甲公司开发出一项发动机关键部件的技术，大大减少了汽车尾气排放。乙公司与甲公司签订书面合同受让该技术的专利申请权后不久，将该技术方案向国家知识产权局同时申请了发明专利和实用新型专利。下列哪一说法是正确的？

A．因该技术转让合同未生效，乙公司无权申请专利
B．因尚未依据该技术方案制造出产品，乙公司无权申请专利
C．乙公司获得专利申请权后，无权就同一技术方案同时申请发明专利和实用新型专利
D．乙公司无权就该技术方案获得发明专利和实用新型专利

524． 2011/3/63/多

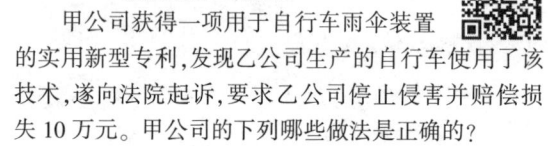

甲公司获得一项用于自行车雨伞装置的实用新型专利，发现乙公司生产的自行车使用了该技术，遂向法院起诉，要求乙公司停止侵害并赔偿损失10万元。甲公司的下列哪些做法是正确的？

A．向乙公司所在地的基层法院起诉
B．起诉时未向受理法院提交国家知识产权局出具的该专利书面评价报告
C．将仅在说明书中表述而未在权利要求中记载的技术方案纳入专利权的保护范围
D．举证期届满后法庭辩论终结前变更其主张的权利要求

525． 2010/3/18/多

甲是某产品的专利权人，乙于2008年3月1日开始制造和销售该专利产品。甲于2009年3月1日对乙提起侵权之诉。经查，甲和乙销售每件专利产品分别获利为二万元和一万元，甲因乙的侵权行为少销售100台，乙共销售侵权产品300台。关于乙应对甲赔偿的额度，下列哪些选项是正确的？①

A．200万元　　B．250万元
C．300万元　　D．500万元

526． 2010/3/62/多

甲乙丙三人合作开发一项技术，合同中未约定权归属。该项技术开发完成后，甲、丙想要申请专利，而乙主张通过商业秘密来保护。对此，下列哪些选项是错误的？

A．甲、丙不得申请专利
B．甲、丙可申请专利，申请批准后专利权归甲、乙、丙共有
C．甲、丙可申请专利，申请批准后专利权归甲、丙所有，乙有免费实施的权利

D．甲、丙不得申请专利，但乙应向甲、丙支付补偿费

527． 2010/3/65/多

甲公司聘请乙专职从事汽车发动机节油技术开发。因开发进度没有达到甲公司的要求，甲公司减少了给乙的开发经费。乙于2007年3月辞职到丙公司，获得了更高的薪酬和更多的开发经费。2008年1月，乙成功开发了一种新型汽车节油装置技术。关于该技术专利申请权的归属，下列哪些选项是错误的？

A．甲公司
B．乙
C．丙公司
D．甲公司和丙公司共有

528． 2009/3/16/单

下列哪一行为构成对知识产权的侵犯？

A．刘某明知是盗版书籍而购买并阅读
B．李某明知是盗版软件而购买并安装使用
C．五湖公司明知是假冒注册商标的商品而购买并经营性使用
D．四海公司明知是侵犯外观设计专利权的商品而购买并经营性使用

529． 2009/3/17/多

黑土公司获得一种新型药品制造方法的发明专利权后，发现市场上有大量白云公司制造的该种新型药品出售，遂向法院起诉要求白云公司停止侵权并赔偿损失。依据新修改《专利法》规定，下列哪些说法是错误的？②

A．所有基层法院均无该案管辖权
B．黑土公司不应当承担被告的药品制造方法与专利方法相同的证明责任
C．白云公司如能证明自己实施的技术属于现有技术，法院应告知白云公司另行提起专利无效宣告程序
D．如侵犯专利权成立，即使没有证据确定损害赔偿数额，黑土公司仍可获得1万元以上100万元以下的赔偿额

530． 2009/3/62/多

甲公司非法窃取竞争对手乙公司最新开发的一项技术秘密成果，与丙公司签订转让合同，约定丙公司向甲公司支付一笔转让费后拥有并使用

---

① 原为单选题，根据新法答案有变化，调整为多选题。
② 原为单选题，根据新法答案有变化，调整为多选题。

该技术秘密。乙公司得知后,主张甲丙间的合同无效,并要求赔偿损失。下列哪些说法是正确的?

A. 如丙公司不知道或不应当知道甲公司窃取技术秘密的事实,则甲丙间的合同有效
B. 如丙公司为善意,有权继续使用该技术秘密,乙公司不得要求丙公司支付费用,只能要求甲公司承担责任
C. 如丙公司明知甲公司窃取技术秘密的事实仍与其订立合同,不得继续使用该技术秘密,并应当与甲公司承担连带赔偿责任
D. 不论丙公司取得该技术秘密权时是否为善意,该技术转让合同均无效

531. 2008/3/23/单

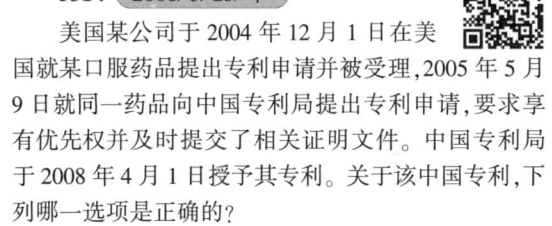

美国某公司于 2004 年 12 月 1 日在美国就某口服药品提出专利申请并被受理,2005 年 5 月 9 日就同一药品向中国专利局提出专利申请,要求享有优先权并及时提交了相关证明文件。中国专利局于 2008 年 4 月 1 日授予其专利。关于该中国专利,下列哪一选项是正确的?

A. 保护期从 2004 年 12 月 1 日起计算
B. 保护期从 2005 年 5 月 9 日起计算
C. 保护期从 2008 年 4 月 1 日起计算
D. 该专利的保护期是 10 年

532. 2008/3/24/单

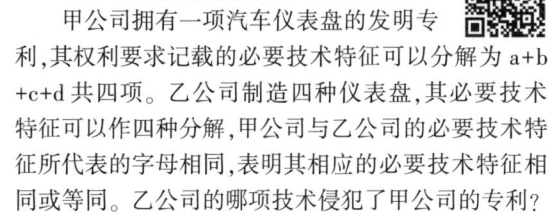

甲公司拥有一项汽车仪表盘的发明专利,其权利要求记载的必要技术特征可以分解为 a+b+c+d 共四项。乙公司制造四种仪表盘,其必要技术特征可以作四种分解,甲公司与乙公司的必要技术特征所代表的字母相同,表明其相应的必要技术特征相同或等同。乙公司的哪项技术侵犯了甲公司的专利?

A. b+c+d B. a+b+c
C. a+b+d+e D. a+b+c+d+e

专题三十九 商标权

考点86 商标法

533. 2023 回忆/单

2019 年 6 月,甲注册了一个巧克力形状的商标,注册后一直未使用。2022 年 12 月,乙以相同的巧克力形状申请注册外观设计专利并获得授权。丙未经甲与乙的同意就生产了此种形状的巧克力。对此,下列哪一说法是正确的?

A. 甲 3 年未使用该商标,乙的行为不构成侵权
B. 丙有权以该巧克力设计属于现有设计作为抗辩理由对抗乙
C. 丙对甲构成侵权,但有权以甲 3 年未使用该商标作为拒绝赔偿的抗辩理由

D. 甲无正当理由 3 年未使用该商标,无权提起侵权之诉

534. 2022 回忆/多

"佳嘉"咖啡店经营状况良好,在各地开设多家分店,并曾在某一侵权之诉中被法院认定为驰名商标,但没有将"佳嘉"商标注册。该店员工吴某离职后开了一家餐饮店,名为"佳嘉",并且使用该商标制作了工作服。后"佳嘉"咖啡店有意开设餐饮店,发现该商标已被吴某使用并注册。关于"佳嘉"咖啡店的权利,下列哪些说法是正确的?

A. 有权申请商标评审委员会宣告吴某使用的"佳嘉"商标无效
B. 无权请求吴某承担损害赔偿责任
C. 有权将"佳嘉"注册为驰名商标
D. 有权在其售卖的咖啡上标注驰名商标

535. 2022 回忆/多

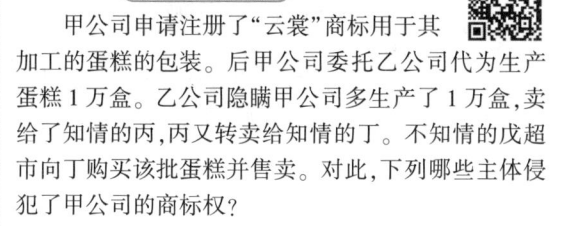

甲公司申请注册了"云裳"商标用于其加工的蛋糕的包装。后甲公司委托乙公司代为生产蛋糕 1 万盒。乙公司隐瞒甲公司多生产了 1 万盒,卖给了知情的丙,丙又转卖给知情的丁。不知情的戊超市向丁购买该批蛋糕并售卖。对此,下列哪些主体侵犯了甲公司的商标权?

A. 乙公司 B. 丙
C. 丁 D. 戊超市

536. 2021 回忆/多

金丰大学是一所著名农业大学,其"金丰"二字为公众所熟知,该大学注册了"金丰"商标用于农产品,但注册后一直没有使用。该校毕业生陈琳注册成立了一家公司,名为金丰蔬果有限责任公司,主营蔬菜、水果的种植和销售。后陈琳的妹妹陈晓梅申请"金丰"商标用于办公用品,其申请注册的主要目的是转卖获利。对此,下列哪些说法是正确的?

A. 陈晓梅侵犯了金丰大学的"金丰"商标权
B. 陈琳侵犯了金丰大学的"金丰"商标权
C. 金丰大学可向商标局请求确认"金丰"为驰名商标
D. 商标局应驳回陈晓梅的注册申请

537. 2020 回忆/多

2017 年,甲公司在其生产的箱包和皮带上分别使用了白鸽商标和橄榄枝商标,二者都没有注册但均有一定影响力。其供应商乙公司发现商标没有注册,遂于 2020 年将白鸽商标注册在自己生产的行李箱商品上。丁公司注册了大量商标但均未实际使用,其中包括在皮带上注册的橄榄枝商标。对此,下列哪些说法是正确的?

A. 若丁公司起诉甲公司承担赔偿责任,甲公司可

以丁公司注册商标 3 年未使用为由抗辩

B. 若甲公司宣告丁公司的注册商标无效,应当在 5 年内提出

C. 若乙公司起诉甲公司商标侵权,甲公司可以在先使用为由抗辩

D. 甲公司可以在 5 年内申请宣告乙公司的注册商标无效

538． 2019 回忆/单

德国博顿公司于 2018 年 2 月 1 日在我国政府举办的净水器国际展览会上首次在净水器上使用"蓝天"商标,中国的蓝天公司于同一天独立研发出相同的净水器并使用"蓝天"作为商标。博顿公司于 2018 年 7 月 1 日上午向我国商标局申请注册"蓝天"商标并主张优先权。蓝天公司于 2018 年 7 月 1 日下午向商标局申请注册"蓝天"商标。关于该商标权的归属,下列哪一项说法是正确的?

A. 博顿公司应获得"蓝天"商标,因为其享有优先权

B. 博顿公司应获得"蓝天"商标,因为其申请在先

C. 蓝天公司应获得"蓝天"商标,因为其使用在先

D. 应由博顿公司和蓝天公司协商,协商不成的,抽签决定

539． 2017/3/16/单

韦某开设了"韦老四"煎饼店,在当地颇有名气。经营汽车配件的个体户肖某从外地路过,吃过后赞不绝口。当发现韦某尚未注册商标时,肖某就餐饮服务注册了"韦老四"商标。关于上述行为,下列哪一说法是正确的?

A. 韦某在外地开设新店时,可以使用"韦老四"标识

B. 如肖某注册"韦老四"商标后立即起诉韦某侵权,韦某并不需要承担赔偿责任

C. 肖某的商标注册恶意侵犯韦某的在先权利,韦某可随时请求宣告该注册商标无效

D. 肖某注册商标核定使用的服务类别超出了肖某的经营范围,韦某可以此为由请求宣告该注册商标无效

540． 2016/3/17/单

营盘市某商标代理机构,发现本市甲公司长期制造销售"实耐"牌汽车轮胎,但一直未注册商标,该机构建议甲公司进行商标注册,甲公司负责人鄢某未置可否。后鄢某辞职新创立了乙公司,鄢某委托该商标代理机构为乙公司进行轮胎类产品的商标注册。关于该商标代理机构的行为,下列哪一选项是正确的?

A. 乙公司委托注册"实耐"商标,该商标代理机构不得接受委托

B. 乙公司委托注册"营盘轮胎"商标,该商标代理机构不得接受委托

C. 乙公司委托注册普通的汽车轮胎图形作为商标,该商标代理机构不得接受委托

D. 该商标代理机构自行注册"捷驰"商标,用于转让给经营汽车轮胎的企业

541． 2016/3/64/多

2010 年,甲饮料厂开始制造并销售"香香"牌果汁并已产生一定影响。甲在外地的经销商乙发现甲尚未注册"香香"商标,就于 2014 年在果汁和碳酸饮料两类商品上同时注册了"香香"商标,但未实际使用。2015 年,乙与丙饮料厂签订商标转让协议,将果汁类"香香"商标转让给了丙。对此,下列哪些选项是正确的?

A. 甲可随时请求宣告乙注册的果汁类"香香"商标无效

B. 乙应将注册在果汁和碳酸饮料上的"香香"商标一并转让给丙

C. 乙就果汁和碳酸饮料两类商品注册商标必须分别提出注册申请

D. 甲可在果汁产品上附加区别标识,并在原有范围内继续使用"香香"商标

542． 2015/3/19/单

佳普公司在其制造和出售的打印机和打印机墨盒产品上注册了"佳普"商标。下列未经该公司许可的哪一行为侵犯了"佳普"注册商标专用权?

A. 甲在店铺招牌中标有"佳普打印机专营"字样,只销售佳普公司制造的打印机

B. 乙制造并销售与佳普打印机兼容的墨盒,该墨盒上印有乙的名称和其注册商标"金兴",但标有"本产品适用于佳普打印机"

C. 丙把购买的"佳普"墨盒装入自己制造的打印机后销售,该打印机上印有丙的名称和其注册商标"东升",但标有"本产品使用佳普墨盒"

D. 丁回收墨水用尽的"佳普"牌墨盒,灌注廉价墨水后销售

543． 2015/3/64/多

河川县盛产荔枝,远近闻名。该县成立了河川县荔枝协会,申请注册了"河川"商标,核定使用在荔枝商品上,许可本协会成员使用。加入该荔枝协会的农户将有"河川"商标包装的荔枝批发给盛联超市销售。超市在销售该批荔枝时,在荔枝包装上还加贴了自己的注册商标"盛联"。下列哪些说

法是正确的？
- A. "河川"商标是集体商标
- B. "河川"商标是证明商标
- C. "河川"商标使用了县级以上行政区划名称，应被宣告无效
- D. 盛联超市的行为没有侵犯商标权

544． 2014/3/19/单

甲公司在汽车产品上注册了"山叶"商标，乙公司未经许可在自己生产的小轿车上也使用"山叶"商标。丙公司不知乙公司使用的商标不合法，与乙公司签订书面合同，以合理价格大量购买"山叶"小轿车后售出，获利100万元以上。下列哪一说法是正确的？
- A. 乙公司的行为属于仿冒注册商标
- B. 丙公司可继续销售"山叶"小轿车
- C. 丙公司应赔偿甲公司损失100万元
- D. 工商行政管理部门不能对丙公司进行罚款处罚

545． 2014/3/64/多

甲公司是《保护工业产权巴黎公约》成员国A国的企业，于2012年8月1日向A国在牛奶产品上申请注册"白雪"商标被受理后，又于2013年5月30日向我国商标局申请注册"白雪"商标，核定使用在牛奶、糕点和食品容器这三类商品上。下列哪些说法是错误的？
- A. 甲公司应委托依法设立的商标代理机构代理申请商标注册
- B. 甲公司必须提出三份注册申请，分别在三类商品上申请注册同一商标
- C. 甲公司可依法享有优先权
- D. 如商标局在异议程序中认定"白雪"商标为驰名商标，甲公司可在其牛奶包装上使用"驰名商标"字样

546． 2013/3/19/单

甲公司为其生产的啤酒申请注册了"冬雨之恋"商标，但在使用商标时没有在商标标识上加注"注册商标"字样或注册标记。下列哪一行为未侵犯甲公司的商标权？
- A. 乙公司误认为该商标属于未注册商标，故在自己生产的啤酒产品上也使用"冬雨之恋"商标
- B. 丙公司不知某公司假冒"冬雨之恋"啤酒而予以运输
- C. 丁饭店将购买的甲公司"冬雨之恋"啤酒倒入自制啤酒桶，自制"侠客"牌散装啤酒出售
- D. 戊公司明知某企业生产假冒"冬雨之恋"啤酒而向其出租仓库

547． 2013/3/65/多

甲公司生产"美多"牌薰衣草保健枕，"美多"为注册商标，薰衣草为该枕头的主要原料之一。其产品广告和包装上均突出宣传"薰衣草"，致使"薰衣草"保健枕被消费者熟知，其他厂商也推出"薰衣草"保健枕。后"薰衣草"被法院认定为驰名商标。下列哪些表述是正确的？
- A. 甲公司可在一种商品上同时使用两件商标
- B. 甲公司对"美多"享有商标专用权，对"薰衣草"不享有商标专用权
- C. 法院对驰名商标的认定可写入判决主文
- D. "薰衣草"叙述了该商品的主要原料，不能申请注册

548． 2012/3/19/单

如外国企业在我国申请注册商标，下列哪一说法是正确的？
- A. 应当委托在我国依法成立的律师事务所代理
- B. 所属国必须已加入《保护工业产权巴黎公约》
- C. 所属国必须已加入世界贸易组织
- D. 如所属国商标注册主管机关曾驳回了其商标注册申请，该申请在我国仍有可能获准注册

549． 2012/3/65/多

甲公司将其生产的白酒独创性地取名为"逍遥乐"，并在该酒的包装、装潢和广告中突出宣传酒名，致"逍遥乐"被消费者熟知，声誉良好。乙公司知道甲公司没有注册"逍遥乐"后，将其作为自己所产白酒的商标使用并抢先注册。该商标注册申请经商标局初步审定并公告。下列哪些说法是错误的？
- A. 甲公司有权在异议期内向商标局提出异议，反对核准乙公司的注册申请
- B. 如"逍遥乐"被核准注册，甲公司有权主张先用权
- C. 如"逍遥乐"被核准注册，甲公司有权向商标局请求撤销该商标
- D. 甲公司有权向法院起诉请求乙公司停止使用并赔偿损失

550． 2011/3/18/多

个体经营户王小小从事理发服务业，使用"一剪没"作为未注册商标长期使用，享有较高声誉。王小小通过签订书面合同许可其同一城区的表妹张薇薇使用"一剪没"商标从事理发业务。后张薇薇以自己的名义申请"一剪没"商标使用于理发业务并获得注册。下列哪些说法是错误的？①
- A. 该商标使用许可合同自双方签字之日起生效

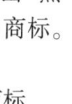

---
① 原为单选题，根据新法答案有变化，调整为多选题。

B. 该商标使用许可合同应当报商标局备案
C. 王小小有权自"一剪没"注册之日起5年内请求商标评审委员会撤销该注册商标
D. 王小小有权自"一剪没"注册之日起5年内请求商标局撤销该注册商标

551． 2011/3/64/多

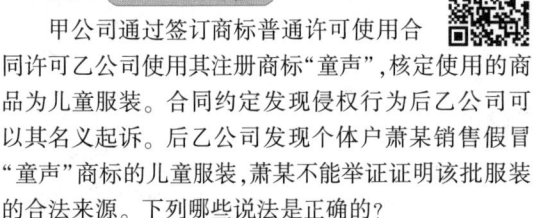

甲公司通过签订商标普通许可使用合同许可乙公司使用其注册商标"童声"，核定使用的商品为儿童服装。合同约定发现侵权行为后乙公司可以其名义起诉。后乙公司发现个体户萧某销售假冒"童声"商标的儿童服装，萧某不能举证证明该批服装的合法来源。下列哪些说法是正确的？

A. 乙公司必须在"童声"儿童服装上标明乙公司的名称和产地
B. 该商标使用许可合同自备案后生效
C. 乙公司不能以其名义起诉，因为诉权不得约定转移
D. 萧某应当承担停止销售和赔偿损失的法律责任

552． 2010/3/17/单

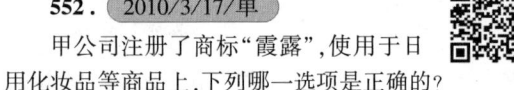

甲公司注册了商标"霞露"，使用于日用化妆品等商品上，下列哪一选项是正确的？

A. 甲公司要将该商标改成"露霞"，应向商标局提出变更申请
B. 乙公司在化妆品上擅自使用"露霞"为商标，甲公司有权禁止
C. 甲公司因经营不善连续三年停止使用该商标，该商标可能被注销
D. 甲公司签订该商标转让合同后，应单独向商标局提出转让申请

553． 2010/3/64/多

商标注册申请人自其在某外国第一次提出商标注册申请之日起六个月内，又在中国就相同商品以同一商标提出注册申请的，依据下列哪些情形可享有优先权？

A. 该外国同中国签订的协议
B. 该外国同中国共同参加的国际条约
C. 该外国同中国相互承认优先权
D. 该外国同中国有外交关系

554． 2009/3/65/多

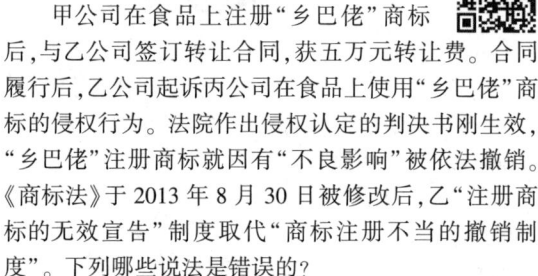

甲公司在食品上注册"乡巴佬"商标后，与乙公司签订转让合同，获五万元转让费。合同履行后，乙公司起诉丙公司在食品上使用"乡巴佬"商标的侵权行为。法院作出侵权认定的判决书刚生效，"乡巴佬"注册商标就因有"不良影响"被依法撤销。《商标法》于2013年8月30日被修改后，乙"注册商标的无效宣告"制度取代"商标注册不当的撤销制度"。下列哪些说法是错误的？

A. "乡巴佬"商标权视为自始不存在
B. 甲公司应当向乙公司返还五万元
C. 撤销"乡巴佬"商标的裁定对侵权判决不具有追溯力
D. 丙公司可以将"乡巴佬"商标作为未注册商标继续使用

555． 2008/3/66/多

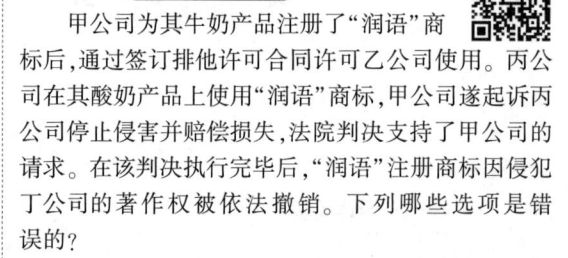

甲公司为其牛奶产品注册了"润语"商标后，通过签订排他许可合同许可乙公司使用。丙公司在其酸奶产品上使用"润语"商标，甲公司遂起诉丙公司停止侵害并赔偿损失，法院判决支持了甲公司的请求。在该判决执行完毕后，"润语"注册商标因侵犯丁公司的著作权被依法撤销。下列哪些选项是错误的？

A. 甲公司和乙公司可以作为共同原告起诉丙公司
B. 甲公司与乙公司的许可合同应当认定为无效合同，乙公司应当申请返还许可费
C. 甲公司获得的侵权赔偿费构成不当得利，应当返还给丙公司
D. 甲公司获得的侵权赔偿费应当转付给丁公司

商法 [考点法条]

专题一 公司法

考点2 有限责任原则和公司法人人格否认

（一）公司法人独立

第三条 公司是企业法人，有独立的法人财产，享有法人财产权。公司以其全部财产对公司的债务承担责任。

公司的合法权益受法律保护，不受侵犯。〔2019年回忆~关联企业实质合并破产重整；2016年真题~公司的独立性〕①

（二）股东有限责任

第四条 有限责任公司的股东以其认缴的出资额为限对公司承担责任；股份有限公司的股东以其认购的股份为限对公司承担责任。

公司股东对公司依法享有资产收益、参与重大决策和选择管理者等权利。

（三）法人人格否认

第二十三条 公司股东滥用公司法人独立地位和股东有限责任，逃避债务，严重损害公司债权人利益的，应当对公司债务承担连带责任。

股东利用其控制的两个以上公司实施前款规定行为的，各公司应当对任一公司的债务承担连带责任。

只有一个股东的公司，股东不能证明公司财产独立于股东自己的财产的，应当对公司债务承担连带责任。〔2023年回忆~一人有限责任公司的法人人格否定制度；2022年回忆~母子公司、一人公司、财产混同；2020年回忆~法人人格否认制度；2019年回忆~人格混同、连带责任〕

《民法典》

第八十三条 [出资人滥用权利的责任承担] 营利法人的出资人不得滥用出资人权利损害法人或者其他出资人的利益；滥用出资人权利造成法人或者其他出资人损失的，应当依法承担民事责任。

营利法人的出资人不得滥用法人独立地位和出资人有限责任损害法人债权人的利益；滥用法人独立地位和出资人有限责任，逃避债务，严重损害法人债权人的利益的，应当对法人债务承担连带责任。〔2019年回忆~人格混同、连带责任〕

《九民纪要》

10.【人格混同】认定公司人格与股东人格是否存在混同，最根本的判断标准是公司是否具有独立意思和独立财产，最主要的表现是公司的财产与股东的财产是否混同且无法区分。在认定是否构成人格混同时，应当综合考虑以下因素：

（1）股东无偿使用公司资金或者财产，不作财务记载的；

（2）股东用公司的资金偿还股东的债务，或者将公司的资金供关联公司无偿使用，不作财务记载的；

（3）公司账簿与股东账簿不分，致使公司财产与股东财产无法区分的；

（4）股东自身收益与公司盈利不加区分，致使双方利益不清的；

（5）公司的财产记载于股东名下，由股东占有、使用的；

（6）人格混同的其他情形。

在出现人格混同的情况下，往往同时出现以下混同：公司业务和股东业务混同；公司员工与股东员工混同，特别是财务人员混同；公司住所与股东住所混同。人民法院在审理案件时，关键要审查是否构成人格混同，而不要求同时具备其他方面的混同，其他方面的混同往往只是人格混同的补强。

11.【过度支配与控制】公司控制股东对公司过度支配与控制，操纵公司的决策过程，使公司完全丧失独立性，沦为控制股东的工具或躯壳，严重损害公司债权人利益，应当否认公司人格，由滥用控制权的股东对公司债务承担连带责任。实践中常见的情形包括：

（1）母子公司之间或者子公司之间进行利益输送的；

（2）母子公司之间或者子公司之间进行交易，收益归一方，损失却由另一方承担的；

（3）先从原公司抽走资金，然后再成立经营目的相同或者类似的公司，逃避原公司债务的；

（4）先解散公司，再以原公司场所、设备、人员及相同或者相似的经营目的另设公司，逃避原公司债务的；

（5）过度支配与控制的其他情形。

控制股东或实际控制人控制多个子公司或者关联公司，滥用控制权使多个子公司或者关联公司财产边界不清、财务混同、利益相互输送，丧失人格独立性，沦为控制股东逃避债务、非法经营，甚至违法犯罪工具的，可以综合案件事实，否认子公司或者关联公司法人人格，判令承担连带责任。

12.【资本显著不足】资本显著不足指的是，公司设立后在经营过程中，股东实际投入公司的资本数额与公司经营所隐含的风险相比明显不匹配。股东利用较少资本从事力所不及的经营，表明其没有从事公司经营的诚意，实质是恶意利用公司独立人格和股东有限责任把投资风险转嫁给债权人。由于资本显著不足的判断标准有很大的模糊性，特别是要与公司采取"以小博大"的正常经营方式相区分，因此此适用时要十分谨慎，应当与其他因素结合起来综合判断。

---

① 主客观重点法条以灰底标注，并注明主观题考查年份及考点。

13.【诉讼地位】人民法院在审理公司人格否认纠纷案件时,应当根据不同情形确定当事人的诉讼地位:

(1)债权人对债务人公司享有的债权已经由生效裁判确认,其另行提起公司人格否认诉讼,请求股东对公司债务承担连带责任的,列股东为被告,公司为第三人;

(2)债权人对债务人公司享有的债权提起诉讼的同时,一并提起公司人格否认诉讼,请求股东对公司债务承担连带责任的,列公司和股东为共同被告;

(3)债权人对债务人公司享有的债权尚未经生效裁判确认,直接提起公司人格否认诉讼,请求公司股东对公司债务承担连带责任的,人民法院应当向债权人释明,告知其追加公司为共同被告。债权人拒绝追加的,人民法院应当裁定驳回起诉。

考点3 发起人及发起人责任

第四十四条 有限责任公司设立时的股东为设立公司从事的民事活动,其法律后果由公司承受。

公司未成立的,其法律后果由公司设立时的股东承受;设立时的股东为二人以上的,享有连带债权,承担连带债务。

设立时的股东为设立公司以自己的名义从事民事活动产生的民事责任,第三人有权选择请求公司或者公司设立时的股东承担。

设立时的股东因履行公司设立职责造成他人损害的,公司或者无过错的股东承担赔偿责任后,可以向有过错的股东追偿。

《公司法解释(三)》

第二条 发起人为设立公司以自己名义对外签订合同,合同相对人请求该发起人承担合同责任的,人民法院应予支持;公司成立后合同相对人请求公司承担合同责任的,人民法院应予支持。[2013年真题~设立中公司的民事行为]

第三条 发起人以设立中公司名义对外签订合同,公司成立后合同相对人请求公司承担合同责任的,人民法院应予支持。

公司成立后有证据证明发起人利用设立中公司的名义为自己的利益与相对人签订合同,公司以此为由主张不承担合同责任的,人民法院应予支持,但相对人为善意的除外。

第四条 公司因故未成立,债权人请求全体或者部分发起人对设立公司行为所产生的费用和债务承担清偿责任的,人民法院应予支持。

部分发起人依照前款规定承担责任后,请求其他发起人分担的,人民法院应当判令其他发起人按照约定的责任承担比例分担责任;没有约定责任承担比例的,按照约定的出资比例分担责任;没有约定出资比例的,按照均等份额分担责任。

因部分发起人的过错导致公司未成立,其他发起人主张其承担设立行为所产生的费用和债务的,人民法院应当根据过错情况,确定过错一方的责任范围。

第五条 发起人因履行公司设立职责造成他人损害,公司成立后受害人请求公司承担侵权赔偿责任的,人民法院应予支持;公司未成立,受害人请求全体发起人承担连带赔偿责任的,人民法院应予支持。

公司或者无过错的发起人承担赔偿责任后,可以向有过错的发起人追偿。

《民法典》

第七十五条 [法人设立行为的法律后果]设立人为设立法人从事的民事活动,其法律后果由法人承受;法人未成立的,其法律后果由设立人承受,设立人为二人以上的,享有连带债权,承担连带债务。

设立人为设立法人以自己的名义从事民事活动产生的民事责任,第三人有权选择请求法人或者设立人承担。

考点5 公司的章程

(一)章程的制定

第四十五条 设立有限责任公司,应当由股东共同制定公司章程。

第九十四条 设立股份有限公司,应当由发起人共同制订公司章程。

第一百零三条 募集设立股份有限公司的发起人应当自公司设立时应发行股份的股款缴足之日起三十日内召开公司成立大会。……

第一百零四条 公司成立大会行使下列职权:
……
(二)通过公司章程;
……

(二)记载事项

(1)有限公司

第四十六条 有限责任公司章程应当载明下列事项:
(一)公司名称和住所;
(二)公司经营范围;
(三)公司注册资本;
(四)股东的姓名或者名称;
(五)股东的出资额、出资方式和出资日期;
(六)公司的机构及其产生办法、职权、议事规则;
(七)公司法定代表人的产生、变更办法;
(八)股东会认为需要规定的其他事项。
股东应当在公司章程上签名或者盖章。

(2)股份公司

第九十五条 股份有限公司章程应当载明下列事项:
(一)公司名称和住所;
(二)公司经营范围;
(三)公司设立方式;
(四)公司注册资本、已发行的股份数和设立时发行的股份数,面额股的每股金额;
(五)发行类别股的,每一类别股的股份数及其权利和义务;
(六)发起人的姓名或者名称、认购的股份数、出资方式;
(七)董事会的组成、职权和议事规则;
(八)公司法定代表人的产生、变更办法;

(九)监事会的组成、职权和议事规则;
(十)公司利润分配办法;
(十一)公司的解散事由与清算办法;
(十二)公司的通知和公告办法;
(十三)股东会认为需要规定的其他事项。

(三)效力

第五条 设立公司应当依法制定公司章程。公司章程对公司、股东、董事、监事、高级管理人员具有约束力。

第十一条第二款 公司章程或者股东会对法定代表人职权的限制,不得对抗善意相对人。

第六十七条第二款 公司章程对董事会职权的限制不得对抗善意相对人。

第二十六条第一款 公司股东会、董事会的会议召集程序、表决方式违反法律、行政法规或者公司章程,或者决议内容违反公司章程的,股东自决议作出之日起六十日内,可以请求人民法院撤销。但是,股东会、董事会的会议召集程序或者表决方式仅有轻微瑕疵,对决议未产生实质影响的除外。

第一百八十八条 董事、监事、高级管理人员执行职务违反法律、行政法规或者公司章程的规定,给公司造成损失的,应当承担赔偿责任。

第一百九十条 董事、高级管理人员违反法律、行政法规或者公司章程的规定,损害股东利益的,股东可以向人民法院提起诉讼。

(四)章程的修改

第六十六条第三款 [有限公司]股东会作出修改公司章程、增加或者减少注册资本的决议,以及公司合并、分立、解散或者变更公司形式的决议,应当经代表三分之二以上表决权的股东通过。

第一百一十六条第三款 [股份公司]股东会作出修改公司章程、增加或者减少注册资本的决议,以及公司合并、分立、解散或者变更公司形式的决议,应当经出席会议的股东所持表决权的三分之二以上通过。

考点6 股东资格的取得与确认

第五十五条 有限责任公司成立后,应当向股东签发出资证明书,记载下列事项:
(一)公司名称;
(二)公司成立日期;
(三)公司注册资本;
(四)股东的姓名或者名称、认缴和实缴的出资额、出资方式和出资日期;
(五)出资证明书的编号和核发日期。
出资证明书由法定代表人签名,并由公司盖章。

第五十六条 有限责任公司应当置备股东名册,记载下列事项:
(一)股东的姓名或者名称及住所;
(二)股东认缴和实缴的出资额、出资方式和出资日期;
(三)出资证明书编号;
(四)取得和丧失股东资格的日期。
记载于股东名册的股东,可以依股东名册主张行使股东权利。〔2014 年真题~股东资格的取得〕

《公司法解释(三)》

第二十一条 当事人向人民法院起诉请求确认其股东资格的,应当以公司为被告,与案件争议股权有利害关系的人作为第三人参加诉讼。

第二十二条 当事人之间对股权归属发生争议,一方请求人民法院确认其享有股权的,应当证明以下事实之一:
(一)已经依法向公司出资或者认缴出资,且不违反法律法规强制性规定;
(二)已经受让或者以其他形式继受公司股权,且不违反法律法规强制性规定。

第二十三条 当事人依法履行出资义务或者依法继受取得股权后,公司未根据公司法第三十一条、第三十二条(现为第五十五条、第五十六条)①的规定签发出资证明书、记载于股东名册并办理公司登记机关登记,当事人请求公司履行上述义务的,人民法院应予支持。

考点7 名义股东与实际股东

《公司法解释(三)》

第二十四条 有限责任公司的实际出资人与名义出资人订立合同,约定由实际出资人出资并享有投资权益,以名义出资人为名义股东,实际出资人与名义股东对该合同效力发生争议的,如无法律规定的无效情形,人民法院应当认定该合同有效。

前款规定的实际出资人与名义股东因投资权益的归属发生争议,实际出资人以其实际履行了出资义务为由向名义股东主张权利的,人民法院应予支持。名义股东以公司股东名册记载、公司登记机关登记为由否认实际出资人权利的,人民法院不予支持。

实际出资人未经公司其他股东半数以上同意,请求公司变更股东、签发出资证明书,记载于股东名册、记载于公司章程并办理公司登记机关登记的,人民法院不予支持。〔2018 年回忆~案外人对执行标的的异议;2014 年真题~名义股东转让股权、代持股协议〕

第二十五条 名义股东将登记于其名下的股权转让、质押或者其他方式处分,实际出资人以其对于股权享有实际权利为由,请求认定处分股权行为无效的,人民法院可以参照民法典第三百一十一条的规定处理。

名义股东处分股权造成实际出资人损失,实际出资人请求名义股东承担赔偿责任的,人民法院应予支持。〔2019 年回忆~名义股东处分其名下股权;2014 年真题~名义股东转让股权;2013 年真题~股东的股权取得方式〕

第二十六条 公司债权人以登记于公司登记机关的股东未履行出资义务为由,请求其对公司债务不能清偿的部分在未出资本息范围内承担补充赔偿责任,股东以其仅为名义股东而非实际出资人为由进行抗辩的,人民法院不予支持。

名义股东根据前款规定承担赔偿责任后,向实际出资人追偿的,人民法院应予支持。

---

① 编者注,下同。

第二十七条　股权转让后尚未向公司登记机关办理变更登记，原股东将仍登记于其名下的股权转让、质押或者以其他方式处分，受让股东以其对于股权享有实际权利为由，请求认定处分股权行为无效的，人民法院可以参照民法典第三百一十一条的规定处理。

原股东处分股权造成受让股东损失，受让股东请求原股东承担赔偿责任、对于未及时办理变更登记有过错的董事、高级管理人员或者实际控制人承担相应责任的，人民法院应予支持；受让股东对于未及时办理变更登记也有过错的，可以适当减轻上述董事、高级管理人员或者实际控制人的责任。〔2016年真题~股东投资与借贷的区别；2013年真题~股东的股权取得方式〕

第二十八条　冒用他人名义出资并将该他人作为股东在公司登记机关登记的，冒名登记行为人应当承担相应责任；公司、其他股东或者公司债权人以未履行出资义务为由，请求被冒名登记为股东的承担补足出资责任或者对公司债务不能清偿部分的赔偿责任的，人民法院不予支持。

《民事诉讼法》

第二十七条　[公司纠纷的地域管辖]因公司设立、确认股东资格、分配利润、解散等纠纷提起的诉讼，由公司住所地人民法院管辖。

第二百三十八条　[案外人异议]执行过程中，案外人对执行标的提出书面异议的，人民法院应当自收到书面异议之日起十五日内审查，理由成立的，裁定中止对该标的的执行；理由不成立的，裁定驳回。案外人、当事人对裁定不服，认为原判决、裁定错误的，依照审判监督程序办理；与原判决、裁定无关的，可以自裁定送达之日起十五日内向人民法院提起诉讼。〔2019年回忆~名义股东处分股权后实际出资人的救济；2015年真题~执行程序中的一般制度；第三人撤销之诉与案外人申请再审的关系〕

《民诉解释》

第三百六十八条　人民法院审查实现担保物权案件，可以询问申请人、被申请人、利害关系人，必要时可以依职权调查相关事实。

第三百六十九条　人民法院应当就主合同的效力、期限、履行情况、担保物权是否有效设立、担保财产的范围、被担保的债权范围、被担保的债权是否已届清偿期等担保物权实现的条件，以及是否损害他人合法权益等内容进行审查。

被申请人或者利害关系人提出异议的，人民法院应当一并审查。〔2019年回忆~名义股东处分股权后实际出资人的救济〕

第三百七十条　人民法院审查后，按下列情形分别处理：

（一）当事人对实现担保物权无实质性争议且实现担保物权条件成就的，裁定准许拍卖、变卖担保财产；

（二）当事人对实现担保物权有部分实质性争议的，可以就无争议部分裁定准许拍卖、变卖担保财产；

（三）当事人对实现担保物权有实质性争议的，裁定驳回申请，并告知申请人向人民法院提起诉讼。

第三百七十二条　适用特别程序作出的判决、裁定，当事人、利害关系人认为有错误的，可以向作出该判决、裁定的人民法院提出异议。人民法院经审查，异议成立或者部分成立的，作出新的判决、裁定撤销或者改变原判决、裁定；异议不成立的，裁定驳回。

对人民法院作出的确认调解协议、准许实现担保物权的裁定，当事人有异议的，应当自收到裁定之日起十五日内提出；利害关系人有异议的，自知道或者应当知道其民事权益受到侵害之日起六个月内提出。

考点8 股东出资及出资瑕疵责任

（一）出资形式

第四十八条　股东可以用货币出资，也可以用实物、知识产权、土地使用权、股权、债权等可以用货币估价并可以依法转让的非货币财产作价出资；但是，法律、行政法规规定不得作为出资的财产除外。

对作为出资的非货币财产应当评估作价，核实财产，不得高估或者低估作价。法律、行政法规对评估作价有规定的，从其规定。〔2016年真题~股东出资行为及法律效果；2012年真题~股东资格〕

第四十九条　股东应当按期足额缴纳公司章程规定的各自所认缴的出资额。

股东以货币出资的，应当将货币出资足额存入有限责任公司在银行开设的账户；以非货币财产出资的，应当依法办理其财产权的转移手续。

股东未按期足额缴纳出资的，除应当向公司足额缴纳外，还应当对给公司造成的损失承担赔偿责任。〔2012年真题；股东资格〕

《公司法解释（三）》

第七条　出资人以不享有处分权的财产出资，当事人之间对于出资行为效力产生争议的，人民法院可以参照民法典第三百一十一条的规定予以认定。

以贪污、受贿、侵占、挪用等违法犯罪所得的货币出资后取得股权的，对违法犯罪行为予以追究、处罚时，应当采取拍卖或者变卖的方式处置其股权。〔2011年回忆~以不享有处分权的财产出资〕

第八条　出资人以划拨土地使用权出资，或者以设定权利负担的土地使用权出资，公司、其他股东或者公司债权人主张认定出资人未履行出资义务的，人民法院应当责令当事人在指定的合理期间内办理土地变更手续或者解除权利负担；逾期未办理或者未解除的，人民法院应当认定出资人未依法全面履行出资义务。

第九条　出资人以非货币财产出资，未依法评估作价，公司、其他股东或者公司债权人请求认定出资人未履行出资义务的，人民法院应当委托具有合法资格的评估机构对该财产评估作价。评估确定的价额显著低于公司章程所定价额的，人民法院应当认定出资人未依法全面履行出资义务。〔2013年真题~未全面履行出资义务的责任〕

第十条　出资人以房屋、土地使用权或者需要办理权属登记的知识产权等财产出资，已经交付公司使用但未办理权属变更手续，公司、其他股东或者公司债权人主张认定出资人未履行出资义务的，人民法院应当责令当事人在指定的合理期间内办理权属变更手续;在前述期间内办理了权属变更手续的,人民法院应当认定其已经履行了出资义务;出资人主张自其实际交付财产给公司使用时享有相应股东权利的,人民法院应予支持。

出资人以前款规定的财产出资,已经办理权属变更手续但未交付给公司使用,公司或者其他股东主张其向公司交付、并在实际交付之前不享有相应股东权利的,人民法院应予支持。[2010年真题~股东出资瑕疵]

第十一条 出资人以其他公司股权出资,符合下列条件的,人民法院应当认定出资人已履行出资义务:

(一)出资的股权由出资人合法持有并依法可以转让;

(二)出资的股权无权利瑕疵或者权利负担;

(三)出资人已履行关于股权转让的法定手续;

(四)出资的股权已依法进行了价值评估。

股权出资不符合前款第(一)、(二)、(三)项的规定,公司、其他股东或者公司债权人请求认定出资人未履行出资义务的,人民法院应当责令该出资人在指定的合理期间内采取补正措施,以符合上述条件;逾期未补正的,人民法院应当认定其未依法全面履行出资义务。

股权出资不符合本条第一款第(四)项的规定,公司、其他股东或者公司债权人请求认定出资人未履行出资义务的,人民法院应当按照本规定第九条的规定处理。

(二)出资责任

第五十条 有限责任公司设立时,股东未按公司章程规定实际缴纳出资,或者实际出资的非货币财产的实际价额显著低于所认缴的出资额的,设立时的其他股东与该股东在出资不足的范围内承担连带责任。

第五十一条 有限责任公司成立后,董事会应当对股东的出资情况进行核查,发现股东未按期足额缴纳公司章程规定的出资的,应当由公司向该股东发出书面催缴书,催缴出资。

未及时履行前款规定的义务,给公司造成损失的,负有责任的董事应当承担赔偿责任。

第五十二条 股东未按照公司章程规定的出资日期缴纳出资,公司依照前条第一款规定发出书面催缴书催缴出资的,可以载明缴纳出资的宽限期;宽限期自公司发出催缴书之日起,不得少于六十日。宽限期届满,股东仍未履行出资义务的,公司经董事会决议可以向该股东发出失权通知,通知应当以书面形式发出。自通知发出之日起,该股东丧失其未缴纳的股权。

依照前款规定丧失的股权应当依法转让,或者相应减少注册资本并注销该股权;六个月内未转让或者注销的,由公司其他股东按照其出资比例足额缴纳相应出资。

股东对失权有异议的,应当自接到失权通知之日起三十日内,向人民法院提起诉讼。

第五十三条 公司成立后,股东不得抽逃出资。

违反前款规定的,股东应当返还抽逃的出资;给公司造成损失的,负有责任的董事、监事、高级管理人员应当与该股东承担连带赔偿责任。

第五十四条 公司不能清偿到期债务的,公司或者已到期债权的债权人有权要求已认缴出资但未届出资期限的股东提前缴纳出资。[2023年回忆~股东出资的加速到期]

《公司法解释(三)》

第十二条 公司成立后,公司、股东或者公司债权人以相关股东的行为符合下列情形之一且损害公司权益为由,请求认定该股东抽逃出资的,人民法院应予支持:

(一)制作虚假财务会计报表虚增利润进行分配;

(二)通过虚构债权债务关系将其出资转出;

(三)利用关联交易将出资转出;

(四)其他未经法定程序将出资抽回的行为。[2013年真题~第三人代垫资金与股东抽逃出资的区别;2010年真题~抽逃出资]

第十三条 股东未履行或者未全面履行出资义务,公司或者其他股东请求其向公司依法全面履行出资义务的,人民法院应予支持。

公司债权人请求未履行或者未全面履行出资义务的股东在未出资本息范围内对公司债务不能清偿的部分承担补充赔偿责任的,人民法院应予支持;未履行或者未全面履行出资义务的股东已经承担上述责任,其他债权人提出相同请求的,人民法院不予支持。

股东在公司设立时未履行或者未全面履行出资义务,依照本条第一款或者第二款提起诉讼的原告,请求公司的发起人与被告股东承担连带责任的,人民法院应予支持;公司的发起人承担责任后,可以向被告股东追偿。

股东在公司增资时未履行或者未全面履行出资义务,依照本条第一款或者第二款提起诉讼的原告,请求未尽公司法第一百四十七条(现为第一百七十九条)第一款规定的义务而使出资未缴足的董事、高级管理人员承担相应责任的,人民法院应予支持;董事、高级管理人员承担责任后,可以向被告股东追偿。[2018年回忆~股东未全面履行出资义务;2015年真题~加速到期;2010年真题~股东出资瑕疵]

第十四条 股东抽逃出资,公司或者其他股东请求其向公司返还出资本息、协助抽逃出资的其他股东、董事、高级管理人员或者实际控制人对此承担连带责任的,人民法院应予支持。

公司债权人请求抽逃出资的股东在抽逃出资本息范围内对公司债务不能清偿的部分承担补充赔偿责任、协助抽逃出资的其他股东、董事、高级管理人员或者实际控制人对此承担连带责任的,人民法院应予支持;抽逃出资的股东已经承担上述责任,其他债权人提出相同请求的,人民法院不予支持。

第十五条 出资人以符合法定条件的非货币财产出资后,因市场变化或者其他客观因素导致出资财产贬值,公司、其他股东或者公司债权人请求该出资人承担补足出资责任的,人民法院不予支持。但是,当事人另有约定的除外。[2013年真题~未全面履行出资义务的责任]

第十六条 股东未履行或者未全面履行出资义务或者抽逃出资,公司根据公司章程或者股东会决议对其利润分配请求权、新股优先认购权、剩余财产分配请求权等股东权利作出相应的合理限制,该股东请求认定该限制无效的,人民法院不予支持。

第十七条 有限责任公司的股东未履行出资义务或者抽逃全部出资,经公司催告缴纳或者返还,其在合理期间内仍未缴纳或者返还出资,公司以股东会决议解除该股东的股东资格,该股东请求确认该解除行为无效的,人民法院不予支持。

在前款规定的情形下,人民法院在判决时应当释明,公司应当及时办理法定减资程序或者由其他股东或者第三人缴纳相应的出资。在办理法定减资程序或者其他股东或者第三人缴纳相应的出资之前,公司债权人依照本规定第十三条或者第十四条请求相关当事人承担相应责任的,人民法院应予支持。[2020年回忆~股东资格的取消;2016年真题~瑕疵出资股权的转让]

第十八条 有限责任公司的股东未履行或者未全面履行出资义务即转让股权,受让人对此知道或者应当知道,公司请求该股东履行出资义务、受让人对此承担连带责任的,人民法院应予支持;公司债权人依照本规定第十三条第二款向该股东提起诉讼,同时请求前述受让人对此承担连带责任的,人民法院应予支持。

受让人根据前款规定承担责任后,向该未履行或者未全面履行出资义务的股东追偿的,人民法院应予支持。但是,当事人另有约定的除外。[2018年回忆~瑕疵股权转让]

第十九条 公司股东未履行或者未全面履行出资义务或者抽逃出资,公司或者其他股东请求其向公司全面履行出资义务或者返还出资,被告股东以诉讼时效为由进行抗辩的,人民法院不予支持。

公司债权人的债权未过诉讼时效期间,其依照本规定第十三条第二款、第十四条第二款的规定请求未履行或者未全面履行出资义务或者抽逃出资的股东承担赔偿责任,被告股东以出资义务或者返还出资义务超过诉讼时效期间为由进行抗辩的,人民法院不予支持。[2014年真题~出资瑕疵]

《破产法解释(二)》

第二十条 管理人代表债务人提起诉讼,主张出资人向债务人依法缴付未履行的出资或者返还抽逃的出资本息,出资人以认缴出资尚未届至公司章程规定的缴纳期限或者违反出资义务已经超过诉讼时效为由抗辩的,人民法院不予支持。

管理人依据公司法的相关规定代表债务人提起诉讼,主张公司的发起人和负有监督股东履行出资义务的董事、高级管理人员,或者协助抽逃出资的其他股东、董事、高级管理人员、实际控制人等,对股东违反出资义务或者抽逃出资承担相应责任,并将财产归入债务人财产的,人民法院应予支持。[2014年真题~出资瑕疵]

《企业破产法》

第三十五条 [补足出资]人民法院受理破产申请后,债务人的出资人尚未完全履行出资义务的,管理人应当要求出资人缴纳所认缴的出资,而不受出资期限的限制。

《民法典》

第五百七十七条 [违约责任的种类]当事人一方不履行合同义务或者履行合同义务不符合约定的,应当承担继续履行、采取补救措施或者赔偿损失等违约责任。[2020年回忆~无权处分,违约责任]

考点10 股东的知情权和分红权

(一)知情权

第五十七条 [有限公司]股东有权查阅、复制公司章程、股东名册、股东会会议记录、董事会会议决议、监事会会议决议和财务会计报告。

股东可以要求查阅公司会计账簿、会计凭证。股东要求查阅公司会计账簿、会计凭证的,应当向公司提出书面请求,说明目的。公司有合理根据认为股东查阅会计账簿、会计凭证有不正当目的,可能损害公司合法利益的,可以拒绝提供查阅,并应当自股东提出书面请求之日起十五日内书面答复股东并说明理由。公司拒绝提供查阅的,股东可以向人民法院提起诉讼。

股东查阅前款规定的材料,可以委托会计师事务所、律师事务所等中介机构进行。

股东及其委托的会计师事务所、律师事务所等中介机构查阅、复制有关材料,应当遵守有关保护国家秘密、商业秘密、个人隐私、个人信息等法律、行政法规的规定。

股东要求查阅、复制公司全资子公司相关材料的,适用前四款的规定。

第一百一十条 [股份公司]股东有权查阅、复制公司章程、股东名册、股东会会议记录、董事会会议决议、监事会会议决议、财务会计报告,对公司的经营提出建议或者质询。

连续一百八十日以上单独或者合计持有公司百分之三以上股份的股东要求查阅公司的会计账簿、会计凭证的,适用本法第五十七条第二款、第三款、第四款的规定。公司章程对持股比例有较低规定的,从其规定。

股东要求查阅、复制公司全资子公司相关材料的,适用前两款的规定。

上市公司股东查阅、复制相关材料的,应当遵守《中华人民共和国证券法》等法律、行政法规的规定。

《公司法解释(四)》

第七条 股东依据公司法第三十三条、第九十七条(现为第五十七条、第一百一十条)或者公司章程的规定,起诉请求查阅或者复制公司特定文件材料的,人民法院应当依法予以受理。

公司有证据证明前款规定的原告在起诉时不具有公司股东资格的,人民法院应当驳回起诉,但原告有初步证据证明在持股期间其合法权益受到损害,请求依法查阅或者复制其持股期间的公司特定文件材料的除外。

第八条 有限责任公司有证据证明股东存在下列情形之一的,人民法院应当认定股东有公司法第三十三条(现为第五十七条)第二款规定的"不正当目的":

(一)股东自营或者为他人经营与公司主营业务有实质性竞争关系业务的,但公司章程另有规定或者全体股东另有约定的除外；

（二）股东为了向他人通报有关信息查阅公司会计账簿，可能损害公司合法利益的；

（三）股东在向公司提出查阅请求之日前的三年内，曾通过查阅公司会计账簿，向他人通报有关信息损害公司合法利益的；

（四）股东有不正当目的的其他情形。

第九条　公司章程、股东之间的协议等实质性剥夺股东依据公司法第三十三条、第九十七条(现为第五十七条、第一百一十条)规定查阅或者复制公司文件材料的权利，公司以此为由拒绝股东查阅或者复制的，人民法院不予支持。

第十条　人民法院审理股东请求查阅或者复制公司特定文件材料的案件，对原告诉讼请求予以支持的，应当在判决中明确查阅或者复制公司特定文件材料的时间、地点和特定文件材料的名录。

股东依据人民法院生效判决查阅公司文件材料的，在该股东在场的情况下，可以由会计师、律师等依法或者依据执业行为规范负有保密义务的中介机构执业人员辅助进行。

第十一条　股东行使知情权后泄露公司商业秘密导致公司合法利益受到损害，公司请求该股东赔偿相关损失的，人民法院应当予以支持。

根据本规定第十条辅助股东查阅公司文件材料的会计师、律师等泄露公司商业秘密导致公司合法利益受到损害，公司请求其赔偿相关损失的，人民法院应当予以支持。

第十二条　公司董事、高级管理人员等未依法履行职责，导致公司未依法制作或者保存公司法第三十三条、第九十七条(现为第五十七条、第一百一十条)规定的公司文件材料，给股东造成损失，股东依法请求负有相应责任的公司董事、高级管理人员承担民事赔偿责任的，人民法院应当予以支持。

（二）分红权

第二百一十条第四、五款　公司弥补亏损和提取公积金后所余税后利润，有限责任公司按照股东实缴的出资比例分配利润，全体股东约定不按照出资比例分配利润的除外；股份有限公司按照股东所持有的股份比例分配利润，公司章程另有规定的除外。

公司持有的本公司股份不得分配利润。

第二百一十一条　公司违反本法规定向股东分配利润的，股东应当将违反规定分配的利润退还公司；给公司造成损失的，股东及负有责任的董事、监事、高级管理人员应当承担赔偿责任。

第二百一十二条　股东会作出分配利润的决议的，董事会应当在股东会决议作出之日起六个月内进行分配。

《公司法解释(四)》

第十三条　股东请求公司分配利润案件，应当列公司为被告。

一审法庭辩论终结前，其他股东基于同一分配方案请求分配利润并申请参加诉讼的，应当列为共同原告。

第十四条　股东提交载明具体分配方案的股东会或者股东大会的有效决议，请求公司分配利润，公司拒绝分配利润且其关于无法执行决议的抗辩理由不成立的，人民法院应当判决公司按照决议载明的具体分配方案向股东分配利润。

考点 11 股东代表诉讼

第一百八十八条　董事、监事、高级管理人员执行职务违反法律、行政法规或者公司章程的规定，给公司造成损失的，应当承担赔偿责任。

第一百八十九条　董事、高级管理人员有前条规定的情形的，有限责任公司的股东、股份有限公司连续一百八十日以上单独或者合计持有公司百分之一以上股份的股东，可以书面请求监事会向人民法院提起诉讼；监事有前条规定的情形的，前述股东可以书面请求董事会向人民法院提起诉讼。

监事会或者董事会收到前款规定的股东书面请求后拒绝提起诉讼，或者自收到请求之日起三十日内未提起诉讼，或者情况紧急、不立即提起诉讼将会使公司利益受到难以弥补的损害的，前款规定的股东有权为公司利益以自己的名义直接向人民法院提起诉讼。

他人侵犯公司合法权益，给公司造成损失的，本条第一款规定的股东可以依照前两款的规定向人民法院提起诉讼。

公司全资子公司的董事、监事、高级管理人员有前条规定情形，或者他人侵犯公司全资子公司合法权益造成损失的，有限责任公司的股东、股份有限公司连续一百八十日以上单独或者合计持有公司百分之一以上股份的股东，可以依照前三款规定书面请求全资子公司的监事会、董事会向人民法院提起诉讼或者以自己的名义直接向人民法院提起诉讼。

《公司法》

第一百九十条　[股东直接诉讼]董事、高级管理人员违反法律、行政法规或者公司章程的规定，损害股东利益的，股东可以向人民法院提起诉讼。

《公司法解释(一)》

第四条　公司法第一百五十一条(现为第一百八十九条)规定的180日以上连续持股期间，应为股东向人民法院提起诉讼时，已期满的持股时间；规定的合计持有公司百分之一以上股份，是指两个以上股东持股份额的合计。

《公司法解释(二)》

第二十三条　清算组成员从事清算事务时，违反法律、行政法规或者公司章程给公司或者债权人造成损失，公司或者债权人主张其承担赔偿责任的，人民法院应依法予以支持。

有限责任公司的股东、股份有限公司连续一百八十日以上单独或者合计持有公司百分之一以上股份的股东，依据公司法第一百五十一条(现为第一百八十九条)第三款的规定，以清算组成员有前款所述行为为由向人民法院提起诉讼的,人民法院应予受理。

公司已经清算完毕注销,上述股东参照公司法第一百五十一条(现为第一百八十九条)第三款的规定,直接以清算组成员为被告、其他股东为第三人向人民法院提起诉讼的,人民法院应予受理。

《公司法解释(四)》

第二十三条　监事会或者不设监事会的有限责任公司的监事依据公司法第一百五十一条(现为第一百八十九条)第一款规定对董事、高级管理人员提起诉讼的,应当列公司为原告,依法由监事会主席或者不设监事会的有限责任公司的监事代表公司进行诉讼。

董事会或者不设董事会的有限责任公司的执行董事依据公司法第一百五十一条(现为第一百八十九条)第一款规定对监事提起诉讼的,或者依据公司法第一百五十一条(现为第一百八十九条)第三款规定对他人提起诉讼的,应当列公司为原告,依法由董事长或者执行董事代表公司进行诉讼。

第二十四条　符合公司法第一百五十一条(现为第一百八十九条)第一款规定条件的股东,依据公司法第一百五十一条(现为第一百八十九条)第二款、第三款规定,直接对董事、监事、高级管理人员或者他人提起诉讼的,应当列公司为第三人参加诉讼。

一审法庭辩论终结前,符合公司法第一百五十一条(现为第一百八十九条)第一款规定条件的其他股东,以相同的诉讼请求申请参加诉讼的,应当列为共同原告。

第二十五条　股东依据公司法第一百五十一条(现为第一百八十九条)第二款、第三款规定直接提起诉讼的案件,胜诉利益归属于公司。股东请求被告直接向其承担民事责任的,人民法院不予支持。

第二十六条　股东依据公司法第一百五十一条(现为第一百八十九条)第二款、第三款规定直接提起诉讼的案件,其诉讼请求部分或者全部得到人民法院支持的,公司应当承担股东因参加诉讼支付的合理费用。

《公司法解释(五)》

第一条　关联交易损害公司利益,原告公司依据民法典第八十四条、公司法第二十一条(现为第二十二条)规定请求控股股东、实际控制人、董事、监事、高级管理人员赔偿所造成的损失,被告仅以该交易已经履行了信息披露、经股东会或者股东大会同意等法律、行政法规或者公司章程规定的程序为由抗辩的,人民法院不予支持。

公司没有提起诉讼的,符合公司法第一百五十一条(现为第一百八十九条)第一款规定条件的股东,可以依据公司法第一百五十一条(现为第一百八十九条)第二款、第三款规定向人民法院提起诉讼。

第二条　关联交易合同存在无效、可撤销或者对公司不发生效力的情形,公司没有起诉合同相对方的,符合公司法第一百五十一条(现为第一百八十九条)第一款规定条件的股东,可以依据公司法第一百五十一条(现为第一百八十九条)第二款、第三款规定向人民法院提起诉讼。

《九民纪要》

24.【何时成为股东不影响起诉】股东提起股东代表诉讼,被告以行为发生时原告尚未成为公司股东为由抗辩该股东不是适格原告的,人民法院不予支持。

25.【正确适用前置程序】根据《公司法》第151条(现为第189条)的规定,股东提起代表诉讼的前置程序之一是,股东必须先书面请求公司有关机关向人民法院提起诉讼。一般情况下,股东没有履行该前置程序的,应当驳回起诉。但是,该项前置程序针对的是公司治理的一般情况,即在股东向公司有关机关提出书面申请之时,存在公司有关机关提起诉讼的可能性。如果查明的相关事实表明,根本不存在该种可能性的,人民法院不应当以原告未履行前置程序为由驳回起诉。

26.【股东代表诉讼的反诉】股东依据《公司法》第151条(现为第189条)第3款的规定提起股东代表诉讼后,被告以原告股东恶意起诉侵犯其合法权益为由提起反诉的,人民法院应予受理。被告以公司在案涉纠纷中应当承担侵权或者违约等责任为由对公司提出的反诉,因不符合反诉的要件,人民法院应当裁定不予受理;已经受理的,裁定驳回起诉。

《证券法》

第九十四条　[投资者保护机构纠纷解决]投资者与发行人、证券公司等发生纠纷的,双方可以向投资者保护机构申请调解。普通投资者与证券公司发生证券业务纠纷,普通投资者提出调解请求的,证券公司不得拒绝。

投资者保护机构对损害投资者利益的行为,可以依法支持投资者向人民法院提起诉讼。

发行人的董事、监事、高级管理人员执行公司职务时违反法律、行政法规或者公司章程的规定给公司造成损失,发行人的控股股东、实际控制人等侵犯公司合法权益给公司造成损失,投资者保护机构持有该公司股份的,可以为公司的利益以自己的名义向人民法院提起诉讼,持股比例和持股期限不受《中华人民共和国公司法》规定的限制。

考点12　公司的组织机构

(一)公司的组织机构:股东会

(1)有限公司

第五十八条　有限责任公司股东会由全体股东组成。股东会是公司的权力机构,依照本法行使职权。

第五十九条　股东会行使下列职权:

(一)选举和更换董事、监事,决定有关董事、监事的报酬事项;

(二)审议批准董事会的报告;

(三)审议批准监事会的报告;

(四)审议批准公司的利润分配方案和弥补亏损方案;

(五)对公司增加或者减少注册资本作出决议;

(六)对发行公司债券作出决议;

(七)对公司合并、分立、解散、清算或者变更公司形式作出决议;

(八)修改公司章程;

(九)公司章程规定的其他职权。

股东会可以授权董事会对发行公司债券作出决议。

对本条第一款所列事项股东以书面形式一致表示同意的,可以不召开股东会会议,直接作出决定,并由全体股东在决定文件上签名或者盖章。〔2020年回忆~董事的任免、职工代表大会的职权〕

第六十条　只有一个股东的有限责任公司不设股东会。股东作出前条第一款所列事项的决定时,应当采用书面形式,并由股东签名或者盖章后置备于公司。

第六十二条　股东会会议分为定期会议和临时会议。

定期会议应当按照公司章程的规定按时召开。代表十分之一以上表决权的股东、三分之一以上的董事或者监事会提议召开临时会议的,应当召开临时会议。

第六十三条　股东会会议由董事会召集,董事长主持;董事长不能履行职务或者不履行职务的,由副董事长主持;副董事长不能履行职务或者不履行职务的,由过半数的董事共同推举一名董事主持。

董事会不能履行或者不履行召集股东会会议职责的,由监事会召集和主持;监事会不召集和主持的,代表十分之一以上表决权的股东可以自行召集和主持。

第六十四条　召开股东会会议,应当于会议召开十五日前通知全体股东;但是,公司章程另有规定或者全体股东另有约定的除外。

股东会应当对所议事项的决定作成会议记录,出席会议的股东应当在会议记录上签名或者盖章。

第六十五条　股东会会议由股东按照出资比例行使表决权;但是,公司章程另有规定的除外。〔2021年回忆~利润分配、表决权的行使;2012年真题~股东会议效力〕

第六十六条　股东会的议事方式和表决程序,除本法有规定的外,由公司章程规定。

股东会作出决议,应当经代表过半数表决权的股东通过。

股东会作出修改公司章程、增加或者减少注册资本的决议,以及公司合并、分立、解散或者变更公司形式的决议,应当经代表三分之二以上表决权的股东通过。

(2)股份公司

第一百一十二条　本法第五十九条第一款、第二款关于有限责任公司股东职权的规定,适用于股份有限公司股东会。

本法第六十条关于只有一个股东的有限责任公司不设股东会的规定,适用于只有一个股东的股份有限公司。

第一百一十三条　股东会应当每年召开一次年会。有下列情形之一的,应当在两个月内召开临时股东会会议:

(一)董事人数不足本法规定人数或者公司章程所定人数的三分之二时;

(二)公司未弥补的亏损达股本总额三分之一时;

(三)单独或者合计持有公司百分之十以上股份的股东请求时;

(四)董事会认为必要时;

(五)监事会提议召开时;

(六)公司章程规定的其他情形。

第一百一十四条　股东会会议由董事会召集,董事长主持;董事长不能履行职务或者不履行职务的,由副董事长主持;副董事长不能履行职务或者不履行职务的,由过半数的董事共同推举一名董事主持。

董事会不能履行或者不履行召集股东会会议职责的,监事会应当及时召集和主持;监事会不召集和主持的,连续九十日以上单独或者合计持有公司百分之十以上股份的股东可以自行召集和主持。

单独或者合计持有公司百分之十以上股份的股东请求召开临时股东会会议的,董事会、监事会应当在收到请求之日起十日内作出是否召开临时股东会会议的决定,并书面答复股东。

第一百一十五条　召开股东会会议,应当将会议召开的时间、地点和审议的事项于会议召开二十日前通知各股东;临时股东会会议应当于会议召开十五日前通知各股东。

单独或者合计持有公司百分之一以上股份的股东,可以在股东会会议召开十日前提出临时提案并书面提交董事会。临时提案应当有明确议题和具体决议事项。董事会应当在收到提案后二日内通知其他股东,并将该临时提案提交股东会审议;但临时提案违反法律、行政法规或者公司章程的规定,或者不属于股东会职权范围的除外。公司不得提高提出临时提案股东的持股比例。

公开发行股份的公司,应当以公告方式作出前两款规定的通知。

股东会不得对通知中未列明的事项作出决议。

第一百一十六条　股东出席股东会会议,所持每一股份有一表决权,类别股股东除外。公司持有的本公司股份没有表决权。

股东会作出决议,应当经出席会议的股东所持表决权过半数通过。

股东会作出修改公司章程、增加或者减少注册资本的决议,以及公司合并、分立、解散或者变更公司形式的决议,应当经出席会议的股东所持表决权的三分之二以上通过。

第一百一十七条　股东会选举董事、监事,可以按照公司章程的规定或者股东会的决议,实行累积投票制。

本法所称累积投票制,是指股东会选举董事或者监事时,每一股份拥有与应选董事或者监事人数相同的表决权,股东拥有的表决权可以集中使用。

《九民纪要》

7.【表决权能否受限】股东认缴的出资未届履行期限,对未缴纳部分的出资是否享有以及如何行使表决权等问题,应当根据公司章程来确定。公司章程没有规定的,应当按照认缴出资的比例确定。如果股东(大)会作出不按认缴出资比例而按实际出资比例或者其他标准确定表决权的决议,股东请求确认决议无效的,人民法院应当审查该决议是否符合修改公司章程所要求的表决程序,即必须经代表三分之二以上表决权的股东通过。符合的,人民法院不予支持;反之,则依法予以支持。

(二)公司的组织机构:董事会和经理

(1)有限公司

第六十七条 有限责任公司设董事会,本法第七十五条另有规定的除外。

董事会行使下列职权:

(一)召集股东会会议,并向股东会报告工作;

(二)执行股东会的决议;

(三)决定公司的经营计划和投资方案;

(四)制订公司的利润分配方案和弥补亏损方案;

(五)制订公司增加或者减少注册资本以及发行公司债券的方案;

(六)制订公司合并、分立、解散或者变更公司形式的方案;

(七)决定公司内部管理机构的设置;

(八)决定聘任或者解聘公司经理及其报酬事项,并根据经理的提名决定聘任或者解聘公司副经理、财务负责人及其报酬事项;

(九)制定公司的基本管理制度;

(十)公司章程规定或者股东会授予的其他职权。

公司章程对董事会职权的限制不得对抗善意相对人。

第六十八条 有限责任公司董事会成员为三人以上,其成员中可以有公司职工代表。职工人数三百人以上的有限责任公司,除依法设监事会并有公司职工代表的外,其董事会成员中应当有公司职工代表。董事会中的职工代表由公司职工通过职工代表大会、职工大会或者其他形式民主选举产生。

董事会设董事长一人,可以设副董事长。董事长、副董事长的产生办法由公司章程规定。

第六十九条 有限责任公司可以按照公司章程的规定在董事会中设置由董事组成的审计委员会,行使本法规定的监事会的职权,不设监事会或者监事。公司董事会成员中的职工代表可以成为审计委员会成员。

第七十三条 董事会的议事方式和表决程序,除本法有规定的外,由公司章程规定。

董事会会议应当有过半数的董事出席方可举行。董事会作出决议,应当经全体董事的过半数通过。

董事会决议的表决,应当一人一票。

董事会应当对所议事项的决定作成会议记录,出席会议的董事应当在会议记录上签名。

第七十四条 有限责任公司可以设经理,由董事会决定聘任或者解聘。

经理对董事会负责,根据公司章程的规定或者董事会的授权行使职权。经理列席董事会会议。〔2017年真题~经理、监事、执行董事的职权〕

第七十五条 规模较小或者股东人数较少的有限责任公司,可以不设董事会,设一名董事,行使本法规定的董事会的职权。该董事可以兼任公司经理。

(2)股份公司

第一百二十条 股份有限公司设董事会,本法第一百二十八条另有规定的除外。

本法第六十七条、第六十八条第一款、第七十条、第七十一条的规定,适用于股份有限公司。

第一百二十一条 股份有限公司可以按照公司章程的规定在董事会中设置由董事组成的审计委员会,行使本法规定的监事会的职权,不设监事会或者监事。

审计委员会成员为三名以上,过半数成员不得在公司担任除董事以外的其他职务,且不得与公司存在任何可能影响其独立客观判断的关系。公司董事会成员中的职工代表可以成为审计委员会成员。

审计委员会作出决议,应当经审计委员会成员的过半数通过。

审计委员会决议的表决,应当一人一票。

审计委员会的议事方式和表决程序,除本法有规定的外,由公司章程规定。

公司可以按照公司章程的规定在董事会中设置其他委员会。

第一百二十二条 董事会设董事长一人,可以设副董事长。董事长和副董事长由董事会以全体董事的过半数选举产生。

董事长召集和主持董事会会议,检查董事会决议的实施情况。副董事长协助董事长工作,董事长不能履行职务或者不履行职务的,由副董事长履行职务;副董事长不能履行职务或者不履行职务的,由过半数的董事共同推举一名董事履行职务。

第一百二十三条 董事会每年度至少召开两次会议,每次会议应当于会议召开十日前通知全体董事和监事。

代表十分之一以上表决权的股东、三分之一以上董事或者监事会,可以提议召开临时董事会会议。董事长应当自接到提议后十日内,召集和主持董事会会议。

董事会召开临时会议,可以另定召集董事会的通知方式和通知时限。

第一百二十四条 董事会会议应当有过半数的董事出席方可举行。董事会作出决议,应当经全体董事的过半数通过。

董事会决议的表决,应当一人一票。

董事会应当对所议事项的决定作成会议记录,出席会议的董事应当在会议记录上签名。

第一百二十五条 董事会会议,应当由董事本人出席;董事因故不能出席,可以书面委托其他董事代为出席,委托书应当载明授权范围。

董事应当对董事会的决议承担责任。董事会的决议违反法律、行政法规或者公司章程、股东会决议,给公司造成严重损失的,参与决议的董事对公司负赔偿责任;经证明在表决时曾表明异议并记载于会议记录的,该董事可以免除责任。

第一百二十六条 股份有限公司设经理,由董事会决定聘任或者解聘。

经理对董事会负责,根据公司章程的规定或者董事会的授权行使职权。经理列席董事会会议。

第一百二十七条 公司董事会可以决定由董事会成员兼任经理。

第一百二十八条 规模较小或者股东人数较少的股份有限公司,可以不设董事会,设一名董事,行使本法规定的董事会的职权。该董事可以兼任公司经理。

《公司法解释(五)》

第三条 董事任期届满前被股东会或者股东大会有效决议解除职务,其主张解除不发生法律效力的,人民法院不予支持。

董事职务被解除后,因补偿与公司发生纠纷提起诉讼的,人民法院应当依据法律、行政法规、公司章程的规定或者合同的约定,综合考虑解除的原因、剩余任期、董事薪酬等因素,确定是否补偿以及补偿的合理数额。

(三)公司的组织机构:监事会

(1)有限公司

第七十六条 有限责任公司设监事会,本法第六十九条、第八十三条另有规定的除外。

监事会成员为三人以上。监事会成员应当包括股东代表和适当比例的公司职工代表,其中职工代表的比例不得低于三分之一,具体比例由公司章程规定。监事会中的职工代表由公司职工通过职工代表大会、职工大会或者其他形式民主选举产生。

监事会设主席一人,由全体监事过半数选举产生。监事会主席召集和主持监事会会议;监事会主席不能履行职务或者不履行职务的,由过半数的监事共同推举一名监事召集和主持监事会会议。

董事、高级管理人员不得兼任监事。〔2017年真题~有限公司的组织机构〕

第八十三条 规模较小或股东人数较少的有限责任公司,可以不设监事会,设一名监事,行使本法规定的监事会的职权;经全体股东一致同意,也可以不设监事。

(2)股份公司

第一百三十条 股份有限公司设监事会,本法第一百二十一条第一款、第一百三十三条另有规定的除外。

监事会成员为三人以上。监事会成员应当包括股东代表和适当比例的公司职工代表,其中职工代表的比例不得低于三分之一,具体比例由公司章程规定。监事会中的职工代表由公司职工通过职工代表大会、职工大会或者其他形式民主选举产生。

监事会设主席一人,可以设副主席。监事会主席和副主席由全体监事过半数选举产生。监事会主席召集和主持监事会会议;监事会主席不能履行职务或者不履行职务的,由监事会副主席召集和主持监事会会议;监事会副主席不能履行职务或者不履行职务的,由过半数的监事共同推举一名监事召集和主持监事会会议。

董事、高级管理人员不得兼任监事。

本法第七十七条关于有限责任公司监事任期的规定,适用于股份有限公司监事。

第一百三十三条 规模较小或者股东人数较少的股份有限公司,可以不设监事会,设一名监事,行使本法规定的监事会的职权。

(四)股东会、董事会决议效力

第二十五条 公司股东会、董事会的决议内容违反法律、行政法规的无效。

第二十六条 公司股东会、董事会的会议召集程序、表决方式违反法律、行政法规或者公司章程,或者决议内容违反公司章程的,股东自决议作出之日起六十日内,可以请求人民法院撤销。但是,股东会、董事会的会议召集程序或者表决方式仅有轻微瑕疵,对决议未产生实质影响的除外。

未被通知参加股东会会议的股东自知道或者应当知道股东会决议作出之日起六十日内,可以请求人民法院撤销;自决议作出之日起一年内没有行使撤销权的,撤销权消灭。

第二十七条 有下列情形之一的,公司股东会、董事会的决议不成立:

(一)未召开股东会、董事会会议作出决议;

(二)股东会、董事会会议未对决议事项进行表决;

(三)出席会议的人数或者所持表决权数未达到本法或者公司章程规定的人数或者所持表决权数;

(四)同意决议事项的人数或者所持表决权数未达到本法或者公司章程规定的人数或者所持表决权数。

第二十八条 公司股东会、董事会决议被人民法院宣告无效、撤销或者确认不成立的,公司应当向公司登记机关申请撤销根据该决议已办理的登记。

股东会、董事会决议被人民法院宣告无效、撤销或者确认不成立的,公司根据该决议与善意相对人形成的民事法律关系不受影响。

考点13 公司担保

(一)一般规定

第十五条 公司向其他企业投资或者为他人提供担保,按照公司章程的规定,由董事会或者股东会决议;公司章程对投资或者担保的总额及单项投资或者担保的数额有限额规定的,不得超过规定的限额。

公司为公司股东或者实际控制人提供担保的,应当经股东会决议。

前款规定的股东或者受前款规定的实际控制人支配的股东,不得参加前款规定事项的表决。该项表决由出席会议的其他股东所持表决权的过半数通过。〔2023年回忆~公司担保;2022年回忆~转投资及担保的程序制度〕

《民法典担保制度解释》

第七条 公司的法定代表人违反公司法关于公司对外担保决议程序的规定,超越权限代表公司与相对人订立担保合同,人民法院应当依照民法典第六十一条和第五百零四条等规定处理:

(一)相对人善意的,担保合同对公司发生效力;相对人请求公司承担担保责任的,人民法院应予支持。

(二)相对人非善意的,担保合同对公司不发生效力;相对人请求公司承担赔偿责任的,参照适用本解释第十七条的有关规定。

法定代表人超越权限提供担保造成公司损失,公司请求法定代表人承担赔偿责任的,人民法院应予支持。

第一款所称善意,是指相对人在订立担保合同时不知道且不应当知道法定代表人超越权限。相对人有证据证明已对公司决议进行了合理审查,人民法院应当认定其构成善意,但是公司有证据证明相对人知道或者应当知道决议系伪造、变造的除外。

第八条　有下列情形之一,公司以其未依照公司法关于公司对外担保的规定作出决议为由主张不承担担保责任的,人民法院不予支持:

(一)金融机构开立保函或者担保公司提供担保;
(二)公司为其全资子公司开展经营活动提供担保;
(三)担保合同系由单独或者共同持有公司三分之二以上对担保事项有表决权的股东签字同意。

上市公司对外提供担保,不适用前款第二项、第三项的规定。

第十条　一人有限责任公司为其股东提供担保,公司以违反公司法关于公司对外担保决议程序的规定为由主张不承担担保责任的,人民法院不予支持。公司因承担担保责任导致无法清偿其他债务,提供担保时的股东不能证明公司财产独立于自己的财产,其他债权人请求该股东承担连带责任的,人民法院应予支持。

第十二条　法定代表人依照民法典第五百五十二条的规定以公司名义加入债务的,人民法院在认定该行为的效力时,可以参照本解释关于公司为他人提供担保的有关规则处理。

第十七条　主合同有效而第三人提供的担保合同无效,人民法院应当区分不同情形确定担保人的赔偿责任:

(一)债权人与担保人均有过错的,担保人承担的赔偿责任不应超过债务人不能清偿部分的二分之一;
(二)担保人有过错而债权人无过错的,担保人对债务人不能清偿的部分承担赔偿责任;
(三)债权人有过错而担保人无过错的,担保人不承担赔偿责任。

主合同无效导致第三人提供的担保合同无效,担保人无过错的,不承担赔偿责任;担保人有过错的,其承担的赔偿责任不应超过债务人不能清偿部分的三分之一。

《九民纪要》

17.【违反《公司法》第16条①构成越权代表】为防止法定代表人随意代表公司为他人提供担保给公司造成损失,损害中小股东利益,《公司法》第16条对法定代表人的代表权进行了限制。根据该条规定,担保行为不是法定代表人所能单独决定的事项,而必须以公司股东(大)会、董事会等公司机关的决议作为授权的基础和来源。法定代表人未经授权擅自为他人提供担保的,构成越权代表,人民法院应当根据《合同法》第50条关于法定代表人越权代表的规定,区分订立合同时债权人是否善意分别认定合同效力:债权人善意的,合同有效;反之,合同无效。

18.【善意的认定】前条所称的善意,是指债权人不知道或者不应当知道法定代表人超越权限订立担保合同。《公司法》第16条对关联担保和非关联担保的决议机关

作出了区别规定,相应地,在善意的判断标准上也应当有所区别。一种情形是,为公司股东或者实际控制人提供关联担保,《公司法》第16条明确规定必须由股东(大)会决议,未经股东(大)会决议,构成越权代表。在此情况下,债权人主张担保合同有效,应当提供证据证明其在订立合同时对股东(大)会决议进行了审查,决议的表决程序符合《公司法》第16条的规定,即在排除被担保股东表决权的情况下,该项表决由出席会议的其他股东所持表决权的过半数通过,签字人员也符合公司章程的规定。另一种情形是,公司为公司股东或者实际控制人以外的人提供非关联担保,根据《公司法》第16条的规定,此时由公司章程规定是由董事会决议还是股东(大)会决议。无论章程是否对决议机关作出规定,也无论章程规定决议机关为董事会还是股东(大)会,根据《民法总则》第61条第3款关于"法人章程或者法人权力机构对法定代表人代表权的限制,不得对抗善意相对人"的规定,只要债权人能够证明其在订立担保合同时对董事会决议或者股东(大)会决议进行了审查,同意决议的人数及签字人员符合公司章程的规定,就应当认定其构成善意,但公司能够证明债权人明知公司章程对决议机关有明确规定的除外。

债权人对公司机关决议内容的审查一般限于形式审查,只要求尽到必要的注意义务即可,标准不宜太过严苛。公司以机关决议系法定代表人伪造或者变造、决议程序违法、签章(名)不实、担保金额超过法定限额等事由抗辩债权人非善意的,人民法院一般不予支持。但是,公司有证据证明债权人明知决议系伪造或者变造的除外。

21.【权利救济】法定代表人的越权担保行为给公司造成损失,公司请求法定代表人承担赔偿责任的,人民法院依法予以支持。公司没有提起诉讼,股东依据《公司法》第151条的规定请求法定代表人承担赔偿责任的,人民法院依法予以支持。

(二)上市公司担保的特殊规定

第一百三十五条　上市公司在一年内购买、出售重大资产或者向他人提供担保的金额超过公司资产总额百分之三十的,应当由股东会作出决议,并经出席会议的股东所持表决权的三分之二以上通过。

《民法典担保制度解释》

第九条　相对人根据上市公司公开披露的关于担保事项已经董事会或者股东大会决议通过的信息,与上市公司订立担保合同,相对人主张担保合同对上市公司发生效力,并由上市公司承担担保责任的,人民法院应予支持。

相对人未根据上市公司公开披露的关于担保事项已经董事会或者股东大会决议通过的信息,与上市公司订立担保合同,上市公司主张担保合同对其不发生效力,且不承担担保责任或者赔偿责任的,人民法院应予支持。

相对人与上市公司已公开披露的控股子公司订立的

---

① 现为第15条,下同。

担保合同,或者相对人与股票在国务院批准的其他全国性证券交易场所交易的公司订立的担保合同,适用前两款规定。

考点 14 公司董事、监事、高级管理人员的资格和义务

(一)任职资格

第一百七十八条 有下列情形之一的,不得担任公司的董事、监事、高级管理人员:

(一)无民事行为能力或者限制民事行为能力;

(二)因贪污、贿赂、侵占财产、挪用财产或者破坏社会主义市场经济秩序,被判处刑罚,或者因犯罪被剥夺政治权利,执行期满未逾五年,被宣告缓刑的,自缓刑考验期满之日起未逾二年;

(三)担任破产清算的公司、企业的董事或者厂长、经理,对该公司、企业的破产负有个人责任的,自该公司、企业破产清算完结之日起未逾三年;

(四)担任因违法被吊销营业执照、责令关闭的公司、企业的法定代表人,并负有个人责任的,自该公司、企业被吊销营业执照、责令关闭之日起未逾三年;

(五)个人因所负数额较大债务到期未清偿被人民法院列为失信被执行人。

违反前款规定选举、委派董事、监事或者聘任高级管理人员的,该选举、委派或者聘任无效。

董事、监事、高级管理人员在任职期间出现本条第一款所列情形的,公司应当解除其职务。

(二)义务

(1)忠实、勤勉义务

第一百八十条 董事、监事、高级管理人员对公司负有忠实义务,应当采取措施避免自身利益与公司利益冲突,不得利用职权牟取不正当利益。

董事、监事、高级管理人员对公司负有勤勉义务,执行职务应当为公司的最大利益尽到管理者通常应有的合理注意。

公司的控股股东、实际控制人不担任公司董事但实际执行公司事务的,适用前两款规定。

(2)约束自我交易

第一百八十二条 董事、监事、高级管理人员,直接或者间接与本公司订立合同或者进行交易,应当就与订立合同或者进行交易有关的事项向董事会或者股东会报告,并按照公司章程的规定经董事会或者股东会决议通过。

董事、监事、高级管理人员的近亲属,董事、监事、高级管理人员或者其近亲属直接或者间接控制的企业,以及与董事、监事、高级管理人员有其他关联关系的关联人,与公司订立合同或者进行交易,适用前款规定。

(3)谋取商业机会限制

第一百八十三条 董事、监事、高级管理人员,不得利用职务便利为自己或者他人谋取属于公司的商业机会。但是,有下列情形之一的除外:

(一)向董事会或者股东会报告,并按照公司章程的规定经董事会或者股东会决议通过;

(二)根据法律、行政法规或者公司章程的规定,公司不能利用该商业机会。

(4)竞业限制

第一百八十四条 董事、监事、高级管理人员未向董事会或者股东会报告,并按照公司章程的规定经董事会或者股东会决议通过,不得自营或者为他人经营与其任职公司同类的业务。

(5)关联董事回避义务

第一百八十五条 董事会对本法第一百八十二条至第一百八十四条规定的事项决议时,关联董事不得参与表决,其表决权不计入表决权总数。出席董事会会议的无关联关系董事人数不足三人的,应当将该事项提交股东会审议。

(6)非法收入归属

第一百八十六条 董事、监事、高级管理人员违反本法第一百八十一条至第一百八十四条规定所得的收入应当归公司所有。

(三)责任承担

第一百九十一条 董事、高级管理人员执行职务,给他人造成损害的,公司应当承担赔偿责任;董事、高级管理人员存在故意或者重大过失的,也应当承担赔偿责任。

第一百九十二条 公司的控股股东、实际控制人指示董事、高级管理人员从事损害公司或者股东利益的行为的,与该董事、高级管理人员承担连带责任。

第一百九十三条 公司可以在董事任职期间为董事因执行公司职务承担的赔偿责任投保责任保险。

公司为董事投保责任保险或者续保后,董事会应当向股东会报告责任保险的投保金额、承保范围及保险费率等内容。

考点 15 公司的财务会计报告制度

第二百零八条 公司应当在每一会计年度终了时编制财务会计报告,并依法经会计师事务所审计。

财务会计报告应当依照法律、行政法规和国务院财政部门的规定制作。

第二百零九条 有限责任公司应当按照公司章程规定的期限将财务会计报告送交各股东。

股份有限公司的财务会计报告应当在召开股东会年会的二十日前置备于本公司,供股东查阅;公开发行股份的股份有限公司应当公告其财务会计报告。

考点 16 公司的收益分配制度

第二百一十条 公司分配当年税后利润时,应当提取利润的百分之十列入公司法定公积金。公司法定公积金累计额为公司注册资本的百分之五十以上的,可以不再提取。

公司的法定公积金不足以弥补以前年度亏损的,在依照前款规定提取法定公积金之前,应当先用当年利润弥补亏损。

公司从税后利润中提取法定公积金后,经股东会决议,还可以从税后利润中提取任意公积金。

公司弥补亏损和提取公积金后所余税后利润,有限责任公司按照股东实缴的出资比例分配利润,全体股东约定不按照出资比例分配利润的除外;股份有限公司按照股东所持有的股份比例分配利润,公司章程另有规定的除外。

公司持有的本公司股份不得分配利润。〔2021年回忆~利润分配、表决权的行使;2010年真题~股东的利润分配请求权〕

第二百一十一条 公司违反本法规定向股东分配利润的,股东应当将违反规定分配的利润退还公司;给公司造成损失的,股东及负有责任的董事、监事、高级管理人员应当承担赔偿责任。

第二百一十二条 股东会作出分配利润的决议的,董事会应当在股东会决议作出之日起六个月内进行分配。

第二百一十三条 公司以超过股票票面金额的发行价格发行股份所得的溢价款、发行无面额股所得股款未计入注册资本的金额以及国务院财政部门规定列入资本公积金的其他项目,应当列为公司资本公积金。

第二百一十四条 公司的公积金用于弥补公司的亏损、扩大公司生产经营或者转为增加公司注册资本。

公积金弥补公司亏损,应当先使用任意公积金和法定公积金;仍不能弥补的,可以按照规定使用资本公积金。

法定公积金转为增加注册资本时,所留存的该项公积金不得少于转增前公司注册资本的百分之二十五。

考点17 公司合并和分立
(一)公司合并

第二百一十八条 公司合并可以采取吸收合并或者新设合并。

一个公司吸收其他公司为吸收合并,被吸收的公司解散。两个以上公司合并设立一个新的公司为新设合并,合并各方解散。

第二百一十九条 公司与其持股百分之九十以上的公司合并,被合并的公司不需经股东会决议,但应当通知其他股东,其他股东有权请求公司按照合理的价格收购其股权或者股份。

公司合并支付的价款不超过本公司净资产百分之十的,可以不经股东会决议;但是,公司章程另有规定的除外。

公司依照前两款规定合并不经股东会决议的,应当经董事会决议。

第二百二十条 公司合并,应当由合并各方签订合并协议,并编制资产负债表及财产清单。公司应当自作出合并决议之日起十日内通知债权人,并于三十日内在报纸上或者国家企业信用信息公示系统公告。债权人自接到通知之日起三十日内,未接到通知的自公告之日起四十五日内,可以要求公司清偿债务或者提供相应的担保。

第二百二十一条 公司合并时,合并各方的债权、债务,应当由合并后存续的公司或者新设的公司承继。

(二)公司分立

第二百二十二条 公司分立,其财产作相应的分割。

公司分立,应当编制资产负债表及财产清单。公司应当自作出分立决议之日起十日内通知债权人,并于三十日内在报纸上或者国家企业信用信息公示系统公告。

第二百二十三条 公司分立前的债务由分立后的公司承担连带责任。但是,公司在分立前与债权人就债务清偿达成的书面协议另有约定的除外。

考点18 公司形式变更
第一百零八条 有限责任公司变更为股份有限公司时,折合的实收股本总额不得高于公司净资产额。有限责任公司变更为股份有限公司,为增加注册资本公开发行股份时,应当依法办理。

《公司法》

第六十六条第三款 股东会作出修改公司章程、增加或者减少注册资本的决议,以及公司合并、分立、解散或者变更公司形式的决议,应当经代表三分之二以上表决权的股东通过。

第一百一十六条第三款 股东会作出修改公司章程、增加或者减少注册资本的决议,以及公司合并、分立、解散或者变更公司形式的决议,应当经出席会议的股东所持表决权的三分之二以上通过。

考点19 公司增资和减资(注册资本变更)
(一)减资

第二百二十四条 公司减少注册资本,应当编制资产负债表及财产清单。

公司应当自股东会作出减少注册资本决议之日起十日内通知债权人,并于三十日内在报纸上或者国家企业信用信息公示系统公告。债权人自接到通知之日起三十日内,未接到通知的自公告之日起四十五日内,有权要求公司清偿债务或者提供相应的担保。

公司减少注册资本,应当按照股东出资或者持有股份的比例相应减少出资额或者股份,法律另有规定、有限责任公司全体股东另有约定或者股份有限公司章程另有规定的除外。

第二百二十五条 公司依照本法第二百一十四条第二款的规定弥补亏损后,仍有亏损的,可以减少注册资本弥补亏损。减少注册资本弥补亏损的,公司不得向股东分配,也不得免除股东缴纳出资或者股款的义务。

依照前款规定减少注册资本的,不适用前条第二款的规定,但应当自股东会作出减少注册资本决议之日起三十日内在报纸上或者国家企业信用信息公示系统公告。

公司依照前两款的规定减少注册资本后,在法定公积金和任意公积金累计额达到公司注册资本百分之五十前,不得分配利润。

第二百二十六条 违反本法规定减少注册资本的,股东应当退还其收到的资金,减免股东出资的应当恢复原状;给公司造成损失的,股东及负有责任的董事、监事、高级管理人员应当承担赔偿责任。

(二)增资

第二百二十七条 有限责任公司增加注册资本时,股东在同等条件下有权优先按照实缴的出资比例认缴出资。但是,全体股东约定不按照出资比例优先认缴出资的除外。

股份有限公司为增加注册资本发行新股时,股东不享有优先认购权,公司章程另有规定或者股东会决议决定股东享有优先认购权的除外。

第二百二十八条 有限责任公司增加注册资本时,股东认缴新增资本的出资,依照本法设立有限责任公司缴纳出资的有关规定执行。

股份有限公司为增加注册资本发行新股时,股东认购新股,依照本法设立股份有限公司缴纳股款的有关规定执行。

考点21 公司的解散与清算

(一)公司的解散

(1) 一般解散

第二百二十九条 公司因下列原因解散:

(一)公司章程规定的营业期限届满或者公司章程规定的其他解散事由出现;
(二)股东会决议解散;
(三)因公司合并或者分立需要解散;
(四)依法被吊销营业执照、责令关闭或者被撤销;
(五)人民法院依照本法第二百三十一条的规定予以解散。

公司出现前款规定的解散事由,应当在十日内将解散事由通过国家企业信用信息公示系统予以公示。

第二百三十条 公司有前条第一款第一项、第二项情形,且尚未向股东分配财产的,可以通过修改公司章程或者经股东会决议而存续。

依照前款规定修改公司章程或者经股东会决议,有限责任公司须经持有三分之二以上表决权的股东通过,股份有限公司须经出席股东会会议的股东所持表决权的三分之二以上通过。

(2) 司法解散

第二百三十一条 公司经营管理发生严重困难,继续存续会使股东利益受到重大损失,通过其他途径不能解决的,持有公司百分之十以上表决权的股东,可以请求人民法院解散公司。〔2017年真题~公司解散;2012年真题~公司解散之诉〕

《公司法解释(二)》

第一条 单独或者合计持有公司全部股东表决权百分之十以上的股东,以下列事由之一提起解散公司诉讼,并符合公司法第一百八十二条(现为第二百三十一条)规定的,人民法院应予受理:

(一)公司持续两年以上无法召开股东会或者股东大会,公司经营管理发生严重困难的;
(二)股东表决时无法达到法定或者公司章程规定的比例,持续两年以上不能做出有效的股东会或者股东大会决议,公司经营管理发生严重困难的;
(三)公司董事长期冲突,且无法通过股东会或者股东大会解决,公司经营管理发生严重困难的;
(四)经营管理发生其他严重困难,公司继续存续会使股东利益受到重大损失的情形。

股东以知情权、利润分配请求权等权益受到损害,或者公司亏损、财产不足以偿还全部债务,以及公司被吊销企业法人营业执照未进行清算等为由,提起解散公司诉讼的,人民法院不予受理。〔2017年真题~司法解散〕

第二条 股东提起解散公司诉讼,同时又申请人民法院对公司进行清算的,人民法院对其提出的清算申请不予受理。人民法院可以告知原告,在人民法院判决解散公司后,依据民法典第七十条、公司法第一百八十三条(现为第二百三十二、二百三十三条)和本规定第七条的规定,自行组织清算或者另行申请人民法院对公司进行清算。

第三条 股东提起解散公司诉讼时,向人民法院申请财产保全或者证据保全的,在股东提供担保且不影响公司正常经营的情形下,人民法院可予以保全。

第四条 股东提起解散公司诉讼应当以公司为被告。

原告以其他股东为被告一并提起诉讼的,人民法院应当告知原告将其他股东变更为第三人;原告坚持不予变更的,人民法院应当驳回原告对其他股东的起诉。

原告提起解散公司诉讼应当通知其他股东,或者由人民法院通知其参加诉讼。其他股东或者有关利害关系人申请以共同原告或者第三人身份参加诉讼的,人民法院应予准许。

第五条 人民法院审理解散公司诉讼案件,应当注重调解。当事人协商同意由公司或者股东收购股份,或者以减资等方式使公司存续,且不违反法律、行政法规强制性规定的,人民法院应予支持。当事人不能协商一致使公司存续的,人民法院应当及时判决。

经人民法院调解公司收购原告股份的,公司应当自调解书生效之日起六个月内将股份转让或者注销。股份转让或者注销之前,原告不得以公司收购其股份为由对抗公司债权人。

第六条 人民法院关于解散公司诉讼作出的判决,对公司全体股东具有法律约束力。

人民法院判决驳回解散公司诉讼请求后,提起该诉讼的股东或者其他股东又以同一事实和理由提起解散公司诉讼的,人民法院不予受理。

(二)公司的清算

(1) 清算的类别

1 自行清算

第二百三十二条 公司因本法第二百二十九条第一款第一项、第二项、第四项、第五项规定而解散的,应当清算。董事为公司清算义务人,应当在解散事由出现之日起十五日内组成清算组进行清算。

清算组由董事组成,但是公司章程另有规定或者股东会决议另选他人的除外。

清算义务人未及时履行清算义务,给公司或者债权人造成损失的,应当承担赔偿责任。〔2017年真题~司法解散判决后的公司清算与注销问题〕

❷ 法院指定清算

第二百三十三条 公司依照前条第一款的规定应当清算,逾期不成立清算组进行清算或者成立清算组后不清算的,利害关系人可以申请人民法院指定有关人员组成清算组进行清算。人民法院应当受理该申请,并及时组织清算组进行清算。

公司因本法第二百二十九条第一款第四项的规定而解散的,作出吊销营业执照、责令关闭或者撤销决定的部门或者公司登记机关,可以申请人民法院指定有关人员组成清算组进行清算。〔2017 年真题~司法解散判决后的公司清算与注销问题〕

《公司法解释(二)》

第七条 公司应当依照民法典第七十条、公司法第一百八十三条(现为第二百三十二、二百三十三条)的规定,在解散事由出现之日起十五日内成立清算组,开始自行清算。

有下列情形之一,债权人、公司股东、董事或其他利害关系人申请人民法院指定清算组进行清算的,人民法院应予受理:

(一)公司解散逾期不成立清算组进行清算的;

(二)虽然成立清算组但故意拖延清算的;

(三)违法清算可能严重损害债权人或者股东利益的。

第八条 人民法院受理公司清算案件,应当及时指定有关人员组成清算组。

清算组成员可以从下列人员或者机构中产生:

(一)公司股东、董事、监事、高级管理人员;

(二)依法设立的律师事务所、会计师事务所、破产清算事务所等社会中介机构;

(三)依法设立的律师事务所、会计师事务所、破产清算事务所等社会中介机构中具备相关专业知识并取得执业资格的人员。

第十条 公司依法清算结束并办理注销登记前,有关公司的民事诉讼,应当以公司的名义进行。

公司成立清算组的,由清算组负责人代表公司参加诉讼;尚未成立清算组的,由原法定代表人代表公司参加诉讼。

第十八条 有限责任公司的股东、股份有限公司的董事和控股股东未在法定期限内成立清算组开始清算,导致公司财产贬值、流失、毁损或者灭失,债权人主张其在造成损失范围内对公司债务承担赔偿责任的,人民法院应依法予以支持。

有限责任公司的股东、股份有限公司的董事和控股股东因怠于履行义务,导致公司主要财产、账册、重要文件等灭失,无法进行清算,债权人主张其对公司债务承担连带清偿责任的,人民法院应依法予以支持。

上述情形系实际控制人原因造成的,债权人主张实际控制人对公司债务承担相应民事责任的,人民法院应依法予以支持。

第十九条 有限责任公司的股东、股份有限公司的董事和控股股东,以及公司的实际控制人在公司解散后,恶意处置公司财产给债权人造成损失,或者未经依法清算,以虚假的清算报告骗取公司登记机关办理法人注销登记,债权人主张其对公司债务承担相应赔偿责任的,人民法院应依法予以支持。

第二十条 公司解散应当在依法清算完毕后,申请办理注销登记。公司未经清算即办理注销登记,导致公司无法进行清算,债权人主张有限责任公司的股东、股份有限公司的董事和控股股东,以及公司的实际控制人对公司债务承担清偿责任的,人民法院应依法予以支持。

公司未经依法清算即办理注销登记,股东或者第三人在公司登记机关办理注销登记时承诺对公司债务承担责任,债权人主张其对公司债务承担相应民事责任的,人民法院应依法予以支持。

第二十一条 按照本规定第十八条和第二十条第一款的规定应当承担责任的有限责任公司的股东、股份有限公司的董事和控股股东,以及公司的实际控制人为二人以上的,其中一人或者数人依法承担民事责任后,主张其他人员按照过错大小分担责任的,人民法院应依法予以支持。

第二十二条 公司解散时,股东尚未缴纳的出资均应作为清算财产。股东尚未缴纳的出资,包括到期应缴未缴的出资,以及依照公司法第二十六条和第八十条(现为第四十七条和第九十六条)的规定分期缴纳尚未届满缴纳期限的出资。

公司财产不足以清偿债务时,债权人主张未缴出资股东,以及公司设立时的其他股东或者发起人在未缴出资范围内对公司债务承担连带清偿责任的,人民法院应依法予以支持。

《九民纪要》

14.【怠于履行清算义务的认定】公司法司法解释(二)第18条第2款规定的"怠于履行义务",是指有限责任公司的股东在法定清算事由出现后,在能够履行清算义务的情况下,故意拖延、拒绝履行清算义务,或者因过失导致无法进行清算的消极行为。股东举证证明其已经为履行清算义务采取了积极措施,或者小股东举证证明其既不是公司董事会或者监事会成员,也没有选派人员担任该机关成员,且从未参与公司经营管理,以不构成"怠于履行义务"为由,主张其不应当对公司债务承担连带清偿责任的,人民法院依法予以支持。

15.【因果关系抗辩】有限责任公司的股东举证证明其"怠于履行义务"的消极不作为与"公司主要财产、账册、重要文件等灭失,无法进行清算"的结果之间没有因果关系,主张其不应对公司债务承担连带清偿责任的,人民法院依法予以支持。

16.【诉讼时效期间】公司债权人请求股东对公司债务承担连带清偿责任,股东以其对公司的债权已经超过诉讼时效期间为由抗辩,经查证属实的,人民法院依法予以支持。

公司债权人以公司法司法解释(二)第18条第2款为依据,请求有限责任公司的股东对公司债务承担连带清偿责任的,诉讼时效期间自公司债权人知道或者应当知道公司无法进行清算之日起计算。

(2)清算组的职责

第二百三十四条 清算组在清算期间行使下列职权：
（一）清理公司财产，分别编制资产负债表和财产清单；
（二）通知、公告债权人；
（三）处理与清算有关的公司未了结的业务；
（四）清缴所欠税款以及清算过程中产生的税款；
（五）清理债权、债务；
（六）分配公司清偿债务后的剩余财产；
（七）代表公司参与民事诉讼活动。〔2017 年真题~司法解散判决后的公司清算与注销问题〕

(3)申报债权

第二百三十五条 清算组应当自成立之日起十日内通知债权人，并于六十日内在报纸上或者国家企业信用信息公示系统公告。债权人应当自接到通知之日起三十日内，未接到通知的自公告之日起四十五日内，向清算组申报其债权。

债权人申报债权，应当说明债权的有关事项，并提供证明材料。清算组应当对债权进行登记。

在申报债权期间，清算组不得对债权人进行清偿。

《公司法解释（二）》

第十三条 债权人在规定的期限内未申报债权，在公司清算程序终结前补充申报的，清算组应予登记。

公司清算程序终结，是指清算报告经股东会、股东大会或者人民法院确认完毕。

第十四条 债权人补充申报的债权，可以在公司尚未分配财产中依法清偿。公司尚未分配财产不能全额清偿，债权人主张股东以其在剩余财产分配中已经取得的财产予以清偿的，人民法院应予支持；但债权人因重大过错未在规定期限内申报债权的除外。

债权人或者清算组，以公司尚未分配财产和股东在剩余财产分配中已经取得的财产，不能全额清偿补充申报的债权为由，向人民法院提出破产清算申请的，人民法院不予受理。

(4)清算方案与财产分配顺序

第二百三十六条 清算组在清理公司财产、编制资产负债表和财产清单后，应当制订清算方案，并报股东会或者人民法院确认。

公司财产在分别支付清算费用、职工的工资、社会保险费用和法定补偿金，缴纳所欠税款，清偿公司债务后的剩余财产，有限责任公司按照股东的出资比例分配，股份有限公司按照股东持有的股份比例分配。

清算期间，公司存续，但不得开展与清算无关的经营活动。公司财产在未依照前款规定清偿前，不得分配给股东。

(5)清算转破产

第二百三十七条 清算组在清理公司财产、编制资产负债表和财产清单后，发现公司财产不足清偿债务的，应当依法向人民法院申请破产清算。

人民法院受理破产申请后，清算组应当将清算事务移交给人民法院指定的破产管理人。〔2017 年真题~司法解散判决后的公司清算与注销问题〕

(6)注销登记

第二百三十九条 公司清算结束后，清算组应当制作清算报告，报股东会或者人民法院确认，并报送公司登记机关，申请注销公司登记。〔2017 年真题~司法解散判决后的公司清算与注销问题〕

第二百四十条 公司在存续期间未产生债务，或者已清偿全部债务的，经全体股东承诺，可以按照规定通过简易程序注销公司登记。

通过简易程序注销公司登记，应当通过国家企业信用信息公示系统予以公告，公告期限不少于二十日。公告期限届满后，未有异议的，公司可以在二十日内向公司登记机关申请注销登记。

公司通过简易程序注销公司登记，股东对本条第一款规定的内容承诺不实的，应当对注销登记前的债务承担连带责任。

第二百四十一条 公司被吊销营业执照、责令关闭或者被撤销，满三年未向公司登记机关申请注销登记的，公司登记机关可以通过国家企业信用信息公示系统予以公告，公告期限不少于六十日。公告期限届满后，未有异议的，公司登记机关可以注销公司登记。

依照前款规定注销公司登记的，原公司股东、清算义务人的责任不受影响。

考点 22 有限责任公司的设立

第四十二条 有限责任公司由一个以上五十个以下股东出资设立。

第四十七条 有限责任公司的注册资本为在公司登记机关登记的全体股东认缴的出资额。全体股东认缴的出资额由股东按照公司章程的规定自公司成立之日起五年内缴足。

法律、行政法规以及国务院决定对有限责任公司注册资本实缴、注册资本最低限额、股东出资期限另有规定的，从其规定。

考点 23 有限责任公司的股权转让

(一)一般规定

第八十四条 有限责任公司的股东之间可以相互转让其全部或者部分股权。

股东向股东以外的人转让股权的，应当将股权转让的数量、价格、支付方式和期限等事项书面通知其他股东，其他股东在同等条件下有优先购买权。股东自接到书面通知之日起三十日内未答复的，视为放弃优先购买权。两个以上股东行使优先购买权的，协商确定各自的购买比例；协商不成的，按照转让时各自的出资比例行使优先购买权。

公司章程对股权转让另有规定的，从其规定。〔2023 年回忆~股权转让;2020 年回忆~股权转让;2018 年回忆~股权对外转让;2010 年真题~股权对内转让〕

《公司法解释（四）》

第十八条 人民法院在判断是否符合公司法第七十一条第三款(现为第八十四条第二款)及本规定所称的"同等条件"时，应当考虑转让股权的数量、价格、支付方式及期限等因素。

第二十一条 有限责任公司的股东向股东以外的人转让股权，未就其股权转让事项征求其他股东意见，或者以欺诈、恶意串通等手段，损害其他股东优先购买权，其他股东主张按照同等条件购买该转让股权的，人民法院应当予以支持，但其他股东自知道或者应当知道行使优先购买权的同等条件之日起三十日内没有主张，或者自股权变更登记之日起超过一年的除外。

前款规定的其他股东仅提出确认股权转让合同及股权变动效力等请求，未同时主张按照同等条件购买转让股权的，人民法院不予支持，但其他股东非因自身原因导致无法行使优先购买权，请求损害赔偿的除外。

股东以外的股权受让人，因股东行使优先购买权而不能实现合同目的的，可以依法请求转让股东承担相应民事责任。

《民法典》

第三百一十一条 [善意取得] 无处分权人将不动产或者动产转让给受让人的，所有权人有权追回；除法律另有规定外，符合下列情形的，受让人取得该不动产或者动产的所有权：

（一）受让人受让该不动产或者动产时是善意；

（二）以合理的价格转让；

（三）转让的不动产或者动产依照法律规定应当登记的已经登记，不需要登记的已经交付给受让人。

受让人依据前款规定取得不动产或者动产的所有权的，原所有权人有权向无处分权人请求损害赔偿。

当事人善意取得其他物权的，参照适用前两款规定。

[2019年回忆~名义股东处分其名下股权；2017年真题~股权对外转让，股权的善意取得]

第四百四十三条 [基金份额质权、股权质权] 以基金份额、股权出质的，质权自办理出质登记时设立。

基金份额、股权出质后，不得转让，但是出质人与质权人协商同意的除外。出质人转让基金份额、股权所得的价款，应当向质权人提前清偿债务或者提存。[2019年回忆~股权质押；2012年真题~股权质押]

《民法典担保制度解释》

第六十三条 债权人与担保人订立担保合同，约定以法律、行政法规尚未规定可以担保的财产权利设立担保，当事人主张合同无效的，人民法院不予支持。当事人未在法定的登记机构依法进行登记，主张该担保具有物权效力的，人民法院不予支持。

第六十八条 债务人或者第三人与债权人约定将财产形式上转移至债权人名下，债务人不履行到期债务，债权人有权对财产折价或者以拍卖、变卖该财产所得价款偿还债务的，人民法院应当认定该约定有效。当事人已经完成财产权利变动的公示，债务人不履行到期债务，债权人请求参照民法典关于担保物权的有关规定就该财产优先受偿的，人民法院应予支持。

债务人或者第三人与债权人约定将财产形式上转移至债权人名下，债务人不履行到期债务，财产归债权人所有的，人民法院应当认定该约定无效，但是不影响当事人有关提供担保的意思表示的效力。当事人已经完成财产权利变动的公示，债务人不履行到期债务，债权人请求对该财产享有所有权的，人民法院不予支持；债权人请求参照民法典关于担保物权的规定对财产折价或者以拍卖、变卖该财产所得的价款优先受偿的，人民法院应予支持；债务人履行债务后请求返还财产，或者请求对财产折价或者以拍卖、变卖所得的价款清偿债务的，人民法院应予支持。

债务人与债权人约定将财产转移至债权人名下，在一定期间后再由债务人或者其指定的第三人以交易本金加上溢价款回购，债务人到期不履行回购义务，财产归债权人所有的，人民法院应当参照第二款规定处理。回购对象自始不存在的，人民法院应当依照民法典第一百四十六条第二款的规定，按照其实际构成的法律关系处理。[2022年回忆~股权让与担保；2021年回忆~股权让与担保]

第六十九条 股东以将其股权转移至债权人名下的方式为债务履行提供担保，公司或者公司的债权人以股东未履行或者未全面履行出资义务、抽逃出资等为由，请求作为名义股东的债权人与股东承担连带责任的，人民法院不予支持。[2021年回忆~股权让与担保]

《民法典婚姻家庭编解释（一）》

第七十三条 人民法院审理离婚案件，涉及分割夫妻共同财产中以一方名义在有限责任公司的出资额，另一方不是该公司股东的，按以下情形分别处理：

（一）夫妻双方协商一致将出资部分或者全部转让给该股东的配偶，其他股东过半数同意，并且其他股东均明确表示放弃优先购买权的，该股东的配偶可以成为该公司股东；

（二）夫妻双方就出资额转让份额和转让价格等事项协商一致后，其他股东半数以上不同意转让，但愿意以同等条件购买该出资额的，人民法院可以对转让出资所得财产进行分割。其他股东半数以上不同意转让，也不愿意以同等条件购买该出资额的，视为其同意转让，该股东的配偶可以成为该公司股东。

用于证明前款规定的股东同意的证据，可以是股东会议材料，也可以是当事人通过其他合法途径取得的股东的书面声明材料。

(二)股权的强制执行

第八十五条 人民法院依照法律规定的强制执行程序转让股东的股权时，应当通知公司及全体股东，其他股东在同等条件下有优先购买权。其他股东自人民法院通知之日起满二十日不行使优先购买权的，视为放弃优先购买权。

(三)股权转让与股东身份

第八十六条 股东转让股权的，应当书面通知公司，请求变更股东名册；需要办理变更登记的，并请求公司向公司登记机关办理变更登记。公司拒绝或者在合理期限内不予答复的，转让人、受让人可以依法向人民法院提起诉讼。

股权转让的，受让人自记载于股东名册时起可以向公司主张行使股东权利。

第八十七条 依照本法转让股权后，公司应当及时注销原股东的出资证明书,向新股东签发出资证明书,并相应修改公司章程和股东名册中有关股东及其出资额的记载。对公司章程的该项修改不需再由股东会表决。

《公司法解释(三)》

第二十七条 股权转让后尚未向公司登记机关办理变更登记,原股东将仍登记于其名下的股权转让、质押或者以其他方式处分,受让股东以其对于股权享有实际权利为由,请求认定处分股权行为无效的,人民法院可以参照民法典第三百一十一条的规定处理。

原股东处分股权造成受让股东损失,受让股东请求原股东承担赔偿责任、对于未及时办理变更登记有过错的董事、高级管理人员或者实际控制人承担相应责任的,人民法院应予支持;受让股东对于未及时办理变更登记也有过错的,可以适当减轻上述董事、高级管理人员或者实际控制人的责任。〔2016 年真题~股东投资与借贷的区别;2013 年真题~股东的股权取得方式〕

(四)股权转让与出资责任

第八十八条 股东转让已认缴出资但未届出资期限的股权的,由受让人承担缴纳该出资的义务;受让人未按期足额缴纳出资的,转让人对受让人未按期缴纳的出资承担补充责任。

未按照公司章程规定的出资日期缴纳出资或者作为出资的非货币财产的实际价额显著低于所认缴的出资额的股东转让股权的,转让人与受让人在出资不足的范围内承担连带责任;受让人不知道且不应当知道存在上述情形的,由转让人承担责任。

考点24 有限责任公司的股权回购

第八十九条 有下列情形之一的,对股东会该项决议投反对票的股东可以请求公司按照合理的价格收购其股权:

(一)公司连续五年不向股东分配利润,而公司该五年连续盈利,并且符合本法规定的分配利润条件;

(二)公司合并、分立、转让主要财产;

(三)公司章程规定的营业期限届满或者章程规定的其他解散事由出现,股东会通过决议修改章程使公司存续。

自股东会决议作出之日起六十日内,股东与公司不能达成股权收购协议的,股东可以自股东会决议作出之日起九十日内向人民法院提起诉讼。

公司的控股股东滥用股东权利,严重损害公司或者其他股东利益的,其他股东有权请求公司按照合理的价格收购其股权。

公司因本条第一款、第三款规定的情形收购的本公司股权,应当在六个月内依法转让或者注销。

《公司法解释(二)》

第五条 人民法院审理解散公司诉讼案件,应当注重调解。当事人协商同意由公司或者股东收购股份,或者以减资等方式使公司存续,且不违反法律、行政法规强制性规定的,人民法院应予支持。当事人不能协商一致使公司存续的,人民法院应当及时判决。

经人民法院调解公司收购原告股份的,公司应当自调解书生效之日起六个月内将股份转让或者注销。股份转让或者注销之前,原告不得以公司收购其股份为由对抗公司债权人。〔2017 年真题~有限责任公司股权回购;2010 年真题~股东出资的继承〕

考点26 股份有限公司的设立

第九十一条 设立股份有限公司,可以采取发起设立或者募集设立的方式。

发起设立,是指由发起人认购设立公司时应发行的全部股份而设立公司。

募集设立,是指由发起人认购设立公司时应发行股份的一部分,其余股份向特定对象募集或者向社会公开募集而设立公司。

第九十二条 设立股份有限公司,应当有一人以上二百人以下为发起人,其中应当有半数以上的发起人在中华人民共和国境内有住所。

第九十三条 股份有限公司发起人承担公司筹办事务。

发起人应当签订发起人协议,明确各自在公司设立过程中的权利和义务。

第九十六条 股份有限公司的注册资本为在公司登记机关登记的已发行股份的股本总额。在发起人认购的股份缴足前,不得向他人募集股份。

法律、行政法规以及国务院决定对股份有限公司注册资本最低限额另有规定的,从其规定。

第九十七条 以发起设立方式设立股份有限公司的,发起人应当认足公司章程规定的公司设立时应发行的股份。

以募集设立方式设立股份有限公司的,发起人认购的股份不得少于公司章程规定的公司设立时应发行股份总数的百分之三十五;但是,法律、行政法规另有规定的,从其规定。

第九十八条 发起人应当在公司成立前按照其认购的股份全额缴纳股款。

发起人的出资,适用本法第四十八条、第四十九条第二款关于有限责任公司股东出资的规定。

第九十九条 发起人不按照其认购的股份缴纳股款,或者作为出资的非货币财产的实际价额显著低于所认购的股份的,其他发起人与该发起人在出资不足的范围内承担连带责任。

第一百零一条 向社会公开募集股份的股款缴足后,应当经依法设立的验资机构验资并出具证明。

第一百零三条 募集设立股份有限公司的发起人应当自公司设立时应发行的股款缴足之日起三十日内召开公司成立大会。发起人应当在成立大会召开十五日前将会议日期通知各认股人或者予以公告。成立大会应当有持有表决权过半数的认股人出席,方可举行。

以发起设立方式设立股份有限公司成立大会的召开和表决程序由公司章程或者发起人协议规定。

考点 27 股份有限公司的股份转让
(一)原则
第一百五十七条 股份有限公司的股东持有的股份可以向其他股东转让,也可以向股东以外的人转让;公司章程对股份转让有限制的,其转让按照公司章程的规定进行。
(二)转让限制
第一百六十条 公司公开发行股份前已发行的股份,自公司股票在证券交易所上市交易之日起一年内不得转让。法律、行政法规或者国务院证券监督管理机构对上市公司的股东、实际控制人转让其所持有的本公司股份另有规定的,从其规定。

公司董事、监事、高级管理人员应当向公司申报所持有的本公司的股份及其变动情况,在就任时确定的任职期间每年转让的股份不得超过其所持有本公司股份总数的百分之二十五;所持本公司股份自公司股票上市交易之日起一年内不得转让。上述人员离职后半年内,不得转让其所持有的本公司股份。公司章程可以对公司董事、监事、高级管理人员转让其所持有的本公司股份作出其他限制性规定。

股份在法律、行政法规规定的限制转让期限内出质的,质权人不得在限制转让期限内行使质权。

(三)财务资助禁止与例外
第一百六十三条 公司不得为他人取得本公司或者其母公司的股份提供赠与、借款、担保以及其他财务资助,公司实施员工持股计划的除外。

为公司利益,经股东会决议,或者董事会按照公司章程或者股东会的授权作出决议,公司可以为他人取得本公司或者其母公司的股份提供财务资助,但财务资助的累计总额不得超过已发行股本总额的百分之十。董事会作出决议应当经全体董事的三分之二以上通过。

违反前两款规定,给公司造成损失的,负有责任的董事、监事、高级管理人员应当承担赔偿责任。

考点 28 股份有限公司的股份回购
(一)异议股东回购请求权
第一百六十一条 有下列情形之一的,对股东会该项决议投反对票的股东可以请求公司按照合理的价格收购其股份,公开发行股份的公司除外:
(一)公司连续五年不向股东分配利润,而公司该五年连续盈利,并且符合本法规定的分配利润条件的;
(二)公司转让主要财产;
(三)公司章程规定的营业期限届满或者章程规定的其他解散事由出现,股东会通过决议修改章程使公司存续。

自股东会决议作出之日起六十日内,股东与公司不能达成股份收购协议的,股东可以自股东会决议作出之日起九十日内向人民法院提起诉讼。

公司因本条第一款规定的情形收购本公司股份的,应当在六个月内依法转让或者注销。

(二)回购股份的限制
第一百六十二条 公司不得收购本公司股份。但是,有下列情形之一的除外:
(一)减少公司注册资本;
(二)与持有本公司股份的其他公司合并;
(三)将股份用于员工持股计划或者股权激励;
(四)股东因对股东会作出的公司合并、分立决议持异议,要求公司收购其股份;
(五)将股份用于转换公司发行的可转换为股票的公司债券;
(六)上市公司为维护公司价值及股东权益所必需。

公司因前款第一项、第二项规定的情形收购本公司股份的,应当经股东会决议;公司因前款第三项、第五项、第六项规定的情形收购本公司股份的,可以按照公司章程或者股东会的授权,经三分之二以上董事出席的董事会会议决议。

公司依照本条第一款规定收购本公司股份后,属于第一项情形的,应当自收购之日起十日内注销;属于第二项、第四项情形的,应当在六个月内转让或者注销;属于第三项、第五项、第六项情形的,公司合计持有的本公司股份数不得超过本公司已发行股份总数的百分之十,并应当在三年内转让或者注销。

上市公司收购本公司股份的,应当依照《中华人民共和国证券法》的规定履行信息披露义务。上市公司因本条第一款第三项、第五项、第六项规定的情形收购本公司股份的,应当通过公开的集中交易方式进行。

公司不得接受本公司的股份作为质权的标的。

考点 29 上市公司特殊规定
第一百三十五条 上市公司在一年内购买、出售重大资产或者向他人提供担保的金额超过公司资产总额百分之三十的,应当由股东会作出决议,并经出席会议的股东所持表决权的三分之二以上通过。

第一百三十七条 上市公司在董事会中设置审计委员会的,董事会对下列事项作出决议前应当经审计委员会全体成员过半数通过:
(一)聘用、解聘承办公司审计业务的会计师事务所;
(二)聘任、解聘财务负责人;
(三)披露财务会计报告;
(四)国务院证券监督管理机构规定的其他事项。

第一百三十八条 上市公司设董事会秘书,负责公司股东会和董事会会议的筹备、文件保管以及公司股东资料的管理,办理信息披露事务等事宜。

第一百三十九条 上市公司董事与董事会会议决议事项所涉及的企业或者个人有关联关系的,该董事应当及时向董事会书面报告。有关联关系的董事不得对该项决议行使表决权,也不得代理其他董事行使表决权。该董事会会议由过半数的无关联关系董事出席即可举行,董事会会议所作决议须经无关联关系董事过半数通过。出席董事会会议的无关联关系董事人数不足三人的,应当将该事项提交上市公司股东会审议。

第一百四十条　上市公司应当依法披露股东、实际控制人的信息,相关信息应当真实、准确、完整。

禁止违反法律、行政法规的规定代持上市公司股票。

第一百四十一条　上市公司控股子公司不得取得该上市公司的股份。

上市公司控股子公司因公司合并、质权行使等原因持有上市公司股份的,不得行使所持股份对应的表决权,并应当及时处分相关上市公司股份。

专题二　合伙企业法

考点30　普通合伙企业

(一)合伙企业的分类与合伙人

第二条　[合伙企业的概念与分类]本法所称合伙企业,是指自然人、法人和其他组织依照本法在中国境内设立的普通合伙企业和有限合伙企业。

普通合伙企业由普通合伙人组成,合伙人对合伙企业债务承担无限连带责任。本法对普通合伙人承担责任的形式有特别规定的,从其规定。

有限合伙企业由普通合伙人和有限合伙人组成,普通合伙人对合伙企业债务承担无限连带责任,有限合伙人以其认缴的出资额为限对合伙企业债务承担责任。

第三条　[普通合伙人的资格限制]国有独资公司、国有企业、上市公司以及公益性的事业单位、社会团体不得成为普通合伙人。

第三十九条　[合伙人的无限连带责任]合伙企业不能清偿到期债务的,合伙人承担无限连带责任。

(二)合伙企业的出资方式

第十六条　[出资方式]合伙人可以用货币、实物、知识产权、土地使用权或者其他财产权利出资,也可以用劳务出资。

合伙人以实物、知识产权、土地使用权或者其他财产权利出资,需要评估作价的,可以由全体合伙人协商确定,也可以由全体合伙人委托法定评估机构评估。

合伙人以劳务出资的,其评估办法由全体合伙人协商确定,并在合伙协议中载明。

第十七条　[出资义务的履行]合伙人应当按照合伙协议约定的出资方式、数额和缴付期限,履行出资义务。

以非货币财产出资的,依照法律、行政法规的规定,需要办理财产权转移手续的,应当依法办理。

(三)合伙企业的财产

第二十一条　[禁止清算前分割合伙财产]合伙人在合伙企业清算前,不得请求分割合伙企业的财产;但是,本法另有规定的除外。

合伙人在合伙企业清算前私自转移或者处分合伙企业财产,合伙企业不得以此对抗善意第三人。

第二十二条　[合伙人在合伙企业中财产份额的转让]除合伙协议另有约定外,合伙人向合伙人以外的人转让其在合伙企业中的全部或者部分财产份额时,须经其他合伙人一致同意。

合伙人之间转让在合伙企业中的全部或者部分财产份额时,应当通知其他合伙人。

第二十三条　[合伙人的优先购买权]合伙人向合伙人以外的人转让其在合伙企业中的财产份额的,在同等条件下,其他合伙人有优先购买权;但是,合伙协议另有约定的除外。

第二十五条　[合伙财产份额的出质]合伙人以其在合伙企业中的财产份额出质的,须经其他合伙人一致同意;未经其他合伙人一致同意,其行为无效,由此给善意第三人造成损失的,由行为人依法承担赔偿责任。

(四)合伙事务的执行

第二十六条　[合伙事务的执行]合伙人对执行合伙事务享有同等的权利。

按照合伙协议的约定或者经全体合伙人决定,可以委托一个或者数个合伙人对外代表合伙企业,执行合伙事务。

作为合伙人的法人、其他组织执行合伙事务的,由其委派的代表执行。

第二十七条　[不执行合伙事务的合伙人的权利]依照本法第二十六条第二款规定委托一个或者数个合伙人执行合伙事务的,其他合伙人不再执行合伙事务。

不执行合伙事务的合伙人有权监督执行事务合伙人执行合伙事务的情况。

第二十八条第一款　[执行人的权利义务]由一个或者数个合伙人执行合伙事务的,执行事务合伙人应当定期向其他合伙人报告事务执行情况以及合伙企业的经营和财务状况,其执行合伙事务所产生的收益归合伙企业,所产生的费用和亏损由合伙企业承担。

第二十九条　[提出异议权与委托的撤销]合伙人分别执行合伙事务的,执行事务合伙人可以对其他合伙人执行的事务提出异议。提出异议时,应当暂停该项事务的执行。如果发生争议,依照本法第三十条规定作出决定。

受委托执行合伙事务的合伙人不按照合伙协议或者全体合伙人的决定执行事务的,其他合伙人可以决定撤销该委托。

第三十五条　[经营管理人员的权限与责任]被聘任的合伙企业的经营管理人员应当在合伙企业授权范围内履行职务。

被聘任的合伙企业的经营管理人员,超越合伙企业授权范围履行职务,或者在履行职务过程中因故意或者重大过失给合伙企业造成损失的,依法承担赔偿责任。

第三十七条　[合伙人执行合伙事务的对外效力]合伙企业对合伙人执行合伙事务以及对外代表合伙企业权利的限制,不得对抗善意第三人。

第七十六条　[表见普通合伙]第三人有理由相信有限合伙人为普通合伙人并与其交易的,该有限合伙人对该笔交易承担与普通合伙人同样的责任。

有限合伙人未经授权以有限合伙企业名义与他人进行交易,给有限合伙企业或者其他合伙人造成损失的,该有限合伙人应当承担赔偿责任。

(五)议事规则

第三十条 [合伙人对合伙企业有关事项作出决议的表决办法] 合伙人对合伙企业有关事项作出决议,按照合伙协议约定的表决办法办理。合伙协议未约定或者约定不明确的,实行合伙人<u>一人一票并经全体合伙人过半数通过</u>的表决办法。

本法对合伙企业的表决办法另有规定的,从其规定。

第三十一条 [应当经全体合伙人一致同意的事项] 除合伙协议另有约定外,合伙企业的下列事项应当经全体合伙人一致同意:

(一)改变合伙企业的名称;

(二)改变合伙企业的经营范围、主要经营场所的地点;

(三)处分合伙企业的不动产;

(四)转让或者处分合伙企业的知识产权和其他财产权利;

(五)以合伙企业名义为他人提供担保;

(六)聘任合伙人以外的人担任合伙企业的经营管理人员。

第三十三条 [合伙企业的利润分配与亏损分担] 合伙企业的利润分配、亏损分担,按照合伙协议的约定办理;合伙协议未约定或者约定不明确的,由合伙人协商决定;协商不成的,由合伙人按照实缴出资比例分配、分担;无法确定出资比例的,由合伙人平均分配、分担。

合伙协议<u>不得约定将全部利润分配给部分合伙人或者由部分合伙人承担全部亏损</u>。

第四十条 [追偿权] 合伙人由于承担无限连带责任,清偿数额超过本法第三十三条第一款规定的其亏损分担比例的,有权向其他合伙人追偿。

第五十四条 [合伙人退伙时对合伙企业亏损的分担] 合伙人退伙时,合伙企业财产少于合伙企业债务的,退伙人应当依照本法第三十三条第一款的规定分担亏损。

(六)自我交易与同业竞争

第三十二条 [合伙人的竞业禁止义务与自我交易的限制] 合伙人不得自营或者同他人合作经营与本合伙企业相竞争的业务。

除合伙协议另有约定或者经全体合伙人一致同意外,合伙人不得同本合伙企业进行交易。

合伙人不得从事损害本合伙企业利益的活动。

第七十条 [有限合伙人的自我交易] 有限合伙人可以同本有限合伙企业进行交易;但是,合伙协议另有约定的除外。

第七十一条 [有限合伙人的竞业经营权] 有限合伙人可以自营或者同他人合作经营与本有限合伙企业相竞争的业务;但是,合伙协议另有约定的除外。

(七)合伙人个人债务清偿

第四十一条 [合伙人自身债务与合伙企业债务的关系] 合伙人发生与合伙企业无关的债务,相关债权人不得以其债权抵销其对合伙企业的债务;也不得代位行使合伙人在合伙企业中的权利。

第四十二条 [合伙人自身债务的清偿及对其财产份额的强制执行] 合伙人的自有财产不足清偿其与合伙企业无关的债务的,该合伙人可以以其从合伙企业中分取的收益用于清偿;债权人也可以依法请求人民法院强制执行该合伙人在合伙企业中的财产份额用于清偿。

人民法院强制执行合伙人的财产份额时,应当通知全体合伙人,其他合伙人有<u>优先购买权</u>;其他合伙人未购买,又不同意将该财产份额转让给他人的,依照本法第五十一条的规定为该合伙人办理退伙结算,或者办理削减该合伙人相应财产份额的结算。

第七十四条 [财产份额的强制执行] 有限合伙人的自有财产不足清偿其与合伙企业无关的债务的,该合伙人可以以其从有限合伙企业中分取的收益用于清偿;债权人也可以依法请求人民法院强制执行该合伙人在有限合伙企业中的财产份额用于清偿。

人民法院强制执行有限合伙人的财产份额时,应当通知全体合伙人。在同等条件下,其他合伙人有<u>优先购买权</u>。

(八)普通合伙企业的入伙、退伙

第四十三条 [入伙的条件与原合伙人的告知义务] 新合伙人入伙,除合伙协议另有约定外,应当经全体合伙人<u>一致同意</u>,并依法订立书面入伙协议。

订立入伙协议时,原合伙人应当向新合伙人如实告知原合伙企业的经营状况和财务状况。

第四十四条 [新合伙人的权利与义务] 入伙的新合伙人与原合伙人享有同等权利,承担同等责任。入伙协议另有约定的,从其约定。

新合伙人对入伙前合伙企业的债务承担<u>无限连带</u>责任。

第四十五条 [约定合伙期限内的法定退伙] 合伙协议约定合伙期限的,在合伙企业存续期间,有下列情形之一的,合伙人可以退伙:

(一)合伙协议约定的退伙事由出现;

(二)经全体合伙人一致同意;

(三)发生合伙人难以继续参加合伙的事由;

(四)其他合伙人严重违反合伙协议约定的义务。

第四十六条 [未约定合伙期限的自由退伙] 合伙协议未约定合伙期限的,合伙人在不给合伙企业事务执行造成不利影响的情况下,可以退伙,但应当<u>提前三十日</u>通知其他合伙人。

第四十八条 [当然退伙] 合伙人有下列情形之一的,当然退伙:

(一)作为合伙人的自然人死亡或者被依法宣告死亡;

(二)个人丧失偿债能力;

(三)作为合伙人的法人或者其他组织依法被吊销营业执照、责令关闭、撤销,或者被宣告破产;

(四)法律规定或者合伙协议约定合伙人必须具有相关资格而丧失该资格;

(五)合伙人在合伙企业中的<u>全部财产份额</u>被人民法

院强制执行。

合伙人被依法认定为无民事行为能力人或者限制民事行为能力人的,经其他合伙人一致同意,可以依法转为有限合伙人,普通合伙企业依法转为有限合伙企业。其他合伙人未能一致同意的,该无民事行为能力或者限制民事行为能力的合伙人退伙。

退伙事由实际发生之日为退伙生效日。

第四十九条 [除名退伙]合伙人有下列情形之一的,经其他合伙人一致同意,可以决议将其除名:

(一)未履行出资义务;

(二)因故意或者重大过失给合伙企业造成损失;

(三)执行合伙事务时有不正当行为;

(四)发生合伙协议约定的事由。

对合伙人的除名决议应当书面通知被除名人。被除名人接到除名通知之日,除名生效,被除名人退伙。

被除名人对除名决议有异议的,可以自接到除名通知之日起三十日内,向人民法院起诉。

第五十条 [合伙财产份额的继承]合伙人死亡或者被依法宣告死亡的,对该合伙人在合伙企业中的财产份额享有合法继承权的继承人,按照合伙协议的约定或者经全体合伙人一致同意,从继承开始之日起,取得该合伙企业的合伙人资格。

有下列情形之一的,合伙企业应当向合伙人的继承人退还被继承合伙人的财产份额:

(一)继承人不愿意成为合伙人;

(二)法律规定或者合伙协议约定合伙人必须具有相关资格,而该继承人未取得该资格;

(三)合伙协议约定不能成为合伙人的其他情形。

合伙人的继承人为无民事行为能力人或者限制民事行为能力人的,经全体合伙人一致同意,可以依法成为有限合伙人,普通合伙企业依法转为有限合伙企业。全体合伙人未能一致同意的,合伙企业应当将被继承合伙人的财产份额退还该继承人。

第五十三条 [退伙人对合伙企业债务的责任]退伙人对基于其退伙前的原因发生的合伙企业债务,承担无限连带责任。

考点31 特殊的普通合伙企业

第五十五条 [特殊的普通合伙企业的设立及其特点]以专业知识和专门技能为客户提供有偿服务的专业服务机构,可以设立为特殊的普通合伙企业。

特殊的普通合伙企业是指合伙人依照本法第五十七条的规定承担责任的普通合伙企业。

特殊的普通合伙企业适用本节规定;本节未作规定的,适用本章第一节至第五节的规定。

第五十七条 [合伙人的责任形式]一个合伙人或者数个合伙人在执业活动中因故意或者重大过失造成合伙企业债务的,应当承担无限责任或者无限连带责任,其他合伙人以其在合伙企业中的财产份额为限承担责任。

合伙人在执业活动中非因故意或者重大过失造成的合伙企业债务以及合伙企业的其他债务,由全体合伙人承担无限连带责任。

第五十八条 [合伙人对合伙企业的过错赔偿责任]合伙人执业活动中因故意或者重大过失造成的合伙企业债务,以合伙企业财产对外承担责任后,该合伙人应当按照合伙协议的约定对给合伙企业造成的损失承担赔偿责任。

考点32 有限合伙企业

(一)有限合伙企业的入伙、退伙

第六十一条 [合伙人的人数要求]有限合伙企业由二个以上五十个以下合伙人设立;但是,法律另有规定的除外。

有限合伙企业至少应当有一个普通合伙人。

第七十七条 [新入伙的有限合伙人的责任]新入伙的有限合伙人对入伙前有限合伙企业的债务,以其认缴的出资额为限承担责任。

第七十八条 [有限合伙人的当然退伙]有限合伙人有本法第四十八条第一款第一项、第三项至第五项所列情形之一的,当然退伙。

第七十九条 [有限合伙人民事行为能力的丧失]作为有限合伙人的自然人在有限合伙企业存续期间丧失民事行为能力的,其他合伙人不得因此要求其退伙。

第八十条 [有限合伙人资格的继受]作为有限合伙人的自然人死亡、被依法宣告死亡或者作为有限合伙人的法人及其他组织终止时,其继承人或者权利承受人可以依法取得该有限合伙人在有限合伙企业中的资格。

第八十一条 [有限合伙人退伙时的责任]有限合伙人退伙后,对基于其退伙前的原因发生的有限合伙企业债务,以其退伙时从有限合伙企业中取回的财产承担责任。

(二)有限合伙人的出资与财产份额

第六十四条 [有限合伙人的出资方式]有限合伙人可以用货币、实物、知识产权、土地使用权或者其他财产权利作价出资。

有限合伙人不得以劳务出资。

第七十二条 [有限合伙人的财产份额出质]有限合伙人可以将其在有限合伙企业中的财产份额出质;但是,合伙协议另有约定的除外。

第七十三条 [有限合伙人的财产份额转让]有限合伙人可以按照合伙协议的约定向合伙人以外的人转让其在有限合伙企业中的财产份额,但应当提前三十日通知其他合伙人。

(三)有限合伙人与普通合伙人的转换

第八十二条 [合伙人类型转变的条件]除合伙协议另有约定外,普通合伙人转变为有限合伙人,或者有限合伙人转变为普通合伙人,应当经全体合伙人一致同意。

第八十三条 [有限合伙人转变为普通合伙人时的债务责任]有限合伙人转变为普通合伙人的,对其作为有限合伙人期间有限合伙企业发生的债务承担无限连带责任。

第八十四条 [普通合伙人转变为有限合伙人时的债务责任]普通合伙人转变为有限合伙人的,对其作为普通合伙人期间合伙企业发生的债务承担无限连带责任。

(四)有限合伙人合伙事务的执行

第六十八条 [有限合伙人合伙事务执行的禁止]有限合伙人不执行合伙事务,不得对外代表有限合伙企业。

有限合伙人的下列行为,不视为执行合伙事务:
(一)参与决定普通合伙人入伙、退伙;
(二)对企业的经营管理提出建议;
(三)参与选择承办有限合伙企业审计业务的会计师事务所;
(四)获取经审计的有限合伙企业财务会计报告;
(五)对涉及自身利益的情况,查阅有限合伙企业财务会计账簿等财务资料;
(六)在有限合伙企业中的利益受到侵害时,向有责任的合伙人主张权利或者提起诉讼;
(七)执行事务合伙人怠于行使权利时,督促其行使权利或者为了本企业的利益以自己的名义提起诉讼;
(八)依法为本企业提供担保。

考点33 合伙的解散与清算

第八十六条 [清算人的担任]合伙企业解散,应当由清算人进行清算。

清算人由全体合伙人担任;经全体合伙人过半数同意,可以自合伙企业解散事由出现后十五日内指定一个或者数个合伙人,或者委托第三人,担任清算人。

自合伙企业解散事由出现之日起十五日内未确定清算人的,合伙人或者其他利害关系人可以申请人民法院指定清算人。

第八十九条 [清偿顺序]合伙企业财产在支付清算费用和职工工资、社会保险费用、法定补偿金以及缴纳所欠税款、清偿债务后的剩余财产,依照本法第三十三条第一款的规定进行分配。

第九十一条 [合伙企业注销后原普通合伙人的责任]合伙企业注销后,原普通合伙人对合伙企业存续期间的债务仍应承担无限连带责任。

第九十二条 [合伙企业的破产]合伙企业不能清偿到期债务的,债权人可以依法向人民法院提出破产清算申请,也可以要求普通合伙人清偿。

合伙企业依法被宣告破产的,普通合伙人对合伙企业债务仍应承担无限连带责任。

专题三 个人独资企业法

考点34 个人独资企业法

(一)概念

第二条 [个人独资企业的概念]本法所称个人独资企业,是指依照本法在中国境内设立,由一个自然人投资,财产为投资人个人所有,投资人以其个人财产对企业债务承担无限责任的经营实体。

(二)企业设立

第八条 [个人独资企业的设立条件]设立个人独资企业应当具备下列条件:
(一)投资人为一个自然人;
(二)有合法的企业名称;
(三)有投资人申报的出资;
(四)有固定的生产经营场所和必要的生产经营条件;
(五)有必要的从业人员。

第十四条 [个人独资企业的分支机构的设立及其法律地位]个人独资企业设立分支机构,应当由投资人或者其委托的代理人向分支机构所在地的登记机关申请登记,领取营业执照。

分支机构经核准登记后,应将登记情况报该分支机构隶属的个人独资企业的登记机关备案。

分支机构的民事责任由设立该分支机构的个人独资企业承担。

第十六条 [个人独资企业投资人的资格限制]法律、行政法规禁止从事营利性活动的人,不得作为投资人申请设立个人独资企业。

第十七条 [投资人对个人独资企业的财产所有权]个人独资企业投资人对本企业的财产依法享有所有权,其有关权利可以依法进行转让或继承。

(三)投资人的责任

第十八条 [投资人承担无限责任的财产范围]个人独资企业投资人在申请企业设立登记时明确以其家庭共有财产作为个人出资的,应当依法以家庭共有财产对企业债务承担无限责任。

第二十八条 [解散后投资人对个人独资企业债务的偿还责任与责任消灭制度]个人独资企业解散后,原投资人对个人独资企业存续期间的债务仍应承担偿还责任,但债权人在五年内未向债务人提出偿债请求的,该责任消灭。

第三十一条 [投资人的无限责任]个人独资企业财产不足以清偿债务的,投资人应当以其个人的其他财产予以清偿。

(四)事务管理

第十九条 [个人独资企业的事务管理]个人独资企业投资人可以自行管理企业事务,也可以委托或者聘用其他具有民事行为能力的人负责企业的事务管理。

投资人委托或者聘用他人管理个人独资企业事务,应当与受托人或者被聘用的人签订书面合同,明确委托的具体内容和授予的权利范围。

受托人或者被聘用的人员应当履行诚信、勤勉义务,按照与投资人签订的合同负责个人独资企业的事务管理。

投资人对受托人或者被聘用的人员职权的限制,不得对抗善意第三人。

第二十条 [受托人或者被聘用人员的禁止义务]投资人委托或者聘用的管理个人独资企业事务的人员不得有下列行为:

(一)利用职务上的便利,索取或者收受贿赂;
(二)利用职务或者工作上的便利侵占企业财产;
(三)挪用企业的资金归个人使用或者借贷给他人;
(四)擅自将企业资金以个人名义或者以他人名义开立账户储存;
(五)擅自以企业财产提供担保;
(六)未经投资人同意,从事与本企业相竞争的业务;
(七)未经投资人同意,同本企业订立合同或者进行交易;
(八)未经投资人同意,擅自将企业商标或者其他知识产权转让给他人使用;
(九)泄露本企业的商业秘密;
(十)法律、行政法规禁止的其他行为。

第三十八条 [受托人或者被聘用的人违反合同的民事赔偿责任] 投资人委托或者聘用的人员管理个人独资企业事务时违反双方订立的合同,给投资人造成损害的,承担民事赔偿责任。

(五)解散事由

第二十六条 [个人独资企业应当解散的情形] 个人独资企业有下列情形之一时,应当解散:
(一)投资人决定解散;
(二)投资人死亡或者被宣告死亡,无继承人或者继承人决定放弃继承;
(三)被依法吊销营业执照;
(四)法律、行政法规规定的其他情形。

(六)清算

第二十七条 [清算主体与清算程序] 个人独资企业解散,由投资人自行清算或者由债权人申请人民法院指定清算人进行清算。

投资人自行清算的,应当在清算前十五日内书面通知债权人,无法通知的,应当予以公告。债权人应当在接到通知之日起三十日内,未接到通知的应当在公告之日起六十日内,向投资人申报其债权。

第二十九条 [个人独资企业解散时的债务清偿顺序] 个人独资企业解散的,财产应当按照下列顺序清偿:
(一)所欠职工工资和社会保险费用;
(二)所欠税款;
(三)其他债务。

第三十条 [清算期间个人独资企业的法律地位] 清算期间,个人独资企业不得开展与清算目的无关的经营活动。在按前条规定清偿债务前,投资人不得转移、隐匿财产。

专题四　外商投资法

考点35 外商投资法

(一)外商投资促进制度

第九条 外商投资企业依法平等适用国家支持企业发展的各项政策。

第十五条 国家保障外商投资企业依法平等参与标准制定工作,强化标准制定的信息公开和社会监督。国家制定的强制性标准平等适用于外商投资企业。

第十六条 国家保障外商投资企业依法通过公平竞争参与政府采购活动。政府采购依法对外商投资企业在中国境内生产的产品、提供的服务平等对待。

第十七条 外商投资企业可以依法通过公开发行股票、公司债券等证券和其他方式进行融资。

第十八条 县级以上地方人民政府可以根据法律、行政法规、地方性法规的规定,在法定权限内制定外商投资促进和便利化政策措施。

(二)外商投资保护制度

第二十条 国家对外国投资者的投资不实行征收。

在特殊情况下,国家为了公共利益的需要,可以依照法律规定对外国投资者的投资实行征收或者征用。征收、征用应当依照法定程序进行,并及时给予公平、合理的补偿。

第二十一条 外国投资者在中国境内的出资、利润、资本收益、资产处置所得、知识产权许可使用费、依法获得的补偿或者赔偿、清算所得等,可以依法以人民币或者外汇自由汇入、汇出。

第二十二条 国家保护外国投资者和外商投资企业的知识产权,保护知识产权权利人和相关权利人的合法权益;对知识产权侵权行为,严格依法追究法律责任。

国家鼓励在外商投资过程中基于自愿原则和商业规则开展技术合作。技术合作的条件由投资各方遵循公平原则平等协商确定。行政机关及其工作人员不得利用行政手段强制转让技术。

第二十三条 行政机关及其工作人员对于履行职责过程中知悉的外国投资者、外商投资企业的商业秘密,应当依法予以保密,不得泄露或者非法向他人提供。

第二十四条 各级人民政府及其有关部门制定涉及外商投资的规范性文件,应当符合法律法规的规定;没有法律、行政法规依据的,不得减损外商投资企业的合法权益或者增加其义务,不得设置市场准入和退出条件,不得干预外商投资企业的正常生产经营活动。

第二十五条 地方各级人民政府及其有关部门应当履行向外国投资者、外商投资企业依法作出的政策承诺以及依法订立的各类合同。

因国家利益、社会公共利益需要改变政策承诺、合同约定的,应当依照法定权限和程序进行,并依法对外国投资者、外商投资企业因此受到的损失予以补偿。

第二十六条 国家建立外商投资企业投诉工作机制,及时处理外商投资企业或者其投资者反映的问题,协调完善相关政策措施。

外商投资企业或者其投资者认为行政机关及其工作人员的行政行为侵犯其合法权益的,可以通过外商投资企业投诉工作机制申请协调解决。

外商投资企业或者其投资者认为行政机关及其工作人员的行政行为侵犯其合法权益的,除依照前款规定通过外商投资企业投诉工作机制申请协调解决外,还可以依法申请行政复议、提起行政诉讼。

(三)外商投资管理制度

第三十一条 外商投资企业的组织形式、组织机构及其活动准则,适用《中华人民共和国公司法》、《中华人民共和国合伙企业法》等法律的规定。

第三十二条 外商投资企业开展生产经营活动,应当遵守法律、行政法规有关劳动保护、社会保险的规定,依照法律、行政法规和国家有关规定办理税收、会计、外汇等事宜,并接受相关主管部门依法实施的监督检查。

第三十三条 外国投资者并购中国境内企业或者以其他方式参与经营者集中的,应当按照《中华人民共和国反垄断法》的规定接受经营者集中审查。

第三十四条 国家建立外商投资信息报告制度。外国投资者或者外商投资企业应当通过企业登记系统以及企业信用信息公示系统向商务主管部门报送投资信息。

外商投资信息报告的内容和范围按照确有必要的原则确定;通过部门信息共享能够获得的投资信息,不得再行要求报送。

第三十五条 国家建立外商投资安全审查制度,对影响或者可能影响国家安全的外商投资进行安全审查。

依法作出的安全审查决定为最终决定。

第三十六条 外国投资者投资外商投资准入负面清单规定禁止投资的领域的,由有关主管部门责令停止投资活动,限期处分股份、资产或者采取其他必要措施,恢复到实施投资前的状态;有违法所得的,没收违法所得。

外国投资者的投资活动违反外商投资准入负面清单规定的限制性准入特别管理措施的,由有关主管部门责令限期改正,采取必要措施满足准入特别管理措施的要求;逾期不改正的,依照前款规定处理。

外国投资者的投资活动违反外商投资准入负面清单规定的,除依照前两款规定处理外,还应当依法承担相应的法律责任。

第三十七条 外国投资者、外商投资企业违反本法规定,未按照外商投资信息报告制度的要求报送投资信息的,由商务主管部门责令限期改正;逾期不改正的,处十万元以上五十万元以下的罚款。

专题五 企业破产法

考点36 破产原因、破产案件的申请和受理

(一)破产原因

第二条 [适用范围]企业法人不能清偿到期债务,并且资产不足以清偿全部债务或者明显缺乏清偿能力的,依照本法规定清理债务。

企业法人有前款规定情形,或者有明显丧失清偿能力可能的,可以依照本法规定进行重整。

《公司法》

第二百三十七条 清算组在清理公司财产、编制资产负债表和财产清单后,发现公司财产不足清偿债务的,应当依法向人民法院申请破产清算。

人民法院受理破产申请后,清算组应当将清算事务移交给人民法院指定的破产管理人。〔2017年真题~司法解散判决后的公司清算与注销问题〕

《破产法解释(一)》

第一条 债务人不能清偿到期债务并且具有下列情形之一的,人民法院应当认定其具备破产原因:

(一)资产不足以清偿全部债务;

(二)明显缺乏清偿能力。

相关当事人以对债务人的债务负有连带责任的人未丧失清偿能力为由,主张债务人不具有破产原因的,人民法院应不予支持。

第二条 下列情形同时存在的,人民法院应当认定债务人不能清偿到期债务:

(一)债权债务关系依法成立;

(二)债务履行期限已经届满;

(三)债务人未完全清偿债务。

第三条 债务人的资产负债表,或者审计报告、资产评估报告等显示其全部资产不足以偿付全部负债的,人民法院应当认定债务人资产不足以清偿全部债务,但有相反证据足以证明债务人资产能够偿付全部负债的除外。

第四条 债务人账面资产虽大于负债,但存在下列情形之一的,人民法院应当认定其明显缺乏清偿能力:

(一)因资金严重不足或者财产不能变现等原因,无法清偿债务;

(二)法定代表人下落不明且无其他人员负责管理财产,无法清偿债务;

(三)经人民法院强制执行,无法清偿债务;

(四)长期亏损且经营扭亏困难,无法清偿债务;

(五)导致债务人丧失清偿能力的其他情形。

《民诉解释》

第五百一十一条 在执行中,作为被执行人的企业法人符合企业破产法第二条第一款规定情形的,执行法院经申请执行人之一或者被执行人同意,应当裁定中止对该被执行人的执行,将执行案件相关材料移送被执行人住所地人民法院。

第五百一十二条 被执行人住所地人民法院应当自收到执行案件相关材料之日起三十日内,将是否受理破产案件的裁定告知执行法院。不予受理的,应当将相关案件材料退回执行法院。

第五百一十三条 被执行人住所地人民法院裁定受理破产案件的,执行法院应当解除对被执行人财产的保全措施。被执行人住所地人民法院裁定宣告被执行人破产的,执行法院应当裁定终结对该被执行人的执行。

被执行人住所地人民法院不受理破产案件的,执行法院应当恢复执行。

第五百一十四条 当事人不同意移送破产或者被执行人住所地人民法院不受理破产案件的,执行法院就执行变价所得财产,在扣除执行费用及清偿优先受偿的债权后,对于普通债权,按照财产保全和执行申查封、扣押、冻结财产的先后顺序清偿。

《全国法院破产审判工作会议纪要》

32.关联企业实质合并破产的审慎适用。人民法院在审理企业破产案件时,应当尊重企业法人人格的独立性,

以对关联企业成员的破产原因进行单独判断并适用单个破产程序为基本原则。当关联企业成员之间存在法人人格高度混同、区分各关联企业成员财产的成本过高、严重损害债权人公平清偿利益时，可例外适用关联企业实质合并破产方式进行审理。

(二)申请破产

第七条 [申请破产]债务人有本法第二条规定的情形，可以向人民法院提出重整、和解或者破产清算申请。

债务人不能清偿到期债务，债权人可以向人民法院提出对债务人进行重整或者破产清算的申请。

企业法人已解散但未清算或者未清算完毕，资产不足以清偿债务的，依法负有清算责任的人应当向人民法院申请破产清算。

《破产法解释(一)》

第五条 企业法人已解散但未清算或者未在合理期限内清算完毕，债权人申请债务人破产清算的，除债务人在法定异议期限内举证证明其未出现破产原因外，人民法院应当受理。

(三)破产案件的受理

❶ 第三条 [管辖]破产案件由债务人住所地人民法院管辖。

第十条 [破产申请的通知]债权人提出破产申请的，人民法院应当自收到申请之日起五日内通知债务人。债务人对申请有异议的，应当自收到人民法院的通知之日起七日内向人民法院提出。人民法院应当自异议期满之日起十日内裁定是否受理。

除前款规定的情形外，人民法院应当自收到破产申请之日起十五日内裁定是否受理。

有特殊情况需要延长前两款规定的裁定受理期限的，经上一级人民法院批准，可以延长十五日。

第十一条 [受理破产申请、受理后债务人的义务]人民法院受理破产申请的，应当自裁定作出之日起五日内送达申请人。

债权人提出申请的，人民法院应当自裁定作出之日起五日内送达债务人。债务人应当自裁定送达之日起十五日内，向人民法院提交财产状况说明、债务清册、债权清册、有关财务会计报告以及职工工资的支付和社会保险费用的缴纳情况。

第十三条 [指定管理人]人民法院裁定受理破产申请的，应当同时指定管理人。

第十四条第一款 [通知、公告债权人]人民法院应当自裁定受理破产申请之日起二十五日内通知已知债权人，并予以公告。

《破产法解释(一)》

第五条 企业法人已解散但未清算或者未在合理期限内清算完毕，债权人申请债务人破产清算的，除债务人在法定异议期限内举证证明其未出现破产原因外，人民法院应当受理。

第六条 债权人申请债务人破产的，应当提交债务人不能清偿到期债务的有关证据。债务人对债权人的申请未在法定期限内向人民法院提出异议，或者异议不成

立的，人民法院应当依法裁定受理破产申请。

受理破产申请后，人民法院应当责令债务人依法提交其财务状况说明、债务清册、债权清册、财务会计报告等有关材料，债务人拒不提交的，人民法院可以对债务人的直接责任人员采取罚款等强制措施。

第八条 破产案件的诉讼费用，应根据企业破产法第四十三条的规定，从债务人财产中拨付。相关当事人以申请人未预先交纳诉讼费用为由，对破产申请提出异议的，人民法院不予支持。

❷ 第十六条 [债务人个别清偿无效]人民法院受理破产申请后，债务人对个别债权人的债务清偿无效。

第十七条 [次债务人的义务及违法的责任]人民法院受理破产申请后，债务人的债务人或者财产持有人应当向管理人清偿债务或者交付财产。

债务人的债务人或者财产持有人故意违反前款规定向债务人清偿债务或者交付财产，使债权人受到损失的，不免除其清偿债务或者交付财产的义务。

❸ 第十八条 [管理人对未履行完毕合同的决定权]人民法院受理破产申请后，管理人对破产申请受理前成立而债务人和对方当事人均未履行完毕的合同有权决定解除或者继续履行，并通知对方当事人。管理人自破产申请受理之日起二个月内未通知对方当事人，或者自收到对方当事人催告之日起三十日内未答复的，视为解除合同。

管理人决定继续履行合同的，对方当事人应当履行；但是，对方当事人有权要求管理人提供担保。管理人不提供担保的，视为解除合同。

《民法典》

第五百六十六条 合同解除后，尚未履行的，终止履行；已经履行的，根据履行情况和合同性质，当事人可以请求恢复原状或者采取其他补救措施，并有权请求赔偿损失。

合同因违约解除的，解除权人可以请求违约方承担违约责任，但是当事人另有约定的除外。

主合同解除后，担保人对债务人应当承担的民事责任仍应当承担担保责任，但是担保合同另有约定的除外。

第五百六十七条 合同的权利义务关系终止，不影响合同中结算和清理条款的效力。

❹ 第十九条 [保全措施解除、执行程序中止]人民法院受理破产申请后，有关债务人财产的保全措施应当解除，执行程序应当中止。〔2019年回忆~破产程序启动的效力〕

第二十条 [民事诉讼或仲裁的变化]人民法院受理破产申请后，已经开始而尚未终结的有关债务人的民事诉讼或者仲裁应当中止；在管理人接管债务人的财产后，该诉讼或者仲裁继续进行。〔2019年回忆~破产程序启动的效力〕

第二十一条 [受理破产申请后有关债务人民事诉讼的提起]人民法院受理破产申请后，有关债务人的民事诉讼，只能向受理破产申请的人民法院提起。〔2018年回忆~管辖权转移的情形、指定管辖〕

《破产法解释(二)》

第二十一条 破产申请受理前,债务人就债务人财产提起下列诉讼,破产申请受理时案件尚未审结的,人民法院应当中止审理:

(一)主张次债务人代替债务人直接向其偿还债务的;

(二)主张债务人的出资人、发起人和负有监督股东履行出资义务的董事、高级管理人员,或者协助抽逃出资的其他股东、董事、高级管理人员、实际控制人等直接向其承担出资不实或者抽逃出资责任的;

(三)以债务人的股东与债务人法人人格严重混同为由,主张债务人的股东直接向其偿还债务人对其所负债务的;

(四)其他就债务人财产提起的个别清偿诉讼。

债务人破产宣告后,人民法院应当依照企业破产法第四十四条的规定裁判驳回债权人的诉讼请求。但是,债权人一审中变更其诉讼请求为追收的相关财产归入债务人财产的除外。

债务人破产宣告前,人民法院依据企业破产法第十二条或者第一百零八条的规定裁定驳回破产申请或者终结破产程序的,上述中止审理的案件应当依法恢复审理。

《九民纪要》

110.【受理后有关债务人诉讼的处理】人民法院受理破产申请后,已经开始而尚未终结的有关债务人的民事诉讼,在管理人接管债务人财产和诉讼事务后继续进行。债权人已经对债务人提起的给付之诉,破产申请受理后,人民法院应当继续审理,但是在判定相关当事人实体权利义务时,应当注意与企业破产法及其司法解释的规定相协调。

上述裁判作出并生效前,债权人可以同时向管理人申报债权,但其作为债权未确定的债权人,原则上不得行使表决权,除非人民法院临时确定其债权额。上述裁判生效后,债权人应当根据裁判认定的债权数额在破产程序中依法统一受偿,其对债务人享有的债权利息应当按照《企业破产法》第46条第2款的规定停止计算。

人民法院受理破产申请后,债权人新提起的要求债务人清偿的民事诉讼,人民法院不予受理,同时告知债权人应当向管理人申报债权。债权人申报债权后,对管理人编制的债权表记载有异议,可以根据《企业破产法》第58条的规定提起债权确认之诉。

考点37 破产管理人

(一)管理人的产生、变更与辞任

第二十二条 [管理人的指定和更换]管理人由人民法院指定。

债权人会议认为管理人不能依法、公正执行职务或者有其他不能胜任职务情形的,可以申请人民法院予以更换。

指定管理人和确定管理人报酬的办法,由最高人民法院规定。

第二十三条 [管理人的权利义务]管理人依照本法规定执行职务,向人民法院报告工作,并接受债权人会议和债权人委员会的监督。

管理人应当列席债权人会议,向债权人会议报告职务执行情况,并回答询问。

第二十九条 [管理人辞职]管理人没有正当理由不得辞去职务。管理人辞去职务应当经人民法院许可。

(二)管理人的任职资格

第二十四条 [管理人的组成]管理人可以由有关部门、机构的人员组成的清算组或者依法设立的律师事务所、会计师事务所、破产清算事务所等社会中介机构担任。

人民法院根据债务人的实际情况,可以在征询有关社会中介机构的意见后,指定该机构具备相关专业知识并取得执业资格的人员担任管理人。

有下列情形之一的,不得担任管理人:

(一)因故意犯罪受过刑事处罚;

(二)曾被吊销相关专业执业证书;

(三)与本案有利害关系;

(四)人民法院认为不宜担任管理人的其他情形。

个人担任管理人的,应当参加执业责任保险。

(三)管理人的职责

第二十五条 [管理人的职责]管理人履行下列职责:

(一)接管债务人的财产、印章和账簿、文书等资料;

(二)调查债务人财产状况,制作财产状况报告;

(三)决定债务人的内部管理事务;

(四)决定债务人的日常开支和其他必要开支;

(五)在第一次债权人会议召开之前,决定继续或者停止债务人的营业;

(六)管理和处分债务人的财产;

(七)代表债务人参加诉讼、仲裁或者其他法律程序;

(八)提议召开债权人会议;

(九)人民法院认为管理人应当履行的其他职责。

本法对管理人的职责另有规定的,适用其规定。

考点38 债务人财产的范围

第三十条 [债务人财产]破产申请受理时属于债务人的全部财产,以及破产申请受理后至破产程序终结前债务人取得的财产,为债务人财产。

第三十三条 [涉及债务人财产的无效行为]涉及债务人财产的下列行为无效:

(一)为逃避债务而隐匿、转移财产的;

(二)虚构债务或者承认不真实的债务的。

《破产法解释(二)》

第一条 除债务人所有的货币、实物外,债务人依法享有的可以用货币估价并可以依法转让的债权、股权、知识产权、用益物权等财产和财产权益,人民法院均应认定为债务人财产。

第二条 下列财产不应认定为债务人财产:

(一)债务人基于仓储、保管、承揽、代销、借用、寄存、租赁等合同或者其他法律关系占有、使用的他人财产;

(二)债务人在所有权保留买卖中尚未取得所有权的财产;
(三)所有权专属于国家且不得转让的财产;
(四)其他依照法律、行政法规不属于债务人的财产。

第三条 债务人已依法设定担保物权的特定财产,人民法院应当认定为债务人财产。

对债务人的特定财产在担保物权消灭或者实现担保物权后的剩余部分,在破产程序中可用以清偿破产费用、共益债务和其他破产债权。

第四条 债务人对按份享有所有权的共有财产的相关份额,或者共同享有所有权的相应财产权利,以及依法分割共有财产所得部分,人民法院均应认定为债务人财产。

人民法院宣告债务人破产清算,属于共有财产分割的法定事由。人民法院裁定债务人重整或者和解的,共有财产的分割应当依据民法典第三百零三条的规定进行;基于重整或者和解的需要必须分割共有财产,管理人请求分割的,人民法院应予准许。

因分割共有财产导致其他共有人损害产生的债务,其他共有人请求作为共益债务清偿的,人民法院应予支持。

第五条 破产申请受理后,有关债务人财产的执行程序未依照企业破产法第十九条的规定中止的,采取执行措施的相关单位应当依法予以纠正。依法执行回转的财产,人民法院应当认定为债务人财产。

第十七条 管理人依据企业破产法第三十三条的规定提起诉讼,主张被隐匿、转移财产的实际占有人返还债务人财产,或者主张债务人虚构债务或者承认不真实债务的行为无效并返还债务人财产的,人民法院应予支持。

考点39 破产费用和共益债务

第四十一条 [破产费用]人民法院受理破产申请后发生的下列费用,为破产费用:
(一)破产案件的诉讼费用;
(二)管理、变价和分配债务人财产的费用;
(三)管理人执行职务的费用、报酬和聘用工作人员的费用。

第四十二条 [共益债务]人民法院受理破产申请后发生的下列债务,为共益债务:
(一)因管理人或者债务人请求对方当事人履行双方均未履行完毕的合同所产生的债务;
(二)债务人财产受无因管理所产生的债务;
(三)因债务人不当得利所产生的债务;
(四)为债务人继续营业而应支付的劳动报酬和社会保险费用以及由此产生的其他债务;
(五)管理人或者相关人员执行职务致人损害所产生的债务;
(六)债务人财产致人损害所产生的债务。

第四十三条 [破产费用和共益债务的清偿]破产费用和共益债务由债务人财产随时清偿。

债务人财产不足以清偿所有破产费用或者共益债务的,先行清偿破产费用。

债务人财产不足以清偿所有破产费用或者共益债务的,按照比例清偿。

债务人财产不足以清偿破产费用的,管理人应当提请人民法院终结破产程序。人民法院应当自收到请求之日起十五日内裁定终结破产程序,并予以公告。

《**破产法解释(一)**》

第八条 破产案件的诉讼费用,应根据企业破产法第四十三条的规定,从债务人财产中拨付。相关当事人以申请人未预先交纳诉讼费用为由,对破产申请提出异议的,人民法院不予支持。

《**破产法解释(三)**》

第一条 人民法院裁定受理破产申请的,此前债务人尚未支付的公司强制清算费用、未终结的执行程序中产生的评估费、公告费、保管费等执行费用,可以参照企业破产法关于破产费用的规定,由债务人财产随时清偿。

此前债务人尚未支付的案件受理费、执行申请费,可以作为破产债权清偿。

第二条 破产申请受理后,经债权人会议决议通过,或者第一次债权人会议召开前经人民法院许可,管理人或者自行管理的债务人可以为债务人继续营业而借款。提供借款的债权人主张参照企业破产法第四十二条第四项的规定优先于普通破产债权清偿的,人民法院应予支持,但其主张优先于此前已就债务人特定财产享有担保的债权清偿的,人民法院不予支持。

管理人或者自行管理的债务人可以为前述借款设定抵押担保,抵押物在破产申请受理前已为其他债权人设定抵押的,债权人主张按民法典第四百一十四条规定的顺序清偿,人民法院应予支持。

考点40 撤销权、追回权、抵销权和取回权

(一)撤销权

第三十一条 [涉及债务人财产的可撤销行为]人民法院受理破产申请前一年内,涉及债务人财产的下列行为,管理人有权请求人民法院予以撤销:
(一)无偿转让财产的;
(二)以明显不合理的价格进行交易的;
(三)对没有财产担保的债务提供财产担保的;
(四)对未到期的债务提前清偿的;
(五)放弃债权的。

第三十二条 [个别清偿的撤销]人民法院受理破产申请前六个月内,债务人有本法第二条第一款规定的情形,仍对个别债权人进行清偿的,管理人有权请求人民法院予以撤销。但是,个别清偿使债务人财产受益的除外。

第一百二十八条 [债务人的法定代表人和其他直接责任人的赔偿责任]债务人有本法第三十一条、第三十二条、第三十三条规定的行为,损害债权人利益的,债务人的法定代表人和其他直接责任人员依法承担赔偿责任。

《**破产法解释(二)**》

第十二条 破产申请受理前一年内债务人提前清偿

的未到期债务,在破产申请受理前已经到期,管理人请求撤销该清偿行为的,人民法院不予支持。但是,该清偿行为发生在破产申请受理前六个月内且债务人有企业破产法第二条第一款规定情形的除外。

第十三条 破产申请受理后,管理人未依据企业破产法第三十一条的规定请求撤销债务人无偿转让财产、以明显不合理价格交易、放弃债权行为的,债权人依据民法典第五百三十八条、第五百三十九条等规定提起诉讼,请求撤销债务人上述行为并将因此追回的财产归入债务人财产的,人民法院应予受理。

相对人以债权人行使撤销权的范围超出债权人的债权抗辩的,人民法院不予支持。

第十四条 债务人对以自有财产设定担保物权的债权进行的个别清偿,管理人依据企业破产法第三十二条的规定请求撤销的,人民法院不予支持。但是,债务清偿时担保财产的价值低于债权额的除外。

第十五条 债务人经诉讼、仲裁、执行程序对债权人进行的个别清偿,管理人依据企业破产法第三十二条的规定请求撤销的,人民法院不予支持。但是,债务人与债权人恶意串通损害其他债权人利益的除外。

第十六条 债务人对债权人进行的以下个别清偿,管理人依据企业破产法第三十二条的规定请求撤销的,人民法院不予支持:

(一)债务人为维系基本生产需要而支付水费、电费等的;

(二)债务人支付劳动报酬、人身损害赔偿金的;

(三)使债务人财产受益的其他个别清偿。

第十八条 管理人代表债务人依据企业破产法第一百二十八条的规定,以债务人的法定代表人和其他直接责任人员对所涉债务人财产的相关行为存在故意或者重大过失,造成债务人财产损失为由提起诉讼,主张上述责任人员承担相应赔偿责任的,人民法院应予支持。

(二)追回权

第三十四条 [管理人对债务人财产的追回权]因本法第三十一条、第三十二条或者第三十三条规定的行为而取得的债务人的财产,管理人有权追回。

第三十六条 [管理人对董事、监事、高管人员的追回权]债务人的董事、监事和高级管理人员利用职权从企业获取的非正常收入和侵占的企业财产,管理人应当追回。[2014年真题~公司董、监、高的非正常收入]

《破产法解释(二)》

第二十四条 债务人有企业破产法第二条第一款规定的情形时,债务人的董事、监事和高级管理人员利用职权获取的以下收入,人民法院应当认定为企业破产法第三十六条规定的非正常收入:

(一)绩效奖金;

(二)普遍拖欠职工工资情况下获取的工资性收入;

(三)其他非正常收入。

债务人的董事、监事和高级管理人员拒不向管理人返还上述债务人财产,管理人主张上述人员予以返还的,人民法院应予支持。

债务人的董事、监事和高级管理人员因返还第一款第(一)项、第(三)项非正常收入形成的债权,可以作为普通破产债权清偿。因返还第一款第(二)项非正常收入形成的债权,依据企业破产法第一百一十三条第三款的规定,按照该企业职工平均工资计算的部分作为拖欠职工工资清偿;高出该企业职工平均工资计算的部分,可以作为普通破产债权清偿。

(三)取回权

(1)管理人的取回权

第三十七条 [管理人对质物、留置物的取回权]人民法院受理破产申请后,管理人可以通过清偿债务或者提供为债权人接受的担保,取回质物、留置物。

前款规定的债务清偿或者替代担保,在质物或者留置物的价值低于被担保的债权额时,以该质物或者留置物当时的市场价值为限。

《破产法解释(二)》

第二十五条 管理人拟通过清偿债务或者提供担保取回质物、留置物,或者与质权人、留置权人协议以质物、留置物折价清偿债务等方式,进行对债权人利益有重大影响的财产处分行为的,应当及时报告债权人委员会。未设立债权人委员会的,管理人应当及时报告人民法院。

(2)权利人的取回权

■ 第三十八条 [权利人的取回权]人民法院受理破产申请后,债务人占有的不属于债务人的财产,该财产的权利人可以通过管理人取回。但是,本法另有规定的除外。

《破产法解释(二)》

第二十六条 权利人依据企业破产法第三十八条的规定行使取回权,应当在破产财产变价方案或者和解协议、重整计划草案提交债权人会议表决前向管理人提出。权利人在上述期限后主张取回相关财产的,应当承担延迟行使取回权增加的相关费用。

第二十七条 权利人依据企业破产法第三十八条的规定向管理人主张取回相关财产,管理人不予认可,权利人以债务人为被告向人民法院提起诉讼请求行使取回权的,人民法院应予受理。

权利人依据人民法院或者仲裁机关的相关生效法律文书向管理人主张取回所涉争议财产,管理人以生效法律文书错误为由拒绝其行使取回权的,人民法院不予支持。

第二十八条 权利人行使取回权时未依法向管理人支付相关的加工费、保管费、托运费、委托费、代销费等费用,管理人拒绝其取回相关财产的,人民法院应予支持。

第二十九条 对债务人占有的权属不清的鲜活易腐等不易保管的财产或者不及时变现价值将严重贬损的财产,管理人及时变现并提存变价款后,有关权利人就该变价款行使取回权的,人民法院应予支持。

第三十条 债务人占有的他人财产被违法转让给第三人,依据民法典第三百一十一条的规定第三人已善意取得财产所有权,原权利人无法取回该财产的,人民法院应当按照以下规定处理:

（一）转让行为发生在破产申请受理前的，原权利人因财产损失形成的债权，作为普通破产债权清偿；

（二）转让行为发生在破产申请受理后的，因管理人或者相关人员执行职务导致原权利人损害产生的债务，作为共益债务清偿。

第三十一条 债务人占有的他人财产被违法转让给第三人，第三人已向债务人支付了转让价款，但依据民法典第三百一十一条的规定未取得财产所有权，原权利人依法追回转让财产的，对因第三人已支付对价而产生的债务，人民法院应当按照以下规定处理：

（一）转让行为发生在破产申请受理前的，作为普通破产债权清偿；

（二）转让行为发生在破产申请受理后的，作为共益债务清偿。

第三十五条 出卖人破产，其管理人决定继续履行所有权保留买卖合同的，买受人应当按照原买卖合同的约定支付价款或者履行其他义务。

买受人未依约支付价款或者履行完毕其他义务，或者将标的物出卖、出质或者作出其他不当处分，给出卖人造成损失，出卖人管理人依法主张取回标的物的，人民法院应予支持。但是，买受人已经支付标的物总价款百分之七十五以上或者第三人善意取得标的物所有权或者其他物权的除外。

因本条第二款规定未能取回标的物的，出卖人管理人依法主张买受人继续支付价款、履行完毕其他义务，以及承担相应赔偿责任的，人民法院应予支持。

第三十六条 出卖人破产，其管理人决定解除所有权保留买卖合同，并依企业破产法第十七条的规定要求买受人向其交付买卖标的物的，人民法院应予支持。

买受人以其不存在未依约支付价款或者履行完毕其他义务，或者将标的物出卖、出质或者作出其他不当处分情形抗辩的，人民法院不予支持。

买受人依法履行合同义务并依本条第一款将买卖标的物交付出卖人管理人后，买受人已支付价款损失形成的债权作为共益债务清偿。但是，买受人违反合同约定，出卖人主张上述债权作为普通破产债权清偿的，人民法院应予支持。

第三十七条 买受人破产，其管理人决定继续履行所有权保留买卖合同的，原买卖合同中约定的买受人支付价款或者履行其他义务的期限在破产申请受理时视为到期，买受人管理人应当及时向出卖人支付价款或者履行其他义务。

买受人管理人无正当理由未及时支付价款或者履行完毕其他义务，或者将标的物出卖、出质或者作出其他不当处分，给出卖人造成损害，出卖人依据民法典第六百四十一条等规定主张取回标的物的，人民法院应予支持。但是，买受人已支付标的物总价款百分之七十五以上或者第三人善意取得标的物所有权或者其他物权的除外。

因本条第二款规定未能取回标的物，出卖人依法主张买受人继续支付价款、履行完毕其他义务，以及承担相应赔

偿责任的，人民法院应予支持。对因买受人未支付价款或者未履行完毕其他义务，以及买受人管理人将标的物出卖、出质或者作出其他不当处分导致出卖人损害产生的债务，出卖人主张作为共益债务清偿的，人民法院应予支持。

第三十八条 买受人破产，其管理人决定解除所有权保留买卖合同，出卖人依据企业破产法第三十八条的规定主张取回买卖标的物的，人民法院应予支持。

出卖人取回买卖标的物，买受人管理人主张出卖人返还已支付价款的，人民法院应予支持。取回的标的物价值明显减少给出卖人造成损失的，出卖人可从买受人已支付价款中优先予以抵扣后，将剩余部分返还给买受人；对买受人已支付价款不足以弥补出卖人标的物价值减损损失形成的债务，出卖人主张作为共益债务清偿的，人民法院应予支持。

❷ 第三十九条 ［出卖人对在途物的取回权］人民法院受理破产申请时，出卖人已将买卖标的物向作为买受人的债务人发运，债务人尚未收到且未付清全部价款的，出卖人可以取回在运途中的标的物。但是，管理人可以支付全部价款，请求出卖人交付标的物。［2018年回忆～出卖人的取回权］

《破产法解释（二）》

第三十九条 出卖人依据企业破产法第三十九条的规定，通过通知承运人或者实际占有人中止运输、返还货物、变更到达地，或者将货物交给其他收货人等方式，对在运途中标的物主张了取回权但未能实现，或者在货物未达管理人前已向管理人主张取回在运途中标的物，在买卖标的物到达管理人后，出卖人向管理人主张取回的，管理人应予准许。

出卖人对在运途中标的物未及时行使取回权，在买卖标的物到达管理人后向管理人行使在运途中标的物取回权的，管理人不应准许。

(四)抵销权

第四十条 ［债权人的抵销权］债权人在破产申请受理前对债务人负有债务的，可以向管理人主张抵销。但是，有下列情形之一的，不得抵销：

（一）债务人的债务人在破产申请受理后取得他人对债务人的债权的；

（二）债权人已知债务人有不能清偿到期债务或者破产申请的事实，对债务人负担债务的；但是，债权人因为法律规定或者有破产申请一年前所发生的原因而负担债务的除外；

（三）债务人的债务人已知债务人有不能清偿到期债务或者破产申请的事实，对债务人取得债权的；但是，债务人的债务人因为法律规定或者有破产申请一年前所发生的原因而取得债权的除外。

《破产法解释（二）》

第四十一条 债权人依据企业破产法第四十条的规定行使抵销权，应当向管理人提出抵销主张。

管理人不得主动抵销债务人与债权人的互负债务，但抵销使债务人财产受益的除外。

第四十二条 管理人收到债权人提出的主张债务抵销的通知后,经审查无异议的,抵销自管理人收到通知之日起生效。

管理人对抵销主张有异议的,应当在约定的异议期限内或者自收到主张债务抵销的通知之日起三个月内向人民法院提起诉讼。无正当理由逾期提起的,人民法院不予支持。

人民法院判决驳回管理人提起的抵销无效诉讼请求的,该抵销自管理人收到主张债务抵销的通知之日起生效。

第四十三条 债权人主张抵销,管理人以下列理由提出异议的,人民法院不予支持:

(一)破产申请受理时,债务人对债权人负有的债务尚未到期;

(二)破产申请受理时,债权人对债务人负有的债务尚未到期;

(三)双方互负债务标的物种类、品质不同。

第四十四条 破产申请受理前六个月内,债务人有企业破产法第二条第一款规定的情形,债务人与个别债权人以抵销方式对个别债权人清偿,其抵销的债权债务属于企业破产法第四十条第(二)、(三)项规定的情形之一,管理人在破产申请受理之日起三个月内向人民法院提起诉讼,主张该抵销无效,人民法院应予支持。

第四十五条 企业破产法第四十条所列不得抵销情形的债权人,主张以其对债务人特定财产享有优先受偿权的债权,与债务人对其不享有优先受偿权的债权抵销,债务人管理人以抵销存在企业破产法第四十条规定的情形提出异议的,人民法院不予支持。但是,用以抵销的债权大于债权人享有优先受偿权财产价值的除外。

第四十六条 债务人的股东主张以下列债务与债务人对其负有的债务抵销,债务人管理人提出异议的,人民法院应予支持:

(一)债务人股东因欠缴债务人的出资或者抽逃出资对债务人所负的债务;

(二)债务人股东滥用股东权利或者关联关系损害公司利益对债务人所负的债务。

考点41 债权申报

第四十六条 [未到期债权的算定]未到期债权,在破产申请受理时视为到期。

附利息的债权自破产申请受理时起停止计息。

第四十七条 [可以申报的债权]附条件、附期限的债权和诉讼、仲裁未决的债权,债权人可以申报。

第四十八条 [不必申报的债权]债权人应当在人民法院确定的债权申报期限内向管理人申报债权。

债务人所欠职工的工资和医疗、伤残补助、抚恤费用,所欠的应当划入职工个人账户的基本养老保险、基本医疗保险费用,以及法律、行政法规规定应当支付给职工的补偿金,<u>不必申报</u>,由管理人调查后列出清单并予以公示。职工对清单记载有异议的,可以要求管理人

更正;管理人不予更正的,职工可以向人民法院提起诉讼。

第五十一条 [保证人或连带债务人的债权申报]债务人的保证人或者其他连带债务人已经代替债务人清偿债务的,以其对债务人的求偿权申报债权。

债务人的保证人或者其他连带债务人尚未代替债务人清偿债务的,以其对债务人的将来求偿权申报债权。但是,债权人已经向管理人申报全部债权的除外。

第五十五条 [付款人的债权申报]债务人是票据的出票人,被裁定适用本法规定的程序,该票据的付款人继续付款或者承兑的,付款人以由此产生的请求权申报债权。

第五十六条 [补充申报债权]在人民法院确定的债权申报期限内,债权人未申报债权的,可以在破产财产最后分配前补充申报;但是,此前已进行的分配,不再对其补充分配。为审查和确认补充申报债权的费用,由补充申报人承担。

债权人未依照本法规定申报债权的,不得依照本法规定的程序行使权利。

《破产法解释(三)》

第三条 破产申请受理后,债务人欠缴款项产生的滞纳金,包括债务人未履行生效法律文书应当加倍支付的迟延利息和劳动保险金的滞纳金,债权人作为破产债权申报的,人民法院不予确认。

第四条 保证人被裁定进入破产程序的,债权人有权申报其对保证人的保证债权。

主债务未到期的,保证债权在保证人破产申请受理时视为到期。一般保证的保证人主张行使先诉抗辩权的,人民法院不予支持,但债权人在一般保证人破产程序中的分配额应予提存,待一般保证人应承担的保证责任确定后再按照破产清偿比例予以分配。

保证人被确定应当承担保证责任的,保证人的管理人可以就保证人实际承担的清偿额向主债务人或其他保证人行使求偿权。

第五条 债务人、保证人均被裁定进入破产程序的,债权人有权向债务人、保证人分别申报债权。

债权人向债务人、保证人均申报全部债权的,从一方破产程序中获得清偿后,其对另一方的债权额不作调整,但债权人的受偿额不得超出其债权总额。保证人履行保证责任后不再享有求偿权。

第七条 已经生效法律文书确定的债权,管理人应当予以确认。

管理人认为债权人据以申报债权的生效法律文书确定的债权错误,或者有证据证明债权人与债务人恶意通过诉讼、仲裁或者公证机关赋予强制执行力公证文书的形式虚构债权债务的,应当依法通过审判监督程序向作出该判决、裁定、调解书的人民法院或者上一级人民法院申请撤销生效法律文书,或者向受理破产申请的人民法院申请撤销或者不予执行仲裁裁决、不予执行公证债权文书后,重新确定债权。

第九条 债务人对债权表记载的债权有异议向人民

法院提起诉讼的,应将被异议债权人列为被告。债权人对债权表记载的他人债权有异议的,应将被异议债权人列为被告;债权人对债权表记载的本人债权有异议的,应将债务人列为被告。

对同一笔债权存在多个异议人,其他异议人申请参加诉讼的,应当列为共同原告。

《民法典担保制度解释》

第二十二条 人民法院受理债务人破产案件后,债权人请求担保人承担担保责任,担保人主张担保债务自人民法院受理破产申请之日起停止计息的,人民法院对担保人的主张应予支持。

第二十三条 人民法院受理债务人破产案件,债权人在破产程序中申报债权后又向人民法院提起诉讼,请求担保人承担担保责任的,人民法院依法予以支持。

担保人清偿债权人的全部债权后,可以代替债权人在破产程序中受偿;在债权人的债权未获全部清偿前,担保人不得代替债权人在破产程序中受偿,但是有权就债权人通过破产分配和实现担保债权等方式获得清偿总额中超出债权的部分,在其承担担保责任的范围内请求债权人返还。

债权人在债务人破产程序中未获全部清偿,请求担保人继续承担担保责任的,人民法院应予支持;担保人承担担保责任后,向和解协议或者重整计划执行完毕后的债务人追偿的,人民法院不予支持。

第二十四条 债权人知道或者应当知道债务人破产,既未申报债权也未通知担保人,致使担保人不能预先行使追偿权的,担保人就该债权在破产程序中可能受偿的范围内免除担保责任,但是担保人因自身过错未行使追偿权的除外。

考点42 债权人会议和债权人委员会

(一)债权人会议

第五十九条 [债权人会议的成员、债权人的表决权]依法申报债权的债权人为债权人会议的成员,有权参加债权人会议,享有表决权。

债权尚未确定的债权人,除人民法院能够为其行使表决权而临时确定债权额的外,不得行使表决权。

对债务人的特定财产享有担保权的债权人,未放弃优先受偿权利的,对于本法第六十一条第一款第七项、第十项规定的事项不享有表决权。

债权人可以委托代理人出席债权人会议,行使表决权。代理人出席债权人会议,应当向人民法院或者债权人会议主席提交债权人的授权委托书。

债权人会议应当有债务人的职工和工会的代表参加,对有关事项发表意见。

第六十一条 [债权人会议的职权]债权人会议行使下列职权:

(一)核查债权;
(二)申请人民法院更换管理人,审查管理人的费用和报酬;
(三)监督管理人;
(四)选任和更换债权人委员会成员;
(五)决定继续或者停止债务人的营业;
(六)通过重整计划;
(七)通过和解协议;
(八)通过债务人财产的管理方案;
(九)通过破产财产的变价方案;
(十)通过破产财产的分配方案;
(十一)人民法院认为应当由债权人会议行使的其他职权。

债权人会议应当对所议事项的决议作成会议记录。

第六十二条 [债权人会议的召开]第一次债权人会议由人民法院召集,自债权申报期限届满之日起十五日内召开。

以后的债权人会议,在人民法院认为必要时,或者管理人、债权人委员会、占债权总额四分之一以上的债权人向债权人会议主席提议时召开。

第六十四条 [债权人会议决议的通过、撤销、效力]债权人会议的决议,由出席会议的有表决权的债权人过半数通过,并且其所代表的债权额占无财产担保债权总额的二分之一以上。但是,本法另有规定的除外。

债权人认为债权人会议的决议违反法律规定,损害其利益的,可以自债权人会议作出决议之日起十五日内,请求人民法院裁定撤销该决议,责令债权人会议依法重新作出决议。

债权人会议的决议,对于全体债权人均有约束力。

(二)债权人委员会

1 第六十七条 [债权人委员会的设立、组成、成员的认可]债权人会议可以决定设立债权人委员会。债权人委员会由债权人会议选任的债权人代表和一名债务人的职工代表或者工会代表组成。债权人委员会成员不得超过九人。

债权人委员会成员应当经人民法院书面决定认可。

2 第六十八条 [债权人委员会的职权]债权人委员会行使下列职权:

(一)监督债务人财产的管理和处分;
(二)监督破产财产分配;
(三)提议召开债权人会议;
(四)债权人会议委托的其他职权。

债权人委员会执行职务时,有权要求管理人、债务人的有关人员对其职权范围内的事务作出说明或者提供有关文件。

管理人、债务人的有关人员违反本法规定拒绝接受监督的,债权人委员会有权就监督事项请求人民法院作出决定;人民法院应当在五日内作出决定。

《破产法解释(三)》

第十三条 债权人会议可以依照企业破产法第六十八条第一款第四项的规定,委托债权人委员会行使企业破产法第六十一条第一款第二、三、五项规定的债权人会议职权。债权人会议不得作出概括性授权,委托其行使债权人会议所有职权。

第十四条 债权人委员会决定所议事项应获得全体

成员过半数通过,并作成议事记录。债权人委员会成员对所议事项的决议有不同意见的,应当在记录中载明。

债权人委员会行使职权应当接受债权人会议的监督,以适当的方式向债权人会议及时汇报工作,并接受人民法院的指导。

3 第六十九条 [应向债权人委员会报告的事项]管理人实施下列行为,应当及时报告债权人委员会:

(一)涉及土地、房屋等不动产权益的转让;

(二)探矿权、采矿权、知识产权等财产权的转让;

(三)全部库存或者营业的转让;

(四)借款;

(五)设定财产担保;

(六)债权和有价证券的转让;

(七)履行债务人和对方当事人均未履行完毕的合同;

(八)放弃权利;

(九)担保物的取回;

(十)对债权人利益有重大影响的其他财产处分行为。

未设立债权人委员会的,管理人实施前款规定的行为应当及时报告人民法院。

《破产法解释(三)》

第十五条 管理人处分企业破产法第六十九条规定的债务人重大财产的,应当事先制作财产管理或者变价方案并提交债权人会议进行表决,债权人会议表决未通过的,管理人不得处分。

管理人实施处分前,应当根据企业破产法第六十九条的规定,提前十日书面报告债权人委员会或者人民法院。债权人委员会可以依照企业破产法第六十八条第二款的规定,要求管理人对处分行为作出相应说明或者提供有关文件依据。

债权人委员会认为管理人实施的处分行为不符合债权人会议通过的财产管理或变价方案的,有权要求管理人纠正。管理人拒绝纠正的,债权人委员会可以请求人民法院作出决定。

人民法院认为管理人实施的处分行为不符合债权人会议通过的财产管理或变价方案的,应当责令管理人停止处分行为。管理人应当予以纠正,或者提交债权人会议重新表决通过后实施。

考点43 重整程序

(一)重整的启动

第七十条 [申请重整]债务人或者债权人可以依照本法规定,直接向人民法院申请对债务人进行重整。

债权人申请对债务人进行破产清算的,在人民法院受理破产申请后、宣告债务人破产前,债务人或者出资额占债务人注册资本十分之一以上的出资人,可以向人民法院申请重整。

(二)重整期间

第七十二条 [重整期间]自人民法院裁定债务人重整之日起至重整程序终止,为重整期间。

第七十三条 [重整期间管理人、债务人的行为规定]在重整期间,经债务人申请,人民法院批准,债务人可以在管理人的监督下自行管理财产和营业事务。

有前款规定情形的,依照本法规定已接管债务人财产和营业事务的管理人应当向债务人移交财产和营业事务,本法规定的管理人的职权由债务人行使。

第七十五条 [重整期间担保权的行使]在重整期间,对债务人的特定财产享有的担保权暂停行使。但是,担保物有损坏或者价值明显减少的可能,足以危害担保权人权利的,担保权人可以向人民法院请求恢复行使担保权。

在重整期间,债务人或者管理人为继续营业而借款的,可以为该借款设定担保。

第七十六条 [重整期间权利人的取回权]债务人合法占有的他人财产,该财产的权利人在重整期间要求取回的,应当符合事先约定的条件。

第七十七条 [重整期间对债务人的出资人、董事、监事、高管人员的限制]在重整期间,债务人的出资人不得请求投资收益分配。

在重整期间,债务人的董事、监事、高级管理人员不得向第三人转让其持有的债务人的股权。但是,经人民法院同意的除外。

《破产法解释(二)》

第四十条 债务人重整期间,权利人要求取回债务人合法占有的权利人的财产,不符合双方事先约定条件的,人民法院不予支持。但是,因管理人或者自行管理的债务人违反约定,可能导致取回物被转让、毁损、灭失或者价值明显减少的除外。

《九民纪要》

112.【重整中担保物权的恢复行使】重整程序中,要依法平衡保护担保物权人的合法权益和企业重整价值。重整申请受理后,管理人或者自行管理的债务人应当及时确定设定有担保物权的债务人财产是否为重整所必需。如果认为担保物不是重整所必需,管理人或者自行管理的债务人应当及时对担保物进行拍卖或者变卖,拍卖或者变卖担保物所得价款在支付拍卖、变卖费用后优先清偿担保物权人的债权。

在担保物权暂停行使期间,担保权人根据《企业破产法》第75条的规定向人民法院请求恢复行使担保物权的,人民法院应当自收到恢复行使担保物权申请之日起三十日内作出裁定。经审查,担保物权人的申请不符合第75条的规定,或者虽然符合该条规定但管理人或自行管理的债务人有证据证明担保物是重整所必需,并且提供与减少价值相应担保或者补偿的,人民法院应当裁定不予批准恢复行使担保物权。担保物权人不服该裁定的,可以自收到裁定书之日起十日内,向作出裁定的人民法院申请复议。人民法院裁定批准行使担保物权的,管理人或自行管理的债务人应当自收到裁定书之日起十五日内启动对担保物的拍卖或者变卖,拍卖或者变卖担保物所得价款在支付拍卖、变卖费用后优先清偿担保物权人的债权。

(三)重整计划

(1) 制定

第八十条 [债务人制作重整计划草案]债务人自行管理财产和营业事务的,由债务人制作重整计划草案。

管理人负责管理财产和营业事务的,由管理人制作重整计划草案。

(2) 表决与通过

第八十二条 [债权人分组对重整计划草案表决]下列各类债权的债权人参加讨论重整计划草案的债权人会议,依照下列债权分类,分组对重整计划草案进行表决:

(一)对债务人的特定财产享有担保权的债权;

(二)债务人所欠职工的工资和医疗、伤残抚恤费用,所欠的应当划入职工个人账户的基本养老保险、基本医疗保险费用,以及法律、行政法规规定应当支付给职工的补偿金;

(三)债务人所欠税款;

(四)普通债权。

人民法院在必要时可以决定在普通债权组中设小额债权组对重整计划草案进行表决。

第八十四条 [债权人会议对重整计划的表决]人民法院应当自收到重整计划草案之日起三十日内召开债权人会议,对重整计划草案进行表决。

出席会议的同一表决组的债权人过半数同意重整计划草案,并且其所代表的债权额占该组债权总额的三分之二以上的,即为该组通过重整计划草案。

债务人或者管理人应当向债权人会议就重整计划草案作出说明,并回答询问。

第八十六条 [重整计划的通过、批准、公告]各表决组均通过重整计划草案时,重整计划即为通过。

自重整计划通过之日起十日内,债务人或者管理人应当向人民法院提出批准重整计划的申请。人民法院经审查认为符合本法规定的,应当自收到申请之日起三十日内裁定批准,终止重整程序,并予以公告。

(3) 执行

第八十九条 [重整计划的执行]重整计划由债务人负责执行。

人民法院裁定批准重整计划后,已接管财产和营业事务的管理人应当向债务人移交财产和营业事务。

第九十二条 [重整计划的效力]经人民法院裁定批准的重整计划,对债务人和全体债权人均有约束力。

债权人未依照本法规定申报债权的,在重整计划执行期间不得行使权利;在重整计划执行完毕后,可以按照重整计划规定的同类债权的清偿条件行使权利。

债权人对债务人的保证人和其他连带债务人所享有的权利,不受重整计划的影响。

第九十四条 [重整计划减免债务]按照重整计划减免的债务,自重整计划执行完毕时起,债务人不再承担清偿责任。

(四)重整程序的终止

第七十八条 [重整程序终止]在重整期间,有下列情形之一的,经管理人或者利害关系人请求,人民法院应当裁定终止重整程序,并宣告债务人破产:

(一)债务人的经营状况和财产状况继续恶化,缺乏挽救的可能性;

(二)债务人有欺诈、恶意减少债务人财产或者其他显著不利于债权人的行为;

(三)由于债务人的行为致使管理人无法执行职务。

第七十九条第三款 [债务人或管理人提交重整计划草案]债务人或者管理人未按期提出重整计划草案的,人民法院应当裁定终止重整程序,并宣告债务人破产。

第八十六条第二款 [重整计划的通过、批准、公告]自重整计划通过之日起十日内,债务人或者管理人应当向人民法院提出批准重整计划的申请。人民法院经审查认为符合本法规定的,应当自收到申请之日起三十日内裁定批准,终止重整程序,并予以公告。

专题六 票据法

考点44 票据法基本制度

(一)票据权利

第五条 [票据代理]票据当事人可以委托其代理人在票据上签章,并应当在票据上表明其代理关系。

没有代理权而以代理人名义在票据上签章的,应当由签章人承担票据责任;代理人超越代理权限的,应当就其超越权限的部分承担票据责任。

第六条 [非完全行为能力人签章的效力]无民事行为能力人或者限制民事行为能力人在票据上签章的,其签章无效,但是不影响其他签章的效力。

第十四条 [伪造或变造票据的法律责任与效力]票据上的记载事项应当真实,不得伪造、变造。伪造、变造票据上的签章和其他记载事项的,应当承担法律责任。

票据上有伪造、变造的签章的,不影响票据上其他真实签章的效力。

票据上其他记载事项被变造的,在变造之前签章的人,对原记载事项负责;在变造之后签章的人,对变造之后的记载事项负责;不能辨别是在票据被变造之前或者之后签章的,视同在变造之前签章。

第六十一条第一款 [行使追索权的情形]汇票到期被拒绝付款的,持票人可以对背书人、出票人以及汇票的其他债务人行使追索权。

第六十二条 [追索权的行使]持票人行使追索权时,应当提供被拒绝承兑或者被拒绝付款的有关证明。

持票人提示承兑或者提示付款被拒绝的,承兑人或者付款人必须出具拒绝证明,或者出具退票理由书。未出具拒绝证明或者退票理由书的,应当承担由此产生的民事责任。

第六十九条 [追索权的限制]持票人为出票人的,对其前手无追索权。持票人为背书人的,对其后手无追索权。

(二)票据抗辩

第十一条 [无对价的票据取得]因税收、继承、赠与可以依法无偿取得票据的,不受给付对价的限制。但是,所享有的票据权利不得优于其前手的权利。

前手是指在票据签章人或者持票人之前签章的其他票据债务人。

第十二条 [恶意或重大过失取得票据的效力] 以欺诈、偷盗或者胁迫等手段取得票据的，或者明知有前列情形，出于恶意取得票据的，不得享有票据权利。

持票人因重大过失取得不符合本法规定的票据的，也不得享有票据权利。

第十三条 [票据抗辩] 票据债务人不得以自己与出票人或者与持票人的前手之间的抗辩事由，对抗持票人。但是，持票人明知存在抗辩事由而取得票据的除外。

票据债务人可以对不履行约定义务的与自己<u>有直接债权债务关系</u>的持票人，进行抗辩。

本法所称抗辩，是指票据债务人根据本法规定对票据债权人拒绝履行义务的行为。

(三)票据伪造、变造

第十四条 [伪造或变造票据的法律责任与效力] 票据上的记载事项应当真实，不得伪造、变造。伪造、变造票据上的签章和其他记载事项的，应当承担法律责任。

票据上有伪造、变造的签章的，不影响票据上其他真实签章的效力。

票据上其他记载事项被变造的，在变造之前签章的人，对原记载事项负责；在变造之后签章的人，<u>对变造之后的记载事项负责</u>；不能辨别是在票据被变造之前或者之后签章的，视同在变造之前签章。

(四)票据丧失的救济

第十五条 [票据丧失及其救济] 票据丧失，失票人可以及时通知票据的付款人挂失止付，但是，未记载付款人或者无法确定付款人及其代理付款人的票据除外。

收到挂失止付通知的付款人，应当暂停支付。

失票人应当在通知挂失止付后三日内，也可以在票据丧失后，依法向人民法院申请<u>公示催告</u>，或者向人民法院提起诉讼。

《民事诉讼法》

第二十六条 [票据纠纷的地域管辖] 因票据纠纷提起的诉讼，由票据支付地或者被告住所地人民法院管辖。

《票据规定》

第六条 因票据纠纷提起的诉讼，依法由票据支付地或者被告住所地人民法院管辖。

票据支付地是指票据上载明的付款地，票据上未载明付款地的，汇票付款人或者代理付款人的营业场所、住所或者经常居住地，本票出票人的营业场所，支票付款人或者代理付款人的营业场所所在地为票据支付地。代理付款人即付款人的委托代理人，是指根据付款人的委托代为支付票据金额的银行、信用合作社等金融机构。

第三十三条 依照民事诉讼法第二百二十条(现为第二百三十一条)第二款的规定，在公示催告期间，以公示催告的票据质押、贴现，因质押、贴现而接受该票据的持票人主张票据权利的，人民法院不予支持，但公示催告期间届满以后人民法院作出除权判决以前取得该票据的除外。

《九民纪要》

106. [恶意申请公示催告的救济] 公示催告程序本为对合法持票人进行失票救济所设，但实践中却沦为部分票据出卖方在未获得票款情形下，通过伪报票据丧失事实申请公示催告、阻止合法持票人行使票据权利的工具。对此，民事诉讼法司法解释已经作出了相应规定。适用时，应当区别付款人是否已经付款等情形，作出不同认定：

(1)在除权判决作出后，付款人尚未付款的情况下，最后合法持票人可以根据《民事诉讼法》第223条(现为第234条)的规定，在法定期限内请求撤销除权判决，待票据恢复效力后再依法行使票据权利。最后合法持票人也可以基于基础法律关系向其直接前手退票并请求其直接前手另行给付基础法律关系项下的对价。

(2)除权判决作出后，付款人已经付款的，因恶意申请公示催告并持除权判决获得票款的行为损害了最后合法持票人的权利，最后合法持票人请求申请人承担侵权损害赔偿责任的，人民法院依法予以支持。

考点45 汇票

(一)出票

第二十二条 [汇票的绝对记载事项及其效力] 汇票必须记载下列事项：

(一)表明"汇票"的字样；
(二)无条件支付的委托；
(三)确定的金额；
(四)付款人名称；
(五)收款人名称；
(六)出票日期；
(七)出票人签章。

<u>汇票上未记载前款规定事项之一的，汇票无效。</u>

第二十三条 [汇票的相对记载事项及其效力] 汇票上记载付款日期、付款地、出票地等事项的，应当清楚、明确。

汇票上未记载付款日期的，为见票即付。

汇票上未记载付款地的，付款人的营业场所、住所或者经常居住地为付款地。

汇票上未记载出票地的，出票人的营业场所、住所或者经常居住地为出票地。

第二十四条 [不具有票据法上效力的记载事项及其效力] 汇票上可以记载本法规定事项以外的其他出票事项，但是该记载事项不具有汇票上的效力。

(二)背书

第二十七条 [汇票权利的转让] 持票人可以将汇票权利转让给他人或者将一定的汇票权利授予他人行使。

出票人在汇票上记载"不得转让"字样的，汇票不得转让。

持票人行使第一款规定的权利时，应当背书并交付汇票。

背书是指在票据背面或者粘单上记载有关事项并签章的票据行为。[2019年回忆～有价证券出质的形式要件及质权生效要件、对汇票进行质押的效力]

第三十条　[记名背书]汇票以背书转让或者以背书将一定的汇票权利授予他人行使时,必须记载被背书人名称。

第三十一条　[背书的连续]以背书转让的汇票,背书应当连续。持票人以背书的连续,证明其汇票权利;非经背书转让,而以其他合法方式取得汇票的,依法举证,证明其汇票权利。

前款所称背书连续,是指在票据转让中,转让汇票的背书人与受让汇票的被背书人在汇票上的签章依次前后衔接。

第三十三条　[附条件背书、部分背书、分别背书的效力]背书不得附有条件。背书时附有条件的,所附条件不具有汇票上的效力。

将汇票金额的一部分转让的背书或者将汇票金额分别转让给二人以上的背书无效。

第三十四条　[背书人的禁止及其效力]背书人在汇票上记载"不得转让"字样,其后手再背书转让的,原背书人对后手的被背书人不承担保证责任。

第三十五条　[委托收款背书和质押背书及其效力]背书记载"委托收款"字样的,被背书人有权代背书人行使被委托的汇票权利。但是,被背书人不得再以背书转让汇票权利。

汇票可以设定质押;质押时应当以背书记载"质押"字样。被背书人依法实现其质权时,可以行使汇票权利。

[2019年回忆~有价证券出质的形式要件及质权生效要件、对汇票进行质押的效力]

第三十六条　[不得背书转让的情形]汇票被拒绝承兑、被拒绝付款或者超过付款提示期限的,不得背书转让;背书转让的,背书人应当承担汇票责任。

《票据规定》

第四十七条　依照票据法第二十七条的规定,票据的出票人在票据上记载"不得转让"字样,票据持有人背书转让的,背书行为无效。背书转让后的受让人不得享有票据权利,票据的出票人、承兑人对受让人不承担票据责任。

第五十二条　依照票据法第二十七条的规定,出票人在票据上记载"不得转让"字样,其后手以此票据进行贴现、质押的,通过贴现、质押取得票据的持票人主张票据权利的,人民法院不予支持。

第五十四条　依照票据法第三十五条第二款的规定,以汇票设定质押时,出票人在汇票上只记载了"质押"字样未在票据上签章的,或者出票人未在汇票、粘单上记载"质押"字样而另行签订质押合同、质押条款的,不构成票据质押。

(三)承兑

第四十二条　[承兑的记载]付款人承兑汇票的,应当在汇票正面记载"承兑"字样和承兑日期并签章;见票后定期付款的汇票,应当在承兑时记载付款日期。

汇票上未记载承兑日期的,以前条第一款规定期限的最后一日为承兑日期。

第四十三条　[承兑不得附有条件]付款人承兑汇票,不得附有条件;承兑附有条件的,视为拒绝承兑。

第四十四条　[付款人承兑后的责任]付款人承兑汇票后,应当承担到期付款的责任。

(四)保证

第四十六条　[汇票保证的记载事项]保证人必须在汇票或者粘单上记载下列事项:

(一)表明"保证"的字样;

(二)保证人名称和住所;

(三)被保证人的名称;

(四)保证日期;

(五)保证人签章。

第四十七条第一款　[未记载事项的处理]保证人在汇票或者粘单上未记载前条第(三)项的,已承兑的汇票,承兑人为被保证人;未承兑的汇票,出票人为被保证人。

第四十八条　[票据保证不得附有条件]保证不得附有条件;附有条件的,不影响对汇票的保证责任。

第四十九条　[票据保证人的责任]保证人对合法取得汇票的持票人所享有的汇票权利,承担保证责任。但是,被保证人的债务因汇票记载事项欠缺而无效的除外。

第五十条　[保证人和被保证人的连带责任]被保证的汇票,保证人应当与被保证人对持票人承担连带责任。汇票到期后得不到付款的,持票人有权向保证人请求付款,保证人应当足额付款。

第五十一条　[共同保证人的连带责任]保证人为二人以上的,保证人之间承担连带责任。

第五十二条　[保证人的追索权]保证人清偿汇票债务后,可以行使持票人对被保证人及其前手的追索权。

第五十六条　[收款银行和受托付款银行的责任]持票人委托的收款银行的责任,限于按照汇票上记载事项将汇票金额转入持票人账户。

付款人委托的付款银行的责任,限于按照汇票上记载事项从付款人账户支付汇票金额。

(五)付款

第五十七条　[付款人的审查义务]付款人及其代理付款人付款时,应当审查汇票背书的连续,并审查提示付款人的合法身份证明或者有效证件。

付款人及其代理付款人以恶意或者有重大过失付款的,应当自行承担责任。

第五十八条　[期前付款的责任承担]对定日付款、出票后定期付款或者见票后定期付款的汇票,付款人在到期日前付款的,由付款人自行承担所产生的责任。

(六)追索

第六十一条　[行使追索权的情形]汇票到期被拒绝付款的,持票人可以对背书人、出票人以及汇票的其他债务人行使追索权。

汇票到期日前,有下列情形之一的,持票人也可以行使追索权:

(一)汇票被拒绝承兑的;

(二)承兑人或者付款人死亡、逃匿的;

(三)承兑人或者付款人被依法宣告破产的或者因违法被责令终止业务活动的。

第六十八条　[连带汇票债务人的追索权的行使]汇票的出票人、背书人、承兑人和保证人对持票人承担连带责任。

持票人可以不按照汇票债务人的先后顺序,对其中任何一人、数人或者全体行使追索权。

持票人对汇票债务人中的一人或者数人已经进行追索的,对其他汇票债务人仍可以行使追索权。被追索人清偿债务后,与持票人享有同一权利。

第六十九条　[追索权的限制]持票人为出票人的,对其前手无追索权。持票人为背书人的,对其后手无追索权。

考点46　支票

第八十三条　[现金支票与转账支票]支票可以支取现金,也可以转账,用于转账时,应当在支票正面注明。

支票中专门用于支取现金的,可以另行制作现金支票,现金支票只能用于支取现金。

支票中专门用于转账的,可以另行制作转账支票,转账支票只能用于转账,不得支取现金。

第八十四条　[支票的必须记载事项]支票必须记载下列事项:

(一)表明"支票"的字样;
(二)无条件支付的委托;
(三)确定的金额;
(四)付款人名称;
(五)出票日期;
(六)出票人签章。

支票上未记载前款规定事项之一的,支票无效。

第八十五条　[支票金额的授权补记]支票上的金额可以由出票人授权补记,未补记前的支票,不得使用。

第八十六条　[支票的相对应记载事项]支票上未记载收款人名称的,经出票人授权,可以补记。

支票上未记载付款地的,付款人的营业场所为付款地。

支票上未记载出票地的,出票人的营业场所、住所或者经常居住地为出票地。

出票人可以在支票上记载自己为收款人。

第九十条　[对支票见票即付]支票限于见票即付,不得另行记载付款日期。另行记载付款日期的,该记载无效。

专题七　证券法

考点47　证券法

(一)公开发行证券

第九条　[证券公开发行与非公开发行]公开发行证券,必须符合法律、行政法规规定的条件,并依法报经国务院证券监督管理机构或者国务院授权的部门注册。未经依法注册,任何单位和个人不得公开发行证券。证券发行注册制的具体范围、实施步骤,由国务院规定。

有下列情形之一的,为公开发行:

(一)向不特定对象发行证券;
(二)向特定对象发行证券累计超过二百人,但依法实施员工持股计划的员工人数不计算在内;
(三)法律、行政法规规定的其他发行行为。

非公开发行证券,不得采用广告、公开劝诱和变相公开方式。

第四十六条　[申请证券上市交易]申请证券上市交易,应当向证券交易所提出申请,由证券交易所依法审核同意,并由双方签订上市协议。

证券交易所根据国务院授权的部门的决定安排政府债券上市交易。

(二)公开发行新股的条件、用途、程序

第十二条第一款　[公开发行新股的条件]公司首次公开发行新股,应当符合下列条件:

(一)具备健全且运行良好的组织机构;
(二)具有持续经营能力;
(三)最近三年财务会计报告被出具无保留意见审计报告;
(四)发行人及其控股股东、实际控制人最近三年不存在贪污、贿赂、侵占财产、挪用财产或者破坏社会主义市场经济秩序的刑事犯罪;
(五)经国务院批准的国务院证券监督管理机构规定的其他条件。

第十四条　[公开发行股票所募集资金的使用]公司对公开发行股票所募集资金,必须按照招股说明书或者其他公开发行募集文件所列资金用途使用;改变资金用途,必须经股东大会作出决议。擅自改变用途,未作纠正的,或者未经股东大会认可的,不得公开发行新股。

(三)公开发行公司债券的条件

第十五条　[公开发行债券的条件]公开发行公司债券,应当符合下列条件:

(一)具备健全且运行良好的组织机构;
(二)最近三年平均可分配利润足以支付公司债券一年的利息;
(三)国务院规定的其他条件。

公开发行公司债券筹集的资金,必须按照公司债券募集办法所列资金用途使用;改变资金用途,必须经债券持有人会议作出决议。公开发行公司债券筹集的资金,不得用于弥补亏损和非生产性支出。

上市公司发行可转换为股票的公司债券,除应当符合第一款规定的条件外,还应当遵守本法第十二条第二款的规定。但是,按照公司债券募集办法,上市公司通过收购本公司股份的方式进行公司债券转换的除外。

第十七条　[再次公开发行债券的限制]有下列情形之一的,不得再次公开发行公司债券:

(一)对已公开发行的公司债券或者其他债务有违约或者延迟支付本息的事实,仍处于继续状态;
(二)违反本法规定,改变公开发行公司债券所募资金的用途。

(四)相关人员的行为限制

第二十一条　[发行审核委员会]国务院证券监督管

理机构或者国务院授权的部门依照法定条件负责证券发行申请的注册。证券公开发行注册的具体办法由国务院规定。

按照国务院的规定，证券交易所等可以审核公开发行证券申请，判断发行人是否符合发行条件、信息披露要求，督促发行人完善信息披露内容。

依照前两款规定参与证券发行申请注册的人员，不得与发行申请人有利害关系，不得直接或者间接接受发行申请人的馈赠，不得持有所注册的发行申请的证券，不得私下与发行申请人进行接触。

(五)核准错误的补救措施

第二十四条　[已核准证券发行决定的撤销] 国务院证券监督管理机构或者国务院授权的部门对已作出的证券发行注册的决定，发现不符合法定条件或者法定程序，尚未发行证券的，应当予以撤销，停止发行。已经发行尚未上市的，撤销发行注册决定，发行人应当按照发行价并加算银行同期存款利息返还证券持有人；发行人的控股股东、实际控制人以及保荐人，应当与发行人承担连带责任，但是能够证明自己没有过错的除外。

股票的发行人在招股说明书等证券发行文件中隐瞒重要事实或者编造重大虚假内容，已经发行并上市的，国务院证券监督管理机构可以责令发行人回购证券，或者责令负有责任的控股股东、实际控制人买回证券。

(六)证券的承销、包销与代销

第二十六条　[证券承销] 发行人向不特定对象发行的证券，法律、行政法规规定应当由证券公司承销的，发行人应当同证券公司签订承销协议。证券承销业务采取代销或者包销方式。

证券代销是指证券公司代发行人发售证券，在承销期结束时，将未售出的证券全部退还给发行人的承销方式。

证券包销是指证券公司将发行人的证券按照协议全部购入或者在承销期结束时将售后剩余证券全部自行购入的承销方式。

第二十九条　[文件核查] 证券公司承销证券，应当对公开发行募集文件的真实性、准确性、完整性进行核查。发现有虚假记载、误导性陈述或者重大遗漏的，不得进行销售活动；已经销售的，必须立即停止销售活动，并采取纠正措施。

证券公司承销证券，不得有下列行为：

(一)进行虚假的或者误导投资者的广告宣传或者其他宣传推介活动；

(二)以不正当竞争手段招揽承销业务；

(三)其他违反证券承销业务规定的行为。

证券公司有前款所列行为，给其他证券承销机构或者投资者造成损失的，应当依法承担赔偿责任。

第三十三条　[发行失败] 股票发行采用代销方式，代销期限届满，向投资者出售的股票数量未达到拟公开发行股票数量百分之七十的，为发行失败。发行人应当按照发行价并加算银行同期存款利息返还股票认购人。

(七)证券交易方式；相关人持有、买卖和受赠股票的限制

第三十八条　[交易方式] 证券在证券交易所上市交易，应当采用公开的集中交易方式或者国务院证券监督管理机构批准的其他方式。

第四十条　[从业人员持有、买卖、受赠股票的禁止] 证券交易场所、证券公司和证券登记结算机构的从业人员，证券监督管理机构的工作人员以及法律、行政法规规定禁止参与股票交易的其他人员，在任期或者法定限期内，不得直接或者以化名、借他人名义持有、买卖股票或者其他具有股权性质的证券，也不得收受他人赠送的股票或者其他具有股权性质的证券。

任何人在成为前款所列人员时，其原已持有的股票或者其他具有股权性质的证券，必须依法转让。

实施股权激励计划或者员工持股计划的证券公司的从业人员，可以按照国务院证券监督管理机构的规定持有、卖出本公司股票或者其他具有股权性质的证券。

第四十二条　[证券服务机构和人员买卖股票的限制] 为证券发行出具审计报告或者法律意见书等文件的证券服务机构和人员，在该证券承销期内和期满后六个月内，不得买卖该证券。

除前款规定外，为发行人及其控股股东、实际控制人，或者收购人、重大资产交易方出具审计报告或者法律意见书等文件的证券服务机构和人员，自接受委托之日起至上述文件公开后五日内，不得买卖该证券。实际开展上述有关工作之日早于接受委托之日的，自实际开展上述有关工作之日起至上述文件公开后五日内，不得买卖该证券。

第四十四条　[反向操作的限制性规定] 上市公司、股票在国务院批准的其他全国性证券交易场所交易的公司持有百分之五以上股份的股东、董事、监事、高级管理人员，将其持有的该公司的股票或者其他具有股权性质的证券在买入后六个月内卖出，或者在卖出后六个月内又买入，由此所得收益归该公司所有，公司董事会应当收回其所得收益。但是，证券公司因购入包销售后剩余股票而持有百分之五以上股份，以及有国务院证券监督管理机构规定的其他情形的除外。

前款所称董事、监事、高级管理人员、自然人股东持有的股票或者其他具有股权性质的证券，包括其配偶、父母、子女持有的及利用他人账户持有的股票或者其他具有股权性质的证券。

公司董事会不按照第一款规定执行的，股东有权要求董事会在三十日内执行。公司董事会未在上述期限内执行的，股东有权为了公司的利益以自己的名义直接向人民法院提起诉讼。

公司董事会不按照第一款的规定执行的，负有责任的董事依法承担连带责任。

(八)申请证券上市的条件；终止上市

第四十七条　[申请证券上市应符合上市条件] 申请证券上市交易，应当符合证券交易所上市规则规定的上市条件。

证券交易所上市规则规定的上市条件,应当对发行人的经营年限、财务状况、最低公开发行比例和公司治理、诚信记录等提出要求。

第四十八条 [终止上市交易]上市交易的证券,有证券交易所规定的终止上市情形的,由证券交易所按照业务规则终止其上市交易。

证券交易所决定终止证券上市交易的,应当及时公告,并报国务院证券监督管理机构备案。

(九)禁止的交易行为

第五十条 [内幕交易的禁止]禁止证券交易内幕信息的知情人和非法获取内幕信息的人利用内幕信息从事证券交易活动。

第五十一条 [知情人的范围]证券交易内幕信息的知情人包括:

(一)发行人及其董事、监事、高级管理人员;

(二)持有公司百分之五以上股份的股东及其董事、监事、高级管理人员,公司的实际控制人及其董事、监事、高级管理人员;

(三)发行人控股或者实际控制的公司及其董事、监事、高级管理人员;

(四)由于所任公司职务或者因与公司业务往来可以获取公司有关内幕信息的人员;

(五)上市公司收购人或者重大资产交易方及其控股股东、实际控制人、董事、监事和高级管理人员;

(六)因职务、工作可以获取内幕信息的证券交易场所、证券公司、证券登记结算机构、证券服务机构的有关人员;

(七)因职责、工作可以获取内幕信息的证券监督管理机构工作人员;

(八)因法定职责对证券的发行、交易或者对上市公司及其收购、重大资产交易进行管理可以获取内幕信息的有关主管部门、监管机构的工作人员;

(九)国务院证券监督管理机构规定的可以获取内幕信息的其他人员。

第五十二条 [内幕信息]证券交易活动中,涉及发行人的经营、财务或者对该发行人证券的市场价格有重大影响的尚未公开的信息,为内幕信息。

本法第八十条第二款、第八十一条第二款所列重大事件属于内幕信息。

第五十三条 [知情人内幕信息利用的禁止]证券交易内幕信息的知情人和非法获取内幕信息的人,在内幕信息公开前,不得买卖该公司的证券,或者泄露该信息,或者建议他人买卖该证券。

持有或者通过协议、其他安排与他人共同持有公司百分之五以上股份的自然人、法人、非法人组织收购上市公司的股份,本法另有规定的,适用其规定。

内幕交易行为给投资者造成损失的,应当依法承担赔偿责任。

第五十四条 [相关机构内幕信息利用的禁止]禁止证券交易场所、证券公司、证券登记结算机构、证券服务机构和其他金融机构的从业人员,有关监管部门或者行业协会的工作人员,利用因职务便利获取的内幕信息以外的其他未公开的信息,违反规定,从事与该信息相关的证券交易活动,或者明示、暗示他人从事相关交易活动。

利用未公开信息进行交易给投资者造成损失的,应当依法承担赔偿责任。

第五十五条 [操纵证券市场的禁止]禁止任何人以下列手段操纵证券市场,影响或者意图影响证券交易价格或者证券交易量:

(一)单独或者通过合谋,集中资金优势、持股优势或者利用信息优势联合或者连续买卖;

(二)与他人串通,以事先约定的时间、价格和方式相互进行证券交易;

(三)在自己实际控制的账户之间进行证券交易;

(四)不以成交为目的,频繁或者大量申报并撤销申报;

(五)利用虚假或者不确定的重大信息,诱导投资者进行证券交易;

(六)对证券、发行人公开作出评价、预测或者投资建议,并进行反向证券交易;

(七)利用在其他相关市场的活动操纵证券市场;

(八)操纵证券市场的其他手段。

操纵证券市场行为给投资者造成损失的,应当依法承担赔偿责任。

(十)报告和公告制度

第六十三条 [上市公司收购报告和公告]通过证券交易所的证券交易,投资者持有或者通过协议、其他安排与他人共同持有一个上市公司已发行的有表决权股份达到百分之五时,应当在该事实发生之日起三日内,向国务院证券监督管理机构、证券交易所作出书面报告,通知该上市公司,并予公告,在上述期限内不得再行买卖该上市公司的股票,但国务院证券监督管理机构规定的情形除外。

投资者持有或者通过协议、其他安排与他人共同持有一个上市公司已发行的有表决权股份达到百分之五后,其所持该上市公司已发行的有表决权股份比例每增加或者减少百分之五,应当依照前款规定进行报告和公告,在该事实发生之日起至公告后三日内,不得再行买卖该上市公司的股票,但国务院证券监督管理机构规定的情形除外。

投资者持有或者通过协议、其他安排与他人共同持有一个上市公司已发行的有表决权股份达到百分之五后,其所持该上市公司已发行的有表决权股份比例每增加或者减少百分之一,应当在该事实发生的次日通知该上市公司,并予公告。

违反第一款、第二款规定买入上市公司有表决权的股份的,在买入后的三十六个月内,对该超过规定比例部分的股份不得行使表决权。

(十一)股份收购

第六十五条 [收购要约的发出]通过证券交易所的证券交易,投资者持有或者通过协议、其他安排与他人共同持有一个上市公司已发行的有表决权股份达到百分之三十时,继续进行收购的,应当依法向该上市公司所有股东发出收购上市公司全部或者部分股份的要约。

收购上市公司部分股份的要约应当约定,被收购公司股东承诺出售的股份数额超过预定收购的股份数额的,收购人按比例进行收购。

第六十六条　[收购报告书的内容] 依照前条规定发出收购要约,收购人必须公告上市公司收购报告书,并载明下列事项:

(一)收购人的名称、住所;
(二)收购人关于收购的决定;
(三)被收购的上市公司名称;
(四)收购目的;
(五)收购股份的详细名称和预定收购的股份数额;
(六)收购期限、收购价格;
(七)收购所需资金额及资金保证;
(八)公告上市公司收购报告书时持有被收购公司股份数占该公司已发行的股份总数的比例。

第六十七条　[要约收购期限] 收购要约约定的收购期限不得少于三十日,并不得超过六十日。

第六十八条　[收购要约撤销的限制] 在收购要约确定的承诺期限内,收购人不得撤销其收购要约。收购人需要变更收购要约的,应当及时公告,载明具体变更事项,且不存在下列情形:

(一)降低收购价格;
(二)减少预定收购股份数额;
(三)缩短收购期限;
(四)国务院证券监督管理机构规定的其他情形。

第六十九条　[收购条件的适用对象] 收购要约提出的各项收购条件,适用于被收购公司的所有股东。

上市公司发行不同种类股份的,收购人可以针对不同种类股份提出不同的收购条件。

第七十条　[要约收购的限制] 采取要约收购方式的,收购人在收购期限内,不得卖出被收购公司的股票,也不得采取要约规定以外的形式和超出要约的条件买入被收购公司的股票。

第七十四条　[收购失败、完成的后果] 收购期限届满,被收购公司股权分布不符合证券交易所规定的上市交易要求的,该上市公司的股票应当由证券交易所依法终止上市交易;其余仍持有被收购公司股票的股东,有权向收购人以收购要约的同等条件出售其股票,收购人应当收购。

收购行为完成后,被收购公司不再具备股份有限公司条件的,应当依法变更企业形式。

第七十五条　[被收购股票转让的限制] 在上市公司收购中,收购人持有的被收购的上市公司的股票,在收购行为完成后的十八个月内不得转让。

(十二)信息披露

第七十八条　[披露原则] 发行人及法律、行政法规和国务院证券监督管理机构规定的其他信息披露义务人,应当及时依法履行信息披露义务。

信息披露义务人披露的信息,应当真实、准确、完整,简明清晰,通俗易懂,不得有虚假记载、误导性陈述或者重大遗漏。

证券同时在境内境外公开发行、交易的,其信息披露义务人在境外披露的信息,应当在境内同时披露。

第七十九条　[定期报告报送和公告的要求] 上市公司、公司债券上市交易的公司、股票在国务院批准的其他全国性证券交易场所交易的公司,应当按照国务院证券监督管理机构和证券交易场所规定的内容和格式编制定期报告,并按照以下规定报送和公告:

(一)在每一会计年度结束之日起四个月内,报送并公告年度报告,其中的年度财务会计报告应当经符合本法规定的会计师事务所审计;
(二)在每一会计年度的上半年结束之日起二个月内,报送并公告中期报告。

第八十条　[(股票)重大事件的报告和公告] 发生可能对上市公司、股票在国务院批准的其他全国性证券交易场所交易的公司的股票交易价格产生较大影响的重大事件,投资者尚未得知时,公司应当立即将有关该重大事件的情况向国务院证券监督管理机构和证券交易场所报送临时报告,并予公告,说明事件的起因、目前的状态和可能产生的法律后果。

前款所称重大事件包括:

(一)公司的经营方针和经营范围的重大变化;
(二)公司的重大投资行为,公司在一年内购买、出售重大资产超过公司资产总额百分之三十,或者公司营业用主要资产的抵押、质押、出售或者报废一次超过该资产的百分之三十;
(三)公司订立重要合同、提供重大担保或者从事关联交易,可能对公司的资产、负债、权益和经营成果产生重要影响;
(四)公司发生重大债务和未能清偿到期重大债务的违约情况;
(五)公司发生重大亏损或者重大损失;
(六)公司生产经营的外部条件发生的重大变化;
(七)公司的董事、三分之一以上监事或者经理发生变动,董事长或者经理无法履行职责;
(八)持有公司百分之五以上股份的股东或者实际控制人持有股份或者控制公司的情况发生较大变化,公司的实际控制人及其控制的其他企业从事与公司相同或者相似业务的情况发生较大变化;
(九)公司分配股利、增资的计划,公司股权结构的重要变化,公司减资、合并、分立、解散及申请破产的决定,或者依法进入破产程序、被责令关闭;
(十)涉及公司的重大诉讼、仲裁,股东大会、董事会决议被依法撤销或者宣告无效;
(十一)公司涉嫌犯罪被依法立案调查,公司的控股股东、实际控制人、董事、监事、高级管理人员涉嫌犯罪被依法采取强制措施;
(十二)国务院证券监督管理机构规定的其他事项。

公司的控股股东或者实际控制人对重大事件的发生、进展产生较大影响的,应当及时将其知悉的有关情况书面告知公司，并配合公司履行信息披露义务。

第八十一条　[(债券)重大事件的报告和公告] 发生可能对上市交易公司债券的交易价格产生较大影响的重大事件，投资者尚未得知时，公司应当立即将有关该重大事件的情况向国务院证券监督管理机构和证券交易场所报送临时报告，并予公告，说明事件的起因、目前的状态和可能产生的法律后果。

前款所称重大事件包括：

（一）公司股权结构或者生产经营状况发生重大变化；

（二）公司债券信用评级发生变化；

（三）公司重大资产抵押、质押、出售、转让、报废；

（四）公司发生未能清偿到期债务的情况；

（五）公司新增借款或者对外提供担保超过上年末净资产的百分之二十；

（六）公司放弃债权或者财产超过上年末净资产的百分之十；

（七）公司发生超过上年末净资产百分之十的重大损失；

（八）公司分配股利，作出减资、合并、分立、解散及申请破产的决定，或者依法进入破产程序、被责令关闭；

（九）涉及公司的重大诉讼、仲裁；

（十）公司涉嫌犯罪被依法立案调查，公司的控股股东、实际控制人、董事、监事、高级管理人员涉嫌犯罪被依法采取强制措施；

（十一）国务院证券监督管理机构规定的其他事项。

第八十二条　[定期报告审核] 发行人的董事、高级管理人员应当对证券发行文件和定期报告签署书面确认意见。

发行人的监事会应当对董事会编制的证券发行文件和定期报告进行审核并提出书面审核意见。监事应当签署书面确认意见。

发行人的董事、监事和高级管理人员应当保证发行人及时、公平地披露信息，所披露的信息真实、准确、完整。

董事、监事和高级管理人员无法保证证券发行文件和定期报告内容的真实性、准确性、完整性或者有异议的，应当在书面确认意见中发表意见并陈述理由，发行人应当披露。发行人不予披露的，董事、监事和高级管理人员可以直接申请披露。

第八十三条　[强制披露的要求] 信息披露义务人披露的信息应当同时向所有投资者披露，不得提前向任何单位和个人泄露。但是，法律、行政法规另有规定的除外。

任何单位和个人不得非法要求信息披露义务人提供依法需要披露但尚未披露的信息。任何单位和个人提前获知的前述信息，在依法披露前应当保密。

第八十四条　[自愿披露的要求] 除依法需要披露的信息之外，信息披露义务人可以自愿披露与投资者作出价值判断和投资决策有关的信息，但不得与依法披露的信息相冲突，不得误导投资者。

发行人及其控股股东、实际控制人、董事、监事、高级管理人员等作出公开承诺的，应当披露。不履行承诺给投资者造成损失的，应当依法承担赔偿责任。

第八十五条　[虚假信息的责任承担] 信息披露义务人未按照规定披露信息，或者公告的证券发行文件、定期报告、临时报告及其他信息披露资料存在虚假记载、误导性陈述或者重大遗漏，致使投资者在证券交易中遭受损失的，信息披露义务人应当承担赔偿责任；发行人的控股股东、实际控制人、董事、监事、高级管理人员和其他直接责任人员以及保荐人、承销的证券公司及其直接责任人员，应当与发行人承担连带赔偿责任，但是能够证明自己没有过错的除外。

第八十六条　[信息披露方式] 依法披露的信息，应当在证券交易场所的网站和符合国务院证券监督管理机构规定条件的媒体发布，同时将其置备于公司住所、证券交易场所，供社会公众查阅。

第八十七条　[对信息披露的监督] 国务院证券监督管理机构对信息披露义务人的信息披露行为进行监督管理。

证券交易场所应当对其组织交易的证券的信息披露义务人的信息披露行为进行监督，督促其依法及时、准确地披露信息。

（十三）投资者保护

第八十八条　[证券公司的了解说明义务] 证券公司向投资者销售证券、提供服务时，应当按照规定充分了解投资者的基本情况、财产状况、金融资产状况、投资知识和经验、专业能力等相关信息；如实说明证券、服务的重要内容，充分揭示投资风险；销售、提供与投资者上述状况相匹配的证券、服务。

投资者在购买证券或者接受服务时，应当按照证券公司明示的要求提供前款所列真实信息。拒绝提供或者未按照要求提供信息的，证券公司应当告知其后果，并按照规定拒绝向其销售证券、提供服务。

证券公司违反第一款规定导致投资者损失的，应当承担相应的赔偿责任。

第八十九条　[投资者的分类及纠纷的处理] 根据财产状况、金融资产状况、投资知识和经验、专业能力等因素，投资者可以分为普通投资者和专业投资者。专业投资者的标准由国务院证券监督管理机构规定。

普通投资者与证券公司发生纠纷的，证券公司应当证明其行为符合法律、行政法规以及国务院证券监督管理机构的规定，不存在误导、欺诈等情形。证券公司不能证明的，应当承担相应的赔偿责任。

第九十条　[投资者保护机构的设立及权利] 上市公司董事会、独立董事、持有百分之一以上有表决权股份的股东或者依照法律、行政法规或者国务院证券监督管理机构的规定设立的投资者保护机构（以下简称投资者保护机构），可以作为征集人，自行或者委托证券公司、证券服务机构，公开请求上市公司股东委托其代为出席股东大会，并代为行使提案权、表决权等股东权利。

依照前款规定征集股东权利的，征集人应当披露征集文件,上市公司应当予以配合。

禁止以有偿或者变相有偿的方式公开征集股东权利。

公开征集股东权利违反法律、行政法规或者国务院证券监督管理机构有关规定,导致上市公司或者其股东遭受损失的,应当依法承担赔偿责任。

第九十一条　[上市公司现金股利分配] 上市公司应当在章程中明确分配现金股利的具体安排和决策程序,依法保障股东的资产收益权。

上市公司当年税后利润,在弥补亏损及提取法定公积金后有盈余的,应当按照公司章程的规定分配现金股利。

第九十二条　[公开发行债券的要求] 公开发行公司债券的,应当设立债券持有人会议,并应当在募集说明书中说明债券持有人会议的召集程序、会议规则和其他重要事项。

公开发行公司债券的,发行人应当为债券持有人聘请债券受托管理人,并订立债券受托管理协议。受托管理人应当由本次发行的承销机构或者其他经国务院证券监督管理机构认可的机构担任,债券持有人会议可以决议变更债券受托管理人。债券受托管理人应当勤勉尽责,公正履行受托管理职责,不得损害债券持有人利益。

债券发行人未能按期兑付债券本息的,债券受托管理人可以接受全部或者部分债券持有人的委托,以自己名义代表债券持有人提起、参加民事诉讼或者清算程序。

第九十三条　[投资者保护机构先行赔付] 发行人因欺诈发行、虚假陈述或者其他重大违法行为给投资者造成损失的,发行人的控股股东、实际控制人、相关的证券公司可以委托投资者保护机构,就赔偿事宜与受到损失的投资者达成协议,予以先行赔付。先行赔付后,可以依法向发行人以及其他连带责任人追偿。

第九十四条　[投资者保护机构纠纷解决] 投资者与发行人、证券公司等发生纠纷的,双方可以向投资者保护机构申请调解。普通投资者与证券公司发生证券业务纠纷,普通投资者提出调解请求的,证券公司不得拒绝。

投资者保护机构对损害投资者利益的行为,可以依法支持投资者向人民法院提起诉讼。

发行人的董事、监事、高级管理人员执行公司职务时违反法律、行政法规或者公司章程的规定给公司造成损失,发行人的控股股东、实际控制人等侵犯公司合法权益给公司造成损失,投资者保护机构持有该公司股份的,可以为公司的利益以自己的名义向人民法院提起诉讼,持股比例和持股期限不受《中华人民共和国公司法》规定的限制。

第九十五条　[证券民事赔偿代表人诉讼] 投资者提起虚假陈述等证券民事赔偿诉讼时,诉讼标的是同一种类,且当事人一方人数众多的,可以依法推选代表人进行诉讼。

对按照前款规定提起的诉讼,可能存在有相同诉讼请求的其他众多投资者的,人民法院可以发出公告,说明该诉讼请求的案件情况,通知投资者在一定期间内向人民法院登记。人民法院作出的判决、裁定,对参加登记的投资者发生效力。

投资者保护机构受五十名以上投资者委托,可以作为代表人参加诉讼,并为经证券登记结算机构确认的权利人依照前款规定向人民法院登记,但投资者明确表示不愿意参加该诉讼的除外。

(十四)证券交易所

第九十六条　[证券交易所的性质] 证券交易所、国务院批准的其他全国性证券交易场所为证券集中交易提供场所和设施,组织和监督证券交易,实行自律管理,依法登记,取得法人资格。

证券交易所、国务院批准的其他全国性证券交易场所的设立、变更和解散由国务院决定。

国务院批准的其他全国性证券交易场所的组织机构、管理办法等,由国务院规定。

第九十九条　[证券交易所履职要求及章程制定] 证券交易所履行自律管理职能,应当遵守社会公共利益优先原则,维护市场的公平、有序、透明。

设立证券交易所必须制定章程。证券交易所章程的制定和修改,必须经国务院证券监督管理机构批准。

第一百零一条　[收入分配] 证券交易所可以自行支配的各项费用和收入,应当首先用于保证其证券交易场所和设施的正常运行并逐步改善。

实行会员制的证券交易所的财产积累归会员所有,其权益由会员共同享有,在其存续期间,不得将其财产积累分配给会员。

(十五)技术性停牌与临时停市;证券公司设立和经营范围

第一百一十一条　[技术性停牌和临时停市] 因不可抗力、意外事件、重大技术故障、重大人为差错或突发性事件而影响证券交易正常进行时,为维护证券交易正常秩序和市场公平,证券交易所可以按照业务规则采取技术性停牌、临时停市等处置措施,并应当及时向国务院证券监督管理机构报告。

因前款规定的突发性事件导致证券交易结果出现重大异常,按交易结果进行交收将对证券交易正常秩序和市场公平造成重大影响的,证券交易所按照业务规则可以采取取消交易、通知证券登记结算机构暂缓交收等措施,并应当及时向国务院证券监督管理机构报告并公告。

证券交易所对其依照本条规定采取措施造成的损失,不承担民事赔偿责任,但存在重大过错的除外。

第一百一十八条　[设立证券公司的条件] 设立证券公司,应当具备下列条件,并经国务院证券监督管理机构批准:

(一)有符合法律、行政法规规定的公司章程;

(二)主要股东及公司的实际控制人具有良好的财务状况和诚信记录,最近三年无重大违法违规记录;

(三)有符合本法规定的公司注册资本;

(四)董事、监事、高级管理人员、从业人员符合本法规定的条件;

(五)有完善的风险管理与内部控制制度;

（六）有合格的经营场所、业务设施和信息技术系统；

（七）法律、行政法规和经国务院批准的国务院证券监督管理机构规定的其他条件。

未经国务院证券监督管理机构批准，任何单位和个人不得以证券公司名义开展证券业务活动。

第一百二十条 [业务范围]经国务院证券监督管理机构核准，取得经营证券业务许可证，证券公司可以经营下列部分或者全部证券业务：

（一）证券经纪；

（二）证券投资咨询；

（三）与证券交易、证券投资活动有关的财务顾问；

（四）证券承销与保荐；

（五）证券融资融券；

（六）证券做市交易；

（七）证券自营；

（八）其他证券业务。

国务院证券监督管理机构应当自受理前款规定事项申请之日起三个月内，依照法定条件和程序进行审查，作出核准或者不予核准的决定，并通知申请人；不予核准的，应当说明理由。

证券公司经营证券资产管理业务的，应当符合《中华人民共和国证券投资基金法》等法律、行政法规的规定。

除证券公司外，任何单位和个人不得从事证券承销、证券保荐、证券经纪和证券融资融券业务。

证券公司从事证券融资融券业务，应当采取措施，严格防范和控制风险，不得违反规定向客户出借资金或者证券。

第一百二十二条 [须核准事项]证券公司变更证券业务范围，变更主要股东或者公司的实际控制人，合并、分立、停业、解散、破产，应当经国务院证券监督管理机构核准。

（十六）证券公司的业务和经营活动的限制

第一百二十三条 [风险控制指标的规定]国务院证券监督管理机构应当对证券公司净资本和其他风险控制指标作出规定。

证券公司除依照规定为其客户提供融资融券外，不得为其股东或者股东的关联人提供融资或者担保。

第一百二十九条 [自营业务]证券公司的自营业务必须以自己的名义进行，不得假借他人名义或者以个人名义进行。

证券公司的自营业务必须使用自有资金和依法筹集的资金。

证券公司不得将其自营账户借给他人使用。

第一百三十四条 [全权委托禁止]证券公司办理经纪业务，不得接受客户的全权委托而决定证券买卖、选择证券种类、决定买卖数量或者买卖价格。

证券公司不得允许他人以证券公司的名义直接参与证券的集中交易。

第一百三十五条 [收益承诺的禁止]证券公司不得对客户证券买卖的收益或者赔偿证券买卖的损失作出承诺。

第一百三十六条 [职务行为的责任承担]证券公司的从业人员在证券交易活动中，执行所属的证券公司的指令或者利用职务违反交易规则的，由所属的证券公司承担全部责任。

证券公司的从业人员不得私下接受客户委托买卖证券。

考点48 证券投资基金法

(一)基金管理人

第十二条 [管理人担任]基金管理人由依法设立的公司或者合伙企业担任。

公开募集基金的基金管理人，由基金管理公司或者经国务院证券监督管理机构按照规定核准的其他机构担任。

第二十条 [禁止行为]公开募集基金的基金管理人及其董事、监事、高级管理人员和其他从业人员不得有下列行为：

（一）将其固有财产或者他人财产混同于基金财产从事证券投资；

（二）不公平地对待其管理的不同基金财产；

（三）利用基金财产或者职务之便为基金份额持有人以外的人牟取利益；

（四）向基金份额持有人违规承诺收益或者承担损失；

（五）侵占、挪用基金财产；

（六）泄露因职务便利获取的未公开信息、利用该信息从事或者明示、暗示他人从事相关的交易活动；

（七）玩忽职守，不按照规定履行职责；

（八）法律、行政法规和国务院证券监督管理机构规定禁止的其他行为。

(二)基金托管人

第三十二条 [托管人核准]基金托管人由依法设立的商业银行或者其他金融机构担任。

商业银行担任基金托管人的，由国务院证券监督管理机构会同国务院银行业监督管理机构核准；其他金融机构担任基金托管人的，由国务院证券监督管理机构核准。

第三十五条 [限制]基金托管人与基金管理人不得为同一机构，不得相互出资或者持有股份。

(三)基金份额持有人

第三条第三款 [基金合同]通过公开募集方式设立的基金(以下简称公开募集基金)的基金份额持有人按其所持基金份额享受收益和承担风险，通过非公开募集方式设立的基金(以下简称非公开募集基金)的收益分配和风险承担由基金合同约定。

第四十六条 [份额持有人权利]基金份额持有人享有下列权利：

（一）分享基金财产收益；

（二）参与分配清算后的剩余基金财产；

（三）依法转让或者申请赎回其持有的基金份额；

（四）按照规定要求召开基金份额持有人大会或者召

集基金份额持有人大会；

（五）对基金份额持有人大会审议事项行使表决权；

（六）对基金管理人、基金托管人、基金服务机构损害其合法权益的行为依法提起诉讼；

（七）基金合同约定的其他权利。

公开募集基金的基金份额持有人有权查阅或者复制公开披露的基金信息资料；非公开募集基金的基金份额持有人对涉及自身利益的情况，有权查阅基金的财务会计账簿等财务资料。

第四十七条　[持有人大会] 基金份额持有人大会由全体基金份额持有人组成，行使下列职权：

（一）决定基金扩募或者延长基金合同期限；

（二）决定修改基金合同的重要内容或者提前终止基金合同；

（三）决定更换基金管理人、基金托管人；

（四）决定调整基金管理人、基金托管人的报酬标准；

（五）基金合同约定的其他职权。

第八十六条　[大会程序] 基金份额持有人大会应当有代表二分之一以上基金份额的持有人参加，方可召开。

参加基金份额持有人大会的持有人的基金份额低于前款规定比例的，召集人可以在原公告的基金份额持有人大会召开时间的三个月以后、六个月以内，就原定审议事项重新召集基金份额持有人大会。重新召集的基金份额持有人大会应当有代表三分之一以上基金份额的持有人参加，方可召开。

基金份额持有人大会就审议事项作出决定，应当经参加大会的基金份额持有人所持表决权的二分之一以上通过；但是，转换基金的运作方式、更换基金管理人或者基金托管人、提前终止基金合同、与其他基金合并，应当经参加大会的基金份额持有人所持表决权的三分之二以上通过。

基金份额持有人大会决定的事项，应当依法报国务院证券监督管理机构备案，并予以公告。

（四）基金财产

第五条　[基金财产] 基金财产的债务由基金财产本身承担，基金份额持有人以其出资为限对基金财产的债务承担责任。但基金合同依照本法另有约定的，从其约定。

基金财产独立于基金管理人、基金托管人的固有财产。基金管理人、基金托管人不得将基金财产归入其固有财产。

基金管理人、基金托管人因基金财产的管理、运用或者其他情形而取得的财产和收益，归入基金财产。

基金管理人、基金托管人因依法解散、被依法撤销或者被依法宣告破产等原因进行清算的，基金财产不属于其清算财产。

第七十二条　[投资范围] 基金财产应当用于下列投资：

（一）上市交易的股票、债券；

（二）国务院证券监督管理机构规定的其他证券及其衍生品种。

第七十三条　[投资限制] 基金财产不得用于下列投资或者活动：

（一）承销证券；

（二）违反规定向他人贷款或者提供担保；

（三）从事承担无限责任的投资；

（四）买卖其他基金份额，但是国务院证券监督管理机构另有规定的除外；

（五）向基金管理人、基金托管人出资；

（六）从事内幕交易、操纵证券交易价格及其他不正当的证券交易活动；

（七）法律、行政法规和国务院证券监督管理机构规定禁止的其他活动。

运用基金财产买卖基金管理人、基金托管人及其控股股东、实际控制人或者与其有其他重大利害关系的公司发行的证券或承销期内承销的证券，或者从事其他重大关联交易的，应当遵循基金份额持有人利益优先的原则，防范利益冲突，符合国务院证券监督管理机构的规定，并履行信息披露义务。

（五）非公开募集基金

第八十七条　[私募概念] 非公开募集基金应当向合格投资者募集，合格投资者累计不得超过二百人。

前款所称合格投资者，是指达到规定资产规模或者收入水平，并且具备相应的风险识别能力和风险承担能力、其基金份额认购金额不低于规定限额的单位和个人。

合格投资者的具体标准由国务院证券监督管理机构规定。

第九十一条　[宣传限制] 非公开募集基金，不得向合格投资者之外的单位和个人募集资金，不得通过报刊、电台、电视台、互联网等公众传播媒体或者讲座、报告会、分析会等方式向不特定对象宣传推介。

第九十三条第一款　[连带责任] 按照基金合同约定，非公开募集基金可以由部分基金份额持有人作为基金管理人负责基金的投资管理活动，并在基金财产不足以清偿其债务时对基金财产的债务承担无限连带责任。

第九十四条　[备案] 非公开募集基金募集完毕，基金管理人应当向基金行业协会备案。对募集的资金总额或者基金份额持有人的人数达到规定标准的基金，基金行业协会应当向国务院证券监督管理机构报告。

非公开募集基金财产的证券投资，包括买卖公开发行的股份有限公司股票、债券、基金份额，以及国务院证券监督管理机构规定的其他证券及其衍生品种。

专题八　保险法

考点49　保险法概述

（一）概念

第二条　[保险的定义] 本法所称保险，是指投保人根据合同约定，向保险人支付保险费，保险人对于合同约定的可能发生的事故因其发生所造成的财产损失承担赔偿保险金责任，或者当被保险人死亡、伤残、疾病或者达到合同约定的年龄、期限等条件时承担给付保险金责任的商业保险行为。

(二)基本原则

第五条 [最大诚信原则]保险活动当事人行使权利、履行义务应当遵循诚实信用原则。

第七条 [强制境内保险]在中华人民共和国境内的法人和其他组织需要办理境内保险的,应当向中华人民共和国境内的保险公司投保。

第十二条 [保险利益原则]人身保险的投保人在保险合同订立时,对被保险人应当具有保险利益。

财产保险的被保险人在保险事故发生时,对保险标的应当具有保险利益。

人身保险是以人的寿命和身体为保险标的的保险。

财产保险是以财产及其有关利益为保险标的的保险。

被保险人是指其财产或者人身受保险合同保障,享有保险金请求权的人。投保人可以为被保险人。

保险利益是指投保人或者被保险人对保险标的具有的法律上承认的利益。

第三十一条 [人身保险合同保险利益关系人]投保人对下列人员具有保险利益:

(一)本人;

(二)配偶、子女、父母;

(三)前项以外与投保人有抚养、赡养或者扶养关系的家庭其他成员、近亲属;

(四)与投保人有劳动关系的劳动者。

除前款规定外,被保险人同意投保人为其订立合同的,视为投保人对被保险人具有保险利益。

订立合同时,投保人对被保险人不具有保险利益的,合同无效。

第四十八条 [财保保险利益时效]保险事故发生时,被保险人对保险标的不具有保险利益的,不得向保险人请求赔偿保险金。

(三)保险合同总论

(1)保险合同的当事人、关系人

第十条 [保险合同、投保人、保险人的定义]保险合同是投保人与保险人约定保险权利义务关系的协议。

投保人是指与保险人订立保险合同,并按照合同约定负有支付保险费义务的人。

保险人是指与投保人订立保险合同,并按照合同约定承担赔偿或者给付保险金责任的保险公司。

第三十九条 [受益人的确定]人身保险的受益人由被保险人或者投保人指定。

投保人指定受益人时须经被保险人同意。投保人为与其有劳动关系的劳动者投保人身保险,不得指定被保险人及其近亲属以外的人为受益人。

被保险人为无民事行为能力或者限制民事行为能力人的,可以由其监护人指定受益人。

第四十一条 [受益人的变更]被保险人或者投保人可以变更受益人并书面通知保险人。保险人收到变更受益人的书面通知后,应当在保险单或者其他保险凭证上批注或者附贴批单。

投保人变更受益人时须经被保险人同意。

《保险法解释(三)》

第九条 投保人指定受益人未经被保险人同意的,人民法院应认定指定行为无效。

当事人对保险合同约定的受益人存在争议,除投保人、被保险人在保险合同之外另有约定外,按照以下情形分别处理:

(一)受益人约定为"法定"或者"法定继承人"的,以继承法规定的法定继承人为受益人;

(二)受益人仅约定为身份关系,投保人与被保险人为同一主体的,根据保险事故发生时与被保险人的身份关系确定受益人;投保人与被保险人为不同主体的,根据保险合同成立时与被保险人的身份关系确定受益人;

(三)受益人的约定包括姓名和身份关系,保险事故发生时身份关系发生变化的,认定为未指定受益人。

(2)保险合同的订立和效力

第十三条 [保险合同订立]投保人提出保险要求,经保险人同意承保,保险合同成立。保险人应当及时向投保人签发保险单或者其他保险凭证。

保险单或者其他保险凭证应当载明当事人双方约定的合同内容。当事人也可以约定采用其他书面形式载明合同内容。

依法成立的保险合同,自成立时生效。投保人和保险人可以对合同的效力约定附条件或者附期限。

第十四条 [保险责任期间]保险合同成立后,投保人按照约定交付保险费,保险人按照约定的时间开始承担保险责任。

第十七条 [免责条款]订立保险合同,采用保险人提供的格式条款的,保险人向投保人提供的投保单应当附格式条款,保险人应当向投保人说明合同的内容。

对保险合同中免除保险人责任的条款,保险人在订立合同时应当在投保单、保险单或者其他保险凭证上作出足以引起投保人注意的提示,并对该条款的内容以书面或者口头形式向投保人作出明确说明;未作提示或者明确说明的,该条款不产生效力。

第十九条 [格式免责条款无效]采用保险人提供的格式条款订立的保险合同中的下列条款无效:

(一)免除保险人依法应承担的义务或者加重投保人、被保险人责任的;

(二)排除投保人、被保险人或者受益人依法享有的权利的。

《保险法解释(二)》

第三条 [投保人或者投保人的代理人订立保险合同时没有亲自签字或者盖章的后果]投保人或者投保人的代理人订立保险合同时没有亲自签字或者盖章,而保险人或者保险人的代理人代为签字或者盖章的,对投保人不生效。但投保人已经交纳保险费的,视为其对代签字或者盖章行为的追认。

保险人或者保险人的代理人代为填写保险单证后经投保人签字或者盖章确认的,代为填写的内容视为投保人的真实意思表示。但有证据证明保险人或者保险人的代理人存在保险法116条、第131条相关规定情形的除外。

第四条　[接受投保单并收取保费的法律后果]保险人接受了投保人提交的投保单并收取了保险费，尚未作出是否承保的意思表示，发生保险事故，被保险人或者受益人请求保险人按照保险合同承担赔偿或者给付保险金责任，符合承保条件的，人民法院应予支持；不符合承保条件的，保险人不承担保险责任，但应当退还已经收取的保险费。

保险人主张不符合承保条件的，应承担举证责任。

(3) 保险合同的解除

第十六条　[保险人解除合同的限制]订立保险合同，保险人就保险标的或者被保险人的有关情况提出询问的，投保人应当如实告知。

投保人故意或者因重大过失未履行前款规定的如实告知义务，足以影响保险人决定是否同意承保或者提高保险费率的，保险人有权解除合同。

前款规定的合同解除权，自保险人知道有解除事由之日起，超过三十日不行使而消灭。自合同成立之日起超过二年的，保险人不得解除合同；发生保险事故的，保险人应当承担赔偿或者给付保险金的责任。

投保人故意不履行如实告知义务的，保险人对于合同解除前发生的保险事故，不承担赔偿或者给付保险金的责任，并不退还保险费。

投保人因重大过失未履行如实告知义务，对保险事故的发生有严重影响的，保险人对于合同解除前发生的保险事故，不承担赔偿或者给付保险金的责任，但应当退还保险费。

保险人在合同订立时已经知道投保人未如实告知的情况的，保险人不得解除合同；发生保险事故的，保险人应当承担赔偿或者给付保险金的责任。

保险事故是指保险合同约定的保险责任范围内的事故。

第四十三条　[受益权丧失]投保人故意造成被保险人死亡、伤残或者疾病的，保险人不承担给付保险金的责任。投保人已交足二年以上保险费的，保险人应当按照合同约定向其他权利人退还保险单的现金价值。

受益人故意造成被保险人死亡、伤残、疾病的，或者故意杀害被保险人未遂的，该受益人丧失受益权。

《保险法解释(三)》

第十六条　保险合同解除时，投保人与被保险人、受益人为不同主体，被保险人或者受益人要求退还保险单的现金价值的，人民法院不予支持，但保险合同另有约定的除外。

投保人故意造成被保险人死亡、伤残或者疾病的，保险人依照保险法第43条规定退还保险单的现金价值的，其他权利人按照被保险人、被保险人继承人的顺序确定。

第十七条　投保人解除保险合同，当事人以其解除合同未经被保险人或者受益人同意为由主张解除行为无效的，人民法院不予支持，但保险人已向被保险人支付相当于保险单现金价值的款项并通知保险人的除外。

(4) 保险合同的中止和复效

第三十六条　[分期支付保险费]合同约定分期支付保险费，投保人支付首期保险费后，除合同另有约定外，投保人自保险人催告之日起超过三十日未支付当期保险费，或者超过约定的期限六十日未支付当期保险费的，合同效力中止，或者由保险人按照合同约定的条件减少保险金额。

被保险人在前款规定期限内发生保险事故的，保险人应当按合同约定给付保险金，但可以扣减欠交的保险费。

第三十七条　[合同效力的恢复]合同效力依照本法第三十六条规定中止的，经保险人与投保人协商并达成协议，在投保人补交保险费后，合同效力恢复。但是，自合同效力中止之日起满二年双方未达成协议的，保险人有权解除合同。

保险人依照前款规定解除合同的，应当按照合同约定退还保险单的现金价值。

《保险法解释(三)》

第八条　保险合同效力依照保险法第36条规定中止，投保人提出恢复效力申请并同意补交保险费的，除被保险人的危险程度在中止期间显著增加外，保险人拒绝恢复效力的，人民法院不予支持。

保险人在收到恢复效力申请后，三十日内未明确拒绝的，应认定为同意恢复效力。

保险合同自投保人补交保险费之日恢复效力。保险人要求投保人补交相应利息的，人民法院应予支持。

(5) 保险合同内容冲突处理规则

第三十条　[争议条款的解释原则]采用保险人提供的格式条款订立的保险合同，保险人与投保人、被保险人或者受益人对合同条款有争议的，应当按照通常理解予以解释。对合同条款有两种以上解释的，人民法院或者仲裁机构应当作出有利于被保险人和受益人的解释。

考点50 人身保险合同

(一)人身保险的保险利益

第三十一条　[人身保险合同保险利益关系人]投保人对下列人员具有保险利益：

(一)本人；

(二)配偶、子女、父母；

(三)前项以外与投保人有抚养、赡养或者扶养关系的家庭其他成员、近亲属；

(四)与投保人有劳动关系的劳动者。

除前款规定外，被保险人同意投保人为其订立合同的，视为投保人对被保险人具有保险利益。

订立合同时，投保人对被保险人不具有保险利益的，合同无效。

(二)年龄误报的处理

第三十二条　[年龄误报的处理]投保人申报的被保险人年龄不真实，并且其真实年龄不符合合同约定的年龄限制的,保险人可以解除合同,并按照合同约定退还保险单的现金价值。保险人行使合同解除权,适用本法第十六条第三款、第六款的规定。

投保人申报的被保险人年龄不真实,致使投保人支付的保险费少于应付保险费的,保险人有权更正并要求投保人补交保险费,或者在给付保险金时按照实付保险费与应付保险费的比例支付。

投保人申报的被保险人年龄不真实,致使投保人支付的保险费多于应付保险费的,保险人应当将多收的保险费退还投保人。

(三)死亡险

第三十三条 [死亡保险的禁止]投保人不得为无民事行为能力人投保以死亡为给付保险金条件的人身保险,保险人也不得承保。

父母为其未成年子女投保的人身保险,不受前款规定限制。但是,因被保险人死亡给付的保险金总和不得超过国务院保险监督管理机构规定的限额。

第三十四条 [死亡保险合同的订立和转让]以死亡为给付保险金条件的合同,未经被保险人同意并认可保险金额的,合同无效。

按照以死亡为给付保险金条件的合同所签发的保险单,未经被保险人书面同意,不得转让或者质押。

父母为其未成年子女投保的人身保险,不受本条第一款规定限制。

《保险法解释(三)》

第一条 当事人订立以死亡为给付保险金条件的合同,根据保险法第34条的规定,"被保险人同意并认可保险金额"可以采取书面形式、口头形式或者其他形式;可以在合同订立时作出,也可以在合同订立后追认。

有下列情形之一的,应认定为被保险人同意投保人为其订立保险合同并认可保险金额:

(一)被保险人明知他人代其签名同意而未表示异议的;

(二)被保险人同意投保人指定的受益人的;

(三)有证据足以认定被保险人同意投保人为其投保的其他情形。

第二条 被保险人以书面形式通知保险人和投保人撤销其依据保险法第34条第1款规定所作出的同意意思表示的,可认定为保险合同解除。

(四)受益人

第三十九条 [受益人的确定]人身保险的受益人由被保险人或者投保人指定。

投保人指定受益人时须经被保险人同意。投保人为与其有劳动关系的劳动者投保人身保险,不得指定被保险人及其近亲属以外的人为受益人。

被保险人为无民事行为能力人或者限制民事行为能力人的,可以由其监护人指定受益人。

第四十条 [受益顺序及份额]被保险人或者投保人可以指定一人或者数人为受益人。

受益人为数人的,被保险人或者投保人可以确定受益顺序和受益份额;未确定受益份额的,受益人按照相等份额享有受益权。

第四十一条 [受益人的变更]被保险人或者投保人可以变更受益人并书面通知保险人。保险人收到变更受益人的书面通知后,应当在保险单或者其他保险凭证上批注或者附贴批单。

投保人变更受益人时须经被保险人同意。

《保险法解释(三)》

第九条 投保人指定受益人未经被保险人同意的,人民法院应认定指定行为无效。

当事人对保险合同约定的受益人存在争议,除投保人、被保险人在保险合同之外另有约定外,按照以下情形分别处理:

(一)受益人约定为"法定"或者"法定继承人"的,以继承法规定的法定继承人为受益人;

(二)受益人仅约定为身份关系,投保人与被保险人为同一主体的,根据保险事故发生时与被保险人的身份关系确定受益人;投保人与被保险人为不同主体的,根据保险合同成立时与被保险人的身份关系确定受益人;

(三)受益人的约定包括姓名和身份关系,保险事故发生时身份关系发生变化的,认定为未指定受益人。

第十条 投保人或者被保险人变更受益人,当事人主张变更行为自变更意思表示发出时生效的,人民法院应予支持。

投保人或者被保险人变更受益人未通知保险人,保险人主张变更对其不发生效力的,人民法院应予支持。

投保人变更受益人未经被保险人同意的,人民法院应认定变更行为无效。

第十一条 投保人或者被保险人在保险事故发生后变更受益人,变更后的受益人请求保险人给付保险金的,人民法院不予支持。

(五)保险金的法定继承

第四十二条 [保险金的继承]被保险人死亡后,有下列情形之一的,保险金作为被保险人的遗产,由保险人依照《中华人民共和国继承法》的规定履行给付保险金的义务:

(一)没有指定受益人,或者受益人指定不明无法确定的;

(二)受益人先于被保险人死亡,没有其他受益人的;

(三)受益人依法丧失受益权或者放弃受益权,没有其他受益人的。

受益人与被保险人在同一事件中死亡,且不能确定死亡先后顺序的,推定受益人死亡在先。

《保险法解释(三)》

第十四条 保险金根据保险法第42条规定作为被保险人的遗产,被保险人的继承人要求保险人给付保险金,保险人以其已向持有保险单的被保险人的其他继承人给付保险金为由抗辩的,人民法院应予支持。

第十五条 受益人与被保险人存在继承关系,在同一事件中死亡且不能确定死亡先后顺序的,人民法院应根据保险法第42条第2款的规定推定受益人死亡在先,并按照保险法及本解释的相关规定确定保险金归属。

(六)特殊人身保险事故

第四十三条　[受益权丧失] 投保人故意造成被保险人死亡、伤残或者疾病的,保险人不承担给付保险金的责任。投保人已交足二年以上保险费的,保险人应当按照合同约定向其他权利人退还保险单的现金价值。

受益人故意造成被保险人死亡、伤残、疾病的,或者故意杀害被保险人未遂的,该受益人丧失受益权。

第四十四条　[被保险人自杀的赔付] 以被保险人死亡为给付保险金条件的合同,自合同成立或者合同效力恢复之日起二年内,被保险人自杀的,保险人不承担给付保险金的责任,但被保险人自杀时为无民事行为能力人的除外。

保险人依照前款规定不承担给付保险金责任的,应当按照合同约定退还保险单的现金价值。

第四十五条　[被保险人故意犯罪免予赔付] 因被保险人故意犯罪或者抗拒依法采取的刑事强制措施导致其伤残或者死亡的,保险人不承担给付保险金的责任。投保人已交足二年以上保险费的,保险人应当按照合同约定退还保险单的现金价值。

《保险法解释(三)》

第二十一条 保险人以被保险人自杀为由拒绝给付保险金的,由保险人承担举证责任。

受益人或者被保险人的继承人以被保险人自杀时无民事行为能力为由抗辩的,由其承担举证责任。

(七)理赔规则

《保险法解释(三)》

第十二条 投保人或者被保险人指定数人为受益人,部分受益人在保险事故发生前死亡、放弃受益权或者依法丧失受益权的,该受益人应得的受益份额按照保险合同的约定处理;保险合同没有约定或约定不明的,该受益人应得的受益份额按以下情形分别处理:

(一)未约定受益顺序和受益份额的,由其他受益人平均享有;

(二)未约定受益顺序但约定受益份额的,由其他受益人按照相应比例享有;

(三)约定受益顺序但未约定受益份额的,由同顺序的其他受益人平均享有;同一顺序没有其他受益人的,由后一顺序的受益人平均享有;

(四)约定受益顺序和受益份额的,由同顺序的其他受益人按照相应比例享有;同一顺序没有其他受益人的,由后一顺序的受益人按照相应比例享有。

第十三条 保险事故发生后,受益人将与本次保险事故相对应的全部或者部分保险金请求权转让给第三人,当事人主张该转让行为有效的,人民法院应予支持,但根据合同性质、当事人约定或者法律规定不得转让的除外。

考点51　财产保险合同

(一)保险标的的转让

第四十九条　[保险标的的转让] 保险标的的转让的,保险标的的受让人承继被保险人的权利和义务。

保险标的的转让的,被保险人或者受让人应当及时通知保险人,但货物运输保险合同和另有约定的合同除外。

因保险标的的转让导致危险程度显著增加的,保险人自收到前款规定的通知之日起三十日内,可以按照合同约定增加保险费或者解除合同。保险人解除合同的,应当将已收取的保险费,按照合同约定扣除自保险责任开始之日起至合同解除之日止应收的部分后,退还投保人。

被保险人、受让人未履行本条第二款规定的通知义务的,因转让导致保险标的的危险程度显著增加而发生的保险事故,保险人不承担赔偿保险金的责任。

《保险法解释(四)》

第一条 保险标的已交付受让人,但尚未依法办理所有权变更登记,承担保险标的的毁损灭失风险的受让人,依照保险法第48条、第49条的规定主张行使被保险人权利的,人民法院应予支持。

第二条 保险人已向投保人履行了保险法规定的提示和明确说明义务,保险标的的受让人以保险标的的转让后保险人未向其提示或者明确说明为由,主张免除保险人责任的条款不生效的,人民法院不予支持。

第三条 被保险人死亡,继承保险标的的当事人主张继被保险人的权利和义务的,人民法院应予支持。

第四条 人民法院认定保险标的是否构成保险法第49条、第52条规定的"危险程度显著增加"时,应当综合考虑以下因素:

(一)保险标的的用途的改变;

(二)保险标的的使用范围的改变;

(三)保险标的的所处环境的变化;

(四)保险标的的因改装等原因引起的变化;

(五)保险标的的使用人或者管理人的改变;

(六)危险程度增加持续的时间;

(七)其他可能导致危险程度显著增加的因素。

保险标的的危险程度虽然增加,但增加的危险属于保险合同订立时保险人预见或者应当预见的保险合同承保范围的,不构成危险程度显著增加。

第五条 被保险人、受让人依法及时向保险人发出保险标的的转让通知后,保险人作出答复前,发生保险事故,被保险人或者受让人主张保险人按照保险合同承担赔偿保险金的责任的,人民法院应予支持。

(二)不足额保险

第五十五条　[保险价值与保险金额] 投保人和保险人约定保险标的的保险价值并在合同中载明的,保险标的发生损失时,以约定的保险价值为赔偿计算标准。

投保人和保险人未约定保险标的的保险价值的,保险标的发生损失时,以保险事故发生时保险标的的实际价值为赔偿计算标准。

保险金额不得超过保险价值。超过保险价值的,超过部分无效,保险人应当退还相应的保险费。

保险金额低于保险价值的,除合同另有约定外,保险人按照保险金额与保险价值的比例承担赔偿的责任。

(三)重复保险

第五十六条 [重复保险]重复保险的投保人应当将重复保险的有关情况通知各保险人。

重复保险的各保险人赔偿保险金的总和不得超过保险价值。除合同另有约定外,各保险人按照其保险金额与保险金额总和的比例承担赔偿保险金的责任。

重复保险的投保人可以就保险金额总和超过保险价值的部分,请求各保险人按比例返还保险费。

重复保险是指投保人对同一保险标的、同一保险利益、同一保险事故分别与两个以上保险人订立保险合同,且保险金额总和超过保险价值的保险。

(四)责任保险

第六十五条 [责任保险赔付]保险人对责任保险的被保险人给第三者造成的损害,可以依照法律的规定或者合同的约定,直接向该第三者赔偿保险金。

责任保险的被保险人给第三者造成损害,被保险人对第三者应负的赔偿责任确定的,根据被保险人的请求,保险人应当直接向该第三者赔偿保险金。被保险人怠于请求的,第三者有权就其应获赔偿部分直接向保险人请求赔偿保险金。

责任保险的被保险人给第三者造成损害,被保险人未向该第三者赔偿的,保险人不得向被保险人赔偿保险金。

责任保险是指以被保险人对第三者依法应负的赔偿责任为保险标的的保险。

第六十六条 [保险人负担诉讼费用]责任保险的被保险人因给第三者造成损害的保险事故而被提起仲裁或者诉讼的,被保险人支付的仲裁或者诉讼费用以及其他必要的、合理的费用,除合同另有约定外,由保险人承担。

《保险法解释(四)》

第十五条 被保险人对第三者应负的赔偿责任确定后,被保险人不履行赔偿责任,且第三者以保险人为被告或者以保险人与被保险人为共同被告提起诉讼时,保险人尚未向保险人提出直接向第三者赔偿保险金的请求的,可以认定为属于保险法第65条第2款规定的"被保险人怠于请求"的情形。

第十六条 责任保险的被保险人因共同侵权依法承担连带责任,保险人以该连带责任超出被保险人应承担的责任份额为由,拒绝赔付保险金的,人民法院不予支持。保险人承担保险责任后,主张就超出被保险人责任份额的部分向其他连带责任人追偿的,人民法院应予支持。

第二十条 责任保险的保险人在被保险人向第三者赔偿之前向被保险人赔偿保险金,第三者依照保险法第65条第2款的规定行使保险金请求权时,保险人以其已向被保险人赔偿为由拒绝赔偿保险金的,人民法院不予支持。保险人向第三者赔偿后,请求被保险人返还相应保险金的,人民法院应予支持。

(五)代位求偿权

第六十条 [代位求偿权]因第三者对保险标的的损害而造成保险事故的,保险人自向被保险人赔偿保险金之日起,在赔偿金额范围内代位行使保险人对第三者请求赔偿的权利。

前款规定的保险事故发生后,被保险人已经从第三者取得损害赔偿的,保险人赔偿保险金时,可以相应扣减被保险人从第三者已取得的赔偿金额。

保险人依照本条第一款规定行使代位请求赔偿的权利,不影响被保险人就未取得赔偿的部分向第三者请求赔偿的权利。

第六十一条第三款 [赔偿请求的放弃]被保险人故意或者因重大过失致使保险人不能行使代位请求赔偿的权利的,保险人可以扣减或者要求返还相应的保险金。

第六十二条 [代位权行使的限制]除被保险人的家庭成员或者其组成人员故意造成本法第六十条第一款规定的保险事故外,保险人不得对被保险人的家庭成员或者其组成人员行使代位请求赔偿的权利。

《保险法解释(二)》

第十六条 [保险人代位求偿权]保险人应以自己的名义行使保险代位求偿权。

根据保险法第60条第1款的规定,保险人代位求偿权的诉讼时效期间应自其取得代位求偿权之日起算。

《保险法解释(四)》

第七条 保险人依照保险法第60条的规定,主张代位行使被保险人因第三者侵权或者违约等享有的请求赔偿的权利的,人民法院应予支持。

第八条 投保人和被保险人为不同主体,因投保人对保险标的的损害而造成保险事故,保险人依法主张代位行使被保险人对投保人请求赔偿的权利的,人民法院应予支持,但法律另有规定或者保险合同另有约定的除外。

第九条 在保险人以第三者为被告提起的代位求偿权之诉中,第三者以被保险人在保险合同订立前已放弃对其请求赔偿的权利为由进行抗辩,人民法院认定上述放弃行为合法有效,保险人就相应部分主张行使代位求偿权的,人民法院不予支持。

保险合同订立时,保险人就是否存在上述放弃情形提出询问,投保人未如实告知,导致保险人不能代位行使请求赔偿的权利,保险人请求返还相应保险金的,人民法院应予支持,但保险人知道或者应当知道上述情形仍同意承保的除外。

第十条 因第三者对保险标的的损害而造成保险事故,保险人获得代位请求赔偿的权利的情况未通知第三者或者通知到达第三者前,第三者在被保险人已经从保险人处获赔的范围内又向被保险人作出赔偿,保险人主张代位行使被保险人对第三者请求赔偿的权利的,人民法院不予支持。保险人就相应保险金主张被保险人返还的,人民法院应予支持。

保险人获得代位请求赔偿的权利的情况已经通知到第三者,第三者又向被保险人作出赔偿,保险人主张代位行使请求赔偿的权利,第三者以其已经向被保险人赔偿为由抗辩的,人民法院不予支持。

第十二条 保险人以造成保险事故的第三者为被告提起代位求偿权之诉的,以被保险人与第三者之间的法律关系确定管辖法院。

专题九　海商法

考点52 船舶物权
（一）船舶所有权
第七条　[所有权概念]船舶所有权,是指船舶所有人依法对其船舶享有占有、使用、收益和处分的权利。
第九条　[船舶所有权登记]船舶所有权的取得、转让和消灭,应当向船舶登记机关登记;未经登记的,不得对抗第三人。
船舶所有权的转让,应当签订书面合同。
第十条　[共有登记]船舶由两个以上的法人或者个人共有的,应当向船舶登记机关登记;未经登记的,不得对抗第三人。
（二）船舶担保物权
(1)船舶抵押权
第十二条　[抵押权设定]船舶所有人或者船舶所有人授权的人可以设定船舶抵押权。
船舶抵押权的设定,应当签订书面合同。
第十三条第一款　[抵押权登记]设定船舶抵押权,由抵押人和抵押权人共同向船舶登记机关办理抵押权登记;未经登记的,不得对抗第三人。
第十四条　[在建船舶抵押]建造中的船舶可以设定船舶抵押权。
建造中的船舶办理抵押权登记,还应当向船舶登记机关提交船舶建造合同。
第十六条　[共有船舶抵押]船舶共有人就共有船舶设定抵押权,应当取得持有三分之二以上份额的共有人的同意,共有人之间另有约定的除外。
船舶共有人设定的抵押权,不因船舶的共有权的分割而受影响。
第十七条　[禁止转让]船舶抵押权设定后,未经抵押权人同意,抵押人不得将被抵押船舶转让给他人。
第十八条　[抵押权转移]抵押权人将被抵押船舶所担保的债权全部或者部分转让他人的,抵押权随之转移。
第十九条　[抵押权受偿顺序]同一船舶可以设定两个以上抵押权,其顺序以登记的先后为准。
同一船舶设定两个以上抵押权的,抵押权人按照抵押登记的先后顺序,从船舶拍卖所得价款中依次受偿。同日登记的抵押权,按照同一顺序受偿。
第二十条　[抵押权消灭]被抵押船舶灭失,抵押权随之消灭。由于船舶灭失得到的保险赔偿,抵押权人有权优先于其他债权人受偿。
(2)船舶优先权
第二十一条　[优先权的概念]船舶优先权,是指海事请求人依照本法第二十二条的规定,向船舶所有人、光船承租人、船舶经营人提出海事请求,对产生该海事请求的船舶具有优先受偿的权利。
第二十二条　[优先权的范围]下列各项海事请求具有船舶优先权:
（一）船长、船员和在船上工作的其他在编人员根据劳动法律、行政法规或者劳动合同所产生的工资、其他劳动报酬、船员遣返费用和社会保险费用的给付请求;
（二）在船舶营运中发生的人身伤亡的赔偿请求;
（三）船舶吨税、引航费、港务费和其他港口规费的缴付请求;
（四）海难救助的救助款项的给付请求;
（五）船舶在营运中因侵权行为产生的财产赔偿请求。
载运2000吨以上的散装货油的船舶,持有有效的证书,证明已经进行油污损害民事责任保险或者具有相应的财务保证的,对其造成的油污损害的赔偿请求,不属于前款第(五)项规定的范围。
第二十三条　[受偿顺序]本法第二十二条第一款所列各项海事请求,依照顺序受偿。但是,第(四)项海事请求,后于第(一)项至第(三)项发生的,应当先于第(一)项至第(三)项受偿。
本法第二十二条第一款第(一)、(二)、(三)、(五)项中有两个以上海事请求的,不分先后,同时受偿;不足受偿的,按照比例受偿。第(四)项中有两个以上海事请求的,后发生的先受偿。
第二十四条　[优先拨付的费用]因行使船舶优先权产生的诉讼费用,保存、拍卖船舶和分配船舶价款产生的费用,以及为海事请求人的共同利益而支付的其他费用,应当从船舶拍卖所得价款中先行拨付。
第二十六条　[优先权的追及效力]船舶优先权不因船舶所有权的转让而消灭。但是,船舶转让时,船舶优先权自法院应受让人申请予以公告之日起满六十日不行使的除外。
第二十八条　[优先权行使]船舶优先权应当通过法院扣押产生优先权的船舶行使。
第二十九条　[优先权消灭]船舶优先权,除本法第二十六条规定的外,因下列原因之一而消灭:
（一）具有船舶优先权的海事请求,自优先权产生之日起满1年不行使的;
（二）船舶经法院强制出售;
（三）船舶灭失。
前款第(一)项的一年期限,不得中止或者中断。
(3)船舶留置权及担保物权间的关系
第二十五条　[留置权、抵押权、优先权竞合的受偿顺序]船舶优先权先于船舶留置权受偿,船舶抵押权后于船舶留置权受偿。
前款所称船舶留置权,是指造船人、修船人在合同另一方未履行合同时,可以留置所占有的船舶,以保证造船费用或者修船费用得以偿还的权利。船舶留置权在造船人、修船人不再占有所造或者所修的船舶时消灭。

专题十　信托法

考点53 信托法
（一）信托的设立
第七条　设立信托,必须有确定的信托财产,并且该信托财产必须是委托人合法所有的财产。

本法所称财产包括合法的财产权利。

第八条 设立信托,应当采取书面形式。

书面形式包括信托合同、遗嘱或者法律、行政法规规定的其他书面文件等。

采取信托合同形式设立信托的,信托合同签订时,信托成立。采取其他书面形式设立信托的,受托人承诺信托时,信托成立。

第九条 设立信托,其书面文件应当载明下列事项:

(一)信托目的;

(二)委托人、受托人的姓名或者名称、住所;

(三)受益人或者受益人范围;

(四)信托财产的范围、种类及状况;

(五)受益人取得信托利益的形式、方法。

除前款所列事项外,可以载明信托期限、信托财产的管理方法、受托人的报酬、新受托人的选任方式、信托终止事由等事项。

第十一条 有下列情形之一的,信托无效:

(一)信托目的违反法律、行政法规或者损害社会公共利益;

(二)信托财产不能确定;

(三)委托人以非法财产或者本法规定不得设立信托的财产设立信托;

(四)专以诉讼或者讨债为目的设立信托;

(五)受益人或者受益人范围不能确定;

(六)法律、行政法规规定的其他情形。

第十二条 委托人设立信托损害其债权人利益的,债权人有权申请人民法院撤销该信托。

人民法院依照前款规定撤销信托的,不影响善意受益人已经取得的信托利益。

本条第一款规定的申请权,自债权人知道或者应当知道撤销原因之日起一年内不行使的,归于消灭。

第十三条 设立遗嘱信托,应当遵守继承法关于遗嘱的规定。

遗嘱指定的人拒绝或者无能力担任受托人的,由受益人另行选任受托人;受益人为无民事行为能力人或者限制民事行为能力人的,依法由其监护人代行选任。遗嘱对选任受托人另有规定的,从其规定。

(二)信托财产

第十四条 受托人因承诺信托而取得的财产是信托财产。

受托人因信托财产的管理运用、处分或者其他情形而取得的财产,也归入信托财产。

法律、行政法规禁止流通的财产,不得作为信托财产。

法律、行政法规限制流通的财产,依法经有关主管部门批准后,可以作为信托财产。

第十五条 信托财产与委托人未设立信托的其他财产相区别。设立信托后,委托人死亡或者依法解散、被依法撤销、被宣告破产时,委托人是唯一受益人的,信托终止,信托财产作为其遗产或者清算财产;委托人不是唯一受益人的,信托存续,信托财产不作为其遗产或者清算财产;但作为共同受益人的委托人死亡或者依法解散、被依法撤销、被宣告破产时,其信托受益权作为其遗产或者清算财产。

第十六条 信托财产与属于受托人所有的财产(以下简称固有财产)相区别,不得归入受托人的固有财产或者成为固有财产的一部分。

受托人死亡或者依法解散、被依法撤销、被宣告破产而终止,信托财产不属于其遗产或者清算财产。

(三)委托人

第二十二条 受托人违反信托目的处分信托财产或者因违背管理职责、处理信托事务不当致使信托财产受到损失的,委托人有权申请人民法院撤销该处分行为,并有权要求受托人恢复信托财产的原状或者予以赔偿;该信托财产的受让人明知是违反信托目的而接受该财产的,应当予以返还或予以赔偿。

前款规定的申请权,自委托人知道或者应当知道撤销原因之日起一年内不行使的,归于消灭。

第二十三条 受托人违反信托目的处分信托财产或者管理运用、处分信托财产有重大过失的,委托人有权依照信托文件的规定解任受托人,或者申请人民法院解任受托人。

(四)受托人

第二十六条 受托人除依照本法规定取得报酬外,不得利用信托财产为自己谋取利益。

受托人违反前款规定,利用信托财产为自己谋取利益的,所得利益归入信托财产。

第二十七条 受托人不得将信托财产转为其固有财产。受托人将信托财产转为其固有财产的,必须恢复该信托财产的原状;造成信托财产损失的,应当承担赔偿责任。

第二十八条 受托人不得将其固有财产与信托财产进行交易或者将不同委托人的信托财产进行相互交易,但信托文件另有规定或者经委托人或者受益人同意,并以公平的市场价格进行交易的除外。

受托人违反前款规定,造成信托财产损失的,应当承担赔偿责任。

第二十九条 受托人必须将信托财产与其固有财产分别管理、分别记帐,并将不同委托人的信托财产分别管理、分别记帐。

第三十条 受托人应当自己处理信托事务,但信托文件另有规定或者有不得已事由的,可以委托他人代为处理。

受托人依法将信托事务委托他人代理的,应当对他人处理信托事务的行为承担责任。

第三十一条 同一信托的受托人有两个以上的,为共同受托人。

共同受托人应当共同处理信托事务,但信托文件规定对某些具体事务由受托人分别处理的,从其规定。

共同受托人共同处理信托事务,意见不一致时,按信托文件规定处理;信托文件未规定的,由委托人、受益人或者其利害关系人决定。

第三十二条 共同受托人处理信托事务对第三人所负债务,应当承担连带清偿责任。第三人对共同受托人之一所作的意思表示,对其他受托人同样有效。

共同受托人之一违反信托目的处分信托财产或者因违背管理职责、处理信托事务不当致使信托财产受到损失,其他受托人应当承担连带赔偿责任。

第三十四条 受托人以信托财产为限向受益人承担支付信托利益的义务。

第三十五条 受托人有权依照信托文件的约定取得报酬。信托文件未作事先约定的,经信托当事人协商同意,可以作出补充约定;未作事先约定和补充约定的,不得收取报酬。

约定的报酬经信托当事人协商同意,可以增减其数额。

第三十六条 受托人违反信托目的处分信托财产或者因违背管理职责、处理信托事务不当致使信托财产受到损失的,在未恢复信托财产的原状或者未予赔偿前,不得请求给付报酬。

第三十七条 受托人因处理信托事务所支出的费用、对第三人所负债务,以信托财产承担。受托人以其固有财产先行支付的,对信托财产享有优先受偿的权利。

受托人违背管理职责或者处理信托事务不当对第三人所负债务或者自己所受到的损失,以其固有财产承担。

第三十八条 设立信托后,经委托人和受益人同意,受托人可以辞任。本法对公益信托的受托人辞任另有规定的,从其规定。

受托人辞任的,在新受托人选出前仍应履行管理信托事务的职责。

(五)受益人

第四十三条 受益人是在信托中享有信托受益权的人。受益人可以是自然人、法人或者依法成立的其他组织。

委托人可以是受益人,也可以是同一信托的唯一受益人。

受托人可以是受益人,但不得是同一信托的唯一受益人。

第四十四条 受益人自信托生效之日起享有信托受益权。信托文件另有规定的,从其规定。

第四十五条 共同受益人按照信托文件的规定享受信托利益。信托文件对信托利益的分配比例或者分配方法未作规定的,各受益人按照均等的比例享受信托利益。

第四十六条 受益人可以放弃信托受益权。

全体受益人放弃信托受益权的,信托终止。

部分受益人放弃信托受益权的,被放弃的信托受益权按下列顺序确定归属:

(一)信托文件规定的人;
(二)其他受益人;
(三)委托人或者其继承人。

第四十七条 受益人不能清偿到期债务的,其信托受益权可以用于清偿债务,但法律、行政法规以及信托文件有限制性规定的除外。

第四十八条 受益人的信托受益权可以依法转让和继承,但信托文件有限制性规定的除外。

(六)信托的变更与终止

第五十一条 设立信托后,有下列情形之一的,委托人可以变更受益人或者处分受益人的信托受益权:

(一)受益人对委托人有重大侵权行为;
(二)受益人对其他共同受益人有重大侵权行为;
(三)经受益人同意;
(四)信托文件规定的其他情形。

有前款第(一)项、第(三)项、第(四)项所列情形之一的,委托人可以解除信托。

第五十三条 有下列情形之一的,信托终止:

(一)信托文件规定的终止事由发生;
(二)信托的存续违反信托目的;
(三)信托目的已经实现或者不能实现;
(四)信托当事人协商同意;
(五)信托被撤销;
(六)信托被解除。

经济法 [考点法条]

专题十一 反垄断法

考点54 反垄断法

(一)适用范围

第二条 [适用范围]中华人民共和国境内经济活动中的垄断行为,适用本法;中华人民共和国境外的垄断行为,对境内市场竞争产生排除、限制影响的,适用本法。

第三条 [垄断行为的类型]本法规定的垄断行为包括:

(一)经营者达成垄断协议;

(二)经营者滥用市场支配地位;

(三)具有或者可能具有排除、限制竞争效果的经营者集中。

(二)垄断行为

(1)垄断协议

第十七条 [横向垄断协议]禁止具有竞争关系的经营者达成下列垄断协议:

(一)固定或者变更商品价格;

(二)限制商品的生产数量或者销售数量;

(三)分割销售市场或者原材料采购市场;

(四)限制购买新技术、新设备或者限制开发新技术、新产品;

(五)联合抵制交易;

(六)国务院反垄断执法机构认定的其他垄断协议。

第十八条 [纵向垄断协议]禁止经营者与交易相对人达成下列垄断协议:

(一)固定向第三人转售商品的价格;

(二)限定向第三人转售商品的最低价格;

(三)国务院反垄断执法机构认定的其他垄断协议。

对前款第一项和第二项规定的协议,经营者能够证明其不具有排除、限制竞争效果的,不予禁止。

经营者能够证明其在相关市场的市场份额低于国务院反垄断执法机构规定的标准,并符合国务院反垄断执法机构规定的其他条件的,不予禁止。

第十九条 [组织、帮助达成垄断协议]经营者不得组织其他经营者达成垄断协议或者为其他经营者达成垄断协议提供实质性帮助。

第二十条 [垄断协议豁免]经营者能够证明所达成的协议属于下列情形之一的,不适用本法第十七条、第十八条第一款、第十九条的规定:

(一)为改进技术、研究开发新产品的;

(二)为提高产品质量、降低成本、增进效率,统一产品规格、标准或者实行专业化分工的;

(三)为提高中小经营者经营效率,增强中小经营者竞争力的;

(四)为实现节约能源、保护环境、救灾救助等社会公共利益的;

(五)因经济不景气,为缓解销售量严重下降或者生产明显过剩的;

(六)为保障对外贸易和对外经济合作中的正当利益的;

(七)法律和国务院规定的其他情形。

属于前款第一项至第五项情形,不适用本法第十七条、第十八条第一款、第十九条规定的,经营者还应当证明所达成的协议不会严重限制相关市场的竞争,并且能够使消费者分享由此产生的利益。

(2)滥用市场支配地位

第二十二条 [禁止滥用市场支配地位]禁止具有市场支配地位的经营者从事下列滥用市场支配地位的行为:

(一)以不公平的高价销售商品或者以不公平的低价购买商品;

(二)没有正当理由,以低于成本的价格销售商品;

(三)没有正当理由,拒绝与交易相对人进行交易;

(四)没有正当理由,限定交易相对人只能与其进行交易或者只能与其指定的经营者进行交易;

(五)没有正当理由搭售商品,或者在交易时附加其他不合理的交易条件;

(六)没有正当理由,对条件相同的交易相对人在交易价格等交易条件上实行差别待遇;

(七)国务院反垄断执法机构认定的其他滥用市场支配地位的行为。

具有市场支配地位的经营者不得利用数据和算法、技术以及平台规则等从事前款规定的滥用市场支配地位的行为。

本法所称市场支配地位,是指经营者在相关市场内具有能够控制商品价格、数量或者其他交易条件,或者能够阻碍、影响其他经营者进入相关市场能力的市场地位。

第二十三条 [认定经营者具有市场支配地位应当考虑的因素]认定经营者具有市场支配地位,应当依据下列因素:

(一)该经营者在相关市场的市场份额,以及相关市场的竞争状况;

(二)该经营者控制销售市场或者原材料采购市场的能力;

(三)该经营者的财力和技术条件;

(四)其他经营者对该经营者在交易上的依赖程度;

(五)其他经营者进入相关市场的难易程度;

（六）与认定该经营者市场支配地位有关的其他因素。

第二十四条 [**市场支配地位的推定**]有下列情形之一的，可以推定经营者具有市场支配地位：

（一）一个经营者在相关市场的市场份额达到二分之一的；

（二）两个经营者在相关市场的市场份额合计达到三分之二的；

（三）三个经营者在相关市场的市场份额合计达到四分之三的。

有前款第二项、第三项规定的情形，其中有的经营者市场份额不足十分之一的，不应当推定该经营者具有市场支配地位。

被推定具有市场支配地位的经营者，有证据证明不具有市场支配地位的，不应当认定其具有市场支配地位。

(3)经营者集中

第二十五条 [**经营者集中界定**]经营者集中是指下列情形：

（一）经营者合并；

（二）经营者通过取得股权或者资产的方式取得对其他经营者的控制权；

（三）经营者通过合同等方式取得对其他经营者的控制权或者能够对其他经营者施加决定性影响。

第二十七条 [**豁免申报**]经营者集中有下列情形之一的，可以不向国务院反垄断执法机构申报：

（一）参与集中的一个经营者拥有其他每个经营者百分之五十以上有表决权的股份或者资产的；

（二）参与集中的每个经营者百分之五十以上有表决权的股份或者资产被同一个未参与集中的经营者拥有的。

(4)滥用行政权力排除、限制竞争

第三十九条 [**禁止指定交易**]行政机关和法律、法规授权的具有管理公共事务职能的组织不得滥用行政权力，限定或者变相限定单位或者个人经营、购买、使用其指定的经营者提供的商品。

第四十条 [**禁止违规签订合作协议、备忘录**]行政机关和法律、法规授权的具有管理公共事务职能的组织不得滥用行政权力，通过与经营者签订合作协议、备忘录等方式，妨碍其他经营者进入相关市场或者对其他经营者实行不平等待遇，排除、限制竞争。

第四十一条 [**禁止妨碍商品自由流通**]行政机关和法律、法规授权的具有管理公共事务职能的组织不得滥用行政权力，实施下列行为，妨碍商品在地区之间的自由流通：

（一）对外地商品设定歧视性收费项目、实行歧视性收费标准，或者规定歧视性价格；

（二）对外地商品规定与本地同类商品不同的技术要求、检验标准，或者对外地商品采取重复检验、重复认证等歧视性技术措施，限制外地商品进入本地市场；

（三）采取专门针对外地商品的行政许可，限制外地商品进入本地市场；

（四）设置关卡或者采取其他手段，阻碍外地商品进入或者本地商品运出；

（五）妨碍商品在地区之间自由流通的其他行为。

专题十二 反不正当竞争法

考点55 反不正当竞争法

(一)商业混淆行为

第六条 经营者不得实施下列混淆行为，引人误认为是他人商品或者与他人存在特定联系：

（一）擅自使用与他人有一定影响的商品名称、包装、装潢等相同或者近似的标识；

（二）擅自使用他人有一定影响的企业名称(包括简称、字号等)、社会组织名称(包括简称等)、姓名(包括笔名、艺名、译名等)；

（三）擅自使用他人有一定影响的域名主体部分、网站名称、网页等；

（四）其他足以引人误认为是他人商品或者与他人存在特定联系的混淆行为。

《反不正当竞争法解释》

第四条 具有一定的市场知名度并具有区别商品来源的显著特征的标识，人民法院可以认定为反不正当竞争法第六条规定的"有一定影响的"标识。

人民法院认定反不正当竞争法第六条规定的标识是否具有一定的市场知名度，应当综合考虑中国境内相关公众的知悉程度，商品销售的时间、区域、数额和对象，宣传的持续时间、程度和地域范围，标识受保护的情况等因素。

第五条 反不正当竞争法第六条规定的标识有下列情形之一的，人民法院应当认定其不具有区别商品来源的显著特征：

（一）商品的通用名称、图形、型号；

（二）仅直接表示商品的质量、主要原料、功能、用途、重量、数量及其他特点的标识；

（三）仅由商品自身的性质产生的形状，为获得技术效果而需有的商品形状以及使商品具有实质性价值的形状；

（四）其他缺乏显著特征的标识。

前款第一项、第二项、第四项规定的标识经过使用取得显著特征，并具有一定的市场知名度，当事人请求依据反不正当竞争法第六条规定予以保护的，人民法院应予支持。

第六条 因客观描述、说明商品而正当使用下列标识，当事人主张属于反不正当竞争法第六条规定的情形的，人民法院不予支持：

（一）含有本商品的通用名称、图形、型号；

（二）直接表示商品的质量、主要原料、功能、用途、重量、数量以及其他特点；

（三）含有地名。

(二)商业贿赂行为

第七条 经营者不得采用财物或者其他手段贿赂下

列单位或者个人,以谋取交易机会或者竞争优势:

(一)交易相对方的工作人员;

(二)受交易相对方委托办理相关事务的单位或者个人;

(三)利用职权或者影响力影响交易的单位或者个人。

经营者在交易活动中,可以以明示方式向交易相对方支付折扣,或者向中间人支付佣金。经营者向交易相对方支付折扣、向中间人支付佣金的,应当如实入账。接受折扣、佣金的经营者也应当如实入账。

经营者的工作人员进行贿赂的,应当认定为经营者的行为;但是,经营者有证据证明该工作人员的行为与为经营者谋取交易机会或者竞争优势无关的除外。

(三)虚假宣传行为

第八条 经营者不得对其商品的性能、功能、质量、销售状况、用户评价、曾获荣誉等作虚假或者引人误解的商业宣传,欺骗、误导消费者。

经营者不得通过组织虚假交易等方式,帮助其他经营者进行虚假或者引人误解的商业宣传。

《反不正当竞争法解释》

第十七条 经营者具有下列行为之一,欺骗、误导相关公众的,人民法院可以认定为反不正当竞争法第八条第一款规定的"引人误解的商业宣传":

(一)对商品作片面的宣传或者对比;

(二)将科学上未定论的观点、现象等当作定论的事实用于商品宣传;

(三)使用歧义性语言进行商业宣传;

(四)其他足以引人误解的商业宣传行为。

人民法院应当根据日常生活经验、相关公众一般注意力、发生误解的事实和被宣传对象的实际情况等因素,对引人误解的商业宣传行为进行认定。

(四)侵犯商业秘密行为

第九条 经营者不得实施下列侵犯商业秘密的行为:

(一)以盗窃、贿赂、欺诈、胁迫、电子侵入或者其他不正当手段获取权利人的商业秘密;

(二)披露、使用或者允许他人使用以前项手段获取的权利人的商业秘密;

(三)违反保密义务或者违反权利人有关保守商业秘密的要求,披露、使用或者允许他人使用其所掌握的商业秘密;

(四)教唆、引诱、帮助他人违反保密义务或者违反权利人有关保守商业秘密的要求,获取、披露、使用或者允许他人使用权利人的商业秘密。

经营者以外的其他自然人、法人和非法人组织实施前款所列违法行为的,视为侵犯商业秘密。

第三人明知或者应知商业秘密权利人的员工、前员工或者其他单位、个人实施本条第一款所列违法行为,仍获取、披露、使用或者允许他人使用该商业秘密的,视为侵犯商业秘密。

本法所称的商业秘密,是指不为公众所知悉、具有商业价值并经权利人采取相应保密措施的技术信息、经营信息等商业信息。

(五)不正当有奖销售行为

第十条 经营者进行有奖销售不得存在下列情形:

(一)所设奖的种类、兑奖条件、奖金金额或者奖品等有奖销售信息不明确,影响兑奖;

(二)采用谎称有奖或者故意让内定人员中奖的欺骗方式进行有奖销售;

(三)抽奖式的有奖销售,最高奖的金额超过五万元。

(六)诋毁商誉行为

第十一条 经营者不得编造、传播虚假信息或者误导性信息,损害竞争对手的商业信誉、商品声誉。

《反不正当竞争法解释》

第二十条 经营者传播他人编造的虚假信息或者误导性信息,损害竞争对手的商业信誉、商品声誉的,人民法院应当依照反不正当竞争法第十一条予以认定。

(七)互联网不正当竞争行为

第十二条 经营者利用网络从事生产经营活动,应当遵守本法的各项规定。

经营者不得利用技术手段,通过影响用户选择或者其他方式,实施下列妨碍、破坏其他经营者合法提供的网络产品或者服务正常运行的行为:

(一)未经其他经营者同意,在其合法提供的网络产品或者服务中,插入链接、强制进行目标跳转;

(二)误导、欺骗、强迫用户修改、关闭、卸载其他经营者合法提供的网络产品或者服务;

(三)恶意对其他经营者合法提供的网络产品或者服务实施不兼容;

(四)其他妨碍、破坏其他经营者合法提供的网络产品或者服务正常运行的行为。

《反不正当竞争法解释》

第二十一条 未经其他经营者和用户同意而直接发生的目标跳转,人民法院应当认定为反不正当竞争法第十二条第二款第一项规定的"强制进行目标跳转"。

仅插入链接,目标跳转由用户触发的,人民法院应当综合考虑插入链接的具体方式、是否具有合理理由以及对用户利益和其他经营者利益的影响等因素,认定该行为是否违反反不正当竞争法第十二条第二款第一项的规定。

第二十二条 经营者事前未明确提示并经用户同意,以误导、欺骗、强迫用户修改、关闭、卸载等方式,恶意干扰或者破坏其他经营者合法提供的网络产品或者服务,人民法院应当依照反不正当竞争法第十二条第二款第二项予以认定。

专题十三 消费者权益保护法

考点56 消费者权益保护法

(一)经营者的义务

第十八条 [提供安全产品的义务]经营者应当保证其提供的商品或者服务符合保障人身、财产安全的要求。

对可能危及人身、财产安全的商品和服务,应当向消费者作出真实的说明和明确的警示,并说明和标明正确使用商品或者接受服务的方法以及防止危害发生的方法。

宾馆、商场、餐馆、银行、机场、车站、港口、影剧院等经营场所的经营者,应当对消费者尽到安全保障义务。

第十九条　[缺陷产品补救义务]经营者发现其提供的商品或者服务存在缺陷,有危及人身、财产安全危险的,应当立即向有关行政部门报告和告知消费者,并采取停止销售、警示、召回、无害化处理、销毁、停止生产或者服务等措施。采取召回措施的,经营者应当承担消费者因商品被召回支出的必要费用。

第二十条　[真实信息告知义务]经营者向消费者提供有关商品或者服务的质量、性能、用途、有效期限等信息,应当真实、全面,不得作虚假或者引人误解的宣传。

经营者对消费者就其提供的商品或者服务的质量和使用方法等问题提出的询问,应当作出真实、明确的答复。

经营者提供商品或者服务应当明码标价。

第二十一条　[真实标识义务]经营者应当标明其真实名称和标记。

租赁他人柜台或者场地的经营者,应当标明其真实名称和标记。

第二十二条　[出具单据义务]经营者提供商品或者服务,应当按照国家有关规定或者商业惯例向消费者出具发票等购货凭证或者服务单据;消费者索要发票等购货凭证或者服务单据的,经营者必须出具。

第二十三条　[质量保证义务]经营者应当保证在正常使用商品或者接受服务的情况下其提供的商品或者服务应当具有的质量、性能、用途和有效期限;但消费者在购买该商品或者接受该服务前已经知道其存在瑕疵,且存在该瑕疵不违反法律强制性规定的除外。

经营者以广告、产品说明、实物样品或者其他方式表明商品或者服务的质量状况的,应当保证其提供的商品或者服务的实际质量与表明的质量状况相符。

经营者提供的机动车、计算机、电视机、电冰箱、空调器、洗衣机等耐用商品或者装饰装修等服务,消费者自接受商品或者服务之日起六个月内发现瑕疵,发生争议的,由经营者承担有关瑕疵的举证责任。

第二十四条　经营者提供的商品或者服务不符合质量要求的,消费者可以依照国家规定、当事人约定退货,或者要求经营者履行更换、修理等义务。没有国家规定和当事人约定的,消费者可以自收到商品之日起七日内退货;七日后符合法定解除合同条件的,消费者可以及时退货,不符合法定解除合同条件的,可以要求经营者履行更换、修理等义务。

依照前款规定进行退货、更换、修理的,经营者应当承担运输等必要费用。

第二十五条　经营者采用网络、电视、电话、邮购等方式销售商品,消费者有权自收到商品之日起七日内退货,且无需说明理由,但下列商品除外:

(一)消费者定作的;

(二)鲜活易腐的;

(三)在线下载或者消费者拆封的音像制品、计算机软件等数字化商品;

(四)交付的报纸、期刊。

除前款所列商品外,其他根据商品性质并经消费者在购买时确认不宜退货的商品,不适用无理由退货。

消费者退货的商品应当完好。经营者应当自收到退回商品之日起七日内返还消费者支付的商品价款。退回商品的运费由消费者承担;经营者和消费者另有约定的,按照约定。

第二十六条　[禁止经营者以告示免责]经营者在经营活动中使用格式条款的,应当以显著方式提请消费者注意商品或者服务的数量和质量、价款或者费用、履行期限和方式、安全注意事项和风险警示、售后服务、民事责任等与消费者有重大利害关系的内容,并按照消费者的要求予以说明。

经营者不得以格式条款、通知、声明、店堂告示等方式,作出排除或者限制消费者权利、减轻或者免除经营者责任、加重消费者责任等对消费者不公平、不合理的规定,不得利用格式条款并借助技术手段强制交易。

格式条款、通知、声明、店堂告示等含有前款所列内容的,其内容无效。

第二十九条　经营者收集、使用消费者个人信息,应当遵循合法、正当、必要的原则,明示收集、使用信息的目的、方式和范围,并经消费者同意。经营者收集、使用消费者个人信息,应当公开其收集、使用规则,不得违反法律、法规的规定和双方的约定收集、使用信息。

经营者及其工作人员对收集的消费者个人信息必须严格保密,不得泄露、出售或者非法向他人提供。经营者应当采取技术措施和其他必要措施,确保信息安全,防止消费者个人信息泄露、丢失。在发生或者可能发生信息泄露、丢失的情况时,应当立即采取补救措施。

经营者未经消费者同意或者请求,或者消费者明确表示拒绝的,不得向其发送商业性信息。

(二)争议的解决

第三十九条　消费者和经营者发生消费者权益争议的,可以通过下列途径解决:

(一)与经营者协商和解;

(二)请求消费者协会或者依法成立的其他调解组织调解;

(三)向有关行政部门投诉;

(四)根据与经营者达成的仲裁协议提请仲裁机构仲裁;

(五)向人民法院提起诉讼。

第四十条　消费者在购买、使用商品时,其合法权益受到损害的,可以向销售者要求赔偿。销售者赔偿后,属于生产者的责任或者属于向销售者提供商品的其他销售者的责任的,销售者有权向生产者或者其他销售者追偿。

消费者或者其他受害人因商品缺陷造成人身、财产损害的,可以向销售者要求赔偿,也可以向生产者要求赔偿。属于生产者责任的,销售者赔偿后,有权向生产者追偿。属于销售者责任的，生产者赔偿后，有权向销售者追偿。

消费者在接受服务时，其合法权益受到损害的，可以向服务者要求赔偿。

第四十一条 消费者在购买、使用商品或者接受服务时，其合法权益受到损害，因原企业分立、合并的，可以向变更后承受其权利义务的企业要求赔偿。

第四十二条 使用他人营业执照的违法经营者提供商品或者服务，损害消费者合法权益的，消费者可以向其要求赔偿，也可以向营业执照的持有人要求赔偿。

第四十三条 消费者在展销会、租赁柜台购买商品或者接受服务，其合法权益受到损害的，可以向销售者或者服务者要求赔偿。展销会结束或者柜台租赁期满后，也可以向展销会的举办者、柜台的出租者要求赔偿。展销会的举办者、柜台的出租者赔偿后，有权向销售者或者服务者追偿。

第四十四条 消费者通过网络交易平台购买商品或者接受服务，其合法权益受到损害的，可以向销售者或者服务者要求赔偿。网络交易平台提供者不能提供销售者或者服务者的真实名称、地址和有效联系方式的，消费者也可以向网络交易平台提供者要求赔偿；网络交易平台提供者作出更有利于消费者的承诺的，应当履行承诺。网络交易平台提供者赔偿后，有权向销售者或者服务者追偿。

网络交易平台提供者明知或者应知销售者或者服务者利用其平台侵害消费者合法权益，未采取必要措施的，依法与该销售者或者服务者承担连带责任。

第四十五条 消费者因经营者利用虚假广告或者其他虚假宣传方式提供商品或者服务，其合法权益受到损害的，可以向经营者要求赔偿。广告经营者、发布者发布虚假广告的，消费者可以请求行政主管部门予以惩处。广告经营者、发布者不能提供经营者的真实名称、地址和有效联系方式的，应当承担赔偿责任。

广告经营者、发布者设计、制作、发布关系消费者生命健康商品或者服务的虚假广告，造成消费者损害的，应当与提供该商品或者服务的经营者承担连带责任。

社会团体或者其他组织、个人在关系消费者生命健康商品或者服务的虚假广告或者其他虚假宣传中向消费者推荐商品或者服务，造成消费者损害的，应当与提供该商品或者服务的经营者承担连带责任。

第四十七条 对侵害众多消费者合法权益的行为，中国消费者协会以及在省、自治区、直辖市设立的消费者协会，可以向人民法院提起诉讼。

(三)惩罚性赔偿
第五十五条 经营者提供商品或者服务有欺诈行为的，应当按照消费者的要求增加赔偿其受到的损失，增加赔偿的金额为消费者购买商品的价款或者接受服务的费用的三倍；增加赔偿的金额不足五百元的，为五百元。法律另有规定的，依照其规定。

经营者明知商品或者服务存在缺陷，仍然向消费者提供，造成消费者或者其他受害人死亡或者健康严重损害的，受害人有权要求经营者依照本法第四十九条、第五十一条等法律规定赔偿损失，并有权要求所受损失二倍以下的惩罚性赔偿。

专题十四 产品质量法

考点57 产品质量法
(一)产品质量与标识要求
第二十六条 生产者应当对其生产的产品质量负责。

产品质量应当符合下列要求：
（一）不存在危及人身、财产安全的不合理的危险，有保障人体健康和人身、财产安全的国家标准、行业标准的，应当符合该标准；
（二）具备产品应当具备的使用性能，但是，对产品存在使用性能的瑕疵作出说明的除外；
（三）符合在产品或其包装上注明采用的产品标准，符合以产品说明、实物样品等方式表明的质量状况。

第二十七条 产品或者其包装上的标识必须真实，并符合下列要求：
（一）有产品质量检验合格证明；
（二）有中文标明的产品名称、生产厂厂名和厂址；
（三）根据产品的特点和使用要求，需要标明产品规格、等级、所含主要成份的名称和含量的，用中文相应予以标明；需要事先让消费者知晓的，应当在外包装上标明，或者预先向消费者提供有关资料；
（四）限期使用的产品，应当在显著位置清晰地标明生产日期和安全使用期或者失效日期；
（五）使用不当，容易造成产品本身损坏或者可能危及人身、财产安全的产品，应当有警示标志或者中文警示说明。

裸装的食品和其他根据产品的特点难以附加标识的裸装产品，可以不附加产品标识。

(二)售出产品不合格的处理
第四十条 售出的产品有下列情形之一的，销售者应当负责修理、更换、退货；给购买产品的消费者造成损失的，销售者应当赔偿损失：
（一）不具备产品应当具备的使用性能而事先未作说明的；
（二）不符合在产品或者其包装上注明采用的产品标准的；
（三）不符合以产品说明、实物样品等方式表明的质量状况的。

销售者依照前款规定负责修理、更换、退货、赔偿损失后，属于生产者的责任或者属于向销售者提供产品的其他销售者（以下简称供货者）的责任的，销售者有权向生产者、供货者追偿。

销售者未按照第一款规定给予修理、更换、退货或者赔偿损失的，由市场监督管理部门责令改正。

生产者之间，销售者之间，生产者与销售者之间订立的买卖合同、承揽合同有不同约定的，合同当事人按照合同约定执行。

第四十一条 因产品存在缺陷造成人身、缺陷产品以外的其他财产(以下简称他人财产)损害的,生产者应当承担赔偿责任。

生产者能够证明有下列情形之一的,不承担赔偿责任:

(一)未将产品投入流通的;
(二)产品投入流通时,引起损害的缺陷尚不存在的;
(三)将产品投入流通时的科学技术水平尚不能发现缺陷的存在的。

第四十二条 由于销售者的过错使产品存在缺陷,造成人身、他人财产损害的,销售者应当承担赔偿责任。

销售者不能指明缺陷产品的生产者也不能指明缺陷产品的供货者的,销售者应当承担赔偿责任。

第四十三条 因产品存在缺陷造成人身、他人财产损害的,受害人可以向产品的生产者要求赔偿,也可以向产品的销售者要求赔偿。属于产品的生产者的责任,产品的销售者赔偿的,产品的销售者有权向产品的生产者追偿。属于产品的销售者的责任,产品的生产者赔偿的,产品的生产者有权向产品的销售者追偿。

(三)诉讼时效与缺陷解释

第四十五条 因产品存在缺陷造成损害要求赔偿的诉讼时效期间为二年,自当事人知道或者应当知道其权益受到损害时起计算。

因产品存在缺陷造成损害要求赔偿的请求权,在造成损害的缺陷产品交付最初消费者满十年丧失;但是,尚未超过明示的安全使用期的除外。

第四十六条 本法所称缺陷,是指产品存在危及人身、他人财产安全的不合理的危险;产品有保障人体健康和人身、财产安全的国家标准、行业标准的,是指不符合该标准。

专题十五 食品安全法

考点58 食品安全法

(一)食品安全风险监测制度

第十四条 [风险监测]国家建立食品安全风险监测制度,对食源性疾病、食品污染以及食品中的有害因素进行监测。

国务院卫生行政部门会同国务院食品安全监督管理等部门,制定、实施国家食品安全风险监测计划。

国务院食品安全监督管理部门和其他有关部门获知有关食品安全风险信息后,应当立即核实并向国务院卫生行政部门通报。对有关部门通报的食品安全风险信息以及医疗机构报告的食源性疾病等有关疾病信息,国务院卫生行政部门应当会同国务院有关部门分析研究,认为必要的,及时调整国家食品安全风险监测计划。

省、自治区、直辖市人民政府卫生行政部门会同同级食品安全监督管理等部门,根据国家食品安全风险监测计划,结合本行政区域的具体情况,制定、调整本行政区域的食品安全风险监测方案,报国务院卫生行政部门备案并实施。

(二)食品安全标准

第二十七条 [标准制定]食品安全国家标准由国务院卫生行政部门会同国务院食品安全监督管理部门制定、公布,国务院标准化行政部门提供国家标准编号。

食品中农药残留、兽药残留的限量规定及其检验方法与规程由国务院卫生行政部门、国务院农业行政部门会同国务院食品安全监督管理部门制定。

屠宰畜、禽的检验规程由国务院农业行政部门会同国务院卫生行政部门制定。

第二十九条 [地方标准]对地方特色食品,没有食品安全国家标准的,省、自治区、直辖市人民政府卫生行政部门可以制定并公布食品安全地方标准,报国务院卫生行政部门备案。食品安全国家标准制定后,该地方标准即行废止。

第三十条 [企业标准]国家鼓励食品生产企业制定严于食品安全国家标准或者地方标准的企业标准,在本企业适用,并报省、自治区、直辖市人民政府卫生行政部门备案。

(三)食品生产经营、食品添加剂生产许可制度

第三十五条 [许可制度]国家对食品生产经营实行许可制度。从事食品生产、食品销售、餐饮服务,应当依法取得许可。但是,销售食用农产品和仅销售预包装食品的,不需要取得许可。仅销售预包装食品的,应当报所在地县级以上地方人民政府食品安全监督管理部门备案。

县级以上地方人民政府食品安全监督管理部门应当依照《中华人民共和国行政许可法》的规定,审核申请人提交的本法第三十三条第一款第一项至第四项规定要求的相关资料,必要时对申请人的生产经营场所进行现场核查;对符合规定条件的,准予许可;对不符合规定条件的,不予许可并书面说明理由。

第三十六条 [作坊摊贩]食品生产加工小作坊和食品摊贩等从事食品生产经营活动,应当符合本法规定的与其生产经营规模、条件相适应的食品安全要求,保证所生产经营的食品卫生、无毒、无害,食品安全监督管理部门应当对其加强监督管理。

县级以上地方人民政府应当对食品生产加工小作坊、食品摊贩等进行综合治理,加强服务和统一规划,改善其生产经营环境,鼓励和支持其改进生产经营条件,进入集中交易市场、店铺等固定场所经营,或者在指定的临时经营区域、时段经营。

食品生产加工小作坊和食品摊贩等的具体管理办法由省、自治区、直辖市制定。

第三十九条 [生产许可]国家对食品添加剂生产实行许可制度。从事食品添加剂生产,应当具有与所生产食品添加剂品种相适应的场所、生产设备或者设施、专业技术人员和管理制度,并依照本法第三十五条第二款规定的程序,取得食品添加剂生产许可。

生产食品添加剂应当符合法律、法规和食品安全国家标准。

《食品安全法》

第四十八条 [生产规范]国家鼓励食品生产经营企业符合良好生产规范要求，实施危害分析与关键控制点体系，提高食品安全管理水平。

对通过良好生产规范、危害分析与关键控制点体系认证的食品生产经营企业，认证机构应当依法实施跟踪调查；对不再符合认证要求的企业，应当依法撤销认证，及时向县级以上人民政府食品安全监督管理部门通报，并向社会公布。认证机构实施跟踪调查不得收取费用。

(四)食品召回制度

第六十三条 [召回制度]国家建立食品召回制度。食品生产者发现其生产的食品不符合食品安全标准或者有证据证明可能危害人体健康的，应当立即停止生产，召回已经上市销售的食品，通知相关生产经营者和消费者，并记录召回和通知情况。

食品经营者发现其经营的食品有前款规定情形的，应当立即停止经营，通知相关生产经营者和消费者，并记录停止经营和通知情况。食品生产者认为应当召回的，应当立即召回。由于食品经营者的原因造成其经营的食品有前款规定情形的，食品经营者应当召回。

食品生产经营者应当对召回的食品采取无害化处理、销毁等措施，防止其再次流入市场。但是，对因标签、标志或者说明书不符合食品安全标准而被召回的食品，食品生产者在采取补救措施且能保证食品安全的情况下可以继续销售；销售时应当向消费者明示补救措施。

食品生产经营者应当将食品召回和处理情况向所在地县级人民政府食品安全监督管理部门报告；需要对召回的食品进行无害化处理、销毁的，应当提前报告时间、地点。食品安全监督管理部门认为必要的，可以实施现场监督。

食品生产经营者未依照本条规定召回或者停止经营的，县级以上人民政府食品安全监督管理部门可以责令其召回或者停止经营。

(五)食品安全监管与法律责任

第一百一十八条 [信息公布]国家建立统一的食品安全信息平台，实行食品安全信息统一公布制度。国家食品安全总体情况、食品安全风险警示信息、重大食品安全事故及其调查处理信息和国务院确定需要统一公布的其他信息由国务院食品安全监督管理部门统一公布。食品安全风险警示信息和重大食品安全事故及其调查处理信息的影响限于特定区域的，也可以由有关省、自治区、直辖市人民政府食品安全监督管理部门公布。未经授权不得发布上述信息。

县级以上人民政府食品安全监督管理、农业行政部门依据各自职责公布食品安全日常监督管理信息。

公布食品安全信息，应当做到准确、及时，并进行必要的解释说明，避免误导消费者和社会舆论。

第一百一十九条 [信息报告]县级以上地方人民政府食品安全监督管理、卫生行政、农业行政部门获知本法规定需要统一公布的信息，应当向上级主管部门报告，由上级主管部门立即报告国务院食品安全监督管理部门；必要时，可以直接向国务院食品安全监督管理部门报告。

县级以上人民政府食品安全监督管理、卫生行政、农业行政部门应当相互通报获知的食品安全信息。

第一百三十四条 [累计加重]食品生产经营者在一年内累计三次因违反本法规定受到责令停产停业、吊销许可证以外处罚的，由食品安全监督管理部门责令停产停业，直至吊销许可证。

第一百三十五条 [行业禁入]被吊销许可证的食品生产经营者及其法定代表人、直接负责的主管人员和其他直接责任人员自处罚决定作出之日起五年内不得申请食品生产经营许可，或者从事食品生产经营管理工作、担任食品生产经营企业食品安全管理人员。

因食品安全犯罪被判处有期徒刑以上刑罚的，终身不得从事食品生产经营管理工作，也不得担任食品生产经营企业食品安全管理人员。

食品生产经营者聘用人员违反前两款规定的，由县级以上人民政府食品安全监督管理部门吊销许可证。

第一百三十六条 [免予处罚]食品经营者履行了本法规定的进货查验等义务，有充分证据证明其不知道所采购的食品不符合食品安全标准，并能如实说明其进货来源的，可以免予处罚，但应依法没收其不符合食品安全标准的食品；造成人身、财产或者其他损害的，依法承担赔偿责任。

第一百四十条 [虚假宣传]违反本法规定，在广告中对食品作虚假宣传，欺骗消费者，或者发布未取得批准文件、广告内容与批准文件不一致的保健食品广告的，依照《中华人民共和国广告法》的规定给予处罚。

广告经营者、发布者设计、制作、发布虚假食品广告，使消费者的合法权益受到损害的，应当与食品生产经营者承担连带责任。

社会团体或者其他组织、个人在虚假广告或者其他虚假宣传中向消费者推荐食品，使消费者的合法权益受到损害的，应当与食品生产经营者承担连带责任。

违反本法规定，食品安全监督管理等部门、食品检验机构、食品行业协会以广告或者其他形式向消费者推荐食品，消费者组织以收取费用或者其他牟取利益的方式向消费者推荐食品的，由有关主管部门没收违法所得，依法对直接负责的主管人员和其他直接责任人员给予记大过、降级或者撤职处分；情节严重的，给予开除处分。

对食品作虚假宣传且情节严重的，由省级以上人民政府食品安全监督管理部门决定暂停销售该食品，并向社会公布；仍然销售该食品的，由县级以上人民政府食品安全监督管理部门没收违法所得和违法销售的食品，并处二万元以上五万元以下罚款。

第一百四十七条 [民事优先]违反本法规定，造成人身、财产或者其他损害的，依法承担赔偿责任。生产经营者财产不足以同时承担民事赔偿责任和缴纳罚款、罚金时，先承担民事赔偿责任。

第一百四十八条 [增加赔偿]消费者因不符合食品安全标准的食品受到损害的，可以向经营者要求赔偿损失，也可以向生产者要求赔偿损失。接到消费者赔偿要求的生产经营者,应当实行首负责任制、先行赔付,不得推诿;属于生产者责任的,经营者赔偿后有权向生产者追偿;属于经营者责任的,生产者赔偿后有权向经营者追偿。

生产不符合食品安全标准的食品或者经营明知是不符合食品安全标准的食品,消费者除要求赔偿损失外,还可以向生产者或者经营者要求支付价款十倍或者损失三倍的赔偿金;增加赔偿的金额不足一千元的,为一千元。但是,食品的标签、说明书存在不影响食品安全且不会对消费者造成误导的瑕疵的除外。

专题十六 商业银行法

考点59 商业银行法

(一)商业银行的设立及业务范围

第三条 商业银行可以经营下列部分或者全部业务:
(一)吸收公众存款;
(二)发放短期、中期和长期贷款;
(三)办理国内外结算;
(四)办理票据承兑与贴现;
(五)发行金融债券;
(六)代理发行、代理兑付、承销政府债券;
(七)买卖政府债券、金融债券;
(八)从事同业拆借;
(九)买卖、代理买卖外汇;
(十)从事银行卡业务;
(十一)提供信用证服务及担保;
(十二)代理收付款项及代理保险业务;
(十三)提供保管箱服务;
(十四)经国务院银行业监督管理机构批准的其他业务。

经营范围由商业银行章程规定,报国务院银行业监督管理机构批准。

商业银行经中国人民银行批准,可以经营结汇、售汇业务。

第十一条 设立商业银行,应当经国务院银行业监督管理机构审查批准。

未经国务院银行业监督管理机构批准,任何单位和个人不得从事吸收公众存款等商业银行业务,任何单位不得在名称中使用"银行"字样。

第十三条 设立全国性商业银行的注册资本最低限额为十亿元人民币。设立城市商业银行的注册资本最低限额为一亿元人民币,设立农村商业银行的注册资本最低限额为五千万元人民币。注册资本应当是实缴资本。

国务院银行业监督管理机构根据审慎监管的要求可以调整注册资本最低限额,但不得少于前款规定的限额。

第十八条 国有独资商业银行设立监事会。监事会的产生办法由国务院规定。

监事会对国有独资商业银行的信贷资产质量、资产负债比例、国有资产保值增值等情况以及高级管理人员违反法律、行政法规或者章程的行为和损害银行利益的行为进行监督。

第十九条 商业银行根据业务需要可以在中华人民共和国境内外设立分支机构。设立分支机构必须经国务院银行业监督管理机构审查批准。在中华人民共和国境内的分支机构,不按行政区划设立。

商业银行在中华人民共和国境内设立分支机构,应当按照规定拨付与其经营规模相适应的营运资金额。拨付各分支机构营运资金额的总和,不得超过总行资本金总额的百分之六十。

第二十三条 经批准设立的商业银行及其分支机构,由国务院银行业监督管理机构予以公告。

商业银行及其分支机构自取得营业执照之日起无正当理由超过六个月未开业的,或者开业后自行停业连续六个月以上的,由国务院银行业监督管理机构吊销其经营许可证,并予以公告。

第二十四条 商业银行有下列变更事项之一的,应当经国务院银行业监督管理机构批准:
(一)变更名称;
(二)变更注册资本;
(三)变更总行或者分支行所在地;
(四)调整业务范围;
(五)变更持有资本总额或者股份总额百分之五以上的股东;
(六)修改章程;
(七)国务院银行业监督管理机构规定的其他变更事项。

更换董事、高级管理人员时,应当报经国务院银行业监督管理机构审查其任职资格。

第二十八条 任何单位和个人购买商业银行股份总额百分之五以上的,应当事先经国务院银行业监督管理机构批准。

(二)商业银行贷款制度

第三十五条 商业银行贷款,应当对借款人的借款用途、偿还能力、还款方式等情况进行严格审查。

商业银行贷款,应当实行审贷分离、分级审批的制度。

第三十六条 商业银行贷款,借款人应当提供担保。商业银行应当对保证人的偿还能力,抵押物、质物的权属和价值以及实现抵押权、质权的可行性进行严格审查。

经商业银行审查、评估,确认借款人资信良好,确能偿还贷款的,可以不提供担保。

第三十九条 商业银行贷款,应当遵守下列资产负债比例管理的规定:
(一)资本充足率不得低于百分之八;
(二)流动性资产余额与流动性负债余额的比例不得低于百分之二十五;
(三)对同一借款人的贷款余额与商业银行资本余额的比例不得超过百分之十;
(四)国务院银行业监督管理机构对资产负债比例管理的其他规定。

本法施行前设立的商业银行,在本法施行后,其资产负债比例不符合前款规定的,应当在一定的期限内符合前款规定。具体办法由国务院规定。

第四十条 商业银行不得向关系人发放信用贷款;向关系人发放担保贷款的条件不得优于其他借款人同类贷款的条件。

前款所称关系人是指:

(一)商业银行的董事、监事、管理人员、信贷业务人员及其近亲属;

(二)前项所列人员投资或者担任高级管理职务的公司、企业和其他经济组织。

第四十一条 任何单位和个人不得强令商业银行发放贷款或者提供担保。商业银行有权拒绝任何单位和个人强令要求其发放贷款或者提供担保。

第四十二条 借款人应当按期归还贷款的本金和利息。

借款人到期不归还担保贷款的,商业银行依法享有要求保证人归还贷款本金和利息或者就该担保物优先受偿的权利。商业银行因行使抵押权、质权而取得的不动产或者股权,应当自取得之日起二年内予以处分。

借款人到期不归还信用贷款的,应当按照合同约定承担责任。

第四十三条 商业银行在中华人民共和国境内不得从事信托投资和证券经营业务,不得向非自用不动产投资或者向非银行金融机构和企业投资,但国家另有规定的除外。

第八十八条 单位或者个人强令商业银行发放贷款或者提供担保的,应当对直接负责的主管人员和其他直接责任人员或者个人给予纪律处分;造成损失的,应当承担全部或者部分赔偿责任。

商业银行的工作人员对单位或者个人强令其发放贷款或者提供担保未予拒绝的,应当给予纪律处分;造成损失的,应当承担相应的赔偿责任。

(三)商业银行的接管

第六十四条 商业银行已经或者可能发生信用危机,严重影响存款人的利益时,国务院银行业监督管理机构可以对该银行实行接管。

接管的目的是对被接管的商业银行采取必要措施,以保护存款人的利益,恢复商业银行的正常经营能力。被接管的商业银行的债权债务关系不因接管而变化。

第六十五条 接管由国务院银行业监督管理机构决定,并组织实施。国务院银行业监督管理机构的接管决定应当载明下列内容:

(一)被接管的商业银行名称;

(二)接管理由;

(三)接管组织;

(四)接管期限。

接管决定由国务院银行业监督管理机构予以公告。

第六十六条 接管自接管决定实施之日起开始。

自接管开始之日起,由接管组织行使商业银行的经营管理权力。

第六十七条 接管期限届满,国务院银行业监督管理机构可以决定延期,但接管期限最长不得超过二年。

第六十八条 有下列情形之一的,接管终止:

(一)接管决定规定的期限届满或者国务院银行业监督管理机构决定的接管延期届满;

(二)接管期限届满前,该商业银行已恢复正常经营能力;

(三)接管期限届满前,该商业银行被合并或者被依法宣告破产。

(四)商业银行的破产和清算

第七十一条 商业银行不能支付到期债务,经国务院银行业监督管理机构同意,由人民法院依法宣告其破产。商业银行被宣告破产的,由人民法院组织国务院银行业监督管理机构等有关部门和有关人员成立清算组,进行清算。

商业银行破产清算时,在支付清算费用、所欠职工工资和劳动保险费用后,应当优先支付个人储蓄存款的本金和利息。

《企业破产法》

第二条 [适用范围]企业法人不能清偿到期债务,并且资产不足以清偿全部债务或者明显缺乏清偿能力的,依照本法规定清理债务。

企业法人有前款规定情形,或者有明显丧失清偿能力可能的,可以依照本法规定进行重整。

第七条 [申请破产]债务人有本法第二条规定的情形,可以向人民法院提出<u>重整、和解</u>或者破产清算申请。

债务人不能清偿到期债务,债权人可以向人民法院提出对债务人进行<u>重整或者破产清算的申请</u>。

企业法人已解散但未清算或者未清算完毕,资产不足以清偿债务的,依法负有清算责任的人应当向人民法院申请破产清算。

第一百三十四条 [金融机构申请破产]商业银行、证券公司、保险公司等金融机构有本法第二条规定情形的,国务院金融监督管理机构可以向人民法院提出对该金融机构进行重整或者破产清算的申请。国务院金融监督管理机构依法对出现重大经营风险的金融机构采取接管、托管等措施的,可以向人民法院申请中止以该金融机构为被告或者被执行人的民事诉讼程序或者执行程序。

金融机构实施破产的,国务院可以依据本法和其他有关法律的规定制定实施办法。

专题十七 银行业监督管理法

考点60 银行业监督管理法

(一)监督管理机构

第二条 国务院银行业监督管理机构负责对全国银行业金融机构及其业务活动监督管理的工作。

本法所称银行业金融机构,是指在中华人民共和国境内设立的商业银行、城市信用合作社、农村信用合作社等吸收公众存款的金融机构以及政策性银行。

对在中华人民共和国境内设立的金融资产管理公

司、信托投资公司、财务公司、金融租赁公司以及经国务院银行业监督管理机构批准设立的其他金融机构的监督管理,适用本法对银行业金融机构监督管理的规定。

国务院银行业监督管理机构依照本法有关规定,对经其批准在境外设立的金融机构以及前二款金融机构在境外的业务活动实施监督管理。

第八条 国务院银行业监督管理机构根据履行职责的需要设立派出机构。国务院银行业监督管理机构对派出机构实行统一领导和管理。

国务院银行业监督管理机构的派出机构在国务院银行业监督管理机构的授权范围内,履行监督管理职责。

(二)监督管理职责

第十五条 国务院银行业监督管理机构依照法律、行政法规制定并发布对银行业金融机构及其业务活动监督管理的规章、规则。

第十六条 国务院银行业监督管理机构依照法律、行政法规规定的条件和程序,审查批准银行业金融机构的设立、变更、终止以及业务范围。

第十七条 申请设立银行业金融机构,或者银行业金融机构变更持有资本总额或者股份总额达到规定比例以上的股东的,国务院银行业监督管理机构应当对股东的资金来源、财务状况、资本补充能力和诚信状况进行审查。

第十八条 银行业金融机构业务范围内的业务品种,应当按照规定经国务院银行业监督管理机构审查批准或者备案。需要审查批准或者备案的业务品种,由国务院银行业监督管理机构依照法律、行政法规作出规定并公布。

第十九条 未经国务院银行业监督管理机构批准,任何单位或者个人不得设立银行业金融机构或者从事银行业金融机构的业务活动。

第二十三条 银行业监督管理机构应当对银行业金融机构的业务活动及其风险状况进行非现场监管,建立银行业金融机构监督管理信息系统,分析、评价银行业金融机构的风险状况。

第二十四条 银行业监督管理机构应当对银行业金融机构的业务活动及其风险状况进行现场检查。

国务院银行业监督管理机构应当制定现场检查程序,规范现场检查行为。

第二十五条 国务院银行业监督管理机构应当对银行业金融机构实行并表监督管理。

第二十八条 国务院银行业监督管理机构应当建立银行业突发事件的发现、报告岗位责任制度。

银行业监督管理机构发现可能引发系统性银行业风险、严重影响社会稳定的突发事件的,应当立即向国务院银行业监督管理机构负责人报告;国务院银行业监督管理机构负责人认为需要向国务院报告的,应当立即向国务院报告,并告知中国人民银行、国务院财政部门等有关部门。

(三)审慎经营规则及监督管理措施

第二十一条 银行业金融机构的审慎经营规则,由法律、行政法规规定,也可以由国务院银行业监督管理机构依照法律、行政法规制定。

前款规定的审慎经营规则,包括风险管理、内部控制、资本充足率、资产质量、损失准备金、风险集中、关联交易、资产流动性等内容。

银行业金融机构应当严格遵守审慎经营规则。

第三十四条 银行业监督管理机构根据审慎监管的要求,可以采取下列措施进行现场检查:

(一)进入银行业金融机构进行检查;

(二)询问银行业金融机构的工作人员,要求其对有关检查事项作出说明;

(三)查阅、复制银行业金融机构与检查事项有关的文件、资料,对可能被转移、隐匿或者毁损的文件、资料予以封存;

(四)检查银行业金融机构运用电子计算机管理业务数据的系统。

进行现场检查,应当经银行业监督管理机构负责人批准。现场检查时,检查人员不得少于二人,并应当出示合法证件和检查通知书;检查人员少于二人或者未出示合法证件和检查通知书的,银行业金融机构有权拒绝检查。

第三十五条 银行业监督管理机构根据履行职责的需要,可以与银行业金融机构董事、高级管理人员进行监督管理谈话,要求银行业金融机构董事、高级管理人员就银行业金融机构的业务活动和风险管理的重大事项作出说明。

第三十六条 银行业监督管理机构应当责令银行业金融机构按照规定,如实向社会公众披露财务会计报告、风险管理状况、董事和高级管理人员变更以及其他重大事项等信息。

第三十七条 银行业金融机构<u>违反审慎经营规则</u>的,国务院银行业监督管理机构或者其省一级派出机构应当<u>责令限期改正</u>;逾期未改正的,或者其行为<u>严重危及</u>该银行业金融机构的稳健运行、损害存款人和其他客户合法权益的,<u>经国务院银行业监督管理机构或者其省一级派出机构负责人批准</u>,可以区别情形,采取下列措施:

(一)<u>责令暂停部分业务、停止批准开办新业务</u>;

(二)<u>限制分配红利和其他收入</u>;

(三)<u>限制资产转让</u>;

(四)责令控股股东转让股权或者<u>限制有关股东的权利</u>;

(五)责令<u>调整董事、高级管理人员或者限制其权利</u>;

(六)<u>停止批准增设分支机构</u>。

银行业金融机构整改后,应当向国务院银行业监督管理机构或者其省一级派出机构提交报告。国务院银行业监督管理机构或者其省一级派出机构经验收,符合有关审慎经营规则的,应当自验收完毕之日起三日内解除对其采取的前款规定的有关措施。

第三十八条 银行业金融机构已经或者可能发生信用危机,严重影响存款人和其他客户合法权益的,国务院银行业监督管理机构可以依法对该银行业金融机构实行接管或者促成机构重组,接管和机构重组依照有关法律和国务院的规定执行。

(四)银行业金融机构的接管、重组和撤销

第三十九条 银行业金融机构有违法经营、经营管理不善等情形,不予撤销将严重危害金融秩序、损害公众利益的,国务院银行业监督管理机构有权予以撤销。

第四十条 银行业金融机构被接管、重组或者被撤销的,国务院银行业监督管理机构有权要求该银行业金融机构的董事、高级管理人员和其他工作人员,按照国务院银行业监督管理机构的要求履行职责。

在接管、机构重组或者撤销清算期间,经国务院银行业监督管理机构负责人批准,对直接负责的董事、高级管理人员和其他直接责任人员,可以采取下列措施:

(一)直接负责的董事、高级管理人员和其他直接责任人员出境将对国家利益造成重大损失的,通知出境管理机关依法阻止其出境;

(二)申请司法机关禁止其转移、转让财产或者对其财产设定其他权利。

第四十一条 经国务院银行业监督管理机构或者其省一级派出机构负责人批准,银行业监督管理机构有权查询涉嫌金融违法的银行业金融机构及其工作人员以及关联行为人的账户;对涉嫌转移或者隐匿违法资金的,经银行业监督管理机构负责人批准,可以申请司法机关予以冻结。

第四十二条 银行业监督管理机构依法对银行业金融机构进行检查时,经设区的市一级以上银行业监督管理机构负责人批准,可以对与涉嫌违法事项有关的单位和个人采取下列措施:

(一)询问有关单位或者个人,要求其对有关情况作出说明;

(二)查阅、复制有关财务会计、财产权登记等文件、资料;

(三)对可能被转移、隐匿、毁损或者伪造的文件、资料,予以先行登记保存。

银行业监督管理机构采取前款规定措施,调查人员不得少于二人,并应当出示合法证件和调查通知书;调查人员少于二人或者未出示合法证件和调查通知书的,有关单位或者个人有权拒绝。对依法采取的措施,有关单位和个人应当配合,如实说明有关情况并提供有关文件、资料,不得拒绝、阻碍和隐瞒。

专题十八 企业所得税法

考点61 企业所得税法

(一)居民企业和非居民企业

第一条 在中华人民共和国境内,企业和其他取得收入的组织(以下统称企业)为企业所得税的纳税人,依照本法的规定缴纳企业所得税。

个人独资企业、合伙企业不适用本法。

第二条 企业分为居民企业和非居民企业。

本法所称居民企业,是指依法在中国境内成立,或者依照外国(地区)法律成立但实际管理机构在中国境内的企业。

本法所称非居民企业,是指依照外国(地区)法律成立且实际管理机构不在中国境内,但在中国境内设立机构、场所的,或者在中国境内未设立机构、场所,但有来源于中国境内所得的企业。

第三条 居民企业应当就其来源于中国境内、境外的所得缴纳企业所得税。

非居民企业在中国境内设立机构、场所的,应当就其所设机构、场所取得的来源于中国境内的所得,以及发生在中国境外但与其所设机构、场所有实际联系的所得,缴纳企业所得税。

非居民企业在中国境内未设立机构、场所的,或者虽设立机构、场所但取得的所得与其所设机构、场所没有实际联系的,应当就其来源于中国境内的所得缴纳企业所得税。

第四条 企业所得税的税率为25%。

非居民企业取得本法第三条第三款规定的所得,适用税率为20%。

(二)应纳税所得额

第五条 企业每一纳税年度的收入总额,减除不征税收入、免税收入、各项扣除以及允许弥补的以前年度亏损后的余额,为应纳税所得额。

第六条 <u>企业以货币形式和非货币形式从各种来源取得的收入,为收入总额</u>。包括:

(一)销售货物收入;

(二)提供劳务收入;

(三)转让财产收入;

(四)股息、红利等权益性投资收益;

(五)利息收入;

(六)租金收入;

(七)特许权使用费收入;

(八)接受捐赠收入;

(九)其他收入。

第七条 收入总额中的下列收入为不征税收入:

(一)财政拨款;

(二)依法收取并纳入财政管理的行政事业性收费、政府性基金;

(三)国务院规定的其他不征税收入。

第八条 [税前扣除]企业实际发生的与取得收入有关的、合理的支出,包括成本、费用、税金、损失和其他支出,准予在计算应纳税所得额时扣除。

第九条 [公益性捐赠扣除]企业发生的公益性捐赠支出,在年度利润总额<u>12%以内</u>的部分,准予在计算应纳税所得额时扣除;超过年度利润总额12%的部分,准予结转以后三年内在计算应纳税所得额时扣除。

第十条 [不得扣除]在计算应纳税所得额时,下列支出不得扣除:

(一)向投资者支付的股息、红利等权益性投资收益款项;

(二)企业所得税税款;

(三)税收滞纳金;

(四)罚金、罚款和被没收财物的损失;

(五)本法第九条规定以外的捐赠支出;

（六）赞助支出；
（七）未经核定的准备金支出；
（八）与取得收入无关的其他支出。

（三）税收优惠

第二十五条 国家对重点扶持和鼓励发展的产业和项目，给予企业所得税优惠。

第二十六条 企业的下列收入为免税收入：
（一）国债利息收入；
（二）符合条件的居民企业之间的股息、红利等权益性投资收益；
（三）在中国境内设立机构、场所的非居民企业从居民企业取得与该机构、场所有实际联系的股息、红利等权益性投资收益；
（四）符合条件的非营利组织的收入。

第二十七条 企业的下列所得，可以免征、减征企业所得税：
（一）从事农、林、牧、渔业项目的所得；
（二）从事国家重点扶持的公共基础设施项目投资经营的所得；
（三）从事符合条件的环境保护、节能节水项目的所得；
（四）符合条件的技术转让所得；
（五）本法第三条第三款规定的所得。

第二十八条 符合条件的小型微利企业，减按20%的税率征收企业所得税。

国家需要重点扶持的高新技术企业，减按15%的税率征收企业所得税。

第三十条 企业的下列支出，可以在计算应纳税所得额时加计扣除：
（一）开发新技术、新产品、新工艺发生的研究开发费用；
（二）安置残疾人员及国家鼓励安置的其他就业人员所支付的工资。

专题十九 个人所得税法

考点62 个人所得税法

（一）纳税人

第一条 在中国境内有住所，或者无住所而一个纳税年度内在中国境内居住累计满一百八十三天的个人，为居民个人。居民个人从中国境内和境外取得的所得，依照本法规定缴纳个人所得税。

在中国境内无住所又不居住，或者无住所而一个纳税年度内在中国境内居住累计不满一百八十三天的个人，为非居民个人。非居民个人从中国境内取得的所得，依照本法规定缴纳个人所得税。

纳税年度，自公历一月一日起至十二月三十一日止。

（二）个人所得税的计算

第二条 下列各项个人所得，应当缴纳个人所得税：
（一）工资、薪金所得；
（二）劳务报酬所得；
（三）稿酬所得；
（四）特许权使用费所得；
（五）经营所得；
（六）利息、股息、红利所得；
（七）财产租赁所得；
（八）财产转让所得；
（九）偶然所得。

居民个人取得前款第一项至第四项所得（以下称综合所得），按纳税年度合并计算个人所得税；非居民个人取得前款第一项至第四项所得，按月或者按次分项计算个人所得税。纳税人取得前款第五项至第九项所得，依照本法规定分别计算个人所得税。

第三条 个人所得税的税率：
（一）综合所得，适用百分之三至百分之四十五的超额累进税率（税率表附后）；
（二）经营所得，适用百分之五至百分之三十五的超额累进税率（税率表附后）；
（三）利息、股息、红利所得，财产租赁所得，财产转让所得和偶然所得，适用比例税率，税率为百分之二十。

（三）免税、减免

第四条 下列各项个人所得，免征个人所得税：
（一）省级人民政府、国务院部委和中国人民解放军军以上单位，以及外国组织、国际组织颁发的科学、教育、技术、文化、卫生、体育、环境保护等方面的奖金；
（二）国债和国家发行的金融债券利息；
（三）按照国家统一规定发给的补贴、津贴；
（四）福利费、抚恤金、救济金；
（五）保险赔款；
（六）军人的转业费、复员费、退役金；
（七）按照国家统一规定发给干部、职工的安家费、退职费、基本养老金或者退休费、离休费、离休生活补助费；
（八）依照有关法律规定应予免税的各国驻华使馆、领事馆的外交代表、领事官员和其他人员的所得；
（九）中国政府参加的国际公约、签订的协议中规定免税的所得；
（十）国务院规定的其他免税所得。

前款第十项免税规定，由国务院报全国人民代表大会常务委员会备案。

第五条 有下列情形之一的，可以减征个人所得税，具体幅度和期限，由省、自治区、直辖市人民政府规定，并报同级人民代表大会常务委员会备案：
（一）残疾、孤老人员和烈属的所得；
（二）因自然灾害遭受重大损失的。

国务院可以规定其他减税情形，报全国人民代表大会常务委员会备案。

专题二十 车船税法

考点63 车船税法

（一）减税和免税

第三条 下列车船免征车船税：

（一）捕捞、养殖渔船；
（二）军队、武装警察部队专用的车船；
（三）警用车船；
（四）悬挂应急救援专用号牌的国家综合性消防救援车辆和国家综合性消防救援专用船舶；
（五）依照法律规定应当予以免税的外国驻华使领馆、国际组织驻华代表机构及其有关人员的车船。

第四条 对节约能源、使用新能源的车船可以减征或者免征车船税；对受严重自然灾害影响纳税困难以及有其他特殊原因确需减税、免税的，可以减征或者免征车船税。具体办法由国务院规定，并报全国人民代表大会常务委员会备案。

第五条 省、自治区、直辖市人民政府根据当地实际情况，可以对公共交通车船，农村居民拥有并主要在农村地区使用的摩托车、三轮汽车和低速载货汽车定期减征或者免征车船税。

（二）交税义务人

第六条 从事机动车第三者责任强制保险业务的保险机构为机动车车船税的扣缴义务人，应当在收取保险费时依法代收车船税，并出具代收税款凭证。

专题二十一 增值税法

考点64 增值税法

《增值税暂行条例》

第一条 在中华人民共和国境内销售货物或者加工、修理修配劳务（以下简称劳务），销售服务、无形资产、不动产以及进口货物的单位和个人，为增值税的纳税人，应当依照本条例缴纳增值税。

第二条 增值税税率：
（一）纳税人销售货物、劳务、有形动产租赁服务或者进口货物，除本条第二项、第四项、第五项另有规定外，税率为17%。
（二）纳税人销售交通运输、邮政、基础电信、建筑、不动产租赁服务，销售不动产，转让土地使用权，销售或者进口下列货物，税率为11%：
1. 粮食等农产品、食用植物油、食用盐；
2. 自来水、暖气、冷气、热水、煤气、石油液化气、天然气、二甲醚、沼气、居民用煤炭制品；
3. 图书、报纸、杂志、音像制品、电子出版物；
4. 饲料、化肥、农药、农机、农膜；
5. 国务院规定的其他货物。
（三）纳税人销售服务、无形资产，除本条第一项、第二项、第五项另有规定外，税率为6%。
（四）纳税人出口货物，税率为零；但是，国务院另有规定的除外。
（五）境内单位和个人跨境销售国务院规定范围内的服务、无形资产，税率为零。
税率的调整，由国务院决定。

第八条 纳税人购进货物、劳务、服务、无形资产、不动产支付或者负担的增值税额，为进项税额。

下列进项税额准予从销项税额中抵扣：
（一）从销售方取得的增值税专用发票上注明的增值税额。
（二）从海关取得的海关进口增值税专用缴款书上注明的增值税额。
（三）购进农产品，除取得增值税专用发票或者海关进口增值税专用缴款书外，按照农产品收购发票或者销售发票上注明的农产品买价和11%的扣除率计算的进项税额，国务院另有规定的除外。进项税额计算公式：

进项税额＝买价×扣除率

（四）自境外单位或者个人购进劳务、服务、无形资产或者境内的不动产，从税务机关或者扣缴义务人取得的代扣代缴税款的完税凭证上注明的增值税额。

准予抵扣的项目和扣除率的调整，由国务院决定。

第十条 下列项目的进项税额不得从销项税额中抵扣：
（一）用于简易计税方法计税项目、免征增值税项目、集体福利或者个人消费的购进货物、劳务、服务、无形资产和不动产；
（二）非正常损失的购进货物，以及相关的劳务和交通运输服务；
（三）非正常损失的在产品、产成品所耗用的购进货物（不包括固定资产）、劳务和交通运输服务；
（四）国务院规定的其他项目。

第十五条 下列项目免征增值税：
（一）农业生产者销售的自产农产品；
（二）避孕药品和用具；
（三）古旧图书；
（四）直接用于科学研究、科学试验和教学的进口仪器、设备；
（五）外国政府、国际组织无偿援助的进口物资和设备；
（六）由残疾人的组织直接进口供残疾人专用的物品；
（七）销售的自己使用过的物品。
除前款规定外，增值税的免税、减税项目由国务院规定。任何地区、部门均不得规定免税、减税项目。

第二十一条 纳税人发生应税销售行为，应当向索取增值税专用发票的购买方开具增值税专用发票，并在增值税专用发票上分别注明销售额和销项税额。
属于下列情形之一的，不得开具增值税专用发票：
（一）应税销售行为的购买方为消费者个人的；
（二）发生应税销售行为适用免税规定的。

《增值税暂行条例实施细则》

第三十七条第一款 增值税起征点的适用范围限于个人。

专题二十二 消费税法

考点65 消费税法

《消费税暂行条例》

第一条 在中华人民共和国境内生产、委托加工和进口本条例规定的消费品的单位和个人,以及国务院确定的销售本条例规定的消费品的其他单位和个人,为消费税的纳税人,应当依照本条例缴纳消费税。

第四条 纳税人生产的应税消费品,于纳税人销售时纳税。纳税人自产自用的应税消费品,用于连续生产应税消费品的,不纳税;用于其他方面的,于移送使用时纳税。

委托加工的应税消费品,除受托方为个人外,由受托方在向委托方交货时代收代缴税款。委托加工的应税消费品,委托方用于连续生产应税消费品的,所纳税款准予按规定抵扣。

进口的应税消费品,于报关进口时纳税。

第十一条 对纳税人出口应税消费品,免征消费税;国务院另有规定的除外。出口应税消费品的免税办法,由国务院财政、税务主管部门规定。

第十二条 消费税由税务机关征收,进口的应税消费品的消费税由海关代征。

个人携带或者邮寄进境的应税消费品的消费税,连同关税一并计征。具体办法由国务院关税税则委员会同有关部门制定。

第十三条 纳税人销售的应税消费品,以及自产自用的应税消费品,除国务院财政、税务主管部门另有规定外,应当向纳税人机构所在地或者居住地的主管税务机关申报纳税。

委托加工的应税消费品,除受托方为个人外,由受托方向机构所在地或者居住地的主管税务机关解缴消费税款。

进口的应税消费品,应当向报关地海关申报纳税。

专题二十三 税收征收管理法

考点66 税收征收管理法概述

第四条 法律、行政法规规定负有纳税义务的单位和个人为纳税人。

法律、行政法规规定负有代扣代缴、代收代缴税款义务的单位和个人为扣缴义务人。

纳税人、扣缴义务人必须依照法律、行政法规的规定缴纳税款、代扣代缴、代收代缴税款。

第八条 纳税人、扣缴义务人有权向税务机关了解国家税收法律、行政法规的规定以及与纳税程序有关的情况。

<u>纳税人、扣缴义务人有权要求税务机关为纳税人、扣缴义务人的情况保密。</u>税务机关应当依法为纳税人、扣缴义务人的情况保密。

纳税人依法享有申请减税、免税、退税的权利。

纳税人、扣缴义务人对税务机关所作出的决定,享有陈述权、申辩权;依法享有申请行政复议、提起行政诉讼、请求国家赔偿等权利。

纳税人、扣缴义务人有权控告和检举税务机关、税务人员的违法违纪行为。

考点67 税务管理

(一)税务登记

第十五条 [税务登记]企业,企业在外地设立的分支机构和从事生产、经营的场所,个体工商户和从事生产、经营的事业单位(以下统称从事生产、经营的纳税人)<u>自领取营业执照之日起三十日内</u>,持有关证件,向税务机关申报办理税务登记。<u>税务机关应当于收到申报的当日办理登记并发给税务登记证件。</u>

工商行政管理机关应当将办理登记注册、核发营业执照的情况,定期向税务机关通报。

本条第一款规定以外的纳税人办理税务登记和扣缴义务人办理扣缴税款登记的范围和办法,由国务院规定。

第十六条 [变更和注销登记]从事生产、经营的纳税人,税务登记内容发生变化的,自工商行政管理机关办理变更登记之日起三十日内或者在向工商行政管理机关申请办理注销登记之前,持有关证件向税务机关申报办理变更或者注销税务登记。

第十七条 [金融机构的协助义务]从事生产、经营的纳税人应当按照国家有关规定,持税务登记证件,在银行或者其他金融机构开立基本存款账户和其他存款账户,并将其全部账号向税务机关报告。

银行和其他金融机构应当在从事生产、经营的纳税人的账户中登录税务登记证件号码,并在税务登记证件中登录从事生产、经营的纳税人的账户账号。

税务机关依法查询从事生产、经营的纳税人开立账户的情况时,有关银行和其他金融机构应当予以协助。

《税收征收管理法实施细则》

第十四条 纳税人税务登记内容发生变化的,应当自工商行政管理机关或者其他机关办理变更登记之日起30日内,持有关证件向原税务登记机关申报办理变更税务登记。

纳税人税务登记内容发生变化,不需要到工商行政管理机关或者其他机关办理变更登记的,应当自发生变化之日起30日内,持有关证件向原税务登记机关申报办理变更税务登记。

第二十一条 从事生产、经营的纳税人到外县(市)临时从事生产、经营活动的,应当持税务登记证副本和所在地税务机关填开的外出经营活动税收管理证明,向营业地税务机关报验登记,接受税务管理。

从事生产、经营的纳税人外出经营,在<u>同一地累计超过180天的,应当在营业地办理税务登记手续。</u>

(二)账簿、凭证管理

第二十五条 [纳税申报与资料报送]纳税人必须依照法律、行政法规规定或者税务机关依照法律、行政法规的规定确定的申报期限、申报内容如实办理纳税申报,报送纳税申报表、财务会计报表以及税务机关根据实际需要要求纳税人报送的其他纳税资料。

扣缴义务人必须依照法律、行政法规规定或者税务机关依照法律、行政法规的规定确定的申报期限、申报内容如实报送代扣代缴、代收代缴税款报告表以及税务机关根据实际需要要求扣缴义务人报送的其他有关资料。

第二十六条 [申报或报送途径]纳税人、扣缴义务人可以直接到税务机关办理纳税申报或者报送代扣代缴、代收代缴税款报告表,也可以按照规定采取邮寄、数据电文或者其他方式办理上述申报、报送事项。

第二十七条 [延期申报]纳税人、扣缴义务人不能按期办理纳税申报或者报送代扣代缴、代收代缴税款报告表的,经税务机关核准,可以延期申报。

经核准延期办理前款规定的申报、报送事项的,应当在纳税期内按照上期实际缴纳的税额或者税务机关核定的税额预缴税款,并在核准的延期内办理税款结算。

《税收征收管理法实施细则》

第二十三条 生产、经营规模小又确无建账能力的纳税人,可以聘请经批准从事会计代理记账业务的专业机构或者财会人员代为建账和办理账务。

第二十四条 从事生产、经营的纳税人应当自领取税务登记证件之日起15日内,将其财务、会计制度或者财务、会计处理办法报送主管税务机关备案。

纳税人使用计算机记账的,应当在使用前将会计电算化系统的会计核算软件、使用说明书及有关资料报送主管税务机关备案。

纳税人建立的会计电算化系统应当符合国家有关规定,并能正确、完整核算其收入或者所得。

第二十五条 扣缴义务人应当自税收法律、行政法规规定的扣缴义务发生之日起10日内,按照所代扣、代收的税种,分别设置代扣代缴、代收代缴税款账簿。

第二十六条 纳税人、扣缴义务人会计制度健全,能够通过计算机正确、完整计算其收入和所得或者代扣代缴、代收代缴税款情况的,其计算机输出的完整的书面会计记录,可视同会计账簿。

纳税人、扣缴义务人会计制度不健全,不能通过计算机正确、完整计算其收入和所得或者代扣代缴、代收代缴税款情况的,应当建立总账及与纳税或者代扣代缴、代收代缴税款有关的其他账簿。

第二十九条 账簿、记账凭证、报表、完税凭证、发票、出口凭证以及其他有关涉税资料应当合法、真实、完整。

账簿、记账凭证、报表、完税凭证、发票、出口凭证以及其他有关涉税资料应保存10年;但是,法律、行政法规另有规定的除外。

考点68 税收征收与保障
(一)税收保全措施

第三十八条 税务机关有根据认为从事生产、经营的纳税人有逃避纳税义务行为的,可以在规定的纳税期之前,责令限期缴纳应纳税款;在限期内发现纳税人有明显的转移、隐匿其应纳税的商品、货物以及其他财产或者应纳税的收入的迹象的,税务机关可以责成纳税人提供纳税担保。如果纳税人不能提供纳税担保,经县以上税务局(分局)局长批准,税务机关可以采取下列税收保全措施:

(一)书面通知纳税人开户银行或者其他金融机构冻结纳税人的金额相当于应纳税款的存款;

(二)扣押、查封纳税人的价值相当于应纳税款的商品、货物或者其他财产。

纳税人在前款规定的限期内缴纳税款的,税务机关必须立即解除税收保全措施;限期期满仍未缴纳税款的,经县以上税务局(分局)局长批准,税务机关可以书面通知纳税人开户银行或者其他金融机构从其冻结的存款中扣缴税款,或者依法拍卖或者变卖所扣押、查封的商品、货物或者其他财产,以拍卖或者变卖所得抵缴税款。

个人及其所扶养家属维持生活必需的住房和用品,不在税收保全措施的范围之内。

第三十九条 纳税人在限期内已缴纳税款,税务机关未立即解除税收保全措施,使纳税人的合法利益遭受损失的,税务机关应当承担赔偿责任。

《税收征收管理法实施细则》

第五十九条 税收征管法第三十八条、第四十条所称其他财产,包括纳税人的房地产、现金、有价证券等不动产和动产。

机动车辆、金银饰品、古玩字画、豪华住宅或者一处以外的住房不属于税收征管法第三十八条、第四十条、第四十二条所称个人及其所扶养家属维持生活必需的住房和用品。

税务机关对单价5000元以下的其他生活用品,不采取税收保全措施和强制执行措施。

第六十条 税收征管法第三十八条、第四十条、第四十二条所称个人所扶养家属,是指与纳税人共同居住生活的配偶、直系亲属以及无生活来源并由纳税人扶养的其他亲属。

第六十一条 税收征管法第三十八条、第八十八条所称担保,包括经税务机关认可的纳税保证人为纳税人提供的纳税保证,以及纳税人或者第三人以其未设置或者未全部设置担保物权的财产提供的担保。

纳税保证人,是指在中国境内具有纳税担保能力的自然人、法人或者其他经济组织。

法律、行政法规规定的没有担保资格的单位和个人,不得作为纳税担保人。

第八十八条 依照税收征管法第五十五条规定,税务机关采取税收保全措施的期限一般不得超过6个月;重大案件需要延长的,应当报国家税务总局批准。

(二)税收强制措施

第四十条 从事生产、经营的纳税人、扣缴义务人未按照规定的期限缴纳或者解缴税款,纳税担保人未按照规定的期限缴纳所担保的税款,由税务机关责令限期缴纳,逾期仍未缴纳的,经县以上税务局(分局)局长批准,税务机关可以采取下列强制执行措施:

(一)书面通知其开户银行或者其他金融机构从其存款中扣缴税款;

(二)扣押、查封、依法拍卖或者变卖其价值相当于应纳税款的商品、货物或者其他财产,以拍卖或者变卖所得抵缴税款。

税务机关采取强制执行措施时,对前款所列纳税人、扣缴义务人、纳税担保人未缴纳的滞纳金同时强制执行。

个人及其所扶养家属维持生活必需的住房和用品，不在强制执行措施的范围之内。

第五十五条 税务机关对从事生产、经营的纳税人以前纳税期的纳税情况依法进行税务检查时，发现纳税人有逃避纳税义务行为，并有明显的转移、隐匿其应纳税的商品、货物以及其他财产或者应纳税的收入的迹象的，可以按照本法规定的批准权限采取税收保全措施或者强制执行措施。

(三)税收优先

第四十五条 税务机关征收税款，税收优先于无担保债权，法律另有规定的除外；纳税人欠缴的税款发生在纳税人以其财产设定抵押、质押或者纳税人的财产被留置之前的，税收应当先于抵押权、质权、留置权执行。

纳税人欠缴税款，同时又被行政机关决定处以罚款、没收违法所得的，税收优先于罚款、没收违法所得。

税务机关应当对纳税人欠缴税款的情况定期予以公告。

第四十六条 纳税人有欠税情形而以其财产设定抵押、质押的，应当向抵押权人、质权人说明其欠税情况。抵押权人、质权人可以请求税务机关提供有关的欠税情况。

(四)税收代位权、撤销权

第五十条 欠缴税款的纳税人因怠于行使到期债权，或者放弃到期债权，或者无偿转让财产，或者以明显不合理的低价转让财产而受让人知道该情形，对国家税收造成损害的，税务机关可以依照合同法第七十三条、第七十四条的规定行使代位权、撤销权。

税务机关依照前款规定行使代位权、撤销权的，不免除欠缴税款的纳税人尚未履行的纳税义务和应承担的法律责任。

(五)税款的追征

第五十二条 因税务机关的责任，致使纳税人、扣缴义务人未缴或者少缴税款的，税务机关在三年内可以要求纳税人、扣缴义务人补缴税款，但是不得加收滞纳金。

因纳税人、扣缴义务人计算错误等失误，未缴或者少缴税款的，税务机关在三年内可以追征税款、滞纳金；有特殊情况的，追征期可以延长到五年。

对偷税、抗税、骗税的，税务机关追征其未缴或者少缴的税款、滞纳金或者所骗取的税款，不受前款规定期限的限制。

《税收征收管理法实施细则》

第八十二条 税收征管法第五十二条所称特殊情况，是指纳税人或者扣缴义务人因计算错误等失误，未缴或者少缴、未扣或者少扣、未收或者少收税款，累计数额在10万元以上的。

(六)税收争议的处理方式

第八十八条 纳税人、扣缴义务人、纳税担保人同税务机关在纳税上发生争议时，必须先依照税务机关的纳税决定缴纳或者解缴税款及滞纳金或者提供相应的担保，然后可以依法申请行政复议；对行政复议决定不服的，可以依法向人民法院起诉。

当事人对税务机关的处罚决定、强制执行措施或者税收保全措施不服的，可以依法申请行政复议，也可以依法向人民法院起诉。

当事人对税务机关的处罚决定逾期不申请行政复议也不向人民法院起诉、又不履行的，作出处罚决定的税务机关可以采取本法第四十条规定的强制执行措施，或者申请人民法院强制执行。

《税收征收管理法实施细则》

第一百条 税收征管法第八十八条规定的纳税争议，是指纳税人、扣缴义务人、纳税担保人对税务机关确定纳税主体、征税对象、征税范围、减税、免税及退税、适用税率、计税依据、纳税环节、纳税期限、纳税地点以及税款征收方式等具体行政行为有异议而发生的争议。

专题二十四 审计法

考点69 审计法

(一)审计机关和审计人员

第十二条 审计机关应当建设信念坚定、为民服务、业务精通、作风务实、敢于担当、清正廉洁的高素质专业化审计队伍。

审计机关应当加强对审计人员遵守法律和执行职务情况的监督，督促审计人员依法履职尽责。

审计机关和审计人员应当依法接受监督。

第十三条 审计人员应当具备与其从事的审计工作相适应的专业知识和业务能力。

审计机关根据工作需要，可以聘请具有与审计事项相关专业知识的人员参加审计工作。

第十六条 审计机关和审计人员对在执行职务中知悉的国家秘密、工作秘密、商业秘密、个人隐私和个人信息，应当予以保密，不得泄露或者向他人非法提供。

(二)审计机关职责

第二十一条 审计机关对国家的事业组织和使用财政资金的其他事业组织的财务收支，进行审计监督。

第二十二条 审计机关对国有企业、国有金融机构和国有资本占控股地位或者主导地位的企业、金融机构的资产、负债、损益以及其他财务收支情况，进行审计监督。

遇有涉及国家财政金融重大利益情形，为维护国家经济安全，经国务院批准，审计署可以对前款规定以外的金融机构进行专项审计调查或者审计。

第二十三条 审计机关对政府投资和以政府投资为主的建设项目的预算执行情况和决算，对其他关系国家利益和公共利益的重大公共工程项目的资金管理使用和建设运营情况，进行审计监督。

第二十四条 审计机关对国有资源、国有资产，进行审计监督。

审计机关对政府部门管理的和其他单位受政府委托管理的社会保险基金、全国社会保障基金、社会捐赠资金以及其他公共资金的财务收支，进行审计监督。

第二十六条 根据经批准的审计项目计划安排,审计机关可以对被审计单位贯彻落实国家重大经济社会政策措施情况进行审计监督。

第三十一条 审计机关根据被审计单位的财政、财务隶属关系或者国有资源、国有资产监督管理关系,确定审计管辖范围。

审计机关之间对审计管辖范围有争议的,由其共同的上级审计机关确定。

上级审计机关对其审计管辖范围内的审计事项,可以授权下级审计机关进行审计,但本法第十八条至第二十条规定的审计事项不得进行授权;上级审计机关对下级审计机关审计管辖范围内的重大审计事项,可以直接进行审计,但是应当防止不必要的重复审计。

第三十二条 被审计单位应当加强对内部审计工作的领导,按照国家有关规定建立健全内部审计制度。

审计机关应当对被审计单位的内部审计工作进行业务指导和监督。

(三)审计机关权限

第三十四条 审计机关有权要求被审计单位按照审计机关的规定提供财务、会计资料以及与财政收支、财务收支有关的业务、管理等资料,包括电子数据和有关文档。被审计单位不得拒绝、拖延、谎报。

被审计单位负责人应当对本单位提供资料的及时性、真实性和完整性负责。

审计机关对取得的电子数据等资料进行综合分析,需要向被审计单位核实有关情况的,被审计单位应当予以配合。

第三十五条 国家政务信息系统和数据共享平台应当按照规定向审计机关开放。

审计机关通过政务信息系统和数据共享平台取得的电子数据等资料能够满足需要的,不得要求被审计单位重复提供。

第三十六条 审计机关进行审计时,有权检查被审计单位的财务、会计资料以及与财政收支、财务收支有关的业务、管理等资料和资产,有权检查被审计单位信息系统的安全性、可靠性、经济性,被审计单位不得拒绝。

第三十七条 审计机关进行审计时,有权就审计事项的有关问题向有关单位和个人进行调查,并取得有关证明材料。有关单位和个人应当支持、协助审计机关工作,如实向审计机关反映情况,提供有关证明材料。

审计机关经县级以上人民政府审计机关负责人批准,有权查询被审计单位在金融机构的账户。

审计机关有证据证明被审计单位违反国家规定将公款转入其他单位、个人在金融机构账户的,经县级以上人民政府审计机关主要负责人批准,有权查询有关单位、个人在金融机构与审计事项相关的存款。

第三十八条 审计机关进行审计时,被审计单位不得转移、隐匿、篡改、毁弃财务、会计资料以及与财政收支、财务收支有关的业务、管理等资料,不得转移、隐匿、故意毁损所持有的违反国家规定取得的资产。

审计机关对被审计单位违反前款规定的行为,有权予以制止;必要时,经县级以上人民政府审计机关负责人批准,有权封存有关资料和违反国家规定取得的资产;对其中在金融机构的有关存款需要予以冻结的,应当向人民法院提出申请。

审计机关对被审计单位正在进行的违反国家规定的财政收支、财务收支行为,有权予以制止;制止无效的,经县级以上人民政府审计机关负责人批准,通知财政部门和有关主管机关、单位暂停拨付与违反国家规定的财政收支、财务收支行为直接有关的款项,已经拨付的,暂停使用。

审计机关采取前两款规定的措施不得影响被审计单位合法的业务活动和生产经营活动。

第三十九条 审计机关认为被审计单位所执行的上级主管机关、单位有关财政收支、财务收支的规定与法律、行政法规相抵触的,应当建议有关主管机关、单位纠正;有关主管机关、单位不予纠正的,审计机关应当提请有权处理的机关、单位依法处理。

第四十条 审计机关可以向政府有关部门通报或者向社会公布审计结果。

审计机关通报或者公布审计结果,应当保守国家秘密、工作秘密、商业秘密、个人隐私和个人信息,遵守法律、行政法规和国务院的有关规定。

(四)审计程序

第四十二条 审计机关根据经批准的审计项目计划确定的审计事项组成审计组,并应当在实施审计三日前,向被审计单位送达审计通知书;遇有特殊情况,经县级以上人民政府审计机关负责人批准,可以直接持审计通知书实施审计。

被审计单位应当配合审计机关的工作,并提供必要的工作条件。

审计机关应当提高审计工作效率。

第四十三条 审计人员通过审查财务、会计资料,查阅与审计事项有关的文件、资料,检查现金、实物、有价证券和信息系统,向有关单位和个人调查等方式进行审计,并取得证明材料。

向有关单位和个人进行调查时,审计人员应当不少于二人,并出示其工作证件和审计通知书副本。

第四十四条 审计组对审计事项实施审计后,应当向审计机关提出审计组的审计报告。审计组的审计报告报送审计机关前,应当征求被审计单位的意见。被审计单位应当自接到审计组的审计报告之日起十日内,将其书面意见送交审计组。审计组应当将被审计单位的书面意见一并报送审计机关。

第四十五条 审计机关按照审计署规定的程序对审计组的审计报告进行审议,并对被审计单位对审计组的审计报告提出的意见一并研究后,出具审计机关的审计报告。对违反国家规定的财政收支、财务收支行为,依法应当给予处理、处罚的,审计机关在法定职权范围内作出审计决定;需要移送有关主管机关、单位处理、处罚的,审计机关应当依法移送。

审计机关应当将审计机关的审计报告和审计决定送

达被审计单位和有关主管机关、单位,并报上一级审计机关。审计决定自送达之日起生效。

第四十六条 上级审计机关认为下级审计机关作出的审计决定违反国家有关规定的,可以责成下级审计机关予以变更或者撤销,必要时也可以直接作出变更或者撤销的决定。

专题二十五 土地管理法

考点70 土地管理法

(一)土地承包经营权

第十三条 农民集体所有和国家所有依法由农民集体使用的耕地、林地、草地,以及其他依法用于农业的土地,采取农村集体经济组织内部的家庭承包方式承包,不宜采取家庭承包方式的荒山、荒沟、荒丘、荒滩等,可以采取招标、拍卖、公开协商等方式承包,从事种植业、林业、畜牧业、渔业生产。家庭承包的耕地的承包期为三十年,草地的承包期为三十年至五十年,林地的承包期为三十年至七十年;耕地承包期届满后再延长三十年,草地、林地承包期届满后依法相应延长。

国家所有依法用于农业的土地可以由单位或者个人承包经营,从事种植业、林业、畜牧业、渔业生产。

发包方和承包方应当依法订立承包合同,约定双方的权利和义务。承包经营土地的单位和个人,有保护并按照承包合同约定的用途合理利用土地的义务。

(二)争议解决

第十四条 土地所有权和使用权争议,由当事人协商解决;协商不成的,由人民政府处理。

单位之间的争议,由县级以上人民政府处理;个人之间、个人与单位之间的争议,由乡级人民政府或者县级以上人民政府处理。

当事人对有关人民政府的处理决定不服的,可以自接到处理决定通知之日起三十日内,向人民法院起诉。

在土地所有权和使用权争议解决前,任何一方不得改变土地利用现状。

(三)耕地保护

第三十三条 国家实行永久基本农田保护制度。下列耕地应当根据土地利用总体规划划为永久基本农田,实行严格保护:

(一)经国务院农业农村主管部门或者县级以上地方人民政府批准确定的粮、棉、油、糖等重要农产品生产基地内的耕地;

(二)有良好的水利与水土保持设施的耕地,正在实施改造计划以及可以改造的中、低产田和已建成的高标准农田;

(三)蔬菜生产基地;

(四)农业科研、教学试验田;

(五)国务院规定应当划为永久基本农田的其他耕地。

各省、自治区、直辖市划定的永久基本农田一般应当占本行政区域内耕地的百分之八十以上,具体比例由国务院根据各省、自治区、直辖市耕地实际情况规定。

第三十四条 永久基本农田划定以乡(镇)为单位进行,由县级人民政府自然资源主管部门会同同级农业农村主管部门组织实施。永久基本农田应当落实到地块,纳入国家永久基本农田数据库严格管理。

乡(镇)人民政府应当将永久基本农田的位置、范围向社会公告,并设立保护标志。

第三十五条 永久基本农田经依法划定后,任何单位和个人不得擅自占用或者改变其用途。国家能源、交通、水利、军事设施等重点建设项目选址确实难以避让永久基本农田,涉及农用地转用或者土地征收的,必须经国务院批准。

禁止通过擅自调整县级土地利用总体规划、乡(镇)土地利用总体规划等方式规避永久基本农田农用地转用或者土地征收的审批。

第三十七条 非农业建设必须节约使用土地,可以利用荒地的,不得占用耕地;可以利用劣地的,不得占用好地。

禁止占用耕地建窑、建坟或者擅自在耕地上建房、挖砂、采石、采矿、取土等。

禁止占用永久基本农田发展林果业和挖塘养鱼。

第三十八条 禁止任何单位和个人闲置、荒芜耕地。已经办理审批手续的非农业建设占用耕地,一年内不用而又可以耕种并收获的,应当由原耕种该幅耕地的集体或者个人恢复耕种,也可以由用地单位组织耕种;一年以上未动工建设的,应当按照省、自治区、直辖市的规定缴纳闲置费;连续二年未使用的,经原批准机关批准,由县级以上人民政府无偿收回用地单位的土地使用权;该幅土地原为农民集体所有的,应当交由原农村集体经济组织恢复耕种。

在城市规划区范围内,以出让方式取得土地使用权进行房地产开发的闲置土地,依照《中华人民共和国城市房地产管理法》的有关规定办理。

(四)建设用地管理

第四十四条 建设占用土地,涉及农用地转为建设用地的,应当办理农用地转用审批手续。

永久基本农田转为建设用地的,由国务院批准。

在土地利用总体规划确定的城市和村庄、集镇建设用地规模范围内,为实施该规划而将永久基本农田以外的农用地转为建设用地的,按土地利用年度计划分批次按照国务院规定由原批准土地利用总体规划的机关或者其授权的机关批准。在已批准的农用地转用范围内,具体建设项目用地可以由市、县人民政府批准。

在土地利用总体规划确定的城市和村庄、集镇建设用地规模范围外,将永久基本农田以外的农用地转为建设用地的,由国务院或者国务院授权的省、自治区、直辖市人民政府批准。

(五)土地使用权的取得与收回

第四十五条 为了公共利益的需要,有下列情形之一,确需征收农民集体所有的土地的,可以依法实施征收:

（一）军事和外交需要用地的；
（二）由政府组织实施的能源、交通、水利、通信、邮政等基础设施建设需要用地的；
（三）由政府组织实施的科技、教育、文化、卫生、体育、生态环境和资源保护、防灾减灾、文物保护、社区综合服务、社会福利、市政公用、优抚安置、英烈保护等公共事业需要用地的；
（四）由政府组织实施的扶贫搬迁、保障性安居工程建设需要用地的；
（五）在土地利用总体规划确定的城镇建设用地范围内，经省级以上人民政府批准由县级以上地方人民政府组织实施的成片开发建设需要用地的；
（六）法律规定为公共利益需要可以征收农民集体所有的土地的其他情形。

前款规定的建设活动，应当符合国民经济和社会发展规划、土地利用总体规划、城乡规划和专项规划；第（四）项、第（五）项规定的建设活动，还应当纳入国民经济和社会发展年度计划；第（五）项规定的成片开发并应当符合国务院自然资源主管部门规定的标准。

第四十六条 征收下列土地的，由国务院批准：
（一）永久基本农田；
（二）永久基本农田以外的耕地超过三十五公顷的；
（三）其他土地超过七十公顷的。

征收前款规定以外的土地的，由省、自治区、直辖市人民政府批准。

征收农用地的，应当依照本法第四十四条的规定先行办理农用地转用审批。其中，经国务院批准农用地转用的，同时办理征地审批手续，不再另行办理征地审批；经省、自治区、直辖市人民政府在征地批准权限内批准农用地转用的，同时办理征地审批手续，不再另行办理征地审批，超过征地批准权限的，应当依照本条第一款的规定另行办理征地审批。

第五十四条 建设单位使用国有土地，应当以出让等有偿使用方式取得；但是，下列建设用地，经县级以上人民政府依法批准，可以以划拨方式取得：
（一）国家机关用地和军事用地；
（二）城市基础设施用地和公益事业用地；
（三）国家重点扶持的能源、交通、水利等基础设施用地；
（四）法律、行政法规规定的其他用地。

第五十五条 以出让等有偿使用方式取得国有土地使用权的建设单位，按照国务院规定的标准和办法，缴纳土地使用权出让金等土地有偿使用费和其他费用后，方可使用土地。

自本法施行之日起，新增建设用地的土地有偿使用费，百分之三十上缴中央财政，百分之七十留给有关地方人民政府。具体使用管理办法由国务院财政部门会同有关部门制定，并报国务院批准。

第五十六条 建设单位使用国有土地的，应当按照土地使用权出让等有偿使用合同的约定或者土地使用权划拨批准文件的规定使用土地；确需改变该幅土地建设用途的，应当经有关人民政府自然资源主管部门同意，报原批准用地的人民政府批准。其中，在城市规划区内改变土地用途的，在报批前，应当先经有关城市规划行政主管部门同意。

第五十七条 建设项目施工和地质勘查需要临时使用国有土地或者农民集体所有的土地的，由县级以上人民政府自然资源主管部门批准。其中，在城市规划区内的临时用地，在报批前，应当先经有关城市规划行政主管部门同意。土地使用者应当根据土地权属，与有关自然资源主管部门或者农村集体经济组织、村民委员会签订临时使用土地合同，并按照合同的约定支付临时使用土地补偿费。

临时使用土地的使用者应当按照临时使用土地合同约定的用途使用土地，并不得修建永久性建筑物。

临时使用土地期限一般不超过二年。

第五十八条 有下列情形之一的，由有关人民政府自然资源主管部门报经原批准用地的人民政府或者有批准权的人民政府批准，可以收回国有土地使用权：
（一）为实施城市规划进行旧城区改建以及其他公共利益需要，确需使用土地的；
（二）土地出让等有偿使用合同约定的使用期限届满，土地使用者未申请续期或者申请续期未获批准的；
（三）因单位撤销、迁移等原因，停止使用原划拨的国有土地的；
（四）公路、铁路、机场、矿场等经核准报废的。

依照前款第（一）项的规定收回国有土地使用权的，对土地使用权人应当给予适当补偿。

第六十二条 农村村民一户只能拥有一处宅基地，其宅基地的面积不得超过省、自治区、直辖市规定的标准。

人均土地少、不能保障一户拥有一处宅基地的地区，县级人民政府在充分尊重农村村民意愿的基础上，可以采取措施，按照省、自治区、直辖市规定的标准保障农村村民实现户有所居。

农村村民建住宅，应当符合乡（镇）土地利用总体规划、村庄规划，不得占用永久基本农田，并尽量使用原有的宅基地和村内空闲地。编制乡（镇）土地利用总体规划、村庄规划应当统筹并合理安排宅基地用地，改善农村村民居住环境和条件。

农村村民住宅用地，由乡（镇）人民政府审核批准；其中，涉及占用农用地的，依照本法第四十四条的规定办理审批手续。

农村村民出卖、出租、赠与住宅后，再申请宅基地的，不予批准。

国家允许进城落户的农村村民依法自愿有偿退出宅基地，鼓励农村集体经济组织及其成员盘活利用闲置宅基地和闲置住宅。

国务院农业农村主管部门负责全国农村宅基地改革和管理有关工作。

第六十三条 土地利用总体规划、城乡规划确定为工业、商业等经营性用途，并经依法登记的集体经营性建

· 156 ·

设用地,土地所有权人可以通过出让、出租等方式交由单位或者个人使用,并应当签订书面合同,载明土地界址、面积、动工期限、使用期限、土地用途、规划条件和双方其他权利义务。

前款规定的集体经营性建设用地出让、出租等,应当经本集体经济组织成员的村民会议三分之二以上成员或者三分之二以上村民代表的同意。

通过出让等方式取得的集体经营性建设用地使用权可以转让、互换、出资、赠与或者抵押,但法律、行政法规另有规定或者土地所有权人、土地使用权人签订的书面合同另有约定的除外。

集体经营性建设用地的出租,集体建设用地使用权的出让及其最高年限、转让、互换、出资、赠与、抵押等,参照同类用途的国有建设用地执行。具体办法由国务院制定。

专题二十六 城乡规划法

考点71 城乡规划法

(一)城乡规划的制定

第十三条 省、自治区人民政府组织编制省域城镇体系规划,报国务院审批。

省域城镇体系规划的内容应当包括:城镇空间布局和规模控制,重大基础设施的布局,为保护生态环境、资源等需要严格控制的区域。

第十四条 城市人民政府组织编制城市总体规划。

直辖市的城市总体规划由直辖市人民政府报国务院审批。省、自治区人民政府所在地的城市以及国务院确定的城市的总体规划,由省、自治区人民政府审查同意后,报国务院审批。其他城市的总体规划,由城市人民政府报省、自治区人民政府审批。

第十六条 省、自治区人民政府组织编制的省域城镇体系规划,城市、县人民政府组织编制的总体规划,在报上一级人民政府审批前,应当先经本级人民代表大会常务委员会审议,常务委员会组成人员的审议意见交由本级人民政府研究处理。

镇人民政府组织编制的镇总体规划,在报上一级人民政府审批前,应当先经镇人民代表大会审议,代表的审议意见交由本级人民政府研究处理。

规划的组织编制机关报送审批省域城镇体系规划、城市总体规划或者镇总体规划,应当将本级人民代表大会常务委员会组成人员或者镇人民代表大会代表的审议意见和根据审议意见修改规划的情况一并报送。

第十八条 乡规划、村庄规划应当从农村实际出发,尊重村民意愿,体现地方和农村特色。

乡规划、村庄规划的内容应当包括:规划区范围,住宅、道路、供水、排水、供电、垃圾收集、畜禽养殖场所等农村生产、生活服务设施、公益事业等各项建设的用地布局、建设要求,以及对耕地等自然资源和历史文化遗产保护、防灾减灾等的具体安排。乡规划还应包括本行政区域内的村庄发展布局。

第十九条 城市人民政府城乡规划主管部门根据城市总体规划的要求,组织编制城市的控制性详细规划,经本级人民政府批准后,报本级人民代表大会常务委员会和上一级人民政府备案。

第二十条 镇人民政府根据镇总体规划的要求,组织编制镇的控制性详细规划,报上一级人民政府审批。县人民政府所在地镇的控制性详细规划,由县人民政府城乡规划主管部门根据镇总体规划的要求组织编制,经县人民政府批准后,报本级人民代表大会常务委员会和上一级人民政府备案。

(二)城乡规划的实施

第三十四条 城市、县、镇人民政府应当根据城市总体规划、镇总体规划、土地利用总体规划和年度计划以及国民经济和社会发展规划,制定近期建设规划,报总体规划审批机关备案。

近期建设规划应当以重要基础设施、公共服务设施和中低收入居民住房建设以及生态环境保护为重点内容,明确近期建设的时序、发展方向和空间布局。近期建设规划的规划期限为五年。

第三十六条 按照国家规定需要有关部门批准或者核准的建设项目,以划拨方式提供国有土地使用权的,建设单位在报送有关部门批准或者核准前,应当向城乡规划主管部门申请核发选址意见书。

前款规定以外的建设项目不需要申请选址意见书。

第三十七条 在城市、镇规划区内以划拨方式提供国有土地使用权的建设项目,经有关部门批准、核准、备案后,建设单位应当向城市、县人民政府城乡规划主管部门提出建设用地规划许可申请,由城市、县人民政府城乡规划主管部门依据控制性详细规划核定建设用地的位置、面积、允许建设的范围,核发建设用地规划许可证。

建设单位在取得建设用地规划许可证后,方可向县级以上地方人民政府土地主管部门申请用地,经县级以上人民政府审批后,由土地主管部门划拨土地。

第三十八条 在城市、镇规划区内以出让方式提供国有土地使用权的,在国有土地使用权出让前,城市、县人民政府城乡规划主管部门应当依据控制性详细规划,提出出让地块的位置、使用性质、开发强度等规划条件,作为国有土地使用权出让合同的组成部分。未确定规划条件的地块,不得出让国有土地使用权。

以出让方式取得国有土地使用权的建设项目,建设单位在取得建设项目的批准、核准、备案文件和签订国有土地使用权出让合同后,向城市、县人民政府城乡规划主管部门领取建设用地规划许可证。

城市、县人民政府城乡规划主管部门不得在建设用地规划许可证中,擅自改变作为国有土地使用权出让合同组成部分的规划条件。

第三十九条 规划条件未纳入国有土地使用权出让合同的,该国有土地使用权出让合同无效;对未取得建设用地规划许可证的建设单位批准用地的,由县级以上人民政府撤销有关批准文件;占用土地的,应当及时退回;给当事人造成损失的,应当依法给予赔偿。

第四十一条 在乡、村庄规划区内进行乡镇企业、乡村公共设施和公益事业建设的,建设单位或者个人应当向乡、镇人民政府提出申请,由乡、镇人民政府报城市、县人民政府城乡规划主管部门核发乡村建设规划许可证。

在乡、村庄规划区内使用原有宅基地进行农村村民住宅建设的规划管理办法,由省、自治区、直辖市制定。

在乡、村庄规划区内进行乡镇企业、乡村公共设施和公益事业建设以及农村村民住宅建设,不得占用农用地;确需占用农用地的,应当依照《中华人民共和国土地管理法》有关规定办理农用地转用审批手续后,由城市、县人民政府城乡规划主管部门核发乡村建设规划许可证。

建设单位或者个人在取得乡村建设规划许可证后,方可办理用地审批手续。

第四十四条 在城市、镇规划区内进行临时建设的,应当经城市、县人民政府城乡规划主管部门批准。临时建设影响近期建设规划或者控制性详细规划的实施以及交通、市容、安全等的,不得批准。

临时建设应当在批准的使用期限内自行拆除。

临时建设和临时用地规划管理的具体办法,由省、自治区、直辖市人民政府制定。

(三)城乡规划的修改

第四十七条 有下列情形之一的,组织编制机关方可按照规定的权限和程序修改省域城镇体系规划、城市总体规划、镇总体规划:

(一)上级人民政府制定的城乡规划发生变更,提出修改规划要求的;

(二)行政区划调整确需修改规划的;

(三)因国务院批准重大建设工程确需修改规划的;

(四)经评估确需修改规划的;

(五)城乡规划的审批机关认为应当修改规划的其他情形。

修改省域城镇体系规划、城市总体规划、镇总体规划前,组织编制机关应当对原规划的实施情况进行总结,并向原审批机关报告;修改涉及城市总体规划、镇总体规划强制性内容的,应当先向原审批机关提出专题报告,经同意后,方可编制修改方案。

修改后的省域城镇体系规划、城市总体规划、镇总体规划,应当依照本法第十三条、第十四条、第十五条和第十六条规定的审批程序报批。

第四十八条 修改控制性详细规划的,组织编制机关应当对修改的必要性进行论证,征求规划地段内利害关系人的意见,并向原审批机关提出专题报告,经原审批机关同意后,方可编制修改方案。修改后的控制性详细规划,应当依照本法第十九条、第二十条规定的审批程序报批。控制性详细规划修改涉及城市总体规划、镇总体规划的强制性内容的,应当先修改总体规划。

修改乡规划、村庄规划的,应当依照本法第二十二条规定的审批程序报批。

(四)责令拆除

第六十六条 建设单位或者个人有下列行为之一的,由所在地城市、县人民政府城乡规划主管部门责令限期拆除,可以并处临时建设工程造价一倍以下的罚款:

(一)未经批准进行临时建设的;

(二)未按照批准内容进行临时建设的;

(三)临时建筑物、构筑物超过批准期限不拆除的。

第六十八条 城乡规划主管部门作出责令停止建设或者限期拆除的决定后,当事人不停止建设或者逾期不拆除的,建设工程所在地县级以上地方人民政府可以责成有关部门采取查封施工现场、强制拆除等措施。

专题二十七 城市房地产管理法

考点72 城市房地产管理法

(一)房地产交易规则

第三十二条 房地产转让、抵押时,房屋的所有权和该房屋占用范围内的土地使用权同时转让、抵押。

(二)房地产转让

第三十九条 以出让方式取得土地使用权的,转让房地产时,应当符合下列条件:

(一)按照出让合同约定已经支付全部土地使用权出让金,并取得土地使用权证书;

(二)按照出让合同约定进行投资开发,属于房屋建设工程的,完成开发投资总额的百分之二十五以上,属于成片开发土地的,形成工业用地或者其他建设用地条件。

转让房地产时房屋已经建成的,还应当持有房屋所有权证书。

第四十条 以划拨方式取得土地使用权的,转让房地产时,应当按照国务院规定,报有批准权的人民政府审批。有批准权的人民政府准予转让的,应当由受让方办理土地使用权出让手续,并依照国家有关规定缴纳土地使用权出让金。

以划拨方式取得土地使用权的,转让房地产报批时,有批准权的人民政府按照国务院规定决定可以不办理土地使用权出让手续的,转让方应当按照国务院规定将转让房地产所获收益中的土地收益上缴国家或者作其他处理。

第四十一条 房地产转让,应当签订书面转让合同,合同中应当载明土地使用权取得的方式。

第四十二条 房地产转让时,土地使用权出让合同载明的权利、义务随之转移。

第四十三条 以出让方式取得土地使用权的,转让房地产后,其土地使用权的使用年限为原土地使用权出让合同约定的使用年限减去原土地使用者已经使用年限后的剩余年限。

第四十四条 以出让方式取得土地使用权的,转让房地产后,受让人改变原土地使用权出让合同约定的土地用途的,必须取得原出让方和市、县人民政府城市规划行政主管部门的同意,签订土地使用权出让合同变更协议或者重新签订土地使用权出让合同,相应调整土地使用权出让金。

第四十五条 商品房预售,应当符合下列条件:

(一)已交付全部土地使用权出让金,取得土地使用权证书;
(二)持有建设工程规划许可证;
(三)按提供预售的商品房计算,投入开发建设的资金达到工程建设总投资的百分之二十五以上,并已经确定施工进度和竣工交付日期;
(四)向县级以上人民政府房产管理部门办理预售登记,取得商品房预售许可证明。

商品房预售人应当按照国家有关规定将预售合同报县级以上人民政府房产管理部门和土地管理部门登记备案。

商品房预售所得款项,必须用于有关的工程建设。

(三)房地产抵押

第四十七条 房地产抵押,是指抵押人以其合法的房地产以不转移占有的方式向抵押权人提供债务履行担保的行为。债务人不履行债务时,抵押权人有权依法以抵押的房地产拍卖所得的价款优先受偿。

第四十八条 依法取得的房屋所有权连同该房屋占用范围内的土地使用权,可以设定抵押权。

以出让方式取得的土地使用权,可以设定抵押权。

第四十九条 房地产抵押,应当凭土地使用权证书、房屋所有权证书办理。

第五十条 房地产抵押,抵押人和抵押权人应当签订书面抵押合同。

第五十一条 设定房地产抵押权的土地使用权是以划拨方式取得的,依法拍卖该房地产后,应当从拍卖所得的价款中缴纳相当于应缴纳的土地使用权出让金的款额后,抵押权人方可优先受偿。

第五十二条 房地产抵押合同签订后,土地上新增的房屋不属于抵押财产。需要拍卖该抵押的房地产时,可以依法将土地上新增的房屋与抵押财产一同拍卖,但对拍卖新增房屋所得,抵押权人无权优先受偿。

专题二十八　不动产登记

考点73 不动产登记暂行条例

(一)登记对象

第五条 下列不动产权利,依照本条例的规定办理登记:
(一)集体土地所有权;
(二)房屋等建筑物、构筑物所有权;
(三)森林、林木所有权;
(四)耕地、林地、草地等土地承包经营权;
(五)建设用地使用权;
(六)宅基地使用权;
(七)海域使用权;
(八)地役权;
(九)抵押权;
(十)法律规定需要登记的其他不动产权利。

(二)登记程序

第十四条 因买卖、设定抵押权等申请不动产登记的,应当由当事人双方共同申请。

属于下列情形之一的,可以由当事人单方申请:
(一)尚未登记的不动产首次申请登记的;
(二)继承、接受遗赠取得不动产权利的;
(三)人民法院、仲裁委员会生效的法律文书或者人民政府生效的决定等设立、变更、转让、消灭不动产权利的;
(四)权利人姓名、名称或者自然状况发生变化,申请变更登记的;
(五)不动产灭失或者权利人放弃不动产权利,申请注销登记的;
(六)申请更正登记或者异议登记的;
(七)法律、行政法规规定可以由当事人单方申请的其他情形。

第十五条 当事人或者其代理人应当向不动产登记机构申请不动产登记。

不动产登记机构将申请登记事项记载于不动产登记簿前,申请人可以撤回登记申请。

第十九条 属于下列情形之一的,不动产登记机构可以对申请登记的不动产进行实地查看:
(一)房屋等建筑物、构筑物所有权首次登记;
(二)在建建筑物抵押权登记;
(三)因不动产灭失导致的注销登记;
(四)不动产登记机构认为需要实地查看的其他情形。

对可能存在权属争议,或者可能涉及他人利害关系的登记申请,不动产登记机构可以向申请人、利害关系人或者有关单位进行调查。

不动产登记机构进行实地查看或者调查时,申请人、被调查人应当予以配合。

(三)不予登记

第二十二条 登记申请有下列情形之一的,不动产登记机构应当不予登记,并书面告知申请人:
(一)违反法律、行政法规规定的;
(二)存在尚未解决的权属争议的;
(三)申请登记的不动产权利超过规定期限的;
(四)法律、行政法规规定不予登记的其他情形。

环境资源法 [考点法条]

专题二十九　环境保护法

考点74 环境影响评价法

（一）规划的环境影响评价

第七条　国务院有关部门、设区的市级以上地方人民政府及其有关部门，对其组织编制的土地利用的有关规划，区域、流域、海域的建设、开发利用规划，应当在规划编制过程中组织进行环境影响评价，编写该规划有关环境影响的篇章或者说明。

规划有关环境影响的篇章或者说明，应当对规划实施后可能造成的环境影响作出分析、预测和评估，提出预防或者减轻不良环境影响的对策和措施，作为规划草案的组成部分一并报送规划审批机关。

未编写有关环境影响的篇章或者说明的规划草案，审批机关<u>不予审批</u>。

第八条　国务院有关部门、设区的市级以上地方人民政府及其有关部门，对其组织编制的工业、农业、畜牧业、林业、能源、水利、交通、城市建设、旅游、自然资源开发的有关专项规划（以下简称专项规划），应当在该专项规划草案上报审批前，组织进行环境影响评价，并向审批该专项规划的机关提出环境影响报告书。

前款所列专项规划中的指导性规划，按照本法第七条的规定进行环境影响评价。

第九条　依照本法第七条、第八条的规定进行环境影响评价的规划的具体范围，由国务院生态环境主管部门会同国务院有关部门规定，报国务院批准。

第十二条　专项规划的编制机关在报批规划草案时，应当将环境影响报告书一并附送审批机关审查；未附送环境影响报告书的，审批机关不予审批。

（二）建设项目的环境影响评价

第十六条　国家根据建设项目对环境的影响程度，对建设项目的环境影响评价实行分类管理。

建设单位应当按照下列规定组织编制环境影响报告书、环境影响报告表或者填报环境影响登记表（以下统称环境影响评价文件）：

（一）可能造成<u>重大</u>环境影响的，应当编制环境影响<u>报告书</u>，对产生的环境影响进行<u>全面评价</u>；

（二）可能造成<u>轻度</u>环境影响的，应当编制环境影响<u>报告表</u>，对产生的环境影响进行<u>分析或者专项评价</u>；

（三）对环境影响<u>很小、不需要</u>进行环境影响评价的，<u>应当填报环境影响登记表</u>。

建设项目的环境影响评价分类管理名录，由国务院生态环境主管部门制定并公布。

第十八条　建设项目的环境影响评价，<u>应当避免</u>与规划的环境影响评价相重复。

作为一项整体建设项目的规划，按照建设项目进行环境影响评价，不进行规划的环境影响评价。

<u>已经进行了环境影响评价的规划包含具体建设项目</u>的，规划的环境影响评价结论应当作为建设项目环境影响评价的<u>重要依据</u>，建设项目环境影响评价的内容应当根据规划的环境影响评价审查意见<u>予以简化</u>。

第二十条　建设单位应当对建设项目环境影响报告书、环境影响报告表的内容和结论负责，接受委托编制建设项目环境影响报告书、环境影响报告表的技术单位对其编制的建设项目环境影响报告书、环境影响报告表承担相应责任。

设区的市级以上人民政府生态环境主管部门应当加强对建设项目环境影响报告书、环境影响报告表编制单位的监督管理和质量考核。

负责审批建设项目环境影响报告书、环境影响报告表的生态环境主管部门应当将编制单位、编制主持人和主要编制人员的相关违法信息记入社会诚信档案，并纳入全国信用信息共享平台和国家企业信用信息公示系统向社会公布。

任何单位和个人不得为建设单位指定编制建设项目环境影响报告书、环境影响报告表的技术单位。

第二十三条　国务院生态环境主管部门负责审批下列建设项目的环境影响评价文件：

（一）核设施、绝密工程等特殊性质的建设项目；

（二）跨省、自治区、直辖市行政区域的建设项目；

（三）由国务院审批的或者由国务院授权有关部门审批的建设项目。

前款规定以外的建设项目的环境影响评价文件的审批权限，由省、自治区、直辖市人民政府规定。

建设项目可能造成跨行政区域的不良环境影响，有关生态环境主管部门对该项目的环境影响评价结论有争议的，其环境影响评价文件由共同的上一级生态环境主管部门审批。

第二十四条　建设项目的环境影响评价文件经批准后，建设项目的性质、规模、地点、采用的生产工艺或者防治污染、防止生态破坏的措施发生重大变动的，建设单位应当重新报批建设项目的环境影响评价文件。

建设项目的环境影响评价文件自批准之日起超过五年，方决定该项目开工建设的，其环境影响评价文件应当报原审批部门重新审核；原审批部门应当自收到建设项目环境影响评价文件之日起十日内，将审核意见书面通知建设单位。

第二十五条　建设项目的环境影响评价文件未依法经审批部门审查或者审查后未予批准的，建设单位<u>不得</u>

开工建设。

第二十六条 建设项目建设过程中,建设单位应当同时实施环境影响报告书、环境影响报告表以及环境影响评价文件审批部门审批意见中提出的环境保护对策措施。

第二十七条 在项目建设、运行过程中产生不符合经审批的环境影响评价文件的情形的,建设单位应当组织环境影响的后评价,采取改进措施,并报原环境影响评价文件审批部门和建设项目审批部门备案;原环境影响评价文件审批部门也可以责成建设单位进行环境影响的后评价,采取改进措施。

考点75 环境保护法

(一)环境保护基本制度

(1)环境标准制度

第十五条 国务院环境保护主管部门制定国家环境质量标准。

省、自治区、直辖市人民政府对国家环境质量标准中未作规定的项目,可以制定地方环境质量标准;对国家环境质量标准中已作规定的项目,可以制定严于国家环境质量标准的地方环境质量标准。地方环境质量标准应当报国务院环境保护主管部门备案。

国家鼓励开展环境基准研究。

第十六条 国务院环境保护主管部门根据国家环境质量标准和国家经济、技术条件,制定国家污染物排放标准。

省、自治区、直辖市人民政府对国家污染物排放标准中未作规定的项目,可以制定地方污染物排放标准;对国家污染物排放标准中已作规定的项目,可以制定严于国家污染物排放标准的地方污染物排放标准。地方污染物排放标准应报国务院环境保护主管部门备案。

(2)生态红线制度

第二十九条 国家在重点生态功能区、生态环境敏感区和脆弱区等区域划定生态保护红线,实行严格保护。

各级人民政府对具有代表性的各种类型的自然生态系统区域,珍稀、濒危的野生动植物自然分布区域,重要的水源涵养区域,具有重大科学文化价值的地质构造、著名溶洞和化石分布区、冰川、火山、温泉等自然遗迹,以及人文遗迹、古树名木,应当采取措施加以保护,严禁破坏。

(3)生物多样性制度

第三十条 开发利用自然资源,应当合理开发,保护生物多样性,保障生态安全,依法制定有关生态保护和恢复治理方案并予以实施。

引进外来物种以及研究、开发和利用生物技术,应当采取措施,防止对生物多样性的破坏。

(4)生态保护补偿制度

第三十一条 国家建立、健全生态保护补偿制度。

国家加大对生态保护地区的财政转移支付力度。有关地方人民政府应当落实生态保护补偿资金,确保其用于生态保护补偿。

国家指导受益地区和生态保护地区人民政府通过协商或者按照市场规则进行生态保护补偿。

(5)农业环境保护

第三十三条 各级人民政府应当加强对农业环境的保护,促进农业环境保护新技术的使用,加强对农业污染源的监测预警,统筹有关部门采取措施,防治土壤污染和土地沙化、盐渍化、贫瘠化、石漠化、地面沉降以及防治植被破坏、水土流失、水体富营养化、水源枯竭、种源灭绝等生态失调现象,推广植物病虫害的综合防治。

县级、乡级人民政府应当提高农村环境保护公共服务水平,推动农村环境综合整治。

(6)"三同时"制度

第四十一条 建设项目中防治污染的设施,应当与主体工程同时设计、同时施工、同时投产使用。防治污染的设施应当符合经批准的环境影响评价文件的要求,不得擅自拆除或者闲置。

(7)排污费征收

第四十三条 排放污染物的企业事业单位和其他生产经营者,应当按照国家有关规定缴纳排污费。排污费应当全部专项用于环境污染防治,任何单位和个人不得截留、挤占或者挪作他用。

依照法律规定征收环境保护税的,不再征收排污费。

(8)污染物排放总量控制制度

第四十四条 国家实行重点污染物排放总量控制制度。重点污染物排放总量控制指标由国务院下达,省、自治区、直辖市人民政府分解落实。企业事业单位在执行国家和地方污染物排放标准的同时,应当遵守分解落实到本单位的重点污染物排放总量控制指标。

对超过国家重点污染物排放总量控制指标或者未完成国家确定的环境质量目标的地区,省级以上人民政府环境保护主管部门应当暂停审批其新增重点污染物排放总量的建设项目环境影响评价文件。

(9)排污许可管理制度

第四十五条 国家依照法律规定实行排污许可管理制度。

实行排污许可管理的企业事业单位和其他生产经营者应当按照排污许可证的要求排放污染物;未取得排污许可证的,不得排放污染物。

(10)信息公开制度

第五十四条 国务院环境保护主管部门统一发布国家环境质量、重点污染源监测信息及其他重大环境信息。省级以上人民政府环境保护主管部门定期发布环境状况公报。

县级以上人民政府环境保护主管部门和其他负有环境保护监督管理职责的部门,应当依法公开环境质量、环境监测、突发环境事件以及环境行政许可、行政处罚、排污费的征收和使用情况等信息。

县级以上地方人民政府环境保护主管部门和其他负有环境保护监督管理职责的部门,应当将企业事业单位和其他生产经营者的环境违法信息记入社会诚信档案,及时向社会公布违法者名单。

第五十五条 重点排污单位应当如实向社会公开其

主要污染物的名称、排放方式、排放浓度和总量、超标排放情况，以及防治污染设施的建设和运行情况，接受社会监督。

第五十六条 对依法应当编制环境影响报告书的建设项目，建设单位应当在编制时向可能受影响的公众说明情况，充分征求意见。

负责审批建设项目环境影响评价文件的部门在收到建设项目环境影响报告书后，除涉及国家秘密和商业秘密的事项外，应当全文公开；发现建设项目未充分征求公众意见的，应当责成建设单位征求公众意见。

(11) 环境公益诉讼

第五十八条 对污染环境、破坏生态，损害社会公共利益的行为，符合下列条件的社会组织可以向人民法院提起诉讼：

（一）依法在设区的市级以上人民政府民政部门登记；

（二）专门从事环境保护公益活动连续五年以上且无违法记录。

符合前款规定的社会组织向人民法院提起诉讼，人民法院应当依法受理。

提起诉讼的社会组织不得通过诉讼牟取经济利益。

(二) 环境行政责任

第五十九条 企业事业单位和其他生产经营者违法排放污染物，受到罚款处罚，被责令改正，拒不改正的，依法作出处罚决定的行政机关可以自责令改正之日的次日起，按照原处罚数额按日连续处罚。

前款规定的罚款处罚，依照有关法律法规按照防治污染设施的运行成本、违法行为造成的直接损失或者违法所得等因素确定的规定执行。

地方性法规可以根据环境保护的实际需要，增加第一款规定的按日连续处罚的违法行为的种类。

第六十条 企业事业单位和其他生产经营者超过污染物排放标准或者超过重点污染物排放总量控制指标排放污染物的，县级以上人民政府环境保护主管部门可以责令其采取限制生产、停产整治等措施；情节严重的，报经有批准权的人民政府批准，责令停业、关闭。

第六十三条 企业事业单位和其他生产经营者有下列行为之一，尚不构成犯罪的，除依照有关法律法规规定予以处罚外，由县级以上人民政府环境保护主管部门或者其他有关部门将案件移送公安机关，对其直接负责的主管人员和其他直接责任人员，处十日以上十五日以下拘留；情节较轻的，处五日以上十日以下拘留：

（一）建设项目未依法进行环境影响评价，被责令停止建设，拒不执行的；

（二）违反法律规定，未取得排污许可证排放污染物，被责令停止排污，拒不执行的；

（三）通过暗管、渗井、渗坑、灌注或者篡改、伪造监测数据，或者不正常运行防治污染设施等逃避监管的方式违法排放污染物的；

（四）生产、使用国家明令禁止生产、使用的农药，被责令改正，拒不改正的。

第六十八条 地方各级人民政府、县级以上人民政府环境保护主管部门和其他负有环境保护监督管理职责的部门有下列行为之一的，对直接负责的主管人员和其他直接责任人员给予记过、记大过或者降级处分；造成严重后果的，给予撤职或者开除处分，其主要负责人应当引咎辞职：

（一）不符合行政许可条件准予行政许可的；

（二）对环境违法行为进行包庇的；

（三）依法应当作出责令停业、关闭的决定而未作出的；

（四）对超标排放污染物、采用逃避监管的方式排放污染物、造成环境事故以及不落实生态保护措施造成生态破坏等行为，发现或者接到举报未及时查处的；

（五）违反本法规定，查封、扣押企业事业单位和其他生产经营者的设施、设备的；

（六）篡改、伪造或者指使篡改、伪造监测数据的；

（七）应当依法公开环境信息而未公开的；

（八）将征收的排污费截留、挤占或者挪作他用的；

（九）法律法规规定的其他违法行为。

(三) 环境民事责任

第六十四条 因污染环境和破坏生态造成损害的，应当依照《中华人民共和国侵权责任法》的有关规定承担侵权责任。

第六十五条 环境影响评价机构、环境监测机构以及从事环境监测设备和防治污染设施维护、运营的机构，在有关环境服务活动中弄虚作假，对造成的环境污染和生态破坏负有责任的，除依照有关法律法规规定予以处罚外，还应当与造成环境污染和生态破坏的其他责任者承担连带责任。

第六十六条 提起环境损害赔偿诉讼的时效期间为三年，从当事人知道或者应当知道其受到损害时起计算。

专题三十 森林法

考点76 森林法

(一) 森林资源权属制度

第十四条 森林资源属于国家所有，由法律规定属于集体所有的除外。

国家所有的森林资源的所有权由国务院代表国家行使。国务院可以授权国务院自然资源主管部门统一履行国有森林资源所有者职责。

第十五条 林地和林地上的森林、林木的所有权、使用权，由不动产登记机构统一登记造册，核发证书。国务院确定的国家重点林区（以下简称重点林区）的森林、林木和林地，由国务院自然资源主管部门负责登记。

森林、林木、林地的所有者和使用者的合法权益受法律保护，任何组织和个人不得侵犯。

森林、林木、林地的所有者和使用者应当依法保护和合理利用森林、林木、林地，不得非法改变林地用途和毁坏森林、林木、林地。

第二十二条 单位之间发生的林木、林地所有权和

162

使用权争议,由县级以上人民政府依法处理。

个人之间、个人与单位之间发生的林木所有权和林地使用权争议,由乡镇人民政府或者县级以上人民政府依法处理。

当事人对有关人民政府的处理决定不服的,可以自接到处理决定通知之日起三十日内,向人民法院起诉。

在林木、林地权属争议解决前,除因森林防火、林业有害生物防治、国家重大基础设施建设等需要外,当事人任何一方不得砍伐有争议的林木或者改变林地现状。

(二)经营管理制度

第四十七条 国家根据生态保护的需要,将森林生态区位重要或者生态状况脆弱,以发挥生态效益为主要目的的林地和林地上的森林划定为公益林。未划定为公益林的林地和林地上的森林属于商品林。

第四十八条 公益林由国务院和省、自治区、直辖市人民政府划定并公布。

下列区域的林地和林地上的森林,应当划定为公益林:

(一)重要江河源头汇水区域;

(二)重要江河干流及支流两岸、饮用水水源地保护区;

(三)重要湿地和重要水库周围;

(四)森林和陆生野生动物类型的自然保护区;

(五)荒漠化和水土流失严重地区的防风固沙林基干林带;

(六)沿海防护林基干林带;

(七)未开发利用的原始林地区;

(八)需要划定的其他区域。

公益林划定涉及非国有林地的,应当与权利人签订书面协议,并给予合理补偿。

公益林进行调整的,应当经原划定机关同意,并予以公布。

国家级公益林划定和管理的办法由国务院制定;地方级公益林划定和管理的办法由省、自治区、直辖市人民政府制定。

第四十九条 国家对公益林实施严格保护。

县级以上人民政府林业主管部门应当有计划地组织公益林经营者对公益林中生态功能低下的疏林、残次林等低质低效林,采取林分改造、森林抚育等措施,提高公益林的质量和生态保护功能。

在符合公益林生态区位保护要求和不影响公益林生态功能的前提下,经科学论证,可以合理利用公益林林地资源和森林景观资源,适度开展林下经济、森林旅游等。利用公益林开展上述活动应当严格遵守国家有关规定。

第五十五条 采伐森林、林木应当遵守下列规定:

(一)公益林只能进行抚育、更新和低质低效林改造性质的采伐。但是,因科研或者实验、防治林业有害生物、建设护林防火设施、营造生物防火隔离带、遭受自然灾害等需要采伐的除外。

(二)商品林应当根据不同情况,采取不同采伐方式,严格控制皆伐面积,伐育同步规划实施。

(三)自然保护区的林木,禁止采伐。但是,因防治林业有害生物、森林防火、维护主要保护对象生存环境、遭受自然灾害等特殊情况必须采伐的和实验区的竹林除外。

省级以上人民政府林业主管部门应当根据前款规定,按照森林分类经营管理、保护优先、注重效率和效益等原则,制定相应的林木采伐技术规程。

第五十六条 采伐林地上的林木应当申请采伐许可证,并按照采伐许可证的规定进行采伐;采伐自然保护区以外的竹林,不需要申请采伐许可证,但应当符合林木采伐技术规程。

农村居民采伐自留地和房前屋后个人所有的零星林木,不需要申请采伐许可证。

非林地上的农田防护林、防风固沙林、护路林、护岸护堤林和城镇林木等的更新采伐,由有关主管部门按照有关规定管理。

采挖移植林木按照采伐林木管理。具体办法由国务院林业主管部门制定。

禁止伪造、变造、买卖、租借采伐许可证。

第五十七条 采伐许可证由县级以上人民政府林业主管部门核发。

县级以上人民政府林业主管部门应当采取措施,方便申请人办理采伐许可证。

农村居民采伐自留山和个人承包集体林地上的林木,由县级人民政府林业主管部门或者其委托的乡镇人民政府核发采伐许可证。

第五十八条 申请采伐许可证,应当提交有关采伐的地点、林种、树种、面积、蓄积、方式、更新措施和林木权属等内容的材料。超过省级以上人民政府林业主管部门规定面积或者蓄积量的,还应当提交伐区调查设计材料。

第五十九条 符合林木采伐技术规程的,审核发放采伐许可证的部门应当及时核发采伐许可证。但是,审核发放采伐许可证的部门不得超过年采伐限额发放采伐许可证。

第六十条 有下列情形之一的,不得核发采伐许可证:

(一)采伐封山育林期、封山育林区内的林木;

(二)上年度采伐后未按照规定完成更新造林任务;

(三)上年度发生重大滥伐案件、森林火灾或者林业有害生物灾害,未采取预防和改进措施;

(四)法律法规和国务院林业主管部门规定的禁止采伐的其他情形。

(三)法律责任

第七十六条 盗伐林木的,由县级以上人民政府林业主管部门责令限期在原地或者异地补种盗伐株数一倍以上五倍以下的树木,并处盗伐林木价值五倍以上十倍以下的罚款。

滥伐林木的,由县级以上人民政府林业主管部门责令限期在原地或者异地补种滥伐株数一倍以上三倍以下的树木,可以处滥伐林木价值三倍以上五倍以下的罚款。

第八十一条 违反本法规定,有下列情形之一的,由

县级以上人民政府林业主管部门依法组织代为履行,代为履行所需费用由违法者承担:

(一)拒不恢复植被和林业生产条件,或者恢复植被和林业生产条件不符合国家有关规定;

(二)拒不补种树木,或者补种不符合国家有关规定。

恢复植被和林业生产条件、树木补种的标准,由省级以上人民政府林业主管部门制定。

专题三十一 矿产资源法

考点77 矿产资源法

(一)矿产资源权属制度

第三条 矿产资源属于国家所有,由国务院行使国家对矿产资源的所有权。地表或者地下的矿产资源的国家所有权,不因其所依附的土地的所有权或者使用权的不同而改变。

国家保障矿产资源的合理开发利用。禁止任何组织或者个人用任何手段侵占或者破坏矿产资源。各级人民政府必须加强矿产资源的保护工作。

勘查、开采矿产资源,必须依法分别申请、经批准取得探矿权、采矿权,并办理登记;但是,已经依法申请取得采矿权的矿山企业在划定的矿区范围内为本企业的生产而进行的勘查除外。国家保护探矿权和采矿权不受侵犯,保障矿区和勘查作业区的生产秩序、工作秩序不受影响和破坏。

从事矿产资源勘查和开采的,必须符合规定的资质条件。

第五条 国家实行探矿权、采矿权有偿取得的制度;但是,国家对探矿权、采矿权有偿取得的费用,可以根据不同情况规定予以减缴、免缴。具体办法和实施步骤由国务院规定。

开采矿产资源,必须按照国家有关规定缴纳资源税和资源补偿费。

第六条 除按下列规定可以转让外,探矿权、采矿权不得转让:

(一)探矿权人有权在划定的勘查作业区内进行规定的勘查作业,有权优先取得勘查作业区内矿产资源的采矿权。探矿权人在完成规定的最低勘查投入后,经依法批准,可以将探矿权转让他人。

(二)已取得采矿权的矿山企业,因企业合并、分立,与他人合资、合作经营,或者因企业资产出售以及有其他变更企业资产产权的情形而需要变更采矿权主体的,经依法批准可以将采矿权转让他人采矿。

前款规定的具体办法和实施步骤由国务院规定。

禁止将探矿权、采矿权倒卖牟利。

(二)矿产资源勘查开发管理

第十六条 开采下列矿产资源的,由国务院地质矿产主管部门审批,并颁发采矿许可证:

(一)国家规划矿区和对国民经济具有重要价值的矿区内的矿产资源;

(二)前项规定区域以外可供开采的矿产储量规模在大型以上的矿产资源;

(三)国家规定实行保护性开采的特定矿种;

(四)领海及中国管辖的其他海域的矿产资源;

(五)国务院规定的其他矿产资源。

开采石油、天然气、放射性矿产等特定矿种的,可以由国务院授权的有关主管部门审批,并颁发采矿许可证。

开采第一款、第二款规定以外的矿产资源,其可供开采的矿产的储量规模为中型的,由省、自治区、直辖市人民政府地质矿产主管部门审批和颁发采矿许可证。

开采第一款、第二款和第三款规定以外的矿产资源的管理办法,由省、自治区、直辖市人民代表大会常务委员会依法制定。

依照第三款、第四款的规定审批和颁发采矿许可证的,由省、自治区、直辖市人民政府地质矿产主管部门汇总向国务院地质矿产主管部门备案。

矿产储量规模的大型、中型的划分标准,由国务院矿产储量审批机构规定。

第十七条 国家对国家规划矿区、对国民经济具有重要价值的矿区和国家规定实行保护性开采的特定矿种,实行有计划的开采;未经国务院有关主管部门批准,任何单位和个人不得开采。

第二十条 非经国务院授权的有关主管部门同意,不得在下列地区开采矿产资源:

(一)港口、机场、国防工程设施圈定地区以内;

(二)重要工业区、大型水利工程设施、城镇市政工程设施附近一定距离以内;

(三)铁路、重要公路两侧一定距离以内;

(四)重要河流、堤坝两侧一定距离以内;

(五)国家划定的自然保护区、重要风景区,国家重点保护的不能移动的历史文物和名胜古迹所在地;

(六)国家规定不得开采矿产资源的其他地区。

第三十五条 国家对集体矿山企业和个体采矿实行积极扶持、合理规划、正确引导、加强管理的方针,鼓励集体矿山企业开采国家指定范围内的矿产资源,允许个人采挖零星分散资源和只能用作普通建筑材料的砂、石、粘土以及为生活自用采挖少量矿产。

矿产储量规模适宜由矿山企业开采的矿产资源、国家规定实行保护性开采的特定矿种和国家规定禁止个人开采的其他矿产资源,个人不得开采。

国家指导、帮助集体矿山企业和个体采矿不断提高技术水平、资源利用率和经济效益。

地质矿产主管部门、地质工作单位和国有矿山企业应当按照积极支持、有偿互惠的原则向集体矿山企业和个体采矿提供地质资料和技术服务。

第四十九条 矿山企业之间的矿区范围的争议,由当事人协商解决,协商不成的,由有关县级以上地方人民政府根据依法核定的矿区范围处理;跨省、自治区、直辖市的矿区范围的争议,由有关省、自治区、直辖市人民政府协商解决,协商不成的,由国务院处理。

劳动与社会保障法 [考点法条]

专题三十二　劳动合同法

考点78 劳动合同
(一)劳动关系的建立

第七条　用人单位自用工之日起即与劳动者建立劳动关系。用人单位应当建立职工名册备查。

第十条　建立劳动关系,应当订立书面劳动合同。

已建立劳动关系,未同时订立书面劳动合同的,应当自用工之日起一个月内订立书面劳动合同。

用人单位与劳动者在用工前订立劳动合同的,劳动关系自用工之日起建立。

《劳动合同法》

第六十八条　非全日制用工,是指以小时计酬为主,劳动者在同一用人单位一般平均每日工作时间不超过四小时,每周工作时间累计不超过二十四小时的用工形式。

第六十九条　非全日制用工双方当事人可以订立口头协议。

从事非全日制用工的劳动者可以与一个或者一个以上用人单位订立劳动合同;但是,后订立的劳动合同不得影响先订立的劳动合同的履行。

第七十条　非全日制用工双方当事人不得约定试用期。

第七十一条　非全日制用工双方当事人任何一方都可以随时通知对方终止用工。终止用工,用人单位不向劳动者支付经济补偿。

第七十二条　非全日制用工小时计酬标准不得低于用人单位所在地人民政府规定的最低小时工资标准。

非全日制用工劳动报酬结算支付周期最长不得超过十五日。

第八十二条　用人单位自用工之日起超过一个月不满一年未与劳动者订立书面劳动合同的,应当向劳动者每月支付二倍的工资。

用人单位违反本法规定不与劳动者订立无固定期限劳动合同的,自应当订立无固定期限劳动合同之日起向劳动者每月支付二倍的工资。

(二)劳动合同的种类

第十二条　劳动合同分为固定期限劳动合同、无固定期限劳动合同和以完成一定工作任务为期限的劳动合同。

第十四条　无固定期限劳动合同,是指用人单位与劳动者约定无确定终止时间的劳动合同。

用人单位与劳动者协商一致,可以订立无固定期限劳动合同。有下列情形之一,劳动者提出或者同意续订、订立劳动合同的,除劳动者提出订立固定期限劳动合同外,应当订立无固定期限劳动合同:

(一)劳动者在该用人单位连续工作满十年的;

(二)用人单位初次实行劳动合同制度或者国有企业改制重新订立劳动合同时,劳动者在该用人单位连续工作满十年且距法定退休年龄不足十年的;

(三)连续订立二次固定期限劳动合同,且劳动者没有本法第三十九条和第四十条第一项、第二项规定的情形,续订劳动合同的。

用人单位自用工之日起满一年不与劳动者订立书面劳动合同的,视为用人单位与劳动者已订立无固定期限劳动合同。

(三)试用期

第十九条　劳动合同期限三个月以上不满一年的,试用期不得超过一个月;劳动合同期限一年以上不满三年的,试用期不得超过二个月;三年以上固定期限和无固定期限的劳动合同,试用期不得超过六个月。

同一用人单位与同一劳动者只能约定一次试用期。

以完成一定工作任务为期限的劳动合同或者劳动合同期限不满三个月的,不得约定试用期。

试用期包含在劳动合同期限内。劳动合同仅约定试用期的,试用期不成立,该期限为劳动合同期限。

第二十条　劳动者在试用期的工资不得低于本单位相同岗位最低档工资或者劳动合同约定工资的百分之八十,并不得低于用人单位所在地的最低工资标准。

第二十一条　在试用期中,除劳动者有本法第三十九条和第四十条第一项、第二项规定的情形外,用人单位不得解除劳动合同。用人单位在试用期解除劳动合同的,应当向劳动者说明理由。

第七十条　非全日制用工双方当事人不得约定试用期。

第八十三条　用人单位违反本法规定与劳动者约定试用期的,由劳动行政部门责令改正;违法约定的试用期已经履行的,由用人单位以劳动者试用期满月工资为标准,按已经履行的超过法定试用期的期间向劳动者支付赔偿金。

(四)专项培训费用、保密义务与竞业限制

第二十二条　用人单位为劳动者提供专项培训费用,对其进行专业技术培训的,可以与该劳动者订立协议,约定服务期。

劳动者违反服务期约定的,应当按照约定向用人单位支付违约金。违约金的数额不得超过用人单位提供的培训费用。用人单位要求劳动者支付的违约金不得超过服务期尚未履行部分所应分摊的培训费用。

用人单位与劳动者约定服务期的,不影响按照正常的工资调整机制提高劳动者在服务期期间的劳动报酬。

第二十三条　用人单位与劳动者可以在劳动合同中约定保守用人单位的商业秘密和与知识产权相关的保密事项。

对负有保密义务的劳动者，用人单位可以在劳动合同或者保密协议中与劳动者约定竞业限制条款，并约定在解除或者终止劳动合同后，在竞业限制期限内按月给予劳动者经济补偿。劳动者违反竞业限制约定的，应当按照约定向用人单位支付违约金。

第二十四条　竞业限制的人员限于用人单位的高级管理人员、高级技术人员和其他负有保密义务的人员。竞业限制的范围、地域、期限由用人单位与劳动者约定，竞业限制的约定不得违反法律、法规的规定。

在解除或者终止劳动合同后，前款规定的人员到与本单位生产或者经营同类产品、从事同类业务的有竞争关系的其他用人单位，或者自己开业生产或者经营同类产品、从事同类业务的竞业限制期限，不得超过二年。

(五)劳动者解除劳动合同

第三十七条　劳动者提前三十日以书面形式通知用人单位，可以解除劳动合同。劳动者在试用期内提前三日通知用人单位，可以解除劳动合同。

第三十八条　用人单位有下列情形之一的，劳动者可以解除劳动合同：

（一）未按照劳动合同约定提供劳动保护或者劳动条件的；

（二）未及时足额支付劳动报酬的；

（三）未依法为劳动者缴纳社会保险费的；

（四）用人单位的规章制度违反法律、法规的规定，损害劳动者权益的；

（五）因本法第二十六条第一款规定的情形致使劳动合同无效的；

（六）法律、行政法规规定劳动者可以解除劳动合同的其他情形。

用人单位以暴力、威胁或者非法限制人身自由的手段强迫劳动者劳动的，或者用人单位违章指挥、强令冒险作业危及劳动者人身安全的，劳动者可以立即解除劳动合同，不需事先告知用人单位。

第七十一条　非全日制用工双方当事人任何一方都可以随时通知对方终止用工。终止用工，用人单位不向劳动者支付经济补偿。

(六)用人单位单方解除劳动合同

第三十九条　劳动者有下列情形之一的，用人单位可以解除劳动合同：

（一）在试用期间被证明不符合录用条件的；

（二）严重违反用人单位的规章制度的；

（三）严重失职，营私舞弊，给用人单位造成重大损害的；

（四）劳动者同时与其他用人单位建立劳动关系，对完成本单位的工作任务造成严重影响，或者经用人单位提出，拒不改正的；

（五）因本法第二十六条第一款第一项规定的情形致使本劳动合同无效的；

（六）被依法追究刑事责任的。

第四十条　有下列情形之一的，用人单位提前三十日以书面形式通知劳动者本人或者额外支付劳动者一个月工资后，可以解除劳动合同：

（一）劳动者患病或者非因工负伤，在规定的医疗期满后不能从事原工作，也不能从事由用人单位另行安排的工作的；

（二）劳动者不能胜任工作，经过培训或者调整工作岗位，仍不能胜任工作的；

（三）劳动合同订立时所依据的客观情况发生重大变化，致使劳动合同无法履行，经用人单位与劳动者协商，未能就变更劳动合同内容达成协议的。

第四十一条　有下列情形之一，需要裁减人员二十人以上或者裁减不足二十人但占企业职工总数百分之十以上的，用人单位提前三十日向工会或者全体职工说明情况，听取工会或者职工的意见后，裁减人员方案经向劳动行政部门报告，可以裁减人员：

（一）依照企业破产法规定进行重整的；

（二）生产经营发生严重困难的；

（三）企业转产、重大技术革新或者经营方式调整，经变更劳动合同后，仍需裁减人员的；

（四）其他因劳动合同订立时所依据的客观经济情况发生重大变化，致使劳动合同无法履行的。

裁减人员时，应当优先留用下列人员：

（一）与本单位订立较长期限的固定期限劳动合同的；

（二）与本单位订立无固定期限劳动合同的；

（三）家庭无其他就业人员，有需要扶养的老人或者未成年人的。

用人单位依照本条第一款规定裁减人员，在六个月内重新招用人员的，应当通知被裁减的人员，并在同等条件下优先招用被裁减的人员。

第四十二条　劳动者有下列情形之一的，用人单位不得依照本法第四十条、第四十一条的规定解除劳动合同：

（一）从事接触职业病危害作业的劳动者未进行离岗前职业健康检查，或者疑似职业病病人在诊断或者医学观察期间的；

（二）在本单位患职业病或者因工负伤并被确认丧失或者部分丧失劳动能力的；

（三）患病或者非因工负伤，在规定的医疗期内的；

（四）女职工在孕期、产期、哺乳期的；

（五）在本单位连续工作满十五年，且距法定退休年龄不足五年的；

（六）法律、行政法规规定的其他情形。

第四十五条　劳动合同期满，有本法第四十二条规定情形之一的，劳动合同应当续延至相应的情形消失时终止。但是，本法第四十二条第二项规定丧失或者部分丧失劳动能力劳动者的劳动合同的终止，按照国家有关工伤保险的规定执行。

第八十七条　用人单位违反本法规定解除或者终止

劳动合同的,应当依照本法第四十七条规定的经济补偿标准的二倍向劳动者支付赔偿金。

(七)经济补偿

第四十六条 有下列情形之一的,用人单位应当向劳动者支付经济补偿:

(一)劳动者依照本法第三十八条规定解除劳动合同的;

(二)用人单位依照本法第三十六条规定向劳动者提出解除劳动合同并与劳动者协商一致解除劳动合同的;

(三)用人单位依照本法第四十条规定解除劳动合同的;

(四)用人单位依照本法第四十一条第一款规定解除劳动合同的;

(五)除用人单位维持或者提高劳动合同约定条件续订劳动合同,劳动者不同意续订的情形外,依照本法第四十四条第一项规定终止固定期限劳动合同的;

(六)依照本法第四十四条第四项、第五项规定终止劳动合同的;

(七)法律、行政法规规定的其他情形。

第四十七条 经济补偿按劳动者在本单位工作的年限,每满一年支付一个月工资的标准向劳动者支付。六个月以上不满一年的,按一年计算;不满六个月的,向劳动者支付半个月工资的经济补偿。

劳动者月工资高于用人单位所在直辖市、设区的市级人民政府公布的本地区上年度职工月平均工资三倍的,向其支付经济补偿的标准按职工月平均工资三倍的数额支付,向其支付经济补偿的年限最高不超过十二年。

本条所称月工资是指劳动者在劳动合同解除或者终止前十二个月的平均工资。

(八)集体合同

第五十一条 企业职工一方与用人单位通过平等协商,可以就劳动报酬、工作时间、休息休假、劳动安全卫生、保险福利等事项订立集体合同。集体合同草案应当提交职工代表大会或者全体职工讨论通过。

集体合同由工会代表企业职工一方与用人单位订立;尚未建立工会的用人单位,由上级工会指导劳动者推举的代表与用人单位订立。

第五十四条 集体合同订立后,应当报送劳动行政部门;劳动行政部门自收到集体合同文本之日起十五日内未提出异议的,集体合同即行生效。

依法订立的集体合同对用人单位和劳动者具有约束力。行业性、区域性集体合同对当地本行业、本区域的用人单位和劳动者具有约束力。

第五十五条 集体合同中劳动报酬和劳动条件等标准不得低于当地人民政府规定的最低标准;用人单位与劳动者订立的劳动合同中劳动报酬和劳动条件等标准不得低于集体合同规定的标准。

第五十六条 用人单位违反集体合同,侵犯职工劳动权益的,工会可以依法要求用人单位承担责任;因履行集体合同发生争议,经协商解决不成的,工会可以依法申请仲裁、提起诉讼。

考点79 劳动派遣

第五十八条 劳务派遣单位是本法所称用人单位,应当履行用人单位对劳动者的义务。劳务派遣单位与被派遣劳动者订立的劳动合同,除应当载明本法第十七条规定的事项外,还应当载明被派遣劳动者的用工单位以及派遣期限、工作岗位等情况。

劳务派遣单位应当与被派遣劳动者订立二年以上的固定期限劳动合同,按月支付劳动报酬;被派遣劳动者在无工作期间,劳务派遣单位应当按照所在地人民政府规定的最低工资标准,向其按月支付报酬。

第五十九条 劳务派遣单位派遣劳动者应当与接受以劳务派遣形式用工的单位(以下称用工单位)订立劳务派遣协议。劳务派遣协议应当约定派遣岗位和人员数量、派遣期限、劳动报酬和社会保险费的数额与支付方式以及违反协议的责任。

用工单位应当根据工作岗位的实际需要与劳务派遣单位确定派遣期限,不得将连续用工期限分割订立数个短期劳务派遣协议。

第六十条 劳务派遣单位应当将劳务派遣协议的内容告知被派遣劳动者。

劳务派遣单位不得克扣用工单位按照劳务派遣协议支付给被派遣劳动者的劳动报酬。

劳务派遣单位和用工单位不得向被派遣劳动者收取费用。

第六十五条 被派遣劳动者可以依照本法第三十六条、第三十八条的规定与劳务派遣单位解除劳动合同。

被派遣劳动者有本法第三十九条和第四十条第一项、第二项规定情形的,用工单位可以将劳动者退回劳务派遣单位,劳务派遣单位依照本法有关规定,可以与劳动者解除劳动合同。

第六十六条 劳动合同用工是我国的企业基本用工形式。劳务派遣用工是补充形式,只能在临时性、辅助性或者替代性的工作岗位上实施。

前款规定的临时性工作岗位是指存续时间不超过六个月的岗位;辅助性工作岗位是指为主营业务岗位提供服务的非主营业务岗位;替代性工作岗位是指用工单位的劳动者因脱产学习、休假等原因无法工作的一定期间内,可以由其他劳动者替代工作的岗位。

用工单位应当严格控制劳务派遣用工数量,不得超过其用工总量的一定比例,具体比例由国务院劳动行政部门规定。

第六十七条 用人单位不得设立劳务派遣单位向本单位或者所属单位派遣劳动者。

第九十二条 违反本法规定,未经许可,擅自经营劳务派遣业务的,由劳动行政部门责令停止违法行为,没收违法所得,并处违法所得一倍以上五倍以下的罚款;没有违法所得的,可以处五万元以下的罚款。

劳务派遣单位、用工单位违反本法有关劳务派遣规定的,由劳动行政部门责令限期改正;逾期不改正的,以每人五千元以上一万元以下的标准处以罚款,对劳务派遣单位,吊销其劳务派遣业务经营许可证。用工单位给被派遣劳动者造成损害的,劳务派遣单位与用工单位承担连带赔偿责任。

专题三十三 劳动法

考点80 劳动法

(一)工时制度

第三十六条 国家实行劳动者每日工作时间不超过八小时、平均每周工作时间不超过四十四小时的工时制度。

第三十八条 用人单位应当保证劳动者每周至少休息一日。

第四十一条 用人单位由于生产经营需要,经与工会和劳动者协商后可以延长工作时间,一般每日不得超过一小时;因特殊原因需要延长工作时间的,在保障劳动者身体健康的条件下延长工作时间每日不得超过三小时,但是每月不得超过三十六小时。

第四十二条 有下列情形之一的,延长工作时间不受本法第四十一条规定的限制:

(一)发生自然灾害、事故或者因其他原因,威胁劳动者生命健康和财产安全,需要紧急处理的;

(二)生产设备、交通运输线路、公共设施发生故障,影响生产和公众利益,必须及时抢修的;

(三)法律、行政法规规定的其他情形。

第四十四条 有下列情形之一的,用人单位应当按照下列标准支付高于劳动者正常工作时间工资的工资报酬:

(一)安排劳动者延长工作时间的,支付不低于工资的百分之一百五十的工资报酬;

(二)休息日安排劳动者工作又不能安排补休的,支付不低于工资的百分之二百的工资报酬;

(三)法定休假日安排劳动者工作的,支付不低于工资的百分之三百的工资报酬。

(二)工资与休假制度

第四十五条 国家实行带薪年休假制度。

劳动者连续工作一年以上的,享受带薪年休假。具体办法由国务院规定。

第四十八条 国家实行最低工资保障制度。最低工资的具体标准由省、自治区、直辖市人民政府规定,报国务院备案。

用人单位支付劳动者的工资不得低于当地最低工资标准。

第五十条 工资应当以货币形式按月支付给劳动者本人。不得克扣或者无故拖欠劳动者的工资。

第五十一条 劳动者在法定休假日和婚丧假期间以及依法参加社会活动期间,用人单位应当依法支付工资。

(三)女职工和未成年工特殊保护

第五十九条 禁止安排女职工从事矿山井下、国家规定的第四级体力劳动强度的劳动和其他禁忌从事的劳动。

第六十条 不得安排女职工在经期从事高处、低温、冷水作业和国家规定的第三级体力劳动强度的劳动。

第六十一条 不得安排女职工在怀孕期间从事国家规定的第三级体力劳动强度的劳动和孕期禁忌从事的劳动。对怀孕七个月以上的女职工,不得安排其延长工作时间和夜班劳动。

第六十二条 女职工生育享受不少于九十天的产假。

第六十三条 不得安排女职工在哺乳未满一周岁的婴儿期间从事国家规定的第三级体力劳动强度的劳动和哺乳期禁忌从事的其他劳动,不得安排其延长工作时间和夜班劳动。

第六十四条 不得安排未成年工从事矿山井下、有毒有害、国家规定的第四级体力劳动强度的劳动和其他禁忌从事的劳动。

《劳动法》

第五十三条 劳动安全卫生设施必须符合国家规定的标准。

新建、改建、扩建工程的劳动安全卫生设施必须与主体工程同时设计、同时施工、同时投入生产和使用。

第五十四条 用人单位必须为劳动者提供符合国家规定的劳动安全卫生条件和必要的劳动防护用品,对从事有职业危害作业的劳动者应当定期进行健康检查。

第五十五条 从事特种作业的劳动者必须经过专门培训并取得特种作业资格。

专题三十四 劳动争议调解仲裁法

考点81 劳动争议调解仲裁法

(一)劳动争议的解决方式

第二条 中华人民共和国境内的用人单位与劳动者发生的下列劳动争议,适用本法:

(一)因确认劳动关系发生的争议;

(二)因订立、履行、变更、解除和终止劳动合同发生的争议;

(三)因除名、辞退和辞职、离职发生的争议;

(四)因工作时间、休息休假、社会保险、福利、培训以及劳动保护发生的争议;

(五)因劳动报酬、工伤医疗费、经济补偿或者赔偿金等发生的争议;

(六)法律、法规规定的其他劳动争议。

第五条 发生劳动争议,当事人不愿协商、协商不成或者达成和解协议后不履行的,可以向调解组织申请调解;不愿调解、调解不成或者达成调解协议后不履行的,可以向劳动争议仲裁委员会申请仲裁;对仲裁裁决不服的,除本法另有规定的外,可以向人民法院提起诉讼。

(二)调解

第十条 发生劳动争议,当事人可以到下列调解组织申请调解:

(一)企业劳动争议调解委员会;

(二)依法设立的基层人民调解组织;

(三)在乡镇、街道设立的具有劳动争议调解职能的组织。

企业劳动争议调解委员会由职工代表和企业代表组成。职工代表由工会成员担任或者由全体职工推举产生，企业代表由企业负责人指定。企业劳动争议调解委员会主任由工会成员或者双方推举的人员担任。

第十四条 经调解达成协议的，应当制作调解协议书。

调解协议书由双方当事人签名或者盖章，经调解员签名并加盖调解组织印章后生效，对双方当事人具有约束力，当事人应当履行。

自劳动争议调解组织收到调解申请之日起十五日内未达成调解协议的，当事人可以依法申请仲裁。

(三)仲裁

第二十条 劳动争议仲裁委员会应当设仲裁员名册。

仲裁员应当公道正派并符合下列条件之一：
(一)曾任审判员的；
(二)从事法律研究、教学工作并具有中级以上职称的；
(三)具有法律知识、从事人力资源管理或者工会等专业工作满五年的；
(四)律师执业满三年的。

第二十一条 劳动争议仲裁委员会负责管辖本区域内发生的劳动争议。

劳动争议由劳动合同履行地或者用人单位所在地的劳动争议仲裁委员会管辖。双方当事人分别向劳动合同履行地和用人单位所在地的劳动争议仲裁委员会申请仲裁的，由劳动合同履行地的劳动争议仲裁委员会管辖。

第二十二条 发生劳动争议的劳动者和用人单位为劳动争议仲裁案件的双方当事人。

劳务派遣单位或者用工单位与劳动者发生劳动争议的，劳务派遣单位和用工单位为共同当事人。

第二十七条 劳动争议申请仲裁的时效期间为一年。仲裁时效期间从当事人知道或者应当知道其权利被侵害之日起计算。

前款规定的仲裁时效，因当事人一方向对方当事人主张权利，或者向有关部门请求权利救济，或者对方当事人同意履行义务而中断。从中断时起，仲裁时效期间重新计算。

因不可抗力或者有其他正当理由，当事人不能在本条第一款规定的仲裁时效期间申请仲裁的，仲裁时效中止。从中止时效的原因消除之日起，仲裁时效期间继续计算。

劳动关系存续期间因拖欠劳动报酬发生争议的，劳动者申请仲裁不受本条第一款规定的仲裁时效期间的限制；但是，劳动关系终止的，应当自劳动关系终止之日起一年内提出。

第二十八条第三款 书写仲裁申请确有困难的，可以口头申请，由劳动争议仲裁委员会记入笔录，并告知对方当事人。

第四十七条 下列劳动争议，除本法另有规定的外，仲裁裁决为终局裁决，裁决书自作出之日起发生法律效力：
(一)追索劳动报酬、工伤医疗费、经济补偿或者赔偿金，不超过当地月最低工资标准十二个月金额的争议；
(二)因执行国家的劳动标准在工作时间、休息休假、社会保险等方面发生的争议。

第四十八条 劳动者对本法第四十七条规定的仲裁裁决不服的，可以自收到仲裁裁决书之日起十五日内向人民法院提起诉讼。

第五十一条 当事人对发生法律效力的调解书、裁决书，应当依照规定的期限履行。一方当事人逾期不履行的，另一方当事人可以依照民事诉讼法的有关规定向人民法院申请执行。受理申请的人民法院应当依法执行。

专题三十五 社会保险法

考点82 社会保险法

(一)基本养老保险

第十条 职工应当参加基本养老保险，由用人单位和职工共同缴纳基本养老保险费。

无雇工的个体工商户、未在用人单位参加基本养老保险的非全日制从业人员以及其他灵活就业人员可以参加基本养老保险，由个人缴纳基本养老保险费。

公务员和参照公务员法管理的工作人员养老保险的办法由国务院规定。

第十二条 用人单位应当按照国家规定的本单位职工工资总额的比例缴纳基本养老保险费，记入基本养老保险统筹基金。

职工应当按照国家规定的本人工资的比例缴纳基本养老保险费，记入个人账户。

无雇工的个体工商户、未在用人单位参加基本养老保险的非全日制从业人员以及其他灵活就业人员参加基本养老保险的，应当按照国家规定缴纳基本养老保险费，分别记入基本养老保险统筹基金和个人账户。

第十四条 个人账户不得提前支取，记账利率不得低于银行定期存款利率，免征利息税。个人死亡的，个人账户余额可以继承。

第十六条 参加基本养老保险的个人，达到法定退休年龄时累计缴费满十五年的，按月领取基本养老金。

参加基本养老保险的个人，达到法定退休年龄时累计缴费不足十五年的，可以缴费至满十五年，按月领取基本养老金；也可以转入新型农村社会养老保险或者城镇居民社会养老保险，按照国务院规定享受相应的养老保险待遇。

第十九条 个人跨统筹地区就业的，其基本养老保险关系随本人转移，缴费年限累计计算。个人达到法定退休年龄时，基本养老金分段计算、统一支付。具体办法由国务院规定。

第二十条 国家建立和完善新型农村社会养老保险制度。

商经法 [考点法条]

169

新型农村社会养老保险实行个人缴费、集体补助和政府补贴相结合。

(二)基本医疗保险

第二十三条 职工应当参加职工基本医疗保险,由用人单位和职工按照国家规定共同缴纳基本医疗保险费。

无雇工的个体工商户、未在用人单位参加职工基本医疗保险的非全日制从业人员以及其他灵活就业人员可以参加职工基本医疗保险,由个人按照国家规定缴纳基本医疗保险费。

第三十条 下列医疗费用不纳入基本医疗保险基金支付范围:

(一)应当从工伤保险基金中支付的;

(二)应当由第三人负担的;

(三)应当由公共卫生负担的;

(四)在境外就医的。

医疗费用依法应当由第三人负担,第三人不支付或者无法确定第三人的,由基本医疗保险基金先行支付。基本医疗保险基金先行支付后,有权向第三人追偿。

第三十二条 个人跨统筹地区就业的,其基本医疗保险关系随本人转移,缴费年限累计计算。

(三)工伤保险

第三十三条 职工应当参加工伤保险,由用人单位缴纳工伤保险费,职工不缴纳工伤保险费。

第三十七条 职工因下列情形之一导致本人在工作中伤亡的,不认定为工伤:

(一)故意犯罪;

(二)醉酒或者吸毒;

(三)自残或者自杀;

(四)法律、行政法规规定的其他情形。

第三十九条 因工伤发生的下列费用,按照国家规定由用人单位支付:

(一)治疗工伤期间的工资福利;

(二)五级、六级伤残职工按月领取的伤残津贴;

(三)终止或者解除劳动合同时,应当享受的一次性伤残就业补助金。

第四十一条 职工所在用人单位未依法缴纳工伤保险费,发生工伤事故的,由用人单位支付工伤保险待遇。用人单位不支付的,从工伤保险基金中先行支付。

从工伤保险基金中先行支付的工伤保险待遇应当由用人单位偿还。用人单位不偿还的,社会保险经办机构可以依照本法第六十三条的规定追偿。

第四十二条 由于第三人的原因造成工伤,第三人不支付工伤医疗费用或者无法确定第三人的,由工伤保险基金先行支付。工伤保险基金先行支付后,有权向第三人追偿。

第四十三条 工伤职工有下列情形之一的,停止享受工伤保险待遇:

(一)丧失享受待遇条件的;

(二)拒不接受劳动能力鉴定的;

(三)拒绝治疗的。

(四)失业保险

第四十四条 职工应当参加失业保险,由用人单位和职工按照国家规定共同缴纳失业保险费。

第四十五条 失业人员符合下列条件的,从失业保险基金中领取失业保险金:

(一)失业前用人单位和本人已经缴纳失业保险费满一年的;

(二)非因本人意愿中断就业的;

(三)已经进行失业登记,并有求职要求的。

第四十六条 失业人员失业前用人单位和本人累计缴费满一年不足五年的,领取失业保险金的期限最长为十二个月;累计缴费满五年不足十年的,领取失业保险金的期限最长为十八个月;累计缴费十年以上的,领取失业保险金的期限最长为二十四个月。重新就业后,再次失业的,缴费时间重新计算,领取失业保险金的期限与前次失业应当领取而尚未领取的失业保险金的期限合并计算,最长不超过二十四个月。

第四十八条 失业人员在领取失业保险金期间,参加职工基本医疗保险,享受基本医疗保险待遇。

失业人员应当缴纳的基本医疗保险费从失业保险基金中支付,个人不缴纳基本医疗保险费。

第五十一条 失业人员在领取失业保险金期间有下列情形之一的,停止领取失业保险金,并同时停止享受其他失业保险待遇:

(一)重新就业的;

(二)应征服兵役的;

(三)移居境外的;

(四)享受基本养老保险待遇的;

(五)无正当理由,拒不接受当地人民政府指定部门或者机构介绍的适当工作或者提供的培训的。

第五十二条 职工跨统筹地区就业的,其失业保险关系随本人转移,缴费年限累计计算。

(五)生育保险

第五十三条 职工应当参加生育保险,由用人单位按照国家规定缴纳生育保险费,职工不缴纳生育保险费。

(六)社会保险基金

第六十四条 社会保险基金包括基本养老保险基金、基本医疗保险基金、工伤保险基金、失业保险基金和生育保险基金。除基本医疗保险基金与生育保险基金合并建账及核算外,其他各项社会保险基金按照社会保险险种分别建账,分账核算。社会保险基金执行国家统一的会计制度。

社会保险基金专款专用,任何组织和个人不得侵占或者挪用。

基本养老保险基金逐步实行全国统筹,其他社会保险基金逐步实行省级统筹,具体时间、步骤由国务院规定。

(七)社会保险监督

第八十三条 用人单位或者个人认为社会保险费征收机构的行为侵害自己合法权益的,可以依法申请行政复议或者提起行政诉讼。

用人单位或者个人对社会保险经办机构不依法办理社会保险登记、核定社会保险费、支付社会保险待遇、办理社会保险转移接续手续或者侵害其他社会保险权益的行为，可以依法申请行政复议或者提起行政诉讼。

个人与所在用人单位发生社会保险争议的，可以依法申请调解、仲裁，提起诉讼。用人单位侵害个人社会保险权益的，个人也可以要求社会保险行政部门或者社会保险费征收机构依法处理。

专题三十六　军人保险法

考点83 军人保险法

（一）军人伤亡保险

第七条　军人因战、因公死亡的，按照认定的死亡性质和相应的保险金标准，给付军人死亡保险金。

第八条　军人因战、因公、因病致残的，按照评定的残疾等级和相应的保险金标准，给付军人残疾保险金。

第十条　军人因下列情形之一死亡或者致残的，不享受军人伤亡保险待遇：

（一）故意犯罪的；

（二）醉酒或者吸毒的；

（三）自残或者自杀的；

（四）法律、行政法规和军事法规规定的其他情形。

第十一条　已经评定残疾等级的因战、因公致残的军人退出现役参加工作后旧伤复发的，依法享受相应的工伤待遇。

第十二条　军人伤亡保险所需资金由国家承担，个人不缴纳保险费。

（二）退役医疗保险

第二十条　参加军人退役医疗保险的军官、文职干部和士官应当缴纳军人退役医疗保险费，国家按照个人缴纳的军人退役医疗保险费的同等数额给予补助。

义务兵和供给制学员不缴纳军人退役医疗保险费，国家按照规定的标准给予军人退役医疗保险补助。

第二十三条　军人退出现役后参加职工基本医疗保险的，由军队后勤（联勤）机关财务部门将军人退役医疗保险关系和相应资金转入地方社会保险经办机构，地方社会保险经办机构办理相应的转移接续手续。

军人服现役年限视同职工基本医疗保险缴费年限，与入伍前和退出现役后参加职工基本医疗保险的缴费年限合并计算。

（三）随军未就业的军人配偶保险

第二十五条　国家为随军未就业的军人配偶建立养老保险、医疗保险等。随军未就业的军人配偶参加保险，应当缴纳养老保险费和医疗保险费，国家给予相应的补助。

随军未就业的军人配偶保险个人缴费标准和国家补助标准，按照国家有关规定执行。

（四）军人保险基金

第三十条　军人保险基金包括军人伤亡保险基金、军人退役养老保险基金、军人退役医疗保险基金和随军未就业的军人配偶保险基金。各项军人保险基金按照军人保险险种分别建账，分账核算，执行军队的会计制度。

第三十一条　军人保险基金由个人缴费、中央财政负担的军人保险资金以及利息收入等资金构成。

第三十二条　军人应当缴纳的保险费，由其所在单位代扣代缴。

随军未就业的军人配偶应当缴纳的保险费，由军人所在单位代扣代缴。

知识产权法 [考点法条]

专题三十七　著作权

考点84 著作权法

(一)著作权的内容

第十条 [著作权的内容]著作权包括下列人身权和财产权:

(一)发表权,即决定作品是否公之于众的权利;

(二)署名权,即表明作者身份,在作品上署名的权利;

(三)修改权,即修改或者授权他人修改作品的权利;

(四)保护作品完整权,即保护作品不受歪曲、篡改的权利;

(五)复制权,即以印刷、复印、拓印、录音、录像、翻录、翻拍、数字化等方式将作品制作一份或者多份的权利;

(六)发行权,即以出售或者赠与方式向公众提供作品的原件或者复制件的权利;

(七)出租权,即有偿许可他人临时使用视听作品、计算机软件的原件或者复制件的权利,计算机软件不是出租的主要标的的除外;

(八)展览权,即公开陈列美术作品、摄影作品的原件或者复制件的权利;

(九)表演权,即公开表演作品,以及用各种手段公开播送作品的表演的权利;

(十)放映权,即通过放映机、幻灯机等技术设备公开再现美术、摄影、视听作品等的权利;

(十一)广播权,即以有线或者无线方式公开传播或者转播作品,以及通过扩音器或者其他传送符号、声音、图像的类似工具向公众传播广播的作品的权利,但不包括本款第十二项规定的权利;

(十二)信息网络传播权,即以有线或者无线方式向公众提供,使公众可以在其选定的时间和地点获得作品的权利;

(十三)摄制权,即以摄制视听作品的方法将作品固定在载体上的权利;

(十四)改编权,即改变作品,创作出具有独创性的新作品的权利;

(十五)翻译权,即将作品从一种语言文字转换成另一种语言文字的权利;

(十六)汇编权,即将作品或者作品的片段通过选择或者编排,汇集成新作品的权利;

(十七)应当由著作权人享有的其他权利。

著作权人可以许可他人行使前款第五项至第十七项规定的权利,并依照约定或者本法有关规定获得报酬。

著作权人可以全部或者部分转让本条第一款第五项至第十七项规定的权利,并依照约定或者本法有关规定获得报酬。

(二)著作权的归属

1 第十四条 [合作作品的著作权]两人以上合作创作的作品,著作权由合作作者共同享有。没有参加创作的人,不能成为合作作者。

合作作品的著作权由合作作者通过协商一致行使;不能协商一致,又无正当理由的,任何一方不得阻止他方行使除转让、许可他人专有使用、出质以外的其他权利,但是所得收益应当合理分配给所有合作作者。

合作作品可以分割使用的,作者对各自创作的部分可以单独享有著作权,但行使著作权时不得侵犯合作作品整体的著作权。

《著作权法实施条例》

第九条　合作作品不可以分割使用的,其著作权由各合作作者共同享有,通过协商一致行使;不能协商一致,又无正当理由的,任何一方不得阻止他方行使转让以外的其他权利,但是所得收益应当合理分配给所有合作作者。

第十四条　合作作者之一死亡后,其对合作作品享有的著作权法第十条第一款第(五)项至第(十七)项规定的权利无人继承又无人受遗赠的,由其他合作作者享有。

2 第十五条 [汇编作品的著作权]汇编若干作品、作品的片段或者不构成作品的数据或者其他材料,对其内容的选择或者编排体现独创性的作品,为汇编作品,其著作权由汇编人享有,但行使著作权时,不得侵犯原作品的著作权。

第十六条　[演绎作品、汇编作品的使用]使用改编、翻译、注释、整理、汇编已有作品而产生的作品进行出版、演出和制作录音录像制品,应当取得该作品的著作权人和原作品的著作权人许可,并支付报酬。

3 第十七条 [电影作品的著作权]视听作品中的电影作品、电视剧作品的著作权由制作者享有,但编剧、导演、摄影、作词、作曲等作者享有署名权,并有权按照与制作者签订的合同获得报酬。

前款规定以外的视听作品的著作权归属由当事人约定;没有约定或者约定不明确的,由制作者享有,但作者享有署名权和获得报酬的权利。

视听作品中的剧本、音乐等可以单独使用的作品的作者有权单独行使其著作权。

4 第十八条 [职务作品的著作权]自然人为完成法人或者非法人组织工作任务所创作的作品是职务作品,除本条第二款的规定以外,著作权由作者享有,但法人或者非法人组织有权在其业务范围内优先使用。作品完成两年内,未经单位同意,作者不得许可第三人以与单位使用的相同方式使用该作品。

有下列情形之一的职务作品,作者享有署名权,著作权的其他权利由法人或者非法人组织享有,法人或者非法人组织可以给予作者奖励:

(一)主要是利用法人或者非法人组织的物质技术条件创作,并由法人或者非法人组织承担责任的工程设计图、产品设计图、地图、示意图、计算机软件等职务作品;

(二)报社、期刊社、通讯社、广播电台、电视台的工作人员创作的职务作品;

(三)法律、行政法规规定或者合同约定著作权由法人或者非法人组织享有的职务作品。

《著作权法实施条例》

第十一条 著作权法第十六条第一款关于职务作品的规定中的"工作任务",是指公民在该法人或者该组织中应当履行的职责。

著作权法第十六条第二款关于职务作品的规定中的"物质技术条件",是指该法人或者该组织为公民完成创作专门提供的资金、设备或者资料。

第十二条 职务作品完成两年内,经单位同意,作者许可第三人以与单位使用的相同方式使用作品所获报酬,由作者与单位按约定的比例分配。

作品完成两年的期限,自作者向单位交付作品之日起计算。

🔳 第十九条 [委托作品的著作权]受委托创作的作品,著作权的归属由委托人和受托人通过合同约定。合同未作明确约定或者没有订立合同的,著作权属于受托人。

🔳 第二十条 [美术作品的著作权]作品原件所有权的转移,不改变作品著作权的归属,但美术、摄影作品原件的展览权由原件所有人享有。

作者将未发表的美术、摄影作品的原件所有权转让给他人,受让人展览该原件不构成对作者发表权的侵犯。

🔳 第二十一条 [著作权的继承]著作权属于自然人的,自然人死亡后,其本法第十条第一款第五项至第十七项规定的权利在本法规定的保护期内,依法转移。

著作权属于法人或者非法人组织的,法人或者非法人组织变更、终止后,其本法第十条第一款第五项至第十七项规定的权利在本法规定的保护期内,由承受其权利义务的法人或者非法人组织享有;没有承受其权利义务的法人或者非法人组织的,由国家享有。

(三)著作权的保护期限

第二十二条 [署名权、修改权、保护作品完整权的保护期]作者的署名权、修改权、保护作品完整权的保护期不受限制。

第二十三条 [发表权、财产权利的保护期]自然人的作品,其发表权、本法第十条第一款第五项至第十七项规定的权利的保护期为作者终生及其死亡后五十年,截止于作者死亡后第五十年的12月31日;如果是合作作品,截止于最后死亡的作者死亡后第五十年的12月31日。

法人或者非法人组织的作品、著作权(署名权除外)由法人或者非法人组织享有的职务作品,其发表权的保护期为五十年,截止于作品创作完成后第五十年的12月31日;本法第十条第一款第五项至第十七项规定的权利的保护期为五十年,截止于作品首次发表后第五十年的12月31日,但作品自创作完成后五十年内未发表的,本法不再保护。

视听作品,其发表权的保护期为五十年,截止于作品创作完成后第五十年的12月31日;本法第十条第一款第五项至第十七项规定的权利的保护期为五十年,截止于作品首次发表后第五十年的12月31日,但作品自创作完成后五十年内未发表的,本法不再保护。

《著作权法实施条例》

第十七条 作者生前未发表的作品,如果作者未明确表示不发表,作者死亡后50年内,其发表权可由继承人或者受遗赠人行使;没有继承人又无人受遗赠的,由作品原件的所有人行使。

(四)著作权的合理使用

第二十四条 [合理使用]在下列情况下使用作品,可以不经著作权人许可,不向其支付报酬,但应当指明作者姓名或者名称、作品名称,并且不得影响该作品的正常使用,也不得不合理地损害著作权人的合法权益:

(一)为个人学习、研究或者欣赏,使用他人已经发表的作品;

(二)为介绍、评论某一作品或者说明某一问题,在作品中适当引用他人已经发表的作品;

(三)为报道新闻,在报纸、期刊、广播电台、电视台等媒体中不可避免地再现或者引用已经发表的作品;

(四)报纸、期刊、广播电台、电视台等媒体刊登或者播放其他报纸、期刊、广播电台、电视台等媒体已经发表的关于政治、经济、宗教问题的时事性文章,但著作权人声明不许刊登、播放的除外;

(五)报纸、期刊、广播电台、电视台等媒体刊登或者播放在公众集会上发表的讲话,但作者声明不许刊登、播放的除外;

(六)为学校课堂教学或者科学研究,翻译、改编、汇编、播放或者少量复制已经发表的作品,供教学或者科研人员使用,但不得出版发行;

(七)国家机关为执行公务在合理范围内使用已经发表的作品;

(八)图书馆、档案馆、纪念馆、博物馆、美术馆、文化馆等为陈列或者保存版本的需要,复制本馆收藏的作品;

(九)免费表演已经发表的作品,该表演未向公众收取费用,也未向表演者支付报酬,且不以营利为目的;

(十)对设置或者陈列在公共场所的艺术作品进行临摹、绘画、摄影、录像;

(十一)将中国公民、法人或者非法人组织已经发表的以国家通用语言文字创作的作品翻译成少数民族语言文字作品在国内出版发行;

(十二)以阅读障碍者能够感知的无障碍方式向其提供已经发表的作品;

(十三)法律、行政法规规定的其他情形。

前款规定适用于对与著作权有关的权利的限制。

《著作权法实施条例》

第十九条 使用他人作品的,应当指明作者姓名、作品名称;但是,当事人另有约定或者由于作品使用方式的特性无法指明的除外。

第二十条 著作权法所称已经发表的作品,是指著作权人自行或者许可他人公之于众的作品。

第二十一条 依照著作权法有关规定,使用可以不经著作权人许可的已经发表的作品的,不得影响该作品的正常使用,也不得不合理地损害著作权人的合法利益。

(五)著作权的法定许可使用

第二十五条 [法定许可使用]为实施义务教育和国家教育规划而编写出版教科书,可以不经著作权人许可,在教科书中汇编已经发表的作品片段或者短小的文字作品、音乐作品或者单幅的美术作品、摄影作品、图形作品,但应当按照规定向著作权人支付报酬,指明作者姓名或者名称、作品名称,并且不得侵犯著作权人依照本法享有的其他权利。

前款规定适用于对与著作权有关的权利的限制。

《著作权法实施条例》

第二十二条 依照著作权法第二十三条、第三十三条第二款、第四十条第三款的规定使用作品的付酬标准,由国务院著作权行政管理部门会同国务院价格主管部门制定、公布。

第二十六条 著作权法和本条例所称与著作权有关的权益,是指出版者对其出版的图书和期刊的版式设计享有的权利,表演者对其表演享有的权利,录音录像制作者对其制作的录音录像制品享有的权利,广播电台、电视台对其播放的广播、电视节目享有的权利。

第三十二条 依照著作权法第二十三条、第三十三条第二款、第四十条第三款的规定,使用他人作品的,应当自使用该作品之日起2个月内向著作权人支付报酬。

(六)与著作权有关的权利

(1)表演者

第三十八条 [表演者的义务]使用他人作品演出,表演者应当取得著作权人许可,并支付报酬。演出组织者组织演出,由该组织者取得著作权人许可,并支付报酬。

第三十九条 [表演者的权利]表演者对其表演享有下列权利:

(一)表明表演者身份;

(二)保护表演形象不受歪曲;

(三)许可他人从现场直播和公开传送其现场表演,并获得报酬;

(四)许可他人录音录像,并获得报酬;

(五)许可他人复制、发行、出租录有其表演的录音录像制品,并获得报酬;

(六)许可他人通过信息网络向公众传播其表演,并获得报酬。

被许可人以前款第三项至第六项规定的方式使用作品,还应当取得著作权人许可,并支付报酬。

第四十条 [职务表演的权利归属]演员为完成本演出单位的演出任务进行的表演为职务表演,演员享有表明身份和保护表演形象不受歪曲的权利,其他权利归属由当事人约定。当事人没有约定或者约定不明确的,职务表演的权利由演出单位享有。

职务表演的权利由演员享有的,演出单位可以在其业务范围内免费使用该表演。

第四十一条 [表演者权利的保护期]本法第三十九条第一款第一项、第二项规定的权利的保护期不受限制。

本法第三十九条第一款第三项至第六项规定的权利的保护期为五十年,截止于该表演发生后第五十年的12月31日。

(2)录音录像制作者

第四十二条 [录音录像制作者的义务]录音录像制作者使用他人作品制作录音录像制品,应当取得著作权人许可,并支付报酬。

录音制作者使用他人已经合法录制为录音制品的音乐作品制作录音制品,可以不经著作权人许可,但应当按照规定支付报酬;著作权人声明不许使用的不得使用。

第四十三条 [录音录像制作者的义务]录音录像制作者制作录音录像制品,应当同表演者订立合同,并支付报酬。

第四十四条 [录音录像制作者的权利及被许可人的义务]录音录像制作者对其制作的录音录像制品,享有许可他人复制、发行、出租、通过信息网络向公众传播并获得报酬的权利;权利的保护期为五十年,截止于该制品首次制作完成后第五十年的12月31日。

被许可人复制、发行、通过信息网络向公众传播录音录像制品,应当同时取得著作权人、表演者许可,并支付报酬;被许可人出租录音录像制品,还应当取得表演者许可,并支付报酬。

第四十五条 [录音制作者广播及公开表演获酬权]将录音制品用于有线或者无线公开传播,或者通过传送声音的技术设备向公众公开播送的,应当向录音制作者支付报酬。

(3)广播电台、电视台

第四十六条 [未发表及已发表作品的播放]广播电台、电视台播放他人未发表的作品,应当取得著作权人许可,并支付报酬。

广播电台、电视台播放他人已发表的作品,可以不经著作权人许可,但应当按照规定支付报酬。

第四十七条 [广播电台、电视台的权利]广播电台、电视台有权禁止未经其许可的下列行为:

(一)将其播放的广播、电视以有线或者无线方式转播;

(二)将其播放的广播、电视录制以及复制;

(三)将其播放的广播、电视通过信息网络向公众传播。

广播电台、电视台行使前款规定的权利,不得影响限制或者侵害他人行使著作权或者与著作权有关的权利。

本条第一款规定的权利的保护期为<u>五十年</u>，截止于该广播、电视首次播放后第五十年的12月31日。

第四十八条　[他人电影作品、录像作品的播放] 电视台播放他人的视听作品、录像制品，应当取得视听作品著作权人或者录像制作者许可，并支付报酬；播放他人的录像制品，还应当取得著作权人许可，并支付报酬。

专题三十八　专利权

考点85 专利法

（一）授予专利的条件

第二十二条　[发明和实用新型的专利权授予条件] 授予专利权的发明和实用新型，应当具备新颖性、创造性和实用性。

新颖性，是指该发明或者实用新型不属于现有技术；也没有任何单位或者个人就同样的发明或者实用新型在申请日以前向国务院专利行政部门提出过申请，并记载在申请日以后公布的专利申请文件或者公告的专利文件中。

创造性，是指与现有技术相比，该发明具有突出的实质性特点和显著的进步，该实用新型具有实质性特点和进步。

实用性，是指该发明或者实用新型能够制造或者使用，并且能够产生积极效果。

本法所称现有技术，是指申请日以前在国内外为公众所知的技术。

第二十三条　[外观设计专利权的授予条件] 授予专利权的外观设计，应当不属于现有设计；也没有任何单位或者个人就同样的外观设计在申请日以前向国务院专利行政部门提出过申请，并记载在申请日以后公告的专利文件中。

授予专利权的外观设计与现有设计或者现有设计特征的组合相比，应当具有明显区别。

授予专利权的外观设计不得与他人在申请日以前已经取得的合法权利相冲突。

本法所称现有设计，是指申请日以前在国内外为公众所知的设计。

第二十四条　[不丧失新颖性的特殊规定] 申请专利的发明创造在申请日以前六个月内，有下列情形之一的，不丧失新颖性：

（一）在国家出现紧急状态或者非常情况时，为公共利益目的首次公开的；

（二）在中国政府主办或者承认的国际展览会上首次展出的；

（三）在规定的学术会议或者技术会议上首次发表的；

（四）他人未经申请人同意而泄露其内容的。

《专利法》

第五条　[不授予专利权] 对违反法律、社会公德或者妨害公共利益的发明创造，不授予专利权。

对违反法律、行政法规的规定获取或者利用遗传资源，并依赖该遗传资源完成的发明创造，不授予专利权。

第二十五条　[不授予专利的情形] 对下列各项，不授予专利权：

（一）科学发现；

（二）智力活动的规则和方法；

（三）疾病的诊断和治疗方法；

（四）动物和植物品种；

（五）原子核变换方法以及用原子核变换方法获得的物质；

（六）对平面印刷品的图案、色彩或者二者的结合作出的主要起标识作用的设计。

对前款第（四）项所列产品的生产方法，可以依照本法规定授予专利权。

（二）专利的申请

第二十八条　[申请日] 国务院专利行政部门收到专利申请文件之日为申请日。如果申请文件是邮寄的，以寄出的邮戳日为申请日。

第二十九条　[优先权] 申请人自发明或者实用新型在外国第一次提出专利申请之日起十二个月内，或者自外观设计在外国第一次提出专利申请之日起六个月内，又在中国就相同主题提出专利申请的，依照该外国同中国签订的协议或者共同参加的国际条约，或者依照相互承认优先权的原则，可以享有优先权。

申请人自发明或者实用新型在中国第一次提出专利申请之日起十二个月内，或者自外观设计在中国第一次提出专利申请之日起六个月内，又向国务院专利行政部门就相同主题提出专利申请的，可以享有优先权。

第三十条　[专利数量的确定] 申请人要求发明、实用新型专利优先权的，应当在申请的时候提出书面声明，并且在第一次提出申请之日起十六个月内，提交第一次提出的专利申请文件的副本。

申请人要求外观设计专利优先权的，应当在申请的时候提出书面声明，并且在三个月内提交第一次提出的专利申请文件的副本。

申请人未提出书面声明或者逾期未提交专利申请文件副本的，视为未要求优先权。

第三十一条　[专利数量的确定] 一件发明或者实用新型专利申请应当限于一项发明或者实用新型。属于一个总的发明构思的两项以上的发明或者实用新型，可以作为一件申请提出。

一件外观设计专利申请应当限于一项外观设计。同一产品两项以上的相似外观设计，或者用于同一类别并且成套出售或者使用的产品的两项以上外观设计，可以作为一件申请提出。

第三十二条　[专利申请的撤回] 申请人可以在被授予专利权之前随时撤回其专利申请。

《专利法实施细则》

第三十九条　依照专利法第三十一条第一款规定，可以作为一件专利申请提出的属于一个总的发明构思的两项以上的发明或者实用新型,应当在技术上相互关联,包含一个或者多个相同或者相应的特定技术特征,其中特定技术特征是指每一项发明或者实用新型作为整体,对现有技术作出贡献的技术特征。

第四十条 依照专利法第三十一条第二款规定,将同一产品的多项相似外观设计作为一件申请提出的,对该产品的其他设计应当与简要说明中指定的基本设计相似。一件外观设计专利申请中的相似外观设计不得超过10项。

专利法第三十一条第二款所称同一类别并且成套出售或者使用的产品的两项以上外观设计,是指各产品属于分类表中同一大类,习惯上同时出售或者同时使用,而且各产品的外观设计具有相同的设计构思。

将两项以上外观设计作为一件申请提出的,应当将各项外观设计的顺序编号标注在每件外观设计产品各幅图片或者照片的名称之前。

(三)专利申请的审查和批准

第三十四条 [初步审查的公布]国务院专利行政部门收到发明专利申请后,经初步审查认为符合本法要求的,自申请日起满十八个月,即行公布。国务院专利行政部门可以根据申请人的请求早日公布其申请。

第三十五条 [实质审查]发明专利申请自申请日起三年内,国务院专利行政部门可以根据申请人随时提出的请求,对其申请进行实质审查;申请人无正当理由逾期不请求实质审查的,该申请即被视为撤回。

国务院专利行政部门认为必要的时候,可以自行对发明专利申请进行实质审查。

(四)专利权的期限与宣告无效

(1)期限

第四十二条 [专利权的期限]发明专利权的期限为二十年,实用新型专利权的期限为十年,外观设计专利权的期限为十五年,均自申请日起计算。

自发明专利申请日起满四年,且自实质审查请求之日起满三年后授予发明专利权的,国务院专利行政部门应专利权人的请求,就发明专利在授权过程中的不合理延迟给予专利权期限补偿,但由申请人引起的不合理延迟除外。

为补偿新药上市审评审批占用的时间,对在中国获得上市许可的新药相关发明专利,国务院专利行政部门应专利权人的请求给予专利权期限补偿。补偿期限不超过五年,新药批准上市后总有效专利权期限不超过十四年。

(2)宣告无效

第四十五条 [专利权异议]自国务院专利行政部门公告授予专利权之日起,<u>任何单位或者个人</u>认为该专利权的授予不符合本法有关规定的,可以请求国务院专利行政部门宣告该专利权无效。

第四十六条 [异议的审查]国务院专利行政部门对宣告专利权无效的请求应当及时审查和作出决定,并通知请求人和专利权人。宣告专利权无效的决定,由国务院专利行政部门登记和公告。

对国务院专利行政部门宣告专利权无效或者维持专利权的决定不服的,可以自收到通知之日起三个月内向人民法院起诉。人民法院应当通知无效宣告请求程序的对方当事人作为第三人参加诉讼。

第四十七条 [专利权的无效宣告]宣告无效的专利权视为<u>自始即不存在</u>。

宣告专利权无效的决定,对在<u>宣告专利权无效前人民法院作出并已执行的专利侵权的判决、调解书,已经履行或者强制执行的专利侵权纠纷处理决定,以及已经履行的专利实施许可合同和专利权转让合同,不具有追溯力</u>。但是因专利权人的<u>恶意</u>给他人造成的损失,应当给予赔偿。

依照前款规定不返还专利侵权赔偿金、专利使用费、专利权转让费,明显违反公平原则的,应当全部或者部分返还。

(五)开放许可

第五十条 [专利开放许可]专利权人自愿以书面方式向国务院专利行政部门声明愿意许可任何单位或者个人实施其专利,并明确许可使用费支付方式、标准的,由国务院专利行政部门予以公告,实行开放许可。就实用新型、外观设计专利提出开放许可声明的,应当提供专利权评价报告。

专利权人撤回开放许可声明的,应当以书面方式提出,并由国务院专利行政部门予以公告。开放许可声明被公告撤回的,不影响在先给予的开放许可的效力。

第五十一条 [专利开放许可的实施]任何单位或者个人有意愿实施开放许可的专利的,以书面方式通知专利权人,并依照公告的许可使用费支付方式、标准支付许可使用费后,即获得专利实施许可。

开放许可实施期间,对专利权人缴纳专利年费相应给予减免。

实行开放许可的专利权人可以与被许可人就许可使用费进行协商后给予普通许可,但不得就该专利给予独占或者排他许可。

(六)强制许可

第五十三条 [合理条件强制许可]有下列情形之一的,国务院专利行政部门根据具备实施条件的单位或者个人的申请,可以给予实施发明专利或者实用新型专利的强制许可:

(一)专利权人自专利权被授予之日起满三年,且自提出专利申请之日起满四年,无正当理由未实施或者未充分实施其专利的;

(二)专利权人行使专利权的行为被依法认定为垄断行为,为消除或者减少该行为对竞争产生的不利影响的。

第五十四条 [公益性强制许可]在国家出现紧急状态或者非常情况时,或者为了公共利益的目的,国务院专利行政部门可以给予实施发明专利或者实用新型专利的强制许可。

第五十五条 [对药品强制许可]为了公共健康目的,对取得专利权的药品,国务院专利行政部门可以给予制造并将其出口到符合中华人民共和国参加的有关国际条约规定的国家或者地区的强制许可。

第五十六条　[从属专利实施的强制许可]一项取得专利权的发明或者实用新型比前已经取得专利权的发明或者实用新型具有显著经济意义的重大技术进步,其实施又有赖于前一发明或者实用新型的实施的,国务院专利行政部门根据后一专利权人的申请,可以给予实施前一发明或者实用新型的强制许可。

在依照前款规定给予实施强制许可的情形下,国务院专利行政部门根据前一专利权人的申请,也可以给予实施后一发明或者实用新型的强制许可。

第五十七条　[半导体技术强制许可的实施限制]强制许可涉及的发明创造为半导体技术的,其实施限于公共利益的目的和本法第五十三条第(二)项规定的情形。

第五十八条　[强制许可的地域限制]除依照本法第五十三条第(二)项、第五十五条规定给予的强制许可外,强制许可的实施应当主要为了供应国内市场。

第五十九条　[强制许可的申请条件]依照本法第五十三条第(一)项、第五十六条规定申请强制许可的单位或者个人应当提供证据,证明其以合理的条件请求专利权人许可其实施专利,但未能在合理的时间内获得许可。

第六十条　[强制许可的通知和终止]国务院专利行政部门作出的给予实施强制许可的决定,应当及时通知专利权人,并予以登记和公告。

给予实施强制许可的决定,应当根据强制许可的理由规定实施的范围和时间。强制许可的理由消除并不再发生时,国务院专利行政部门应当根据专利权人的请求,经审查后作出终止实施强制许可的决定。

第六十一条　[独占实施权的排除]取得实施强制许可的单位或者个人不享有独占的实施权,并且无权允许他人实施。

第六十二条　[合理使用费]取得实施强制许可的单位或者个人应当付给专利权人合理的使用费,或者依照中华人民共和国参加的有关国际条约的规定处理使用费问题。付给使用费的,其数额由双方协商;双方不能达成协议的,由国务院专利行政部门裁决。

第六十三条　[专利权人的救济]专利权人对国务院专利行政部门关于实施强制许可的决定不服的,专利权人和取得实施强制许可的单位或者个人对国务院专利行政部门关于实施强制许可的使用费的裁决不服的,可以自收到通知之日起三个月内向人民法院起诉。

(七)专利侵权的例外情形

第七十五条　[专利侵权的例外规定]有下列情形之一的,不视为侵犯专利权:

(一)专利产品或者依照专利方法直接获得的产品,由专利权人或者经其许可的单位、个人售出后,使用、许诺销售、销售、进口该产品的;

(二)在专利申请日前已经制造相同产品、使用相同方法或者已经作好制造、使用的必要准备,并且仅在原有范围内继续制造、使用的;

(三)临时通过中国领陆、领水、领空的外国运输工具,依照其所属国同中国签订的协议或者共同参加的国际条约,或者依照互惠原则,为运输工具自身需要而在其装置和设备中使用有关专利的;

(四)专为科学研究和实验而使用有关专利的;

(五)为提供行政审批所需要的信息,制造、使用、进口专利药品或者专利医疗器械的,以及专门为其制造、进口专利药品或者专利医疗器械的。

第七十七条　[不承担赔偿责任情形]为生产经营目的的使用、许诺销售或者销售不知道是未经专利权人许可而制造并售出的专利侵权产品,能证明该产品合法来源的,不承担赔偿责任。

《专利法》

第十一条　[未经许可禁止实施专利]发明和实用新型专利权被授予后,除本法另有规定的以外,任何单位或者个人未经专利权人许可,都不得实施其专利,即不得为生产经营目的制造、使用、许诺销售、销售、进口其专利产品,或者使用其专利方法以及使用、许诺销售、销售、进口依照该专利方法直接获得的产品。

外观设计专利权被授予后,任何单位或者个人未经专利权人许可,都不得实施其专利,即不得为生产经营目的的制造、许诺销售、销售、进口其外观设计专利产品。

第六十七条　[不构成侵犯专利权]在专利侵权纠纷中,被控侵权人有证据证明其实施的技术或者设计属于现有技术或者现有设计的,不构成侵犯专利权。

专题三十九　商标权

考点86 商标法

(一)驰名商标的保护

第十三条　为相关公众所熟知的商标,持有人认为其权利受到侵害时,可以依照本法规定请求驰名商标保护。

就相同或者类似商品申请注册的商标是复制、摹仿或者翻译他人未在中国注册的驰名商标,容易导致混淆的,不予注册并禁止使用。

就不相同或者不相类似商品申请注册的商标是复制、摹仿或者翻译他人已经在中国注册的驰名商标,误导公众,致使该驰名商标注册人的利益可能受到损害的,不予注册并禁止使用。

第十四条　驰名商标应当根据当事人的请求,作为处理涉及商标案件需要认定的事实进行认定。认定驰名商标应当考虑下列因素:

(一)相关公众对该商标的知晓程度;

(二)该商标使用的持续时间;

(三)该商标的任何宣传工作的持续时间、程度和地理范围;

(四)该商标作为驰名商标受保护的记录;

(五)该商标驰名的其他因素。

在商标注册审查、工商行政管理部门查处商标违法案件过程中,当事人依照本法第十三条规定主张权利的,商标局根据审查、处理案件的需要,可以对商标驰名情况作出认定。

在商标争议处理过程中，当事人依照本法第十三条规定主张权利的，商标评审委员会根据处理案件的需要，可以对商标驰名情况作出认定。

在商标民事、行政案件审理过程中，当事人依照本法第十三条规定主张权利的，最高人民法院指定的人民法院根据审理案件的需要，可以对商标驰名情况作出认定。

生产、经营者不得将"驰名商标"字样用于商品、商品包装或者容器上，或者用于广告宣传、展览以及其他商业活动中。

《驰名商标纠纷解释》

第十三条 在涉及驰名商标保护的民事纠纷案件中，人民法院对于商标驰名的认定，仅作为案件事实和判决理由，不写入判决主文；以调解方式审结的，在调解书中对商标驰名的事实不予认定。

（二）商标注册的申请与审查

（1）优先权

第二十五条 商标注册申请人自其商标在外国第一次提出商标注册申请之日起六个月内，又在中国就相同商品以同一商标提出商标注册申请的，依照该外国同中国签订的协议或者共同参加的国际条约，或者按照相互承认优先权的原则，可以享有优先权。

依照前款要求优先权的，应当在提出商标注册申请的时候提出书面声明，并且在三个月内提交第一次提出的商标注册申请文件的副本；未提出书面声明或者逾期未提交商标注册申请文件副本的，视为未要求优先权。

第二十六条 商标在中国政府主办的或者承认的国际展览会展出的商品上首次使用的，自该商品展出之日起六个月内，该商标的注册申请人可以享有优先权。

依照前款要求优先权的，应当在提出商标注册申请的时候提出书面声明，并且在三个月内提交展出其商品的展览会名称、在展出商品上使用该商标的证据、展出日期等证明文件；未提出书面声明或者逾期未提交证明文件的，视为未要求优先权。

（2）申请在先原则

第三十一条 两个或者两个以上的商标注册申请人，在同一种商品或者类似商品上，以相同或者近似的商标申请注册的，初步审定并公告申请在先的商标；同一天申请的，初步审定并公告使用在先的商标，驳回其他人的申请，不予公告。

（3）不予准许的救济措施

第三十四条 对驳回申请、不予公告的商标，商标局应当书面通知商标注册申请人。商标注册申请人不服的，可以自收到通知之日起十五日内向商标评审委员会申请复审。商标评审委员会应当自收到申请之日起九个月内做出决定，并书面通知申请人。有特殊情况需要延长的，经国务院工商行政管理部门批准，可以延长三个月。当事人对商标评审委员会的决定不服的，可以自收到通知之日起三十日内向人民法院起诉。

（4）商标异议

第三十二条 申请商标注册不得损害他人现有的在先权利，也不得以不正当手段抢先注册他人已经使用并有一定影响的商标。

第三十三条 对初步审定公告的商标，自公告之日起三个月内，在先权利人、利害关系人认为违反本法第十三条第二款和第三款、第十五条、第十六条第一款、第三十条、第三十一条、第三十二条规定的，或者任何人认为违反本法第四条、第十条、第十一条、第十二条、第十九条第四款规定的，可以向商标局提出异议。公告期满无异议的，予以核准注册，发给商标注册证，并予公告。

第三十五条 对初步审定公告的商标提出异议的，商标局应当听取异议人和被异议人陈述事实和理由，经调查核实后，自公告期满之日起十二个月内做出是否准予注册的决定，并书面通知异议人和被异议人。有特殊情况需要延长的，经国务院工商行政管理部门批准，可以延长六个月。

商标局做出准予注册决定的，发给商标注册证，并予公告。异议人不服的，可以依照本法第四十四条、第四十五条的规定向商标评审委员会请求宣告该注册商标无效。

商标局做出不予注册决定，被异议人不服的，可以自收到通知之日起十五日内向商标评审委员会申请复审。商标评审委员会应当自收到申请之日起十二个月内做出复审决定，并书面通知异议人和被异议人。有特殊情况需要延长的，经国务院工商行政管理部门批准，可以延长六个月。被异议人对商标评审委员会的决定不服的，可以自收到通知之日起三十日内向人民法院起诉。人民法院应当通知异议人作为第三人参加诉讼。

商标评审委员会在依照前款规定进行复审的过程中，所涉及的在先权利的确定必须以人民法院正在审理或者行政机关正在处理的另一案件的结果为依据的，可以中止审查。中止原因消除后，应当恢复审查程序。

（三）注册商标的无效与撤销

（1）无效

第四十四条 已经注册的商标，违反本法第四条、第十条、第十一条、第十二条、第十九条第四款规定的，或者是以欺骗手段或者其他不正当手段取得注册的，由商标局宣告该注册商标无效；其他单位或者个人可以请求商标评审委员会宣告该注册商标无效。

商标局做出宣告注册商标无效的决定，应当书面通知当事人。当事人对商标局的决定不服的，可以自收到通知之日起十五日内向商标评审委员会申请复审。商标评审委员会应当自收到申请之日起九个月内做出决定，并书面通知当事人。有特殊情况需要延长的，经国务院工商行政管理部门批准，可以延长三个月。当事人对商标评审委员会的决定不服的，可以自收到通知之日起三十日内向人民法院起诉。

其他单位或者个人请求商标评审委员会宣告注册商标无效的，商标评审委员会收到申请后，应当书面通知有关当事人，并限期提出答辩。商标评审委员会应当自收到申请之日起九个月内做出维持注册商标或者宣告注册商标无效的裁定，并书面通知当事人。有特殊情况需要延长的，经国务院工商行政管理部门批准，可以延长三个月。当事人对商标评审委员会的裁定不服的,可以自收到通知之日起三十日内向人民法院起诉。人民法院应当通知商标裁定程序的对方当事人作为第三人参加诉讼。

第四十五条 已经注册的商标,违反本法第十三条第二款和第三款、第十五条、第十六条第一款、第三十条、第三十一条、第三十二条规定的,自商标注册之日起五年内,在先权利人或者利害关系人可以请求商标评审委员会宣告该注册商标无效。对恶意注册的,驰名商标所有人不受五年的时间限制。

商标评审委员会收到宣告注册商标无效的申请后,应当书面通知有关当事人,并限期提出答辩。商标评审委员会应当自收到申请之日起十二个月内做出维持注册商标或者宣告注册商标无效的裁定,并书面通知当事人。有特殊情况需要延长的,经国务院工商行政管理部门批准,可以延长六个月。当事人对商标评审委员会的裁定不服的,可以自收到通知之日起三十日内向人民法院起诉。人民法院应当通知商标裁定程序的对方当事人作为第三人参加诉讼。

商标评审委员会在依照前款规定对无效宣告请求进行审查的过程中,所涉及的在先权利的确定必须以人民法院正在审理或者行政机关正在处理的另一案件的结果为依据的,可以中止审查。中止原因消除后,应当恢复审查程序。

第四十七条 依照本法第四十四条、第四十五条的规定宣告无效的注册商标,由商标局予以公告,该注册商标专用权视为自始即不存在。

宣告注册商标无效的决定或者裁定,对宣告无效前人民法院做出并已执行的商标侵权案件的判决、裁定、调解书和工商行政管理部门做出并已执行的商标侵权案件的处理决定以及已经履行的商标转让或者使用许可合同不具有追溯力。但是,因商标注册人的恶意给他人造成的损失,应当给予赔偿。

依照前款规定不返还商标侵权赔偿金、商标转让费、商标使用费,明显违反公平原则的,应当全部或者部分返还。

(2)撤销

第四十九条 商标注册人在使用注册商标的过程中,自行改变注册商标、注册人名义、地址或者其他注册事项的,由地方工商行政管理部门责令限期改正;期满不改正的,由商标局撤销其注册商标。

注册商标成为其核定使用的商品的通用名称或者没有正当理由连续三年不使用的,任何单位或者个人可以向商标局申请撤销该注册商标。商标局应当自收到申请之日起九个月内做出决定。有特殊情况需要延长的,经国务院工商行政管理部门批准,可以延长三个月。

第五十条 注册商标被撤销、被宣告无效或者期满不再续展的,自撤销、宣告无效或者注销之日起一年内,商标局对与该商标相同或者近似的商标注册申请,不予核准。

(四)商标侵权行为

(1)侵权行为

第五十六条 注册商标的专用权,以核准注册的商标和核定使用的商品为限。

第五十七条 有下列行为之一的,均属侵犯注册商标专用权:

(一)未经商标注册人的许可,在同一种商品上使用与其注册商标相同的商标的;

(二)未经商标注册人的许可,在同一种商品上使用与其注册商标近似的商标,或者在类似商品上使用与其注册商标相同或者近似的商标,容易导致混淆的;

(三)销售侵犯注册商标专用权的商品的;

(四)伪造、擅自制造他人注册商标标识或者销售伪造、擅自制造的注册商标标识的;

(五)未经商标注册人同意,更换其注册商标并将该更换商标的商品又投入市场的;

(六)故意为侵犯他人商标专用权行为提供便利条件,帮助他人实施侵犯商标专用权行为的;

(七)给他人的注册商标专用权造成其他损害的。

《商标法实施条例》

第75条 为侵犯他人商标专用权提供仓储、运输、邮寄、印制、隐匿、经营场所、网络商品交易平台等,属于商标法第57条第六项规定的提供便利条件。

第76条 在同一种商品或者类似商品上将与他人注册商标相同或者近似的标志作为商品名称或者商品装潢使用,误导公众的,属于商标法第57条第二项规定的侵犯注册商标专用权的行为。

(2)不视为侵权行为

第五十九条 注册商标中含有的本商品的通用名称、图形、型号,或者直接表示商品的质量、主要原料、功能、用途、重量、数量及其他特点,或者含有的地名,注册商标专用权人无权禁止他人正当使用。

三维标志注册商标中含有的商品自身的性质产生的形状、为获得技术效果而需有的商品形状或者使商品具有实质性价值的形状,注册商标专用权人无权禁止他人正当使用。

商标注册人申请商标注册前,他人已经在同一种商品或者类似商品上先于商标注册人使用与注册商标相同或者近似并有一定影响的商标的,注册商标专用权人无权禁止该使用人在原使用范围内继续使用该商标,但可以要求其附加适当区别标识。

答案速查

1.D	2.D	112.AD	113.B	114.BD
3.(1)B(原答案为BCD);(2)AB;(3)CD		115.AC	116.C	117.B
4.B	5.A	6.BC	118.(1)C;(2)BD;(3)ABCD	119.BD
7.A	8.ABC(原答案为AB)	120.(1)CD;(2)BD	121.A
9.ABD	10.C	11.D	122.(1)B;(2)CD	123.C
12.D	13.AB	14.ABC	124.B	125.AB	126.BC
15.CD	16.BD	17.B	127.ACD	128.B	129.AC
18.B	19.AC	20.C	130.B	131.ABC	132.D
21.B	22.D	23.ABC	133.ABD	134.BCD	135.D
24.(1)AB;(2)BCD	25.A	136.D	137.C	138.AB
26.BCD	27.B	28.D	139.A	140.CD	141.ABCD
29.C	30.ABC	31.A	142.BC	143.A	
32.C	33.B	34.BCD	144.(1)AB;(2)ACD	145.B
35.BCD	36.ABD	37.ABD	146.BCD	147.BC	148.BCD
38.C	39.AC	40.BD	149.BCD	150.C	151.C
41.BD	42.CD	43.A	152.D	153.AB(原答案为B)
44.D	45.BD(原答案为D)	46.BD	154.AD	155.ABCD	156.D
47.AD	48.B	49.BD	157.B	158.AC	159.ABC
50.AC	51.C	52.D	160.D	161.ABC	162.C
53.AB	54.BCD		163.BC	164.A	165.AB
55.(1)AD;(2)ABC;(3)AD		166.BC	167.B	168.CD
56.ABCD(原答案为C)	57.A(原答案为AB)	169.BCD	170.B	171.CD
58.AC(原答案为C)	59.CD	60.A	172.ACD	173.AC	174.AC
61.ACD	62.AC	63.AC	175.A	176.BC	177.C
64.D	65.D	66.D	178.D	179.A	180.BC
67.B	68.CD	69.CD	181.D	182.C	183.AB
70.BCD(原答案为BD)	71.AB	184.ABC	185.B	186.D
72.(1)ACD;(2)BC	73.AD	187.ACD	188.ABD	189.A
74.B	75.BC	76.BD	190.AC	191.AC(原答案为AD)
77.AB	78.B	79.D(原答案为BD)	192.D	193.C	194.BC
80.ACD	81.BD	82.AB	195.D	196.D	197.BCD
83.D	84.B	85.BCD	198.AC	199.A	200.D
86.A	87.D	88.AC	201.D	202.BC	203.B
89.B	90.A	91.A	204.BCD	205.C	206.B
92.C	93.BD(原答案为ABD)	207.AB	208.A	209.D
94.A	95.CD	96.BC	210.CD	211.BC	212.B
97.C	98.AB(原答案为ABD)	213.ABD	214.BD	215.BC
99.AC(原答案为A)	100.BC(原答案为C)	216.C	217.D	218.C
101.BD(原答案为B)	102.AD	219.D	220.ACD	221.ABC
103.AC	104.ABCD(原答案为ABD)	222.ABC	223.BCD	224.B
105.B	106.BC		225.C	226.ABD	227.BCD
107.ABCD(原答案为D)	108.AC	228.ABCD(原答案为BCD)	229.AD
109.A	110.B	111.B	230.C	231.AB	232.C

233.AD	234.C	235.BCD	367.ABC	368.ABCD	369.BCD
236.BCD	237.C	238.BD	370.A	371.BC	372.BCD
239.B	240.B	241.ABD	373.C	374.ACD	375.AD
242.A	243.C	244.BD	376.B	377.ABD	378.D
245.ACD	246.A	247.A	379.ABC	380.ABCD	381.ABCD
248.C	249.BD	250.AB	382.ABCD	383.C	384.B
251.B	252.A	253.A	385.B	386.B	387.A
254.ABC	255.A	256.B	388.D	389.C	390.BD
257.ACD	258.AB	259.B	391.AB	392.ABC	393.D
260.BCD	261.ACD	262.B	394.ABC	395.ABD	396.ABC
263.D	264.A	265.AD	397.BD	398.（1）C；（2）A；（3）ABCD	
266.ABC	267.ABC	268.D	399.ABD	400.（1）ABC；（2）B；（3）CD	
269.ACD	270.AD	271.CD	401.ABC	402.ABCD	403.C
272.B	273.ACD	274.ABD	404.C	405.CD	406.A
275.AD	276.C	277.AC	407.D	408.AB(原答案为ABD)	
278.BD	279.C	280.C	409.A	410.C	411.AB
281.AD	282.ABC	283.D	412.ABC	413.BD(原答案为B)	
284.ABD	285.BC	286.C	414.ABCD	415.AB	416.AC
287.AD	288.AC	289.BD	417.C	418.ABC	419.ABD
290.ABCD	291.AB	292.AB	420.ABC	421.C	422.B
293.B	294.（1）ABC；（2）ABCD		423.B	424.D	425.C
295.ABD	296.ABCD		426.A	427.ABD	428.CD
297.AB(原答案为ABC)		298.ACD	429.CD	430.C	431.C
299.B	300.D	301.C	432.CD	433.ABD	434.CD
302.A	303.AB	304.ABCD	435.BD	436.（1）B；（2）D；（3）ABD	
305.AD(原答案为D)		306.CD	437.ABC	438.（1）ABCD；（2）BD；（3）ABD	
307.C	308.AD	309.AD	439.（1）ABC；（2）ABCD		440.ABD
310.BCD	311.ACD	312.C	441.（1）ABD；（2）AB		442.C
313.BCD	314.ABD	315.C	443.BD(原答案为BCD)		444.ABD
316.B	317.ABC	318.BD	445.ABD	446.AC	447.CD
319.D	320.ABC	321.BCD	448.（1）C；（2）ACD(原答案为CD)		
322.C	323.AC	324.C	449.（1）ABD；（2）ABCD；（3）AC(原答案为A)		
325.ABD	326.ABD		450.BC	451.ABCD(原答案为ACD)	
327.（1）BD；（2）ACD；（3）AC		328.CD	452.ACD	453.ACD	454.BC
329.（1）B；（2）ABC；（3）C		330.B	455.CD	456.（1）BCD；（2）BD	
331.ABCD	332.C	333.ABD	457.ACD	458.BCD	459.A
334.AC	335.AC	336.A	460.ACD	461.BC	462.ABC
337.A	338.D	339.ABD	463.ACD	464.ABC	465.D
340.D	341.AB	342.ABCD	466.C	467.AC	468.BC
343.BC	344.ACD	345.C	469.ACD	470.ABC	471.A
346.C	347.A	348.C	472.A	473.B	474.BD
349.B	350.B	351.C(原答案为CD)	475.ACD	476.AC	477.C
352.ABCD	353.CD(原答案为ABCD)		478.B	479.ABC	480.D
354.ABCD	355.BC	356.D	481.C	482.AD	483.D
357.AB	358.AB	359.ABCD	484.ABC	485.CD	486.D
360.ABCD	361.C		487.ABD	488.ACD	489.C
362.BCD(原答案为ABCD)		363.D	490.ABD	491.BC	492.D
364.BC	365.ACD	366.B	493.C	494.BD	495.C

496.D	497.A	498.AB	529.ACD(原答案为 C)	530.CD
499.BC	500.B	501.A	531.B(原答案为 A) 532.D	533.C
502.B	503.ABD	504.CD	534.AB 535.ABCD	536.BD
505.B	506.BC	507.AB	537.ACD 538.A	539.B
508.AC	509.D	510.D	540.A 541.BD	542.D
511.CD	512.A	513.A	543.AD 544.D	545.BCD
514.C	515.C	516.ABCD	546.B 547.AB	548.D
517.C	518.BD	519.B	549.CD(原答案为 BCD)	
520.BD	521.D	522.BCD	550.ABCD(原答案为 C)	551.AD
523.D	524.BD	525.AC(原答案为 A)	552.B 553.ABC	554.BCD
526.BCD	527.BCD	528.B	555.BCD	